Ausführliches Verzeichnis der

Guttentag'schen Sammlung

Deutscher Reichs- und Preußischer Gesetze,

— Text-Ausgaben mit Anmerkungen; Taschenformat —

welche alle wichtigeren Gesetze in unbedingt zuverlässigen Gesetzestexten und in mustergültiger Weise erläutert enthält, befindet sich hinter dem Sachregister.

Guttentag'sche Sammlung
Nr. 26. Deutscher Reichsgesetze. Nr. 26.
Text-Ausgaben mit Anmerkungen.

Die Reichsgesetzgebung
über
Münz- und Notenbankwesen,
Papiergeld, Prämienpapiere
und
Reichsschulden.

Text-Ausgabe mit Anmerkungen und Sachregister.

Von
Dr. R. Koch,
Präsident des Reichsbankdirektoriums.

Fünfte Auflage.

Berlin 1905.
J. Guttentag, Verlagsbuchhandlung,
G. m. b. H.

Vorbemerkung.

Die neue Auflage berücksichtigt die seit dem Herbst 1900 eingetretenen Veränderungen. Neu sind namentlich auch die lediglich einen orientierenden Überblick bezweckenden Abschnitte A VII, das Münzwesen in den deutschen Schutzgebieten, und C XVII, die Ausgabe von Banknoten in den deutschen Schutzgebieten betreffend.

Eine Ergänzung der Schrift in dieser Richtung hat sich als Bedürfnis herausgestellt.

Bei den erläuterten Gesetzen ist die alte, bei den Anmerkungen ausnahmslos die neue Rechtschreibung angewendet.

Schließlich kann ich nicht umhin, den Herren Reichsbankdirektor Dr. von Lumm und Bankassessor Dr. Arnold für die mir bei der Besorgung dieser Auflage freundlich geleistete Unterstützung meinen verbindlichsten Dank hiermit auszusprechen.

Berlin, im August 1905.

Dr. R. Koch.

Abkürzungen.

Anm. = Anmerkung.
Art. = Artikel.
BankG. = Bankgesetz.
Bek. = Bekanntmachung.
BGB. = Bürgerliches Gesetzbuch.
BGBl. = Bundes-Gesetzblatt.
G. = Gesetz.
HGB. = Handelsgesetzbuch.
JMBl. = Justiz-Ministerial-Blatt.
KolBl. = Kolonial-Blatt.
KolG. = Deutsche Kolonialgesetzgebung.
LegPer. = Legislatur-Periode.
MünzG. = Münzgesetz.
Nr. = Nummer.
PrGBl. = Gesetz-Sammlung f. d. Preußischen Staaten.
RAnz. = Deutscher Reichs-Anzeiger.
RZBl. = Zentralblatt für das Deutsche Reich.
RGBl. = Reichs-Gesetzblatt.
s. = siehe.
StenB. = Stenographische Berichte.
V. = Verordnung.
v. = vom.
vgl. = vergleiche.
ZPO. = Zivilprozeßordnung.

Inhaltsverzeichnis.

Anhang.

Einleitung.

Die Zustände, welche noch vor nicht viel mehr als einem Menschenalter hinsichtlich der Umlaufsmittel — Münzen, Papiergeld, Banknoten — in Deutschland herrschten, boten ein sprechendes Bild unserer politischen Zerrissenheit. Die wiederholt unternommenen Versuche zur einheitlichen Reform des Münzwesens hatten ein befriedigendes Resultat nicht ergeben. Zwar hatte der Wiener Münzvertrag vom 24. Januar 1857, vorbereitet durch die Dresdener Münzkonvention der Zollvereins-Staaten vom 30. Juli 1838, sich für die damals in Deutschland bereits überwiegende reine Silberwährung entschieden und für die kontrahierenden Staaten (des Zollvereins und Österreichs mit Liechtenstein) das Zollpfund zu 500 Gramm als Münzgrundgewicht eingeführt. Aber noch immer schieden sich innerhalb dieses Rahmens drei Münzfüße — der Talerfuß in Norddeutschland (mit verschiedener Einteilung des Talers), der Zweiundfünfzigeinhalbguldenfuß in Süddeutschland und der

Fünfundvierzigguldenfuß in Österreich (mit Liechtenstein) — und daneben bestanden in den nicht zum Zollverein gehörigen Staaten die früheren Landes-Münzfüße fort. So gab es im Gebiete des Deutschen Reichs bis zum Jahre 1871 einschließlich der mit Elsaß-Lothringen hinzugekommenen französischen Währung sieben Münzsysteme.[1] Nicht besser sah es im Papiergeldwesen aus. Von allen deutschen Staaten hatten nur sechs der kleinsten (Lippe-Detmold, Lauenburg, Lübeck, Bremen, Hamburg, Elsaß-Lothringen) kein Papiergeld ausgegeben. In den Staaten des Norddeutschen Bundes befanden sich im Jahre 1870, abgesehen von dem Papiergelde des Großherzogtums Oldenburg im Betrage von 2000000 Taler, welches der Oldenburgischen Landesbank zur Verstärkung ihrer Betriebsmittel überwiesen war, 40652742 Taler,[2] in sämtlichen Staaten des Deutschen Reichs nach den Mitteilungen der Bundes-Regierungen vom Oktober 1872 61374600 Taler Staats-Papiergeld der ver-

[1] Vgl. die Motive zu dem Entwurf eines Gesetzes, betr. die Ausprägung von Reichsgoldmünzen, im Eingange — Drucks. des Reichstages Nr. 50 [StenB. I. LegPer. II. Sess. 1871 Bd. 2 S. 128 (Anlagen)]. Neben diesen Münzsystemen bestand noch die Hamburger Bankvaluta als Rechnungswährung.

[2] Vgl. die Nachweisung in den Drucksachen des Reichstags Nr. 73 [StenB. I. LegPer. Sess. 1870 Bd. 3 S. 303 (Anlagen)].

schiedensten Sorten[3] im Umlauf. Die Klage über die sogenannten „wilden Scheine", welche außerhalb der Grenzen des eigenen Landes nur schwer und mit Verlust anzubringen waren und deren sich doch niemand erwehren konnte, war allgemein. Hierzu kam noch das vergleichsweise freilich nicht sehr beträchtliche Papiergeld, welches auf Grund besonderer Konzessionen von Eisenbahn-Gesellschaften, Kommunen und anderen Korporationen ausgegeben war.[4] Die Masse der umlaufenden papiernen Wertzeichen wurde aber seit Mitte der fünfziger Jahre in immer steigendem Umfange vermehrt durch die Banknoten. Zwar hatte die im Jahre 1846 in Preußen aus der ehemaligen Königlichen Bank (einer reinen Staatsbank) erwachsene, im Jahre 1856 mit unbeschränktem Notenrecht ausgestattete Preußische Bank[5] sich zufolge ihrer Leistungen in den großen Krisen von 1857, 1866 und 1870 mehr und mehr

[3] Vgl. die Übersicht in Anl. 1 der Motive zum Entwurf eines Gesetzes, betr. die Ausgabe von Reichskassenscheinen, Drucksachen des Reichstags Nr. 70 [StenB. II. LegPer. I. Sess. 1874 Bd. 3 S. 265 (Anlagen)].

[4] So die Scheine der Leipzig-Dresdner Eisenbahn-Gesellschaft und der Stadt Hannover (nach Ad. Wagner, Zettelbankpolitik S. 725, in den Jahren 1870/73 etwa 1770000 Mark).

[5] Vgl. Bankordnung v. 5. Oktober 1846 (PrGBl. S. 435), Vertrag vom 28./31. Januar 1856 und G. v. 7. Mai 1856 (das. 1856 S. 342).

zu einer Zentral-Notenbank für den größten Teil Deutschlands entwickelt, neben welcher die in den alten Provinzen Preußens bestehenden neun Privat-Notenbanken mit ihrer je auf 1 Million Taler beschränkten Notenausgabe-Befugnis kaum in Betracht kamen. Indessen hatten daneben die übrigen deutschen Souveräne von der Befugnis, Noten-Privilegien zu erteilen, in sehr reichlichem, oft das durch ihr Staatsgebiet bedingte Maß weit überschreitendem Umfange Gebrauch gemacht. Die Versuche Preußens, sich durch Verbote gegen den Umlauf solcher fremden Noten zu schützen,[6] hatten, zumal in Mitteldeutschland, wo die betreffenden Gebiete im Gemenge lagen, bei den vielfachen wechselseitigen Verkehrsbeziehungen keinen durchschlagenden Erfolg gehabt. So hatte sich der Umlauf der (durch Barvorrat) ungedeckten Noten in Deutschland von etwa 15 Millionen Mark zu Anfang der fünfziger Jahre, abgesehen von Bayern, nach den Monatsbilanzen berechnet, durchschnittlich im Jahre 1867 auf 202296000 Mark, im Jahre 1870 auf 342543000, im Jahre 1873 auf 400284000 Mark gesteigert.[7] Ende 1870 betrug der ungedeckte

[6] G. v. 14. Mai 1855 (PrGBl. S. 308), v. 25. Mai 1857 (PrGBl. S. 440), V. v. 22. April 1869 (PrGBl. S. 561) — sämtlich auch auf fremdes Papiergeld bezüglich.

[7] Vgl. Soetbeer, Deutsche Bankverfassung (Erlangen 1875) S. 4. Thorwart, „Die Entwickelung des Bank-

Notenumlauf in Deutschland einschließlich Bayerns 448159000 und Ende 1873 der gesamte Notenumlauf 1352548000 Mark, wovon 426808000 Mark ungedeckt.[8] Mehr als 140 Arten papierner Wertzeichen – Banknoten und Papiergeld in ihren verschiedenen Abschnitten — befanden sich im Jahre 1873 im Deutschen Reiche im Umlauf.[9]

Einem solchen Zustande ein Ende zu machen, wurde als eine der ersten Aufgaben des neu geeinigten Deutschland erkannt. Schon die Verfassung des Norddeutschen Bundes vom 26. Juli 1867[10] rechnet in Art. 4 zu den der Beaufsichtigung und Gesetzgebung des Bundes unterliegenden Angelegenheiten

„3. die Ordnung des Maß-, Münz- und Gewichtssystems, nebst Feststellung der Grundsätze über die Emission von fundiertem und unfundiertem Papiergelde;

4. die allgemeinen Bestimmungen über das Bankwesen" —

Vorschriften, welche sich in der am 1. Januar 1871 in Wirksamkeit getretenen Verfassung des Deutschen Bundes[11] und in der Verfassung des

notenumlaufs in Deutschland v. 1851—1880" in Conrad, Jahrb. für Nationalökonomie Band 41 S. 193ff.

[8] Vgl. die Übersicht bei Soetbeer S. 2a.

[9] Vgl. das. S. 5.

[10] BGBl. S. 1.

[11] BGBl. 1870 S. 627, 650, 654; 1871 S. 9.

Deutschen Reiches vom 16. April 1871[12] wiederholen.

Man schritt zunächst dazu, einer weiteren willkürlichen Vermehrung der Banknoten und des Papiergeldes vorzubeugen. Das (einstweilen nur bis zum 1. Juli 1872 geltende) Gesetz über die Ausgabe von Banknoten vom 27. März 1870[13] machte (im § 1) die Erwerbung der Befugnis zur Ausgabe von Banknoten von einem (auf Antrag der beteiligten Landesregierung zu erlassenden) Bundesgesetze[14] abhängig. Das gleiche Erfordernis wurde für gewisse Erweiterungen der bisherigen Privilegien eingeführt (§§ 2, 3).[15] Zugleich wurde die Kündigung der letzteren erleichtert (§ 4).[16] In ähnlicher Weise ließ das Gesetz

[12] BGBl. S. 63.

[13] BGBl. S. 51. Das Gesetz ist im Gebiete des Norddeutschen Bundes am 29. März 1870 in Wirksamkeit getreten (§ 6). Dasselbe ist durch Art. 80 II, 1 der Verfassung des Deutschen Bundes und durch § 2 des G. v. 16. April 1871 (BGBl. S. 63) zum Reichsgesetz erklärt, und zwar ist es in Baden, Südhessen, Württemberg und Bayern nach den betreffenden Vereinbarungen sowie dem G. v. 22. April 1871 (BGBl. S. 87) am 1. Januar 1872 in Kraft getreten. In Elsaß-Lothringen, wo sich die Preußische Bank bereits im Sommer 1871 niederließ (s. G. v. 4. Juli 1871 — GBl. für Elsaß-Lothringen S. 3), ist das Gesetz nicht eingeführt.

[14] Vgl. § 1 Abs. 1 des BankG. v. 14. März 1875 (unten C I, S. 129).

[15] Vgl. § 1 Abs. 1, §§ 47, 40 Nr. 1 das.

[16] Vgl. §§ 44 Nr. 7, 46 Abs. 1 das.

über die **Ausgabe von Papiergeld vom 16. Juni 1870**[17] die fernere Ausgabe oder Gestattung der Ausgabe von Papiergeld fortan nur auf Grund eines auf Antrag der beteiligten Landesregierung zu erlassenden **Bundesgesetzes** zu (§ 1) Lediglich der Ersatz des zurzeit umlaufenden Papiergeldes (nach stattgefundener Einziehung) durch neue Wertzeichen gleichen oder höheren Nennwerts wurde gestattet (§ 2).

Nachdem diese Sicherheitsmaßregeln getroffen waren, wandte sich das Reich in positiver Weise der **Münzreform** zu. Schon mittels Vertrages vom 13. Juni 1867[18] war der Münzvertrag mit Österreich und Liechtenstein mit Ablauf des Jahres 1867 außer Wirksamkeit gesetzt. Im Juni 1870

[17] BGBl. S. 507. Das Gesetz ist im Gebiete des Norddeutschen Bundes am 19. August 1870 in Wirksamkeit getreten und demnächst, wie das G. v. 27. März 1870, zum Gesetz des Deutschen Bundes bezw zum Reichsgesetz erklärt, in Baden und Südhessen aber schon am 1. Januar 1871 (in Württemberg und Bayern am 1. Januar 1872) in Kraft getreten. Eine zeitliche Schranke der Wirksamkeit des Gesetzes wurde (abweichend von dem Banknotengesetze v. 27. März 1870) nicht aufgenommen. Die Beschränkung sollte gelten „bis zur gesetzlichen Feststellung der Grundsätze über die Emission von Papiergeld (Art. 4 Nr. 3 der Bundesverfassung)".

[18] PrGBl. 1867 S. 1801. Wegen Einlösung der österreichischen Vereinstaler (vgl. S. 12, 13) übernahmen die Regierungen nur eine bedingte Verpflichtung. Vgl. S. 82 ff.

hatte der Bundesrat beschlossen, durch einen Ausschuß eine „Enquete über die bei der Ordnung des Münzwesens in Betracht kommenden Verhältnisse" zu veranstalten. Zugleich wurde eine Zusammenstellung von Erwägungen und Fragen, welche zum Teil die leitenden Gesichtspunkte der späteren Münzreform erkennen lassen, den Regierungen mitgeteilt und veröffentlicht.[19] Der im Juli 1870 ausbrechende Krieg brachte eine Verzögerung dieser Tätigkeit mit sich. Im Oktober 1871 wurde indessen vom Reichskanzler dem Bundesrat ein „Gesetzentwurf, betreffend die Ausprägung von Reichsgoldmünzen" nebst Motiven vorgelegt, welcher nach einigen Änderungen am 5. November 1871 an den Reichstag gelangte.[20] Das hieraus hervorgegangene Gesetz, betreffend die Ausprägung von Reichsgoldmünzen, wurde unterm 4. Dezember 1871 publiziert.[21] Dasselbe enthält bereits den entscheidenden Schritt zur

[19] Vgl. Soetbeer, Deutsche Münzverfassung (Erlangen 1874) S. 9.

[20] Die erste Beratung fand in der 19. und 20. Sitzung des Reichstages, am 11. und 13. November 1871, die zweite in der 23. und 24. Sitzung, am 17. und 18. November, die dritte (Schluß-)Beratung, am 21. und 23. November in der 26. und 28. Sitzung statt. (StenB. I. LegPer. II. Sess. 1871 Bd. 1 S. 226ff., 251ff., 317ff., 341ff., 418ff., 458ff.)

[21] RGBl. S. 404. Das Gesetz ist durch G. v. 15. Nov. 1874 (RGBl. S. 131) auch in Elsaß-Lothringen eingeführt. — Vgl. unten A IV, S. 100ff. Wegen Helgoland s. S. 47 Anm. 1.

Goldwährung, indem es die Ausprägung von Reichsgoldmünzen zu zehn und zwanzig Mark, sowie die Einziehung der bisherigen Goldmünzen anordnet, den Reichskanzler zur Einziehung der bisherigen groben Silbermünzen der Bundesstaaten ermächtigt, die fernere Ausprägung von anderen Goldmünzen sowie aller groben Silbermünzen untersagt und den neuen Reichsgoldmünzen, nach dem Wertverhältnis wie 15½ zu 1 von Gold zum Silber, die Eigenschaft gesetzlicher Zahlmittel beilegt. Die Ausprägung der Goldmünzen auf den Münzstätten der Bundesstaaten nach Bestimmung des Bundesrats bezw. des Reichskanzlers übernimmt nach dem Gesetze das Reich selbst.[22] Am 21. Februar 1873 ging dem Bundesrate, unterm 18. März 1873 dem Reichstage (unter verändertem Titel) der Entwurf des Münzgesetzes nebst Motiven zu, welcher hier mit zahlreichen Änderungen zur Annahme[23] gelangte und demnächst als

[22] Vgl. Soetbeer, a. a. O. S. 1ff., Helfferich, Reform des d. Geldwesens (Leipzig 1898) I S. 156ff. Hinsichtlich der Eichung und Stempelung von Goldmünzgewichten s. d. Ges. § 12, Eichordn. v. 27. Dezbr. 1884 §§ 48—51. Die äußersten Grenzen der im öffentlichen Verkehr noch zu duldenden Abweichungen bestimmt die Bek. des Reichskanzlers v. 27. Juli 1885 § 1 V C (RGBl. S. 268).

[23] 1. Beratung in der 10. und 11. Sitzung v. 28. und 29. März; 2. Beratung in der 17., 20. und 21. Sitzung v. 22., 25. u. 26. April; 3. Beratung in der

„Münzgesetz vom 9. Juli 1873“ publiziert ist.[24] Der Zweck derselben war nach den Motiven[25] „im Anschlusse an das Gesetz vom 4. Dezember 1871 die Ausprägung der nicht in Gold herzustellenden Münzen des Marksystems anzuordnen und die gesamte künftige Münzverfassung Deutschlands auf der Grundlage der Reichsgoldwährung und Markrechnung definitiv zu regeln, auch den Uebergang so zu ordnen, daß das neue Münzsystem so bald als irgend möglich ins Leben treten könne“. Im Reichstag kam indessen noch ein Artikel (2) hinzu, wonach außer den Doppelkronen und Kronen auch ein goldenes Fünfmarkstück auszuprägen war, auf welches in der Hauptsache die von jenen geltenden Bestimmungen entsprechende Anwendung fanden. Im übrigen ordnet das Gesetz die Ausprägung von Reichs-Scheidemünzen an (nämlich Silbermünzen zu 5, 2, 1 Mark, 50 und 20 Pfennig, Nickelmünzen zu 10 und 5 Pfennig, zu welchen nach dem Gesetze vom

28., 29. und 59. Sitzung v. 6. Mai, 8. Mai u. 23. Juni 1878. (StenB. I. LegPer. IV. Session 1878 Bd. 1 S. 117 ff., 316 ff., 343 ff., 521 ff., 557 ff., Bd. 2 S. 1352 ff.)

24 RGBl. S. 233. Das Gesetz ist auch in Elsaß-Lothringen eingeführt. Vgl. unten A II, IV S. 64 ff., 100 ff. und Soetbeer a. a. O. S. 67 ff. Wegen Helgoland s. A I S. 47 Anm. 1.

25 Aktenstück Nr. 15 in den StenB. des Reichstags Bd. 3 S. 70 ff. (Anlagen).

1. April 1886[26] noch eine Nickelmünze zu 20 Pfennig trat, und Kupfermünzen zu 2 und 1 Pfennig),[27] deren Charakter als solcher sich in der beschränkten Annahmepflicht im Privatverkehr sowie in der geordneten Umtauschverpflichtung des Reichs ausdrückt. Als gesetzliches Zahlungsmittel wurde außer den Reichsgoldmünzen einstweilen nur noch eine Reihe von Landesmünzen deutschen Gepräges zugelassen, welche bis auf einen Teil der Eintalerstücke jetzt sämtlich kraft der in dem Gesetze wiederholten Vollmacht auf Rechnung des Reichs eingezogen sind, während das Verbot der Ausprägung von anderen als Reichsmünzen verallgemeinert ist. Hinsichtlich der Herstellung der Münzen ist zwar das in dem Gesetze vom 4. Dezember 1871 angenommene System festgehalten. Aber es ist außerdem die Ausprägung von Goldmünzen (Doppelkronen) auf Privatrechnung (gegen Entrichtung einer mäßigen Prägegebühr) zugelassen, welche inzwischen in den Händen der Reichsbank eine große Ausdehnung gewonnen hat. Für die dauernde Aufrechterhaltung der Vollwertigkeit ist durch die Vorschrift gesorgt, daß Goldmünzen, welche infolge längerer Zirkulation und Abnutzung das gesetzlich festgesetzte Passiergewicht eingebüßt haben, und Reichs-Scheidemünzen, welche in gleicher Veranlassung erheblich an Gewicht oder Erkennbarkeit eingebüßt haben, für Rechnung des Reichs ein-

[26] RGBl. S. 67 (unten A II S. 67).
[27] Vgl. Anm. 31, unten A I. S. 63.

gezogen werden sollen. Ausländische Münzen können durch den Bundesrat nicht nur außer Kurs gesetzt, sondern es kann auch, wie in mehreren Fällen, namentlich (z. B. 1888) auch hinsichtlich der fremden Scheidemünzen (mit gewissen Ausnahmen) geschehen, ihr Umlauf ganz verboten werden.

Eine Ergänzung des Münzgesetzes ist noch vor Eintritt der Reichswährung durch das Gesetz vom 20. April 1874, betreffend die Abänderung des Art. 15 des Münzgesetzes vom 9. Juli 1873, erfolgt.[28] Durch dasselbe ist die Bestimmung des Münzgesetzes, wonach die nicht speziell in Art. 15 aufgeführten Münzen mit dem Eintritt der Reichswährung die Eigenschaft eines gesetzlichen Zahlungsmittels verlieren, hinsichtlich der fast ausschließlich in Deutschland befindlichen, bis zum Ablauf des Jahres 1867 (im Betrage von 31 115 849 Talern = 93 347 547 Mark) geprägten österreichischen Vereinstaler außer Anwendung gesetzt und diesen einstweilen ihre bisherige Stellung in unserem Geldsystem gewährt. Ihre Außerkurssetzung konnte danach nur im Wege der Gesetzgebung herbeigeführt werden. Der Bundesrat ist jedoch durch Gesetz

[28] RGBl. S. 35. Vgl. oben Anm. 18 und unten A II S. 91 ff. Die Entscheidung, wie die fraglichen Münzen schließlich aus dem deutschen Verkehr entfernt werden sollen, blieb damals noch offen. Vgl. StenB. des Reichstages S. 757 ff., Soetbeer, a. a. O. 174 ff. Helfferich, Die Folgen des deutsch-österreichischen Münzvereins von 1857, Straßburg 1894 S. 53 ff.

vom 28. Februar 1892 (RGBl. S. 315) ermächtigt worden, die Außerkurssetzung der österreichischen Taler in Deutschland anzuordnen und die hierfür erforderlichen Vorschriften festzustellen.[29] Dieselbe ist erfolgt laut Bekanntmachung des Reichskanzlers vom 8. November 1900 mit Einlösungsfrist bis zum 31. März 1901.[30] [Für Österreich-Ungarn ist die Außerkurssetzung der österreichischen Vereinstaler und Doppeltaler durch die k. k. Verordnung vom 12. und 19. April 1893 erfolgt.]

In den Jahren 1892, 1893 und 1894 wurden in 3 Raten von je Mark 8 666 667 zusammen Mark 26 000 001 österreichische Vereinstaler und Doppeltaler auf Grund eines mit dem Deutschen Reiche getroffenen Abkommens vom 20. Februar 1892 von Österreich gegen Erstattung des Werts in österreichischen Noten, der Taler zu $1^1/_2$ Fl. ö. W. gerechnet, zur Einschmelzung übernommen.

Einen weiteren Schritt hat das Gesetz vom 6. Januar 1876, betreffend die Abänderung des Artikels 15 des Münz-Gesetzes vom 9. Juli 1873[31] getan, wonach der Bundesrat befugt ist, zu bestimmen, daß die Eintalerstücke deutschen Gepräges, sowie die oben erwähnten österreichischen

[29] Vgl. unten S. 81 ff.

[30] RGBl. S. 1013. Unten A II, S. 83.

[31] RGBl. S. 8. Unten A II, S. 91 ff. StenB. II. LegPer. III. Session 1875/76 Bd. 1, S. 665 ff., 736 ff. (28. und 30. Sitzung vom 15. und 17. Dezbr. 1875).

Vereinstaler bis zu ihrer Außerkurssetzung nur noch an Stelle der Reichssilbermünzen unter Berechnung des Talers zu 3 Mark in Zahlung anzunehmen sind. Es kann also statt der Außerkurssetzung der Mittelweg einer ausdrücklichen Herabsetzung der Taler zu Scheidemünzen eingeschlagen werden. Indessen ist die Münzreform bei Erteilung dieser Vollmacht stehen geblieben. Ein Gebrauch davon ist seither nicht gemacht worden. Auch ist seit Mai 1879 der Verkauf von Silbermünzen (der Rest der Silberbarren ist später noch abgestoßen worden) für Rechnung des Reichs wegen der fortwährend steigenden Entwertung des Silbers auf dem Weltmarkte eingestellt. Unsere Währung blieb daher einstweilen noch eine hinkende („Etalon boiteux"), da die vorhandenen Taler neben den Reichsgoldmünzen unbeschränkt gesetzliches Zahlmittel sind.

Wie sehr sich auch das Münzgesetz im großen und ganzen bewährt hat, so haben die damit gesammelten Erfahrungen doch einige Mängel ergeben. Die Beseitigung dieser Mängel war das Ziel des Gesetzes betreffend Änderungen im Münzwesen vom 1. Juni 1900.[32] Dasselbe

[32] RGBl. S. 250. GesEntw. Nr. 403 d. Drucks. d. Reichstags, 10. LegPer. 1. Sess. 1898/1900. 1. Beratung in der 115. Sitzung v. 4. Dezbr. 1899; 2. Beratung in der 165. Sitzung v. 12. März 1900; 3. Beratung in der 201. Sitzung v. 20. Mai 1900. (StenB. S. 3201 ff., 4608 ff., 8738 ff. Ber. d. XVIII. Komm. Nr. 565 d. Drucksachen.) Vgl. unten S. 66 ff., 97 ff.

vereinigt aus Zweckmäßigkeitsrücksichten mehrere Abänderungen der geltenden Münzgesetze ohne inneren Zusammenhang. So die Beseitigung des goldenen Fünfmarkstücks, des Zwanzigpfennigstücks aus Silber und des Zwanzigpfennigstücks aus Nickel — Münzen, welche sich im Verkehr nicht einzubürgern vermocht haben —, ferner die Erhöhung des Höchstbetrags der Reichssilbermünzen von 10 auf 15 Mark für den Kopf der Bevölkerung, die Wiederzulassung der Ausprägung silberner Denkmünzen und die Abschaffung des besonderen Münzgewichts. Bei weitem die wichtigste dieser Maßregeln ist die Erhöhung der Kopfquote der Silbermünzen. Die Erfahrung hatte gezeigt, daß die vorhandenen Reichssilbermünzen den Bedarf des Verkehrs bei weitem nicht zu decken vermochten, daß letzterer vielmehr, obschon widerwillig, fortschreitend zur Aufnahme von Talern genötigt gewesen ist. Die Taler aber mit ihrer gesetzlichen Zahlkraft trotz der auch für sie in wenig geringerem Grade als bei den Reichssilbermünzen infolge Sinkens des Silberpreises eingetretenen Wertsverminderung[33] und in ihrem Mißverhältnis zum geltenden Dezimalsystem bilden immerhin eine Anomalie in unserem Münzsystem, welche nach den bisherigen Münzgesetzen nur langsam verschwinden

[33] Es handelt sich bei 3 Mark bezw. einem Taler und einem Silberpreis von 80 Mark per kg um einen Unterschied von etwas über 13 Pfennig zwischen beiden Arten von Münzen.

konnte. Indem nun das neue Gesetz Art. IV Abs. 3 vorschreibt, daß zu den durch die Erhöhung der Kopfquote vermehrten Neuprägungen nur Landessilbermünzen (d. s. eben nur noch Taler) verwendet werden dürfen, beschleunigt es die Einziehung der Taler dergestalt, daß in wenigen Jahren keine davon mehr im Umlauf und in den Beständen der Reichsbank sich befinden werden.

Erst hiermit kann die Münzreform als vollendet gelten.[34] Zweifellos wird Deutschland im Auslande an Kredit gewinnen, wenn künftig nicht nur der größere Teil, sondern — bis auf den notwendigen Betrag an Scheidemünzen — der ganze Metallvorrat der Reichsbank wie derjenige der Bank von England in Gold besteht und wenn nicht nur, wie bisher durch den koulanten Geschäftsgebrauch, sondern durch das Gesetz die Möglichkeit ausgeschlossen wird, daß in Deutschland die Einlösung der Noten und die Erfüllung von Verbindlichkeiten überhaupt in Silber, d. h. in Talern, wie es bisher gestattet war, erfolgt. Ebendeshalb aber stieß der Gesetzentwurf im Reichstage auf hartnäckige Opposition und es ist dieser gelungen, den Gesetzentwurf wenigstens in einem Punkte nicht unerheblich abzu-

[34] Vgl. Helfferich, Der Abschluß der d. Münzreform (Berlin 1899). Indessen sollte nach einem Beschlusse des Reichstags in dritter Beratung damit eine Stellung zur Währungsfrage nicht eingenommen werden (s. StenB. S. 5743 ff.).

ändern. Der Entwurf wollte — nach der auch in der Reichstags-Kommission noch gebilligten Gestalt des Art. IV Abs. 3 — soviel Taler einziehen und veräußern, als die entstehenden Verluste in dem aus den Neuprägungen sich ergebenden Münzgewinn Deckung finden. Damit sollte nicht bloß, wie das Münzgesetz von 1873 es will, durch Einziehung von einer dem Werte nach gleichen Menge der umlaufenden Taler einer Verschlechterung des Gesamtgeldumlaufs (Steigerung der Münzschuld) vorgebeugt, sondern es sollte auch die Gelegenheit benutzt werden, in Höhe des bei der Umprägung von Talern in (um 10 Prozent minderwertige) Reichssilbermünzen entstehenden Gewinns — also ohne Schaden für die Reichskasse — Gold anzukaufen und so, wenngleich in geringem Maße, die Golddeckung der Banknoten zu stärken.[35] Nach dem vom Reichstage angenommenen Antrag (Herold) soll beides unterbleiben. Es könnte also, wenn nicht die Durchführung der ganzen Maßregel in die Hände der Reichsverwaltung gelegt wäre (es ist nur ein Maximum gestattet) eine übergroße Vermehrung des Silberumlaufs die Folge sein. Jedenfalls vermehrt jede Neuprägung nach der jetzigen Gestalt des Abs. 3 den Nennwert des Silberumlaufs um $11^1/_9$ Prozent des umgeprägten Talerbestandes abzüglich der Kosten der Neuprägung.

[35] Vgl. Anl. A zum KommB. (s. Anm. 32).

Eine von der Regierung beabsichtigte Änderung des Mischungsverhältnisses der Fünfzigpfennigstücke[36] und damit praktischere Gestaltung dieser Münze scheiterte an dem Versuche der Mehrheit des Reichstages, durch Aufnahme eines entsprechenden Zusatzes zur Neuprägung von Dreimarkstücken (als Scheidemünze) an Stelle des angeblich allgemein beliebten Talers zu nötigen — eine Maßregel, welche bisher seit Beginn der Münzreform niemals angeregt ist und die neben vielen anderen Bedenken mit dem dieser zugrunde liegenden ungemein praktischen Dezimalsystem nicht in Einklang zu bringen wäre. Der Bundesrat hat dieselbe abgelehnt. Indessen hat der Vorgang zu einer vom Reichsschatzamt veranlaßten Umfrage in Verkehrskreisen geführt, welche eine starke Mehrheit gegen die Ausprägung von Dreimarkstücken ergeben hat.

Eine Resolution des Reichstags verlangt behufs besserer Unterscheidung von den Fünfpfennigstücken einen kleineren Reichsadler bei den Fünfzigpfennigstücken.

Seit Mitte Januar 1905 sind Fünfzigpfennigstücke mit der Bezeichnung als $^1/_2$ Mark und schärferem Rand ausgegeben.

[36] GesEntw. s. Nr. 280 der Drucksachen des Reichstages 11. LegPer. 1. Session 1903/04. KommB. Nr. 425 das. 1. Ber. v. 12. April, 2. Ber. v. 7. Juni, 3. Ber. v. 14. Juni 1904. Resol. (Blell) 14. Juni, 25. Juni 1904. (StenB. S. 2004 ff., 2991 ff., 3116, 3146.)

Die Ausprägung von Goldmünzen hat in den letzten Jahren große Fortschritte gemacht.

Nach der neuesten, dem Reichstag zufolge § 11 des Gesetzes vom 4. Dezember 1871 zugefertigten „Ueberſicht über die Ausprägung und Einziehung von Reichsmünzen bis Ende März 1903"[37] waren den Münzstätten bis Ende März 1903 zur Ausprägung von Reichsgoldmünzen

475 312,4	Kilogramm Feingold auf Reichsrechnung, einschließlich 2216,8 Kilogramm aus Mark 6 226 015 in nicht mehr umlaufsfähigen Reichsgoldmünzen,
938 872,9	Kilogramm Feingold auf Privatrechnung,
zuſ.: 1 414 185,3	Kilogramm Feingold

zugegangen.

Ausgeprägt sind nach der im Januar 1905 veröffentlichten Überſicht bis Ende Dezember 1904[38]

in Doppelkronen . . .	Mark	3 377 892 020
in Kronen	„	684 875 550
in halben Kronen . . .	„	27 969 925[39]
zusammen:	Mark	4 090 737 495
darunter auf Privatrechnung	Mark	2 765 101 580

37 Anlage X zur „Überſicht der Reichsausgaben und -einnahmen für das Rechnungsjahr 1902". Vgl. auch Anm. 26 unten A I S. 61.

38 In der 1. Beilage des RAnz. v. 11. Jan. 1905, Nr. 9.

39 Diese Ziffer hat sich seit Mitte März 1878 nicht verändert.

Davon sind wieder eingezogen:

an Doppelkronen	Mark	13 556 800
an Kronen	"	28 684 260
an halben Kronen . . .	"	24 249 855
zusammen:	Mark	66 490 915

Bleiben an Doppelkronen Mark 3 364 335 220, an Kronen Mark 656 191 290, an halben Kronen Mark 3 720 070, zusammen Mark 4 024 246 580.

Daß die Kronenausprägung (wie die Ausprägung kleiner Goldmünzen in fast allen Ländern mit ähnlichem Münzsystem) eine weit geringere ist, hat seine Ursache nicht bloß in den größeren Kosten und der gesteigerten Abnutzung, sondern trägt auch dem Umstande Rechnung, daß die Kronen allzu bereitwillig vom Verkehr festgehalten werden und die Banknotendeckung bei der Reichsbank vermindern. Indessen ist nach dem Antrage der Kommission eine Resolution im Reichstage von 1900 angenommen, wonach der Reichskanzler ersucht wird, bei Neuausprägung von Goldmünzen auf eine vermehrte Ausprägung von Kronen hinzuwirken.[40] Diese ist denn auch erfolgt.

Die Reichsbank hat von ihrer Errichtung ab bis zum 31. Dezember 1904 an Gold, teils in ausländischen Münzen, teils in Barren erworben:

40 Ber. d. XVIII. Komm. d. Reichstags, 10. LegPer. I. Sess. 1898/00 S. 15.

von Privaten für . .	Mark	2 844 040 714,20
vom Reich „ . . .	„	315 509 943,47
zusammen für:	Mark	3 159 550 657,67

Zur Ausprägung von Reichssilbermünzen waren den Münzstätten bis Ende März 1903 an Landessilbermünzen und an Barren aus solchen Münzen 3 125 776,6 Kilogramm Feinsilber überwiesen und außerdem 150 444,2 Kilogramm, welche sich bei der Einschmelzung von 30 173 300 Mark Zwanzigpfennigstücken und von 1 001 108 Mark anderer nicht mehr umlaufsfähiger Reichssilbermünzen behufs Umprägung ergeben haben.

Ausgeprägt sind bis Ende Dezember 1904 und bleiben nach Wiedereinziehung von Mark 31 464 710 der verschiedenen Sorten im Umlauf

in Fünfmarkstücken . . .	Mark	202 851 480
„ Zweimarkstücken . . .	„	224 345 488
„ Einmarkstücken	„	228 716 032
„ Fünfzigpfennigstücken .	„	71 411 753
„ Zwanzigpfennigstücken .	„	5 466 604
zusammen:	Mark	732 791 357

Von den Nickelmünzen sind bis Ende Dezember 1904 ausgeprägt und nach Einziehung von Mark 4 720 428 in Umlauf

Zwanzigpfennigstücke . . .	Mark	542 044
Zehnpfennigstücke	„	48 283 377
Fünfpfennigstücke	„	23 821 461
zusammen:	Mark	72 646 882

An Kupfermünzen sind

	Mark	16 795 163	geprägt,
wieder eingezogen	"	3 520	
bleiben	Mark	16 791 643	

Der Bestand des Reichs an Silberbarren, welcher Ende 1883 noch 188 936,$_{764}$ Pfund fein betrug, ist verkauft bezw. verwendet.

In den deutschen Schutzgebieten ist die Reichsmarkrechnung mit gewissen Modifikationen durch verschiedene Verordnungen der Gouverneure vom Jahre 1886 ab eingeführt und im Jahre 1905 einheitlich geregelt worden, ausgenommen in Deutsch-Ostafrika und Kiautschou. In Deutsch-Ostafrika besteht Rupienwährung auf Goldbasis. In Kiautschou ist das von alters her bestehende chinesische Geldwesen unverändert geblieben.[41]

Das Münzgesetz hat in seiner Schlußbestimmung (Art. 18) zugleich die Reform des Banknoten- und Papiergeldwesens weiter vorbereitet. Hinsichtlich des Staatspapiergeldes war vorgeschrieben, daß dasselbe spätestens bis zum 1. Januar 1876 eingezogen und spätestens 6 Monate vor diesem Termine öffentlich aufgerufen werden sollte. Dagegen war die Richtung, welche alles Staatspapiergeld durch Banknoten, die allerdings manche Vorzüge haben,[42] ersetzen wollte, nicht durchgedrungen. Das Gesetz kündigte vielmehr die Aus-

[41] Vgl. unten A VII, S. 109 ff.

[42] Vgl. Nasse in Preuß. Jahrb. Bd. 63 S. 512 ff.

gabe von Reichspapiergeld nach Maßgabe eines besonderen Gesetzes an, welches auch über die den einzelnen Bundesstaaten zum Zweck der Einziehung ihres Papiergeldes zu gewährenden Erleichterungen die näheren Bestimmungen treffen sollte.

Die hierin enthaltene Zusage zu verwirklichen, war das Gesetz vom 30. April 1874, betreffend die Ausgabe von Reichskassenscheinen,[43] bestimmt. Danach ist die Vorschrift wiederholt, daß kein Bundesstaat anders, als auf Grund eines Reichsgesetzes, Papiergeld ausgeben oder dessen Ausgabe gestatten darf (§. 8). An Stelle des bisherigen Staatspapiergeldes ist das Reichspapiergeld (Reichskassenscheine), zu dessen Annahme im Privatverkehr niemand gezwungen ist, zu vorsichtig limitiertem Betrage in Abschnitten von 5, 20 und 50 Mark ausgegeben, welches bis auf den unter die Bundesstaaten nach der Bevölkerungsziffer (demselben Maßstabe, nach welchem sie zu den Lasten des Reiches beitragen) verteilten Normalbetrag von 120 Millionen Mark (übereinstimmend mit dem Betrage des Reichskriegsschatzes)[44] aus den von den Staaten

[43] RGBl. S. 40 (unten B I, S. 116). Die erste Beratung im Reichstage fand in der 24. Sitzung vom 26. März, die zweite in der 26. und 35. Sitzung am 28. März und 18. April, die dritte in der 38. Sitzung v. 22. April 1874 statt. (StenB. II. LegPer. I. Session 1874 Bd. 1 S. 597 ff.; Bd. 2 S. 923 ff., 1026 ff.)

[44] G. v. 11. Nov. 1871 (RGBl. S. 409), V. v. 22. Jan. 1874 (RGBl. S. 9).

behufs Einziehung ihres überschießenden Papiergeldes empfangenen, spätestens bis zum 31. Dezember 1890 zurückzuerstattenden Vorschüssen wieder einzuziehen war. Nach der letzten über die Ausführung des Gesetzes veröffentlichten Übersicht,[45] welche bis Ende März 1892 reicht, sind von dem Landes-Papiergeld im Gesamtbetrage von 184 298 529 Mark eingezogen und vernichtet: 183 148 967 Mark. Von den zum Maximalbetrage von 54 889 941,72 Mark nach § 3 des Gesetzes zu gewährenden Vorschüssen sind auf die Reichshauptkasse angewiesen worden: Mark 54 123 567,14, die bis zum 31. Dezember 1890, dem gesetzlich bestimmten Termin, zurückgezahlt waren. Infolge dieser Rückzahlungen sind an Reichskassenscheinen eingezogen und vernichtet 54 123 565 Mark. — Inzwischen sind übrigens in den Jahren 1882 und 1883 neue Scheine ausgegeben und die Scheine alter Ausgabe bis auf einen geringen Rest eingezogen, bezüglich dessen das Gesetz vom 21. Juli 1884[46] bestimmt, daß diese Scheine vom 1. Juli 1885 ab nur noch bei der Königlich Preußischen Kontrolle der Saatspapiere eingelöst werden. Die Abschnitte zu 50 Mark der neuen Emission sind seit 1899 durch einen anderen Typus ersetzt. — Das zur Herstellung von Reichskassenscheinen (tatsächlich auch von Reichsbanknoten) verwendete sog. Wilcox-

[45] Bericht der Reichsschulden-Komm. v. 16. Mai 1893, IX. LegPer. I. Sess. 1893: Drucksache Nr. 16.
[46] RGBl. S. 172. Unten B II, S. 124.

papier ist in dem Gesetze vom 26. Mai 1885[47] durch Strafbestimmungen gegen unbefugte Nachahmungen geschützt.

Den Schluß der großen Reform machte die Regelung des Banknotenwesens. Die Wirksamkeit des oben erwähnten Gesetzes vom 27. März 1870 war durch das Gesetz vom 16. Juni 1872[48] bis zum 30. Juni 1873, ferner durch Gesetz vom 30. Juni 1873[49] bis zum 31. Dezember 1874, endlich durch Gesetz vom 21. Dezember 1874[50] Art. I bis zum 31. Dezember 1875 verlängert worden. Das letztgedachte Gesetz enthielt aber noch weitere Vorschriften. Schon vorher hatte nämlich der bereits angeführte Art. 18 des Münzgesetzes vom 9. Juli 1873 verordnet, daß bis zum 1. Januar 1876 sämtliche nicht auf Reichswährung lautenden Noten der Banken einzuziehen seien, und daß von da ab nur solche Banknoten in Umlauf bleiben oder ausgegeben werden dürfen, welche auf Reichswährung in Beträgen von nicht weniger als 100 Mark lauten, und diese Bestimmung auch auf die von Korporationen ausgegebenen Scheine ausgedehnt. Zur Ausführung und in teilweiser Verbesserung dieser Vorschriften wurde nun in dem Gesetze vom 21. Dezember 1874 eine staffelweise

[47] RGBl. S. 165. Unten B III, S. 125.
[48] RGBl. S. 169.
[49] RGBl. S. 159.
[50] RGBl. S. 193.

Einziehung der kleinen Notenabschnitte in der Weise angeordnet, daß schon vom 1. Juli 1875 ab Banknoten von 50 Mark und darunter nicht mehr ausgegeben werden sollten. Auch wurden die Banken verpflichtet, dem Reichskanzler bis spätestens den 30. Juni 1875 nachzuweisen, daß sie alle zur rechtzeitigen Einziehung ihrer nicht jener Vorschrift des Art. 18 entsprechenden Banknoten erforderlichen Schritte getan hätten; überdies haben sie monatlich Nachweisungen über die umlaufenden, die in den Bankkassen befindlichen und die nach erfolgter Einlösung vernichteten Noten zur Veröffentlichung einzureichen.[51] Hiermit war die Vorbereitung des Bankgesetzes abgeschlossen. Bereits im Juli 1874 war indessen der im Reichskanzleramte ausgearbeitete Entwurf eines solchen in die Öffentlichkeit gelangt, welcher von der Errichtung einer Reichsbank (Zentralnotenbank) absehend, lediglich durch Unterwerfung der bestehenden Notenbanken unter ein verwickeltes System von Normalstatuten allmählich eine rationelle Gestaltung des Notenbankwesens anbahnen wollte und namentlich auch eine Notensteuer von 1 Prozent jährlich für alle ungedeckten

[51] Diese letztere Vorschrift besteht noch jetzt. Vgl. unten C I, S. 138. Der völlige Ausschluß kleinerer Noten im Gegensatz zu den anderen großen Landesnotenbanken ist unbeschadet des metallischen Charakters unserer Währung wohl einer Modifikation auch im Interesse des Goldvorrats der Reichsbank fähig.

Noten, außerdem eine Abgabe von 4 Prozent für alle über einen fest bestimmten Betrag ausgegebenen ungedeckten Noten vorsah. Obgleich dieser Entwurf in der Literatur und in anderen öffentlichen Kundgebungen sogleich lebhaften Widerspruch fand, wurde derselbe doch in im wesentlichen unveränderter Gestalt am 5. November 1874 nebst Motiven dem Reichstage vorgelegt.[52] Aber schon bei der ersten Beratung in der 11. bis 13. Sitzung vom 16. bis 18. November[53] gab sich das allgemeine Verlangen nach einer Reichsbank (mit vielseitigen Obliegenheiten im öffentlichen Interesse) nachdrücklich kund. Die Kommission, welcher der Entwurf überwiesen wurde, vertagte sich daher sofort nach ihrer Konstituierung mit dem Beschlusse, daß sie die Diskussion des Bankgesetzes nicht für wünschenswert erachte, ehe ein Beschluß über die Einführung einer Reichsbank und deren Modalitäten gefaßt sei, und nahm ihre Beratungen erst nach Eingang einer entgegenkommenden, von einem entsprechenden Programm begleiteten Rückäußerung der verbündeten Regierungen wieder auf, indem ein Mitglied aus formellen Gründen jenes die Einführung der Reichsbank enthaltende Programm als revidierten Bankgesetzentwurf zum Gegenstand eigener Anträge machte. Das Resultat war die Annahme mit einigen Änderungen. Nach

[52] Aktenstück Nr. 27 — StenB. a. a. O. Bd. 8 S. 648.
[53] StenB. II. LegPer. II. Session 1874 Bd. 1 S. 149 ff., 175 ff., 208 ff.

Erstattung eines eingehenden Berichts seitens der Kommission[54] beriet das Plenum in der 52. bis 55. Sitzung vom 25. bis 28. Januar 1875 in der 2. Lesung[55] und nahm am 30. dess. Mts. in der 57. (Schluß-)Sitzung der Session den nur in einzelnen Punkten modifizierten Entwurf mit erheblicher Mehrheit an,[56] welcher darauf als „Bankgesetz vom 14. März 1875" publiziert wurde.[57]

Dasselbe beruht auf einer Vermittelung des Zentralbank-Systems mit der in den bestehenden Verhältnissen wurzelnden Bankenvielheit. Es sollte zunächst auf eine Reihe von Jahren ein von den wesentlichsten Übelständen befreiter Übergangszustand geschaffen werden, um sodann auf Grund der inzwischen gemachten Erfahrungen eine einheitliche Regelung herbeizuführen: Neue Notenprivilegien können nur durch ein Reichsgesetz erteilt werden (§ 1). Die Reichsbank erscheint, jedoch in gemäßigtem Sinne, als die Zentralnotenbank Deutsch-

[54] Aktenstück Nr. 195, StenB. a. a. O. Bd. 4, S. 1147 ff. (Anl.).

[55] StenB. a. a. O. Bd. 2, S. 1265 ff., 1291 ff., 1329 ff., 1364 ff.

[56] StenB. a. a. O. S. 1435 ff.

[57] RGBl. S. 177. — Unten C I, S. 129 ff. — Näheres über die Geschichte des Bankgesetzes s. bei Soetbeer, Deutsche Bankverfassung S. 5 ff. W. Lotz, Geschichte und Kritik des Deutschen Bankgesetzes v. 14. März 1875 — Leipzig, 1888. Helfferich, Reform d. d. Geldwesens S. 276 ff. Die Reichsbank 1876—1900 S. 5 ff.

lands. Ihre wesentlich wirtschaftliche, verkehrspolitische Bestimmung, auf welcher ihre Sonderrechte und Pflichten[58] beruhen, zeigt sich neben der Bezeichnung ihrer öffentlichen Aufgabe (BankG. § 12) hauptsächlich in der auch durch ihren Namen angedeuteten engen Verbindung mit den Einrichtungen des Reichs. Ihrer Verwaltung ist es verwehrt, sich lediglich oder auch nur in der Hauptsache durch Erwerbsrücksichten bestimmen zu lassen; dafür, daß für sie die Rücksicht auf das öffentliche Wohl maßgebend sei, sorgt die „Aufsicht und Leitung des Reichs". Wie die Reichsbank die Währung des Reichs schützt, seine Umlaufsmittel (Reichsmünzen und Reichskassenscheine) durch das elastische Verkehrswerkzeug der Banknoten ergänzt, so bildet sie vermöge ihrer Mittel und ihres Filialennetzes, mit welchem sie, aus der Preußischen Bank kraft der bereits in dem Bankgesetze (§ 61) erteilten Vollmacht hervorgegangen,[59] sofort das ganze Gebiet des Reichs überzog,[60] besonders in schlimmen Zeiten

[58] Neben ihrer Hauptaufgabe (§ 12) z. B. die Besorgung der Reichskassengeschäfte (§ 22), die Verpflichtung zum Ankauf von Barrengold zu festem Preise (§ 14 — s. auch Münzges. Art. 12 Anm. 25 unten A II, S. 87), andererseits das Recht zum Pfandverkauf (§ 20) und eine begrenzte Freiheit von Staatssteuern (§ 21).

[59] Vgl. das preuß. G. v. 27. März 1875 (PrGBl. S. 166) und den Vertrag v. 17./18. Mai 1875 (RGBl. S. 215 — unten C III, S. 252), Statut der Reichsbank v. 21. Mai 1875 (RGBl. S. 203 unten C II, S. 216).

[60] Noch im Jahre 1875 wurden kraft der in dem

den starken Rückhalt für den Kredit des Landes und erleichtert den gesamten Zahlungsverkehr, nicht bloß durch den Ankauf von kurzfälligen Wechseln und anderen Papieren, sowie durch ihr Einziehungsgeschäft und ihren Ein- und Auszahlungsverkehr, sondern hauptsächlich durch ihren großartig entwickelten Giroverkehr[61], einen Geschäftszweig, welcher ihr gegenüber der Beschränkung ihrer durch den Barvorrat ungedeckten Noten erst hinreichende Mittel zuführte, um ihre gesetzliche Mission zu erfüllen. Ihr Diskontosatz berücksichtigt auf der einen Seite die Verhältnisse des Geldmarktes, deren Einwirkung auch sie sich niemals entziehen kann, ist aber andererseits selbst nicht ohne Einfluß auf den Preis des Geldes, indem ihr die anderen Geldinstitute in der Regel folgen. In dieser bedeutenden Rolle für das Wirtschaftsleben des Reichs, dessen Zentralgeldbehälter sie bildet, unterscheidet sich die Reichsbank wesentlich nicht bloß von anderen Bank-

Gesetze v. 27. März 1875 § 2 enthaltenen Ermächtigung 7 außerpreußische „Bankkommanditen" errichtet. Am 1. Januar 1876 folgten 3 neue Hauptstellen und eine größere Zahl von Reichsbankstellen (s. unten C XV, S. 287).

[61] Die Umsätze im Giroverkehr betrugen im Jahre 1876 Mark 16 711 245 214, im Jahre 1904 Mark 194 568 Mill., die Guthaben einschließlich der schwebenden Übertragungen im Jahre 1876 durchschnittlich Mark 70 573 000, im Jahre 1904 nach dem Hinzutritt der Kassen des Reichs und der größeren Bundesstaaten Mark 534 789 000; Zahl der Girokunden Ende 1876: 3245, Ende 1904: 21 221.

geschäften, sondern auch von den „Privatnotenbanken".[62] Unter diesem Namen ließ das Gesetz nämlich neben ihr die übrigen Notenbanken einstweilen bestehen, knüpfte jedoch die Zulassung des Gebrauchs ihrer Noten zu Zahlungen, sowie den Betrieb von Bankgeschäften außerhalb des Gebiets des konzessionierenden Bundesstaats an die Unterwerfung unter gewisse, in der Hauptsache auch für die Reichsbank geltende Beschränkungen sowohl hinsichtlich des Notenrechts, als ihres sonstigen Geschäftsbetriebes, und unterstellte sie überdies der Aufsicht des Reichskanzlers. Von den bestehenden 32 Privatnotenbanken haben allmählich 27 ihr Notenrecht durch Verzicht oder Zeitablauf verloren, die übrigen bis auf eine (die Braunschweigische Bank) haben sich jenen Beschränkungen unterworfen.[63]

Von den für alle Notenbanken geltenden Bestimmungen des Bankgesetzes sind hervorzuheben: die Vorschriften über Ausschließung des Zwangskurses und über die Stückelung der Banknoten

[62] Vermögensrechtlich ist die Reichsbank zwar ähnlich wie die ehemalige Preußische Bank auf Privatkapital, und zwar ohne Reichseinschuß, gegründet und als besondere juristische Person von dem Reichsfiskus gesondert. Trotz einiger Ähnlichkeit mit der Aktiengesellschaft ist sie aber eine öffentliche Anstalt des Reichs unter einem in die verschiedensten Rechtsgebiete eingreifenden Sonderrechte. Vgl. BankG. § 12 Anm. 31, 34 (unten C I, S. 147, 148), oben S. 29.

[63] Vgl. BankG. § 9 Anm. 26 (unten C I, S. 148), § 45 Anm. 161 (das. S. 198).

(§§ 2, 3), deren Einlösung und Annahme in Zahlung (§ 4), den Ersatz für beschädigte Noten (ebenda), das Verbot der Wiederausgabe beschädigter und beschmutzter Noten (§ 5), den Aufruf und die Einziehung der Noten (§ 6), das Verbot gewisser Geschäfte (§ 7), die Verpflichtung zu bestimmten Veröffentlichungen (§ 8). Das Notengeschäft ist aber überdies einer wichtigen Beschränkung unterworfen, und zwar einer bedingten Notensteuer (§§ 9, 10). Um nämlich im Interesse der Goldwährung und aus anderen wirtschaftlichen Gründen einer übermäßigen Vermehrung des ungedeckten Notenumlaufs entgegenzuwirken, hat das Gesetz das System der sogenannten indirekten Kontingentierung der Banknoten angenommen. Einer jeden Bank ist ein Normalbetrag von nicht durch ihren Barvorrat gedeckten Noten überwiesen, wobei man den künftigen Notenumlauf weit unterschätzte (nämlich auf etwa 1 Milliarde Mark). Für die übrigen Noten haben die Banken für die Dauer der Überschreitung der steuerfreien Grenze eine Steuer von jährlich fünf vom Hundert (des Überschusses) an die Reichskasse zu entrichten. Für die Reichsbank würde jener Betrag, obwohl derselbe sich durch Zuwachs des den erloschenen Banken zugewiesenen Betrags bis zum 1. Januar 1894 auf 293400000 Mark erhöht hatte, sich längst als völlig unzureichend erwiesen haben. Ihre Verwaltung hat aber, abgesehen von der Vermehrung ihrer

Betriebsmittel durch ihren mächtig entwickelten Giroverkehr es in zahlreichen Fällen nicht gescheut, eine vorübergehende Überschreitung der Steuergrenze hinzunehmen, also ohne Gewinn oder sogar mit Verlust zu arbeiten, anstatt durch Erhöhung des Diskontsatzes dem Lande das Geld zu verteuern.[64]

Sodann ist die Ausübung des Notenrechts bei der Reichsbank sowohl, als bei den Notenbanken, welche sich den Beschränkungen des Gesetzes unterworfen haben, an das Erfordernis der sogenannten Dritteldeckung geknüpft (§§ 17, 44 Nr. 3, § 50 Nr. 1).[65] Ferner ist die Einlösung der Noten bei diesen Banken durch besondere, über die allgemeine Bestimmung des § 4 hinausgehende Vorschriften gesichert (§§ 18, 44 Nr. 4, 50 Nr. 3), und außerdem sind die in Rede stehenden Notenbanken zur wechselseitigen Annahme ihrer

[64] Bei der Beratung des Bankgesetzes hielt man dies für ausgeschlossen (s. StenB. d. Reichstags 1874/75 S. 1270 ff.). Das System der indirekten Noten-Kontingentierung ist aber schon deshalb ohne den vorausgesetzten entscheidenden Einfluß auf die Diskontpolitik der Reichsbank geblieben, weil es nicht bloß auf die Größe, sondern auch auf die Art des Geldbedarfs ankommt. Vgl. K. Helfferich, „Das Deutsche System der Kontingentierung des Notenumlaufs" in G. Schanz, Finanz-Archiv XIII, 28, 82 ff. Derselbe: Zur Erneuerung des Deutschen Bankgesetzes, Leipzig 1899, S. 90 ff.

[65] S. unten C I, Anm 65, 146, S. 160, 194.

Noten verpflichtet (§§ 19, 44 Nr. 5).[66] Überdies sind alle diese Banken auch in ihrem sonstigen Geschäftsbetriebe beschränkt, indem sie nur gesetzlich bestimmte Geschäfte betreiben bezw. ihre Betriebsmittel in solchen anlegen dürfen (§§ 13, 44 Nr. 1) und einen Reservefonds bis zu einem Viertel des Grundkapitals ansammeln müssen (§§ 24 Nr. 2, 44 Nr. 2).

Als Termin einer fortschreitenden einheitlichen Entwickelung des Notenbankwesens war in verschiedenen Vorschriften der 1. Januar 1891 in Aussicht genommen, zu welchem sowohl der Reichsbank als den dem Bankgesetz unterworfenen Privatnotenbanken gekündigt werden konnte (§§ 41, 44 Nr. 7).

Trotz einer lebhaften Agitation ist indessen damals alles im wesentlichen beim alten geblieben. Die Reichsregierung beschränkte sich „in der Erwägung, daß es — mindestens für den ersten Kündigungstermin — geraten war, die jetzige durch eine langjährige Erfahrung bewährte Organisation der Reichsbank in der Hauptsache beizubehalten, mithin die Reichsbank in ihrer Grundverfassung als ein zwar mit Privatkapital, jedoch unter der Verwaltung und Aufsicht des Reichs betriebenes Bankinstitut bis auf weiteres zu belassen", darauf,

66 Auch die Wiederausgabe der in Zahlung genommenen Noten, soweit es nicht Noten der Reichsbank sind, ist untersagt.

einen Gesetzentwurf vorzulegen, wodurch die Gewinnbeteiligung des Reichs bei der Reichsbank etwas vergrößert wurde,[67] und dieser Entwurf wurde nach lebhaften Debatten vom Reichstage angenommen.[68] Die darin enthaltene Änderung des § 24 des Bankgesetzes ist darauf, nachdem sie auch die Zustimmung der dazu berufenen außerordentlichen Generalversammlung der Reichsbankanteilseigner erhalten, als Gesetz vom 18. Dezember 1889[69] publiziert. Hiermit war seitens des Reichstags die Zustimmung zu einer Verlängerung des Privilegs der Reichsbank auf weitere 10 Jahre ausgesprochen (s. § 41 Abs. 3). Ebensowenig hat das Reich den Privatbanken gegenüber von dem vorbehaltenen Kündigungsrecht Gebrauch gemacht. Auch ihre Existenz war damit auf fernere 10 Jahre gefristet. Indessen sind die Privilegien von einigen der unbedeutenderen (preußischen) Notenbanken von selbst inzwischen nach Maßgabe ihrer Statuten 2c. erloschen.

Eingreifender waren die Änderungen beim Ab=

67 Vgl. Drucksachen des Reichstages 1889/90 Nr. 48.

68 Erste Beratung, 11. Sitzung v. 8. Nov. 1889 — StenB. S. 291—293. Zweite Beratung auf Grund mündlichen Berichts der VII. Kommission, 26. Sitzung v. 29. Nov. 1889 — das. S. 577—598, 27. Sitzung v. 2. Dez. 1889 — das. S. 599—680. Dritte Beratung, 31. Sitzung v. 6. Dez. 1889 — das. S. 718—730.

69 RGBl. S. 201. Vgl. unten C I, Anm. 77 S. 167.

lauf der zweiten zehnjährigen Periode. Schon im Januar 1899, also fast 2 Jahre vor Ablauf dieser Frist, wurde dem Reichstage der Entwurf eines Gesetzes betreffend die Abänderung des Bankgesetzes v. 14. März 1875[70] vorgelegt, welcher verschiedene nicht unwichtige Vorschläge auf Grund hervorgetretener Verkehrsbedürfnisse enthielt. Die „Begründung" hebt hervor, daß die Organisation der Reichsbank zwar ihrer Aufgabe vollkommen genügt habe, und daß es ebensowenig ratsam sei, an den übrigen grundlegenden, als zweckmäßig erprobten Bestimmungen des Bankgesetzes für die Reichsbank wie für die Privatnotenbanken etwas Wesentliches zu ändern. Dagegen empfehle es sich unter Berücksichtigung der fortschreitenden Entwickelung des deutschen Wirtschaftslebens, auf den gegebenen Grundlagen weiter bauend, die der Reichsbank zur Verfügung stehenden Mittel in einem Maße zu verstärken, welches sie in den Stand setze, den namentlich in den letzten Jahren sehr gestiegenen Verkehrsbedürfnissen auch in Zukunft in vollem Umfange zu genügen. Zu diesem Zwecke nahm der Entwurf eine Verstärkung des Grundkapitals der Reichsbank um 30 Millionen Mark und gleichzeitig eine allmähliche Erhöhung des Reservefonds bis auf 60 Millionen Mark in Aussicht, obwohl vor einer Überschätzung der Wirkung dieser Maßregeln gewarnt wurde. Ferner

[70] Nr. 95 d. Drucksachen d. Reichstags, 10. LegPer., I. Session 1898 99.

wurde mit Rücksicht auf die den gesteigerten Bedarf des Verkehrs an Zahlungsmitteln bezeugenden häufigen Überschreitungen der Grenze steuerfreier Noten eine Erhöhung des Kontingents auf 400 Millionen Mark vorgeschlagen. Der Entwurf suchte ferner gegenüber manchen ungünstigen Erfahrungen eine einheitliche Diskontopolitik dadurch zu sichern, daß er die Privatnotenbanken unbedingt nötigen wollte, nicht unter dem Diskontsatze der Reichsbank zu diskontieren, erstrebte sodann eine erweiterte Beteiligung des Reichs an dem Geschäftsgewinne der Reichsbank und regelte, abgesehen von einer unbedeutenden Erweiterung der Lombardfähigkeit von Effekten, endlich das Verhältnis der Reichsbank zu den noch umlaufenden Noten der Preußischen Bank. Im Reichstage[71] wurden zwar von mehreren Seiten Versuche gemacht, das Bankgesetz, insbesondere die Organisation der Reichsbank in viel einschneidenderer und umfassenderer Weise umzugestalten. Namentlich wurden die Anstrengungen erneuert, die Reichsbank durch Ausscheidung des Privatkapitals gänzlich zu „verstaatlichen“, oder man versuchte durch die vorgeschlagene Übernahme der neuen Bankanteile seitens

[71] Erste Beratung in d. 27., 28. u. 29. Sitzung v. 7., 8. u. 10. Febr. 1899; zweite Beratung in d. 73. Sitzung v. 27. April 1899; dritte Beratung in d. 74. Sitzung v. 28. April 1899 — StenB. S. 693 ff., 721 ff., 749 ff., 1965 ff., 1993 ff. Bericht der VIII. Komm. Nr. 209 der Drucksachen.

des Reichs oder Fixierung einer mäßigen Höchstdividende jenes Ziel teilweise und allmählich zu erreichen. Indessen scheiterten diese Versuche an der einmütigen Haltung der Bundesregierungen ebensosehr als an der großen Mehrheit des Reichstags. Auch andere von grundsätzlich verschiedenem Standpunkte ausgehende Bestrebungen, welche sich auf eine weit größere sofortige Grundkapitalsvermehrung, auf Beseitigung oder wesentlich weiteres Hinausrücken der steuerfreien Notengrenze, auf erhebliche Verkleinerung der Dividende der Bankanteile, auf gesetzliche Beseitigung des „Privatdiskonts" der Reichsbank und erweiterte Freiheit der Privatnotenbanken einerseits, andererseits auf deren völlige Aufhebung richteten, blieben ohne den gewünschten Erfolg. Nach einer überaus eingehenden, fast alle Fragen der Bankgesetzgebung und Bankpolitik berührenden Diskussion gelangte der Entwurf der Regierungen mit einigen auf einem Kompromiß der Parteien beruhenden Änderungen zur Annahme, welche freilich gewisse Zugeständnisse an jene abweichenden Anschauungen enthalten. So wurde beschlossen, daß das Grundkapital bis zum 31. Dezember 1905 noch um fernere 30 Millionen, also im ganzen auf 180 Millionen Mark erhöht werden, daß der Anteil der Reichsbank an dem Gesamtbetrage des steuerfreien Notenumlaufs eine Erhöhung um weitere 50 Millionen, also zunächst auf 450 Millionen Mark erfahren, daß die Teilung des nach Entrichtung der Vordividende von $3^1/_2$ Prozent und Dotierung des Reservefonds verbleibenden Überrestes des Reingewinns im Verhältnis von 3 zu 1 sofort beginnen soll und nicht, wie der Gesetzentwurf wollte, jener Überrest zunächst bis zur Erreichung einer Dividende von 5 Prozent zwischen Reich und Anteilseignern je zur Hälfte geteilt wird, hierauf aber erst die Teilung zu $^3/_4$ an die Reichskasse, zu $^1/_4$ an die Anteilseigner erfolgt. Ferner wurden nach langem, durch die Partikularinteressen genährtem und verschärftem Kampfe zwar der Privatdiskont der Reichsbank, sofern deren offizieller Diskont unter 4 Prozent beträgt, erhalten, die Privatnotenbanken aber nur in dem Falle an den offiziellen Satz der Reichsbank nach unten gebunden, wenn dieser 4 Prozent erreicht oder überschreitet, im übrigen dagegen nur verpflichtet, beim offiziellen Satze eine untere Grenze von $^1/_4$ Prozent, beim Privatsatze eine solche von $^1/_8$ Prozent inne zu halten. Der so veränderte Entwurf wurde, nachdem ihm die außerordentliche Generalversammlung der Bankanteilseigner vom 18. Mai 1899 zugestimmt hatte, als Gesetz, betreffend die Abänderung des Bankgesetzes vom 14. März 1875 unterm 7. Juni 1899 publiziert. Damit sind aufs neue für 10 Jahre in etwas erweiterter Form die Grundlagen unserer Notenbankverfassung gesichert, die, wenn der Einfluß ihrer Gegner, welche meist mit denen unserer gesetzlichen Währung zusammenfallen, der Heftigkeit ihrer

Agitation in der Presse, in Vereinen und in den Parlamenten entsprochen hätte, ernstlich gefährdet gewesen wären. Mögen sich diese Angriffe auch gelegentlich von Zeit zu Zeit wiederholen, die Bankverfassung steht jetzt zu fest, als daß eine wesentliche Änderung noch zu besorgen wäre.

Einen ausführlichen Rechenschaftsbericht über die Tätigkeit der Reichsbank während der ersten 25 Jahre ihres Bestehens enthält die aus diesem Anlaß von dem Reichsbankdirektorium herausgegebene Denkschrift.[72]

Wie aus dem Verwaltungsbericht der Reichsbank für 1904 hervorgeht, haben sich deren Gesamtumsätze von 36,7 Milliarden im Jahre 1876 auf 221,6 Milliarden, die Giroumsätze allein, an denen auch die Reichs- und bundesstaatlichen Kassen in großem Umfange teilnehmen, auf 194,5 Milliarden Mark im letzten Jahre gehoben. Mehr als 8,5 Milliarden Wechsel sind i. J. 1904 angekauft. Der Banknotenumlauf hat in demselben Jahr durchschnittlich 1288 1/2 Millionen, der Metallvorrat durchschnittlich 926 2/3 Millionen, davon das Gold 682,2 Millionen betragen. Die Spannung zwischen Höchst- und Mindestbetrag der ungedeckten Noten hat 663,8 Millionen Mark erreicht. Diese Zahlen und die Vermehrung der Bankanstalten, von 201 bei Beginn des Jahres 1876 bis auf 415 am

[72] Die Reichsbank 1876—1900. Berlin 1901, Kommissionsverlag von Gustav Fischer, Jena.

1. Januar 1905, zeigen deutlich die Leistungen der Reichsbank für den deutschen Verkehr und erklären zugleich die in den letzten Jahren infolge des großartigen gewerblichen Aufschwungs, welcher sich in Deutschland am frühesten, stärksten und nachhaltigsten geäußert hat, gestiegenen Diskontsätze.[73] Niemand vermag zu leugnen, daß mit unserem Bankgesetze in der Richtung, ein sicheres und einheitliches Banknotenwesen zu gewinnen, große Fortschritte gemacht worden sind.

Die weitere Entwickelung wird lehren, inwieweit die noch fortbestehenden Privatnotenbanken es verstehen werden, daneben einen nützlichen Wirkungskreis auf beschränktem Gebiet zu behaupten und zu erwerben. Geschähe das nicht, so würde es an hinlänglichen Gründen fehlen, auf die offenbar schon in dem Bankgesetze von 1875 vorsichtig angestrebte völlige Einheit der deutschen Banknote zu verzichten.

Der durch die vorstehend in ihrer Entwickelung geschilderten Reformgesetze in Deutschland ge-

[73] Die Steigerung des durchschnittlichen Bankdiskonts vollzog sich von 3,12 Proz. im Jahre 1894 auf 4,22 Proz. in 1904. Vom 19. Dezember 1899 bis zum 12. Januar 1900 hat der Diskont sogar 7 Proz. betragen. In den Nachbarländern, besonders in Frankreich, ist ein so hoher Diskont nicht nötig gewesen — wesentlich infolge der verschiedenen wirtschaftlichen Verhältnisse. Die Ursache für Frankreich in der sog. Prämienpolitik der dortigen Notenbank suchen zu wollen, ist verkehrt, wie häufig von fachmännischer Seite dargetan worden ist (Kommiss. Bericht z. Bankgesetzentwurf S. 49 ff., StenB. S. 2005 ff.).

schaffene Zustand des Geldwesens ist kein idealer, aber doch ein im ganzen gesunder und so grundverschieden von dem, was noch vor nicht viel mehr als drei Dezennien bestand, daß für diese Vergangenheit die Erinnerung und das Verständnis zu schwinden beginnen. Dabei darf nicht vergessen werden, daß einer für den Volkswohlstand bedenklichen Häufung der Umlaufsmittel auch durch die fortschreitende Entwickelung des Scheckwesens und der Buchübertragungen (im Giroverkehr) unter Führung der Reichsbank sehr erheblich vorgebeugt worden ist und fort und fort vorgebeugt wird. Seit ungefähr 20 Jahren ist in dieser Richtung durch die Einrichtung von Abrechnungsstellen bei der Reichsbank ein wichtiger Schritt vorwärts getan. Die mit der Wochenübersicht der Reichsbank monatlich veröffentlichten Nachweisungen zeigen, daß der Abrechnungsverkehr, wodurch gewaltige Beträge von Geldverbindlichkeiten ohne einen Pfennig Münze, ohne eine Banknote oder ein Stück Papiergeld lediglich vermöge Skontration und schließlicher Übertragung der Saldi auf Reichsbank-Giro-Konto ausgeglichen werden, in stetigem, wenngleich erst in den letzten Jahren rascher fortschreitendem Wachsen begriffen ist.[74]

[74] Die Einlieferungen bei den Abrechnungsstellen betrugen

im Jahre 1884 12180196000 Mark,
im Jahre 1904 32685273000 Mark.

So ist der Weg für die Vollendung unseres Geldwesens nach allen Seiten hin geebnet. Wie sehr auch die Ansichten über das, was in dieser Hinsicht noch zu erstreben, auseinandergehen, so ist doch darin alles einig, daß in der erreichten Einheit kein Rückschritt getan werden darf.

Aus der reichen Literatur über das heutige deutsche Geldwesen sind außer den volkswirtschaftlichen Lehr- und Handbüchern von Roscher, Knies, Wirth usw., den handelsrechtlichen Werken von Goldschmidt, Endemann, Gareis u. a., den Lehrbüchern des Deutschen Staatsrechts von Laband, Schulze, v. Rönne, Hänel, Zorn usw., sowie des Verwaltungsrechts von G. Meyer, Loening, Frhrn. v. Stengel usw. hervorzuheben:

Dr. Ad. Soetbeer: Deutsche Münzverfassung (Erlangen 1874) und der darin S. 136 ff. befindliche „Literaturnachweis in bezug auf die Deutsche Münzreform", bis zum Jahre 1902 fortgeführt bei Helfferich, Das Geld (siehe unten). Derselbe: (Soetbeer) Deutsche Bankverfassung (Erlangen 1875) [nebst Nachtrag (Erlangen 1881)] und der darin S. 191 ff. befindliche „Literaturnachweis in bezug auf das Bankwesen in Deutschland".

E. Nasse (W. Lexis): Geld- und Münzwesen in Schönberg, Handbuch d. Polit. Ökonomie I, 4. Aufl. (1896) S. 327 ff. Derselbe: Die Kündigung des Privilegiums der Reichsbank und der Privatnotenbanken, in Preuß. Jahrb. Bd. 63 (1888) S. 495 ff.

Stroell, Über Gegenwart und Zukunft des Deutschen Notenbankwesens in Schmoller, Jahrb. f. Gesetzgebung 1886. Derselbe: Über das deutsche Geldwesen im Kriegsfall, ebenda, Jahrg. 1899.

Ad. Wagner, Kredit- und Bankwesen in Schönberg a. a. O. S. 413 ff., besonders S. 503 ff. Derselbe, sub voce „Reichsbank" in v. Holtzendorff, Rechtslexikon 3. Ausg. Bd. 3 (1881) S. 345 ff. und die am Schlusse dieses Artikels verzeichnete Literatur.

W. Lotz, Geschichte und Kritik des Deutschen Bankgesetzes vom 14. März 1875, Leipzig 1888.

E. v. Philippovich, Die deutsche Reichsbank im Dienste der Finanzverwaltung des Reichs und der Bundesstaaten in Schanz Finanz-Archiv, Stuttgart 1886. Derselbe: Die Verlängerung des Reichsbankprivilegiums in Bd. 54 der Jahrb. f. Nationalökonomie und Statistik 1890 S. 275 ff.

Georg Cohn in Endemann, Handb. d. deutschen Handels-, See- und Wechselrechts III (1884) S. 854 ff. 878 ff., 884 ff., 921 ff., 987 ff., 1011 ff., 1041 ff., 1056 ff., 1093 ff., 1108 ff., 1135 ff.

W. Lotz, Der Streit um die Verstaatlichung der Reichsbank, München 1897.

Die Reichsbank, Verhandlungen der Plenarversammlung des deutschen Handelstages am 14. März 1898, Stuttgart 1898.

Dr. Karl Helfferich, Die Reform des deutschen Geldwesens nach der Gründung des Reiches: I. Band, Geschichte der deutschen Geldreform. Leipzig 1898. II. Band, Beiträge zur Geschichte der deutschen Geldreform, Leipzig 1898. Derselbe, Der Abschluß der deutschen Münzreform, Berlin 1899. Derselbe, Zur Erneuerung des deutschen Bankgesetzes, Leipzig 1899. Derselbe, Studien über Geld- und Bankwesen, Berlin 1900. Derselbe, Ausgewählte Reden und Aufsätze, über Geld- und Bankwesen von Ludwig Bamberger, Berlin 1900. Derselbe: Das Geld, Leipzig 1903 (mit ausführlicher Bibliographie).

H. Hartung, Der Scheck- und Giroverkehr der Reichsbank. Deutsche Zeit- und Streitfragen (Holtzendorff, 1880). Derselbe, Die Notenbanken unter dem Bankgesetz von 1875 in Bd. 56 der Jahrb. f. Nationalökonomie u. Statistik 1891.

Die Reichsbank 1876—1900, (Jubiläumsdenkschrift des Reichsbankdirektoriums) Berlin 1901. Komm.-Verlag v. Gustav Fischer, Jena.

Die Umlaufsmittel und deren Supplemente sind ausführlich behandelt auch in meinen Artikeln über „Banknoten", „Feingehalt", „Geld", „Giroverkehr", „Münzwesen", „Riscontro", „Scheck" in v. Holtzendorff, Rechtslexikon Bd. 1 bis 3, über „Münzwesen", „Notenbanken", „Papiergeld", „Reichsbank" in Frhr. v. Stengels Wörterbuch d. deutschen Verwaltungsrechts Bd. 2, über „Abrechnungsstellen", „Giroverkehr" in Conrad ꝛc., Handwörterbuch d. Staatswissenschaften 2. Aufl. Bd. 1, 4, sowie in meinen gesammelten Aufsätzen bezw. Vorträgen (Berlin 1892, Carl Heymanns Verlag) u. m. Abh. „Geld u. Geldwertzeichen" in Endemann (s. oben S. 44) II (1882) S. 113ff. u. „Geld und Wertpapiere" bei Bekker und Fischer, Beiträge z. Erl. u. Beurt. d. Entw. e. bürg. Gesetzb. Heft 4 (Berlin, J. Guttentag, 1889).

A. Münzgesetzgebung.

I.

Gesetz, betreffend die Ausprägung von Reichsgoldmünzen. Vom 4. Dezember 1871. (RGBl. S. 404. Ausgegeben am 7. Dezember 1871.)[1]

Wir Wilhelm, von Gottes Gnaden Deutscher Kaiser, König von Preußen ꝛc. verordnen im Namen des Deutschen Reichs, nach erfolgter Zustimmung des Bundesrathes und des Reichstages, wie folgt:

[1] Mit diesem Gesetze begann die nach Art. 4 Nr. 8 der Reichsverfassung der Beaufsichtigung seitens des Reichs und der Gesetzgebung desselben unterliegende Ordnung des Münzsystems. Das Gesetz enthält bereits, indem es die neuen Goldmünzen zu gesetzlichen Zahlungsmitteln erklärt (§ 8) und die Einstellung der Ausprägung von groben Silbermünzen anordnet (§ 10), den Übergang zu der freilich erst in dem Münzgesetze v. 9. Juli 1873 Art. 1 (unten II) förmlich proklamierten Goldwährung mit der Mark als Rechnungseinheit (§ 2). Die weitere Ausführung erfolgte hauptsächlich durch das soeben erwähnte Münzgesetz v. 9. Juli 1873.

Beide Gesetze sind mit gewissen Maßgaben auf Elsaß-Lothringen ausgedehnt durch das Gesetz v. 15. November

§. 1. Es wird eine Reichsgoldmünze ausgeprägt, von welcher aus Einem Pfunde feinen Goldes $139\frac{1}{2}$ Stück ausgebracht werden.[3]

1874 (s. unten IV), auf Helgoland durch die V. v. 22. März 1891 Art. I. Abschn. VI Ziff. 2 (RGBl. S. 21). Hinsichtlich des Münzwesens in den Schutzgebieten siehe unten VII S. 109.

[3] Der hiernach in Verbindung mit § 2 bestimmte Wert des Goldes in den Reichsgoldmünzen verhält sich zu dem Wert des Silbers in den Talermünzen wie $15\frac{1}{2}$ zu 1. Da nämlich aus dem Pfund feinen Silbers 30 Taler = 90 Mk. (§ 2) ausgebracht wurden (vgl. Wiener Münzvertrag v. 24. Januar 1857 Art. 2 — PrGBl. S. 812), so liefern $15\frac{1}{2}$ Pfund feines Silber ebenso wie ein Pfund feines Gold 1395 Mark ($139\frac{1}{2}$ Zehnmarkstücke = $69\frac{3}{4}$ Zwanzigmarkstücke). Vgl. § 8 Anm. 17.

Über die Benennung des Zehn- und des Zwanzigmarkstücks ist folgendes bestimmt:

Allerhöchster Erlaß, betreffend die einheitliche Benennung der Reichsgoldmünzen. Vom 17. Februar 1875 (RGBl. S. 72. Ausgegeben am 22. Februar 1875).

Auf Ihren Bericht vom 16. Februar d. J. bestimme Ich hierdurch, daß die Reichsbehörden für das Zehnmarkstück die Benennung „Krone“, für das Zwanzigmarkstück die Benennung „Doppelkrone“ anwenden. Dieser Erlaß ist durch das Reichs-Gesetzblatt zu veröffentlichen.

Berlin, den 17. Februar 1875.

Wilhelm.

Fürst von Bismarck.

An den Reichskanzler.

§ 2. Der zehnte Theil dieser Goldmünze wird Mark genannt und in hundert Pfennige eingetheilt.[3]

§ 3. Außer der Reichsgoldmünze zu 10 Mark (§ 1) sollen ferner ausgeprägt werden:

Reichsgoldmünzen zu 20 Mark, von welchen aus Einem Pfunde feinen Goldes $69^{3}/_{4}$ Stück ausgebracht werden.[4]

§ 4. Das Mischungsverhältniß der Reichsgoldmünzen wird auf 900 Tausendtheile Gold und 100 Tausendtheile Kupfer festgestellt.

Es werden demnach

125,$_{55}$ Zehn-Mark-Stücke,

62,$_{775}$ Zwanzig-Mark-Stücke

je Ein Pfund wiegen.[5]

§ 5. Die Reichsgoldmünzen tragen auf der

[3] Die Mark ist die Rechnungseinheit der Reichsgoldwährung (vgl. MünzG. Art. 1). Die Stückelung beruht auf dem Dezimalsystem.

[4] Vgl. § 1. Eine dritte Reichsgoldmünze, das durch das MünzG. v. 1878 Art. 2 geschaffene goldene Fünfmarkstück hat sich nicht bewährt und ist außer Kurs gesetzt (vgl. unten II Anm. 4 S. 66).

[5] Sog. Normalgewicht. Die Legierung (Beschickung) von $^{1}/_{10}$ Kupfer (vgl. auch MünzG. Art. 8 § 1 Abs. 2) entspricht dem Dezimalsystem. Das Zwanzigmarkstück wiegt danach 7,$_{9649542}$ Gr. Brutto (Münzgold), während es 7,$_{16845878}$ Gr. Feingold enthält. In betreff des Münzgewichts vgl. unten § 12 Anm. 28 S. 62.

Wegen zulässiger Abweichungen vom Normalgewicht und Feingehalt (Toleranz und Passiergewicht) vgl. §§ 7, 9.

einen Seite den Reichsadler mit der Inschrift „Deutsches Reich" und mit der Angabe des Werthes in Mark, sowie mit der Jahreszahl der Ausprägung, auf der anderen Seite das Bildniß des Landesherrn, beziehungsweise das Hoheitszeichen der freien Städte mit einer entsprechenden Umschrift und dem Münzzeichen.[6] Durchmesser der

[6] „auf der einen Seite" — sog. Reversseite, „auf der anderen Seite" — sog. Aversseite.

Die Bezeichnung mit den Bildnissen der Landesherren bezw. den Hoheitszeichen der freien Städte hat ebensowenig staatsrechtliche Bedeutung als das „Münzzeichen".

Über das letztere bestimmt der Bundesratsbeschluß v. 7. Dezember 1871 (Hirth, Ann. 1872 Sp. 795):

„1. Das Münzzeichen, welches auf der Aversseite der Reichsgoldmünzen anzubringen ist, besteht in einem Buchstaben, und die Wahl der Buchstaben richtet sich nach der Reihenfolge (Art. 6 der Reichsverfassung) der Staaten, welchen die betreffenden Münzstätten angehören (Berlin A usw.). Die Anbringung irgend welcher anderer Zeichen ist nicht zulässig."

Münzstätten gibt es noch sechs: zu Berlin (A) München (D), Dresden, jetzt Muldenhütten bei Freiberg i. S. (E), Stuttgart (F), Karlsruhe (G) und Hamburg (I). — Hannover (B), Frankfurt a/M. (C) und Darmstadt (H) sind eingestellt. In Frankfurt a/M. besteht nur noch eine amtliche Probieranstalt.

Über Form und Gepräge der in Preußen hergestellten Reichsgoldmünzen vgl. Bek. des preuß. Staatsministeriums v. 5. Febr. 1874 A (RAnz. v. 9. Febr. 1874 Nr. 34).

Münzen, Beschaffenheit und Inschrift der Ränder derselben werden vom Bundesrathe festgestellt.[7]

§ 6. Bis zum Erlaß eines Gesetzes über die Einziehung der groben Silbermünzen[8] erfolgt die

[7] Diese Bestimmung enthält der Bundesratsbeschluß v. 7. Dez. 1871 (Hirth, Ann. 1872 Sp. 795) dahin:

„2. Der Durchmesser der Reichsgoldmünzen soll betragen, und zwar:

für das Zehnmarkstück $19^1/_2$ Millimeter,
„ „ Zwanzigmarkstück $22^1/_2$ „ .

„3. Die Reichsgoldmünzen sind im Ringe mit einem glatten Rande zu prägen, welcher bei den Zwanzigmarkstücken die vertiefte Inschrift „Gott mit uns" nebst einer zwischen je zwei Worten der Inschrift stehenden vertieften Arabeske führt und bei den Zehnmarkstücken eine vertiefte bandartige Verzierung trägt.

„Der erhabene Rand (flaches Stäbchen mit Perlenkreis) soll auf Avers und Revers völlig gleich sein.

„4. Zur Sicherung der möglichsten Gleichförmigkeit des Gepräges der aus den verschiedenen Münzstätten hervorgehenden Reichsgoldmünzen sind die Urmatrize für die Reversseite, die Urmatrize (das Rad) für die Randschrift bezw. Randverzierung, und die Urmatrizen einer Normalzahlenreihe sowohl für die Zwanzig= als Zehnmarkstücke in der Münzstätte zu Berlin anzufertigen und mittels dieser Urmatrize hergestellte Matrizen allen übrigen mit der Ausmünzung von Reichsgoldmünzen betrauten Münzstätten zuzustellen."

[8] Die Vorschrift hatte hiernach eine nur vorübergehende Bestimmung. Vgl. aber MünzG. Art. 12 Abs. 1. Eine

Ausprägung der Goldmünzen auf Kosten des Reichs für sämmtliche Bundesstaaten auf den Münzstätten derjenigen Bundesstaaten, welche sich dazu bereit erklärt haben.

Der Reichskanzler bestimmt unter Zustimmung des Bundesrathes die in Gold auszumünzenden Beträge, die Vertheilung dieser Beträge auf die einzelnen Münzgattungen und auf die einzelnen Münzstätten und die den letzteren für die Prägung jeder einzelnen Münzgattung gleichmäßig zu gewährende Vergütung. Er versieht die Münzstätten mit dem Golde, welches für die ihnen überwiesenen Ausprägungen erforderlich ist.[9]

wichtige Ergänzung des § 6 enthält der das Recht der Privatausprägung einführende Art. 12 Abs. 2–5 des MünzG.

Wegen der Einziehung der groben Silbermünzen vgl. unten § 11 Abs. 2, MünzG. Art. 8 u. G. v. 1. Juni 1900 Art. IV Abs. 3, unten S. 77, 99.

[9] Zur Ausführung dieser Vorschrift enthält der Bundesratsbeschluß v. 7. Dez. 1871 folgende Bestimmungen (s. Hirth, Ann. 1872 Sp. 816):

„5. Die auszumünzende Goldmenge wird vorerst auf 100000 Pfund fein festgesetzt und nach Maßgabe der von den hohen Regierungen an das Reichskanzleramt gelangten Erklärungen auf die einzelnen Münzstätten verteilt.

„Die Ausprägung vorstehender Goldmengen hat zu $^{9}/_{10}$ in Zwanzigmarkstücken und zu $^{1}/_{10}$ in Zehnmarkstücken und die Ablieferung bezw. Verrechnung der ausgeprägten Stücke nach Maßgabe des Fortganges der Prägung zu erfolgen.

§ 7. Das Verfahren bei Ausprägung der Reichsgoldmünzen wird vom Bundesrathe festgestellt und unterliegt der Beaufsichtigung von Seiten des Reichs. Dieses Verfahren soll die vollständige Genauigkeit der Münzen nach Gehalt und Gewicht sicherstellen.[10] Soweit eine absolute Genauigkeit

„6. Für die sämtlichen Kosten der Prägung werden seitens der Reichskasse den Münzstätten für je ein Pfund in Zehnmarkstücken ausgemünztes Feingold oder für $139\frac{1}{2}$ Zehnmarkstücke 6 Mark und für je ein Pfund in Zwanzigmarkstücken ausgemünztes Feingold oder für $69\frac{3}{4}$ Zwanzigmarkstücke 4 Mark vergütet."

Später sind weitere Goldmengen zur Ausprägung überwiesen, wie die dem Reichstage seitens der Reichsregierung zugestellten „Denkschriften" und „Übersichten" (vgl. Anm. 26) ergeben. Nach der 3. „Denkschrift" ist das Verhältnis der Ausprägung zwischen Doppelkronen und Kronen auf $^4/_5$ und $^1/_5$ erhöht (Hirth, Ann. 1874 Sp. 875). Vgl. auch die Übersicht der Ausprägungen von Reichsgoldmünzen bis Ende Dez. 1904 im RAnz. Nr. 9 v. 11. Jan. 1905, erste Beilage. Dergleichen Übersichten enthält der Reichsanzeiger monatlich. Die Prägegebühr ist nach der 4. Denkschrift zufolge Bundesratsbeschlusses vom 29. Mai 1875 für Doppelkronen auf 2,75 Mark, für Kronen auf 4,75 Mark herabgesetzt (Hirth, Ann. 1876 S. 181), aber nach der 6. Denkschrift zufolge Bundesratsbeschlusses vom 22. Januar 1878 wiederum auf 6 Mark für Kronen, für das Pfund Feingold, erhöht (Hirth, Ann. 1879 S. 907). Vgl. II unten Art. 12 Anm. 25, 26 S. 87.

[10] Zur Ausführung dieser Vorschrift bestimmt der Bundesratsbeschluß v. 7. Dezember 1871 (Hirth, Ann. 1872 Sp. 858):

„7. Bei der Bestimmung des Feingehaltes des

bei dem einzelnen Stücke nicht innegehalten werden kann, soll die Abweichung[11] in Mehr oder Weniger

Goldes soll das nach Art. 19 bezw. Separatartikel 10 Ziffer 2 des Wiener Münzvertrags vorgeschriebene, damals vereinbarte Probeverfahren angewendet werden.

„8. Die Prüfung des Feingehaltes der zur Vermünzung legierten Schmelzmassen mittels Tiegel- oder Schöpfprobe muß durch zwei einander kontrollierende Beamte, somit von jedem Beamten selbständig unter eigener Verantwortung vorgenommen werden; ebenso müssen zur Feststellung des Durchschnittsgehaltes aller ausgemünzten Stücke auch die sämtlichen nach dem Beizen ausgeschiedenen ungeprägten Platten oder geprägten Stücke (Zessalien, Fehlplatten) nach den Münzsorten gesammelt, von Zeit zu Zeit eingeschmolzen und mittels Schöpf- oder Tiegelprobe ebenfalls von zwei Beamten auf ihren Feingehalt untersucht werden.

„9. Sämtliche bei dem ersten Justieren im Gewichte als richtig befundenen Münzplatten sollen, um das Justierpersonal zu kontrollieren, einer nochmaligen genauen Nachwiegung unterzogen werden.

„10. Von jeder Ablieferung geprägter Münzen hat der übernehmende Kassenbeamte drei Stück ohne Auswahl herauszunehmen und davon je ein Stück den beiden kontrollierenden Beamten zur Prüfung des Gewichtes und Gehaltes zu übergeben, das dritte Stück aber für den Fall einer weiteren Kontrolle zurückzulegen. Die während des Jahres zurückgelegten Stücke sollen noch ein halbes Jahr nach Abschluß des Rechnungsjahres aufbewahrt werden.

„11. Über alle vorgenommenen Gehaltsprüfungen und Stückproben sind von den betreffenden Beamten und unter deren Verantwortlichkeit Register oder Journale zu führen.

„12. Um stets eine Übersicht über das ausge-

im Gewicht nicht mehr als zwei und ein halb Tausendtheile seines Gewichts, im Feingehalt nicht mehr als zwei Tausendtheile betragen.

brachte Gewicht der Münzen im ganzen zu erhalten, sind die einzelnen Ablieferungen an die Kasse mit ihrem Bruttogewicht und der bei der Auszählung sich ergebenden Stückzahl bezw. Wertsumme in besonderem Verzeichnisse einzutragen und dabei die Abweichungen vom gesetzlichen Gewichte in Mehr oder Weniger anzugeben.

„13. Jede Münzstätte hat alljährlich über die bei ihr erfolgten Goldausprägungen an das Reichskanzleramt einen amtlichen Nachweis zu liefern, in welchem außer dem Gewichte und der Stückzahl der ausgeprägten Münzen, nach den einzelnen Sorten ausgeschieden, auch die Berechnung des gesetzlichen Gewichtes und die Abweichung von letzterem, sowie der bei den vorgenommenen Gehaltsprüfungen ermittelte Durchschnittsgehalt aufzunehmen sind.

„Dieser Nachweis hat sich auch auf das Ergebnis der mit Münzen anderer Münzstätten angestellten Prüfungen zu erstrecken.

„14. Die Beaufsichtigung von seiten des Reiches (§ 7 des G.) erfolgt durch Kommissare, welche der Reichskanzler ernennt. Dieselben haben durch örtliche Revisionen in den einzelnen Münzstätten sich über die Ausführung der vorstehenden Vorschriften, sowie über das gesamte Verfahren bei der Ausprägung der Goldmünzen Kenntnis zu verschaffen. Sie sind befugt, von allen zum Zwecke der Ausmünzung und zur Prüfung von Gewicht und Feingehalt der Münzen geführten Registern und Journalen Einsicht zu nehmen und den Feingehalt und das Gewicht der zur Zeit der Revision im Betriebe befindlichen Goldbestände und der neugeprägten Reichsgoldmünzen selbst zu prüfen.

§ 8. Alle Zahlungen, welche gesetzlich in Silbermünzen der Thalerwährung,[12] der süddeutschen Währung,[13] der lübischen[14] oder hamburgischen Kurant-Währung[15] oder in Thalern Gold bremer

„Die Münzbeamten sind gehalten, den Reichskommissaren hierbei in jeder Hinsicht Vorschub zu leisten."

Der Bundesratsbeschluß v. 29. Mai 1875 (Hirth, Ann. 1876 S. 181) bestimmt, die Nr. 7 des vorgedachten Beschlusses abändernd:

„Bei der Bestimmung des Feingehalts des Goldes soll überall das nach Art. 19 bezw. Separat-Art. 10 Ziff. 2 des Wiener Münzvertrages vorgeschriebene, damals vereinbarte Probierverfahren mit der Maßgabe angewendet werden, daß in Abänderung des § 1 der Beilage I zu dem bez. Separat-Art. 10 den kleinsten Gewichtsteil bei der Goldbestimmung ein Fünftausendteil der Probiergewichtseinheit bildet."

[11] Die sogen. „Toleranz" oder das „Remedium". — „im Gewicht" — d. h. im Normalgewicht (vgl. § 4). Den gesetzlichen Feingehalt siehe in den §§ 1 und 8.

[12] D. h. die Silbermünzen des Dreißigtalerfußes und des Vierzehntalerfußes (vgl. Wiener Münzvertrag Art. 3, 4). Die Einteilung des Talers war eine dreifach verschiedene. Wegen anderer grober Silbermünzen vgl. MünzG. Art. 16.

[13] D. h. des $52^1/_2$ Guldenfußes (vgl. Wiener Münzvertrag a. a. O.).

[14] Die lübische oder hamburgische Mark Kurant, eingeteilt in 16 Schillinge zu 12 Pfennigen.

[15] Die hamburgische Bankwährung (Mark Banko) ist durch das hamburgische G. v. 11. Nov. 1872 beseitigt.

Rechnung[16] zu leisten sind, oder geleistet werden dürfen, können in Reichsgoldmünzen (§§ 1 und 3) dergestalt geleistet werden, daß gerechnet wird:

das Zehn=Mark=Stück zum Werthe von $3^1/_3$ Thalern oder 5 Fl. 50 Kr. süddeutscher Währung, 8 Mark $5^1/_3$ Schilling lübischer und hamburgischer Kurant=Währung, $3^1/_{93}$ Thaler Gold bremer Rechnung;

das Zwanzig=Mark=Stück zum Werthe von $6^2/_3$ Thalern oder 11 Fl. 40 Kr. süddeutscher Währung, 16 Mark $10^2/_3$ Schilling lübischer und hamburgischer Kurant=Währung, $6^2/_{93}$ Thaler Gold bremer Rechnung.[17]

16 Der Taler Gold Bremer Rechnung (zu 72 Grote, zu 5 Schwaren) ist nicht geprägt; sein Wert ist dahin bestimmt, daß 420 Taler auf ein Zollpfund feinen Goldes gehen. Dagegen waren durch V. v. 19. September 1857 die deutsche Goldkrone und durch V. v. 26. Juli 1870 auch fremde Goldmünzen als Zahlmittel zugelassen. Durch G. v. 30. April 1872 hat Bremen seine bisherige Währung abgeschafft und im Anschluß an die Staaten der Talerwährung zuerst in Deutschland die Markrechnung eingeführt.

17 Vgl. Anm. 1. Durch diese Vorschrift wird, wie die Motive des Gesetzentwurfs bemerken, „während der Übergangsperiode eine Doppelwährung hergestellt". Die positive Konvertierungsnorm entspricht dem Wertverhältnis von 1 zu $15^1/_2$ (vgl. Anm. 2).

Wegen Elsaß=Lothringen vgl. G. v. 15. Nov. 1874 § 4 (unten IV).

Die weitere Ausführung des § 8 enthalten Art. 14 bis 17 des MünzG. v. 9. Juli 1873.

§ 9. Reichsgoldmünzen, deren Gewicht um nicht mehr als fünf Tausendtheile hinter dem Normalgewicht (§ 4) zurückbleibt (Passirgewicht),[18] und welche nicht durch gewaltsame oder gesetzwidrige Beschädigung am Gewicht verringert sind,[19] sollen bei allen Zahlungen als vollwichtig gelten.

Reichsgoldmünzen, welche das vorgedachte Passir-

[18] Die Fehlergrenze, nach welcher sich das „Passiergewicht", d. h. das zulässige Mindergewicht für den Privatverkehr, bestimmt, ist etwas weiter gegriffen als die in § 7 bestimmte Toleranz für die Münzstätten. Sie beträgt für die Doppelkrone $7{,}_{9251}$, für die Krone $8{,}_{9626}$ Gramm. Für das Fünfmarkstück war sie noch größer (s. MünzG. Art. 2). Für Reichs-Silber-, Nickel- und Kupfermünzen (Scheidemünzen) besteht kein Passiergewicht (s. MünzG. Art. 10).

[19] Den Gegensatz siehe in Abs. 8.

Der Bundesrat hat in der Sitzung v. 13. Dez. 1877 beschlossen,

„daß gewaltsam beschädigte, aber vollwichtig gebliebene echte Reichsmünzen von den Reichs- und Landeskassen anzuhalten, durch Zerschlagen oder Einschneiden für den Umlauf unbrauchbar zu machen und alsdann dem Einzahler zurückzugeben sind.

„Dieser Beschluß soll keine Anwendung finden:

1. auf Münzen, deren schadhafte Beschaffenheit von Mängeln bei der Ausprägung herrührt;
2. auf Münzen, deren Beschädigung so geringfügig ist, daß hierdurch ihre Umlaufsfähigkeit nicht beeinträchtigt wird."

(RZBl. 1878 S. 29.)

Im übrigen vgl. die Bekanntmachung des Reichskanzlers v. 9. Mai 1876 (unten V S. 103) gewicht nicht erreichen und an Zahlungsstatt von den Reichs-, Staats-, Provinzial- oder Kommunalkassen, sowie von Geld- und Kreditanstalten und Banken angenommen worden sind, dürfen von den gedachten Kassen und Anstalten nicht wieder ausgegeben werden.[20]

Die Reichsgoldmünzen werden, wenn dieselben in Folge längerer Circulation und Abnutzung am Gewicht so viel eingebüßt haben, daß sie das Passirgewicht nicht mehr erreichen, für Rechnung des Reichs[21] zum Einschmelzen eingezogen. Auch werden dergleichen abgenutzte Goldmünzen bei allen Kassen des Reichs und der Bundesstaaten stets voll zu demjenigen Werthe, zu welchem sie ausgegeben sind, angenommen werden.[22]

§ 10. Eine Ausprägung von anderen, als den durch dieses Gesetz eingeführten Goldmünzen, sowie von groben Silbermünzen, mit Ausnahme von Denkmünzen, findet bis auf Weiteres nicht statt.[23]

20 Eine Strafbestimmung ist nicht gegeben.

Wegen der Schutzgebiete s. S. 111, 113.

21 Nicht des ausgebenden Staats, wie der Entwurf wollte. Wegen der Ausführung vgl. die in Anm. 19 angeführte Bekanntmachung unter III und die dem Reichstage zugestellten Denkschriften und Übersichten (s. Anm. 26).

22 Wegen Reichs-Silber-, Nickel- und Kupfermünzen vgl. MünzG. Art. 10.

23 Der Entwurf wollte nur die Prägung von Talern (vgl. Wiener Münzvertrag Art. 11 Abs. 2) einstellen. Vgl. oben Anm. 1. Silberne Denkmünzen (z. B. Sieges-

§ 11. Die zur Zeit umlaufenden Goldmünzen der deutschen Bundesstaaten sind von Reichs wegen und auf Kosten des Reichs nach Maßgabe der Ausprägung der neuen Goldmünzen (§ 6) einzuziehen.[24]

Der Reichskanzler wird ermächtigt, in gleicher Weise die Einziehung der bisherigen groben Silbermünzen der deutschen Bundesstaaten anzuordnen und die zu diesem Behufe erforderlichen Mittel aus den bereitesten Beständen der Reichskasse zu entnehmen.[25]

taler) durften ebenfalls seit dem 31. Dez. 1878 nicht mehr geprägt werden (MünzG. Art. 11). Vgl. jedoch jetzt den abgeänderten Art. 8 § 2 Abs. 2 des MünzG. (G. v. 1. Juni 1900 Art. V unten S. 74, 99.)

[24] Vgl. MünzG. Art. 8 und die Bek. v. 6. Dezember 1873 (RGBl. S. 375). Dazu sind von den einzelnen Bundesstaaten Ausführungsverordnungen erlassen (für Preußen vgl. RAnz. Nr. 68 v. 20. März 1874). Die Einziehung ist längst beendet. Übersichten der eingelösten Landesgoldmünzen enthält das RZBl. 1874 S. 228, 262, 326, 1875 S. 282.

[25] Die weitere Ausführung enthält das MünzG. Art. 4, 6, 8 und das G. v. 1. Juni 1900 Art. IV Abs. 3. Nachrichten über die Einziehung von Landessilbermünzen siehe im RZBl. 1874 S. 367, 424, 442, 1875 bis Ende November monatlich, 1876 bis Ende Oktober monatlich, 1877 bis Ende November monatlich, 1878 desgleichen, 1879 bis Mai desgleichen; siehe auch die Übersicht der bis Ende Dezember 1877 eingezogenen Landessilbermünzen das. 1878 S. 31 f., bis

Ueber die Ausführung der vorstehenden Bestimmungen ist dem Reichstage alljährlich in seiner ersten ordentlichen Session Rechenschaft zu geben.[26]

§ 12. Es sollen Gewichtsstücke zur Eichung und Stempelung zugelassen werden, welche das Normalgewicht und das Passiergewicht[27] der nach Maßgabe dieses Gesetzes auszumünzenden Gold-

Ende Dezember 1878 das. 1879 S. 54, bis Ende Mai 1879 das. S. 408. Die späteren Einziehungen von Landessilbermünzen (nur Eintalerstücke) sind bisher offiziell nicht veröffentlicht worden, sie finden sich aber in einer bis 1897 reichenden Aufstellung des Reichsschatzamtes, welche Helfferich, Reform d. d. Geldwesens II S. 103, mitteilt.

[26] Dies ist geschehen in besonderen „Denkschriften"; s. für 1872 in Hirth, Ann. 1872 Sp. 858, für 1873 in Hirth, Ann. 1874 Sp. 618, für 1874 das. Sp. 875, für 1875 das. 1876 Sp. 180, für 1876 das. 1877 Sp. 853, für 1877 und 1878 das. 1879 S. 923, für 1879 das. 1880 S. 508, für 1880 das. 1882 S. 134. Die folgenden 4 Denkschriften v. 26. Nov. 1881 (Nr. 10: Drucks. d. Reichstags Nr. 20), 8. Jan. 1883 (Nr. 11; Drucks. d. Reichstags Nr. 114), 18. März 1884 (Nr. 12; Drucks. d. Reichstags Nr. 39) und v. 26. Febr. 1885 (Nr. 13; Drucks. d. Reichstags Nr. 214) sind in Hirths Ann. bisher nicht veröffentlicht. Statt der „Denkschriften" sind sodann in den Anlagen der dem Reichstage mitgeteilten „Übersicht der Reichsausgaben und -einnahmen" jedesmal besondere „Übersichten über die Ausprägung und Einziehung von Reichsmünzen" bis zum Schlusse des betreffenden Rechnungsjahres beigegeben. (Für das Rechnungsjahr 1902 in Anlage X.)

[27] Vgl. §§ 4 und 9.

münzen, sowie eines Vielfachen derselben angeben.[28] Für die Eichung und Stempelung dieser Gewichtsstücke sind die Bestimmungen der Artikel 10 und 18 der Maaß- und Gewichtsordnung vom 17. August 1868 (Bundesgesetzbl. S. 473)[29] maßgebend.[30]

[28] Hinsichtlich des Münzgewichts (als Grundlage der Ausmünzung) galten nach Art. 8 der Maß- und Gewichtsordnung noch weiter die in Art. 1 des Münzvertrags v. 24. Jan. 1857 gegebenen Bestimmungen, nämlich das Zollpfund von 500 Gramm mit selbständiger Einteilung. Der Art. 8 a. a. O. ist jedoch aufgehoben durch Art. VI d. G. v. 1. Juni 1900 (unten II Anm. 4, S. 66) dahin lautend:

„Der Art. 8 der Maß- und Gewichtsordnung vom 17. August 1868 (BGBl. S. 473) wird aufgehoben."

Demnach ist künftig von den Münzstätten auch im Münzwesen das allgemeine Verkehrsgewicht, das Kilogramm mit seinen Teilen und Vielfachen (vgl. Art. 1 Abs. 3 d. G. betr. die Abänderung der Maß- und Gewichtsordnung v. 26. April 1893 — RGBl. S. 151 und Art. 6 Abs. 2 und 3 d. G. v. 11. Juli 1884 — RGBl. S. 115) zur Anwendung zu bringen.

[29] Art. 10 lautet:

„Zum Zumessen und Zuwägen im öffentl. Verkehre dürfen nur in Gemäßheit dieser Maß- und Gewichtsordnung gehörig **gestempelte** Maße, Gewichte und Wagen angewendet werden.

Der Gebrauch unrichtiger Maße, Gewichte und Wagen ist untersagt, auch wenn dieselben im übrigen den Bestimmungen dieser Maß- und Gewichtsordnung entsprechen. Die näheren Bestimmungen über die äußersten

§ 13. Im Gebiet des Königreichs Bayern kann im Bedürfnißfall eine Untertheilung des Pfennigs in zwei Halb-Pfennige stattfinden.[31]

Urkundlich unter Unserer Höchsteigenhändigen Unterschrift und beigedrucktem Kaiserlichen Insiegel.

Gegeben Berlin, den 4. Dezember 1871.

(L. S.) **Wilhelm.**

Fürst v. Bismarck.

Grenzen der im öffentlichen Verkehr noch zu duldenden Abweichungen von der absoluten Richtigkeit erfolgen nach Vernehmung der im Art. 18 bezeichneten technischen Behörde durch den Bundesrat."

Die technische Behörde ist die „Normaleichungskommission", deren Befugnisse in Art. 18 bezeichnet sind.

[30] Vorschriften über die Eichung und Stempelung der Goldmünzgewichte sowie über die innezuhaltenden Fehlergrenzen enthält die von der Normaleichungskommission unterm 27. Dez. 1884 erlassene „Eichordnung für das Deutsche Reich", §§ 48—51 (bek. Beilage zu Nr. 5 des RGBl. v. 1885). Vgl. auch Bek. des Reichskanzlers v. 27. Juli 1885, § 1 V C (RGBl. S. 263).

[31] Nach Art. 11 des MünzG. v. 9. Juli 1873 kann eine Ausprägung von Halbpfennigstücken nicht in Frage kommen. Bis zur Einziehung der Hellerstücke haben diese im Gebiete des Königreichs Bayern die Halbpfennigstücke im Verkehr ersetzt (vgl. a. a. O. Art. 15 al. 5). Vgl. MünzG. Art. 6 Nr. 1, Art. 15 Nr. 5 u. Art. 3 Nr. 8.

II.

Münzgesetz. Vom 9. Juli 1873. (RGBl. S. 233. Ausgegeben am 15. Juli 1873.)[1]

Wir Wilhelm, von Gottes Gnaden Deutscher Kaiser, König von Preußen ꝛc. verordnen im Namen des Deutschen Reichs, nach erfolgter Zustimmung des Bundesrathes und des Reichstages, was folgt:

Art. 1. An die Stelle der in Deutschland geltenden Landeswährungen tritt die Reichsgoldwährung. Ihre Rechnungseinheit bildet die Mark, wie solche durch § 2 des Gesetzes vom 4. Dezember 1871, betreffend die Ausprägung von Reichsgoldmünzen (Reichs-Gesetzbl. S. 404), festgestellt worden ist.

Der Zeitpunkt, an welchem die Reichswährung im gesammten Reichsgebiete in Kraft treten soll, wird durch eine mit Zustimmung des Bundesrathes zu erlassende, mindestens drei Monate vor dem Eintritt dieses Zeitpunktes zu verkündende Verordnung

[1] Das Münzgesetz bringt die mit dem G. v. 4. Dez. 1871 (oben I) begonnene Münzreform in der Hauptsache zum gesetzlichen Abschluß. Die beschleunigte Einziehung der Taler nach dem G. v. 1. Juni 1900 (s. oben Einleitung, S. 15 ff.) wird sie vollenden.

Wegen der Einführung in Elsaß-Lothringen s. unten IV, in Helgoland s. oben I Anm. 1 S. 47.

des Kaisers bestimmt.[2] Die Landesregierungen sind ermächtigt, auch vor diesem Zeitpunkte für ihr Gebiet die Reichsmarkrechnung im Verordnungswege einzuführen.[3]

Art. 2. Außer den in dem Gesetze vom 4. Dezember 1871 bezeichneten Reichsgoldmünzen sollen ferner ausgeprägt werden Reichsgoldmünzen zu fünf Mark, von welchen aus einem Pfunde feinen Goldes 279 Stück ausgebracht werden. Die

[2] Dies ist geschehen durch die Verordnung, betreffend die Einführung der Reichswährung. Vom 22. September 1875 (RGBl. S. 303. Ausgegeben am 25. September 1875).

Wir **Wilhelm**, von Gottes Gnaden Deutscher Kaiser, König von Preußen rc. verordnen im Namen des Deutschen Reichs, auf Grund des Artikels 1 des Münzgesetzes vom 9. Juli 1873 (Reichs-Gesetzbl. S. 233), mit Zustimmung des Bundesrats, was folgt:

Einziger Artikel.

Die Reichswährung tritt im gesamten Reichsgebiete am 1. Januar 1876 in Kraft.

Urkundlich unter Unserer Höchsteigenhändigen Unterschrift und beigedrucktem Kaiserlichen Insiegel.

Gegeben Rostock, den 22. September 1875.

(L. S.) **Wilhelm.**

Fürst v. Bismarck.

[3] Hiervon haben alle Regierungen, mit Ausnahme von Bayern und Elsaß-Lothringen, Gebrauch gemacht.

Hinsichtlich der Einführung der Reichsmarkrechnung in den Schutzgebieten s. S. 109.

Bestimmungen der §§ 4, 5, 7, 8 und 9 jenes Gesetzes finden auf diese Münzen entsprechende Anwendung, jedoch mit der Maßgabe, daß bei denselben die Abweichung in Mehr oder Weniger im Gewicht (§ 7) vier Tausendteile, und der Unterschied zwischen dem Normalgewicht und dem Passiergewicht (§ 9) acht Tausendteile betragen darf.[4]

[4] Vgl. oben I Anm. 4, 11, 19 und die übrigen Anm. zu den angeführten Paragraphen. Zur Ausführung des Art. 2 bestimmt Näheres der Bundesratsbeschluß v. 8. Juli 1873 (Hirth, Ann. 1874 Sp. 879).

Die erst hierdurch in das Münzsystem eingeführten goldenen Fünfmarkstücke haben sich jedoch namentlich wegen ihrer Kleinheit und Unhandlichkeit nicht bewährt und wurden bereits seit 1881 von den Reichsbankkassen angehalten. Ihre völlige Außerkurssetzung verordnet das Gesetz, betreffend Änderungen im Münzwesen. Vom 1. Juni 1900 (RGBl. S. 250. Ausgegeben am 6. Juni 1900):

Wir **Wilhelm**, von Gottes Gnaden Deutscher Kaiser, König von Preußen rc. verordnen im Namen des Reichs, nach erfolgter Zustimmung des Bundesrats und des Reichstags, was folgt:

Art. I. Der Artikel 2 des Münzgesetzes vom 9. Juli 1873 (Reichs-Gesetzbl. S. 233) wird aufgehoben.

Die Reichsgoldmünzen zu fünf Mark sind auf Anordnung des Bundesrats mit einer Einlösungsfrist von einem Jahre außer Kurs zu setzen. Die Bekanntmachung über die Außerkurssetzung ist durch das Reichs-Gesetzblatt sowie durch die zu den amtlichen Bekannt-

Art. 3. Außer den Reichsgoldmünzen sollen als Reichsmünzen[5] und zwar

machungen der unteren Verwaltungsbehörden dienenden Tageszeitungen zu veröffentlichen.

Art. II bis VI s. unten S. 68, 69, 74, 76 ff. — oben S. 62.

Urkundlich unter Unserer Höchsteigenhändigen Unterschrift und beigedrucktem Kaiserlichen Insiegel.

Gegeben Neues Palais, den 1. Juni 1900.

(L. S.) **Wilhelm.**

Fürst zu Hohenlohe.

Der Passus „sowie — Tageszeitungen" beruht auf einem in der Reichstags-Kommission gestellten Antrage.

Im übrigen vgl. die Begründung des GesEntw. Aktenstück Nr. 403, KommBer. Aktenstück Nr. 565 u. StenB. d. Reichstags 10. LegPer. Session 1898/1900. 115. Sitzung S. 3201 ff., 165. Sitzung S. 4608 ff., 201. Sitzung S. 5703 ff.

Die Außerkurssetzung ist erfolgt laut Bekanntmachung des Reichskanzlers, betreffend die Außerkurssetzung der Reichsgoldmünzen zu fünf Mark. Vom 13. Juni 1900 (RGBl. S. 253). Die Einlösungsfrist ist mit dem 30. September 1901 erloschen.

[5] Alle nachstehend unter 1—3 aufgeführten Münzen haben den Charakter der Scheidemünze (vgl. Art. 9). Abs. 1 enthielt nach „Fünfzigpfennigstücke" ursprünglich noch die Worte „und Zwanzigpfennigstücke", Abs. 2 hinter „als Nickelmünzen" das Wort „Zwanzigpfennigstücke".

Letzteres war eingeschaltet durch das Gesetz betreffend die Ausprägung einer Nickelmünze

1. als Silbermünzen:
Fünfmarkstücke,
Zweimarkstücke,
Einmarkstücke,
Fünfzigpfennigstücke;

zu zwanzig Pfennig. Vom 1. April 1886. (RGBl. S. 67. Ausgegeben am 10. April 1886.)

Der Grund war die wachsende Abneigung des Publikums gegen das silberne Zwanzigpfennigstück wegen seiner Kleinheit und Unhandlichkeit und der dadurch bedingte Rückfluß in die öffentlichen Kassen, welcher bereits zu umfassender Umprägung dieser Münzen in mehr gangbare Silbermünzsorten geführt hatte. Die späteren Erfahrungen erwiesen die immer raschere Abnutzung des silbernen Zwanzigpfennigstücks und zugleich dessen völlige Entbehrlichkeit. Aber auch das Zwanzigpfennigstück aus Nickel hat sich nur wenig einzubürgern vermocht und wurde leicht mit dem Einmarkstück verwechselt. Seit 1892 sind Ausprägungen davon nicht mehr erfolgt. Der Verkehr erfordert erfahrungsgemäß überhaupt keine Teilmünze zwischen dem Fünfzig- und dem Zehnpfennigstück. Beide Arten von Scheidemünze beseitigt daher das Gesetz, betreffend Aenderungen im Münzwesen, vom 1. Juni 1900 (s. oben S. 66).

Artikel II.

Im Artikel 3 unter Nummer 1 des vorbezeichneten Gesetzes werden die Worte „und Zwanzigpfennigstücke", ferner im Artikel 3 § 1 Abs. 1 die Worte „und in 500 Zwanzigpfennigstücke", sowie im Artikel 3 § 1 Abs. 3 die Worte „mit Ausnahme der Zwanzigpfennigstücke" gestrichen.

Die Zwanzigpfennigstücke aus Silber sind außer

2. als Nickelmünzen:
Zehnpfennigstücke und
Fünfpfennigstücke;

Kurs zu setzen. Hierbei finden die Vorschriften des Artikel I Abs. 2 dieses Gesetzes mit der Maßgabe Anwendung, daß die Anordnung der Außerkurssetzung nicht vor dem 1. Januar 1902 erfolgen darf.

Artikel III.

Das Gesetz, betreffend die Ausprägung einer Nickelmünze zu zwanzig Pfennig, vom 1. April 1886 (Reichs-Gesetzbl. S. 67) tritt außer Kraft.

Die Zwanzigpfennigstücke aus Nickel sind außer Kurs zu setzen. Hierbei finden die Vorschriften des Artikel I Abs. 2 dieses Gesetzes mit der Maßgabe Anwendung, daß die Anordnung der Außerkurssetzung nicht vor dem 1. Januar 1903 erfolgen darf.

Vgl. die Begründung des GesEntw. S. 3—6, Komm. Ber. S. 6—9, StenB. d. Reichstags s. oben S. 67.

Die Außerkurssetzung ist erfolgt laut:

Bekanntmachung des Reichskanzlers, betreffend die Außerkurssetzung der Zwanzigpfennigstücke aus Silber. Vom 31. Oktober 1901 (RGBl. S. 486) und die

Bekanntmachung des Reichskanzlers, betreffend die Außerkurssetzung der Zwanzigpfennigstücke aus Nickel. Vom 16. Oktober 1902 (RGBl. S. 267).

Die Einlösbarkeit der ersteren hat mit dem 31. Dezbr. 1902, diejenige der letzteren mit dem 31. Dezbr. 1903 ihr Ende erreicht.

3. als Kupfermünzen:
Zweipfennigstücke und
Einpfennigstücke

nach Maßgabe folgender Bestimmungen ausgeprägt werden.

§ 1.[6] Bei Ausprägung der Silbermünzen wird das Pfund feinen Silbers in

[6] Hierzu bestimmt der Bundesratsbeschluß vom 8. Juli 1873 (Hirth, Ann. 1874 Sp. 574):

„5. Bei Prüfung des Feingehaltes der Reichssilbermünzen soll überall die Probe auf nassem Wege angewendet werden.

„6. Alle zur Vermünzung legierten Schmelzmassen müssen mittels Tiegel- oder Schöpfproben durch einen Beamten auf ihren Feingehalt geprüft werden. Ebenso müssen zur Feststellung des Durchschnittsgehaltes aller ausgemünzten Stücke auch die sämtlichen nach dem Beizen ausgeschiedenen ungeprägten Platten oder geprägten Stücke (Zessalien, Fehlplatten) nach den Münzsorten gesammelt, von Zeit zu Zeit eingeschmolzen und mittels Schöpf- oder Tiegelproben von zwei Beamten auf ihren Feingehalt geprüft werden.

„7. Die Bestimmungen unter Ziffer 11, 12 und 13 des Bundesratsbeschlusses v. 7. Dezember 1871 — s. oben I, Anm. 10 S. 58 — finden auf die Reichssilbermünzen Anwendung."

Die Unterwertigkeit der Reichssilbermünzen gegenüber den Talermünzen beträgt 10 Prozent (die Überwertigkeit der Talermünzen also $11^1/_9$ Prozent bei dem Wertverhältnis $15^1/_2 : 1$ — vgl. oben I Anm. 2). Dementsprechend ist auch die Toleranz bei ersteren weit größer als bei den Reichsgoldmünzen (vgl. oben I, Anm. 11, 12 S. 56). — Der Münzfuß schließt sich dem Dezimalsystem an.

20 Fünfmarkstücke,
50 Zweimarkstücke,
100 Einmarkstücke,
200 Fünfzigpfennigstücke

ausgebracht.

Das Mischungsverhältniß beträgt 900 Theile Silber und 100 Theile Kupfer, so daß 90 Mark in Silbermünzen 1 Pfund wiegen.

Das Verfahren bei Ausprägung dieser Münzen wird vom Bundesrath festgestellt. Bei den einzelnen Stücken darf die Abweichung im Mehr oder Weniger im Feingehalt nicht mehr als drei Tausendtheile, im Gewicht nicht mehr als zehn Tausendtheile betragen. In der Masse aber müssen das Normalgewicht und der Normalgehalt bei allen Silbermünzen innegehalten werden.[7]

§ 2.[8] Die Silbermünzen über ein Mark tragen

[7] Die Worte „und in 500 Zwanzigpfennigstücke" hinter „200 Fünfzigpfennigstücke" in § 1 Abs. 1 und die Worte „mit Ausnahme der Zwanzigpfennigstücke" hinter „Gewicht" in § 1 Abs. 3 sind nach Art. II Abs. 1 des Ges. v. 1. Juni 1900 (s. oben S. 66) gestrichen.

[8] Zu den §§ 2 und 3 bestimmt der Bundesratsbeschluß v. 8. Juli 1873 (Hirth, Ann. 1874 Sp. 574):

„3. Der Durchmesser der Silbermünzen soll betragen und zwar

für das Fünfmarkstück	38	Millimeter
„ „ Zweimarkstück	28	„
„ „ Einmarkstück	24	„
„ „ Fünfzigpfennigstück	20	„
„ „ Zwanzigpfennigstück	16	„

auf der einen Seite den Reichsadler mit der Inschrift „Deutsches Reich" und mit der Angabe des

„9. Die Fünfmarkstücke sind im Ringe mit einem glatten Rande zu prägen, welcher die vertiefte Inschrift: „Gott mit uns" neben einer zwischen je zwei Worten der Inschrift stehenden vertieften Arabeske führt. Dieselben tragen innerhalb des aus einem flachen Stäbchen mit Perlenkreis bestehenden erhabenen Randes auf der Reversseite über dem Reichsadler die Umschrift: „Deutsches Reich" nebst der Jahreszahl und unter dem Reichsadler die Inschrift: „Fünf Mark".

„10. Die Zwei- und Einmarkstücke, sowie die Fünfzig- und Zwanzigpfennigstücke sind im gerippten Ringe zu prägen und erhalten gleich den Reichsgoldmünzen und silbernen Fünfmarkstücken auf Avers- und Reversseite einen erhabenen aus einem flachen Stäbchen mit Perlenkreis bestehenden Rand. Innerhalb desselben tragen die Zweimarkstücke auf der Reversseite über dem Reichsadler die Umschrift „Deutsches Reich" nebst der Jahreszahl und unter dem Reichsadler die Umschrift „Zwei Mark".

„Die Einmarkstücke tragen auf der Reversseite die Inschrift „Deutsches Reich", „1 Mark" und die Jahreszahl und als Verzierung einen Kranz.

„Die Fünfzig- und Zwanzigpfennigstücke tragen auf der Reversseite oben die Umschrift „Deutsches Reich" nebst der Jahreszahl, in der Mitte in arabischen Ziffern die Zahl „50" bezw. „20" und unten die Umschrift „Pfennig".

„11. Die Nickelmünzen sollen aus einer Legierung von 75 Teilen Kupfer und 25 Teilen Nickel geprägt, und es soll das Pfund dieser Legierung zu

125 Zehnpfennigstücken bezw.
200 Fünfpfennigstücken

ausgebracht werden.

Werthes in Mark, sowie mit der Jahreszahl der Ausprägung, auf der anderen Seite das Bildniß

„12. Der Durchmesser dieser Münzen soll betragen und zwar

für das Zehnpfennigstück 21 Millimeter,
„ „ Fünfpfennigstück 18 „

„13. Die Prägung der Nickelmünzen erfolgt mit ganz glattem Rand. Das Gepräge der Reversseite ist das gleiche wie bei den Fünfzig- und Zwanzigpfennigstücken, an Stelle des Perlenkreises tritt jedoch eine Schnureinfassung, und die Ziffern „50“ und „20“ werden durch die Ziffern „10“ bezw. „5“ ersetzt.

„14. Die Kupfermünzen sollen aus einer Legierung von 95 Teilen Kupfer, 4 Teilen Zinn und 1 Teil Zink geprägt, und es soll das Pfund dieser Legierung ausgebracht werden in:

150 Zweipfennigstücken bezw.
250 Einpfennigstücken.

„15. Der Durchmesser dieser Münzen soll betragen und zwar

für das Zweipfennigstück 20 Millimeter,
„ „ Einpfennigstück $17^1/_2$ „ .

„16. Die Prägung der Kupfermünzen erfolgt mit ganz glattem Rand. Die Reversseite derselben gleicht jener der Fünfzig- und Zwanzigpfennigstücke, jedoch mit dem Unterschiede, daß an Stelle des Perlenkreises eine Fadeneinfassung tritt und daß die Ziffern „50“ und „20“ durch „2“ bezw. „1“ ersetzt werden.

„17. Bei denjenigen Münzen, welche das Münzzeichen nach Art. 3 § 3 des Münzgesetzes auf gleicher Seite mit dem Reichsadler tragen, wird das Münzzeichen zweimal und zwar unter dem Reichsadler zu beiden Seiten des Schwanzes angebracht.“

Eine etwas veränderte Prägung der Fünfzigpfennigstücke (mit einem Kranz auf beiden Seiten) bestimmt der

des Landesherrn beziehungsweise das Hoheitszeichen der freien Städte mit einer entsprechenden Umschrift und dem Münzzeichen. Durchmesser der Münzen, Beschaffenheit und Verzierung der Ränder derselben werden vom Bundesrathe festgestellt.

Der Bundesrath wird ermächtigt, Fünfmarkstücke und Zweimarkstücke als Denkmünzen in anderer Prägung herstellen zu lassen.[9]

Bundesratsbeschluß v. 9. Mai 1877 (Hirth, Ann. 1879 Sp. 906). Neuerdings sind solche mit der Bezeichnung als $^1/_2$ Mark und schärferem Rand geprägt und ausgegeben (Bundesratsbeschluß v. 6. Okt. 1904).

[9] Abs. 2 ist ein Zusatz des Reichstags, 10. LegPer. Session 1898/1900. Schon in der Kommission zur Vorberatung des Entwurfs eines Gesetzes, betr. Änderungen im Münzwesen, wurde ein entsprechender Antrag mit dem Zusatze (als Abs. 1)

„Der Artikel 11 des Münzgesetzes v. 9. Juli 1873 ist aufgehoben."

gegen den Widerspruch der Regierungen angenommen.

Dieser letztere Zusatz ist in zweiter Lesung des Plenums (auf Antrag des Abg. Kirsch) teils als überflüssig, teils aus materiellen Gründen (wegen der übrigen Münzen) gestrichen. Die Bestimmung selbst ist dagegen in zweiter und dritter Lesung angenommen, indem Art. V des G. v. 1. Juni 1900 (f. S. 66) lautet:

Dem Art. 3 § 2 des vorbezeichneten Gesetzes wird folgender Abs. 2 beigefügt:

„Der Bundesrat ꝛc." (wie oben).

Vgl. KommBer. Aktenstück Nr. 565 und StenB. des Reichstags, 10. LegPer. I. Session 1898/1900. 165. Sitzung S. 4628 ff., 201. Sitzung S. 5748.

An Denkmünzen sind bisher geprägt:

§ 3. Die übrigen Silbermünzen, die Nickel- und Kupfermünzen tragen auf der einen Seite die Werthangabe, die Jahreszahl und die Inschrift „Deutsches Reich", auf der andern Seite den Reichsadler und das Münzzeichen.[10] Die näheren Bestimmungen über Zusammensetzung, Gewicht und Durchmesser dieser Münzen, sowie über die Verzierung der Schriftseite und die Beschaffenheit der Ränder werden vom Bundesrathe festgestellt.

§ 4.[11] Die Silber-, Nickel- und Kupfermünzen

Fünfmarkstücke zum Betrage von 3656000 M. in 8 Arten.
Zweimarkstücke „ „ „ 6765250 „ „ 7 „ .

[10] Hier fehlen die Bildnisse der Landesherren und die Hoheitszeichen der freien Städte. Vgl. oben I Anm. 6.

[11] Zu § 4 bestimmt in Abänderung des Bundesratsbeschlusses v. 8. Juli 1873 (Hirth, Ann. 1874 Sp. 576) der Bundesratsbeschluß v. 29. Mai 1875 (das. 1876 S. 181):

„Für die sämtlichen Kosten der Prägung werden den Münzstätten aus der Reichskasse vergütet:

für die	Fünfmarkstücke in Silber	$^3/_4$	Prozent,
„ „	Zweimarkstücke	$1^1/_2$	„
„ „	Einmarkstücke	$1^3/_4$	„
„ „	Fünfzigpfennigstücke	$2^1/_2$	„
„ „	Zwanzigpfennigstücke	4	„
„ „	Zehnpfennigstücke	3	„
„ „	Fünfpfennigstücke	6	„
„ „	Zweipfennigstücke	15	„
„ „	Einpfennigstücke	30	„

des ausgeprägten Nominalwertes.

„Für die Ausprägung der Nickel- und Kupfermünzen wird den Münzstätten das Metall in Form von Münzplättchen geliefert."

Die Ausprägungen sind im RGBl. bis zum 31. Januar

werden auf den Münzstätten derjenigen Bundesstaaten, welche sich dazu bereit erklären, ausgeprägt. Die Ausprägung und Ausgabe dieser Münzen unterliegt der Beaufsichtigung von Seiten des Reichs. Der Reichskanzler bestimmt unter Zustimmung des Bundesrathes die auszuprägenden Beträge, die Vertheilung dieser Beträge auf die einzelnen Münzgattungen und auf die einzelnen Münzstätten und die den letzteren für die Prägung jeder einzelnen Münzgattung gleichmäßig zu gewährende Vergütung. Die Beschaffung der Münzmetalle für die Münzstätten erfolgt auf Anordnung des Reichskanzlers.

Art. 4.[12] Der Gesammtbetrag der Reichssilber-

1880 wöchentlich, bis zum 30. November jenes Jahres monatlich veröffentlicht worden. Seitdem erfolgt die Veröffentlichung monatlich im RAnz. Vgl. auch die „Denkschriften" bezw. „Übersichten" oben 1 Anm. 9 und Anm. 26 S. 52, 61.

Über Form und Gepräge der in Art. 3 behandelten Reichsmünzen in Preußen vgl. die Bek. des Staatsministeriums v. 8. Februar 1874 A II—IV (RAnz. v. 9. Febr. 1874 Nr. 34).

[12] Der Art. 4 lautete früher:

„Der Gesamtbetrag der Reichssilbermünzen soll bis auf weiteres zehn Mark für den Kopf der Bevölkerung des Reichs nicht übersteigen.

Bei jeder Ausgabe dieser Münzen ist eine dem Werte nach gleiche Menge der umlaufenden groben Landessilbermünzen und zwar zunächst der nicht dem Dreißigtalerfuße angehörenden einzuziehen. Der Wert wird nach der Vorschrift im Art. 14 § 2 berechnet."

münzen soll bis auf Weiteres fünfzehn Mark für den Kopf der Bevölkerung des Reichs[13] nicht übersteigen.

Hiernach hätten bisher, da die Reichssilbermünzen den Talern gegenüber um 10 Prozent minderwertig ausgeprägt werden, bei der Einziehung von Talern zwecks Umprägung stets etwa 10 Prozent mehr an Talern, als zu den Neuprägungen erforderlich war, eingezogen werden sollen. Dies ist bisher unterblieben (s. Helfferich, Reform d. d. Geldwesens II, S. 460—463).

[13] Nach der Zählung v. 1. Dezember 1900 also Mark 845 507 767 (vgl. Statistisches Jahrbuch des Deutschen Reichs 1904 S. 1). Ausgeprägt sind bis Ende Dezember 1904 nach Abzug der Wiedereinziehungen nur Mark 782 791 857 (s. d. Übersicht vom 31. Dezember 1904, oben Einleitung, S. 21).

Eine Vermehrung des auf den Kopf der Bevölkerung entfallenden Höchstbetrages an Reichssilbermünzen auf 12 Mark wurde im Jahre 1880 nach Maßgabe des damals eingebrachten, aber nicht mehr erledigten Gesetzentwurfs beabsichtigt (s. Reichstagsdrucksachen 4. LegPer. 3. Sess. 1880 S. 899 ff.). Vgl. auch die Interpellation betr. die Neuausprägung von Reichssilbermünzen und deren Besprechung in der Reichstagssitzung v. 6. April 1894 (Reichstagsdrucksachen 9. LegPer. 2. Sess. S. 1947 ff.).

Der dem Reichstage im November 1899 vorgelegte „Entwurf eines Gesetzes betreffend Änderungen im Münzwesen" lautete in Art. IV:

An die Stelle des Art. 4 d. MünzG. v. 9. Juli 1873 tritt folgende Bestimmung:

„Der Gesamtbetrag der Reichssilbermünzen soll bis auf weiteres vierzehn Mark für den Kopf der Bevölkerung des Reichs nicht übersteigen.

Bei Neuprägungen dieser Münzen sind Landessilbermünzen insoweit einzuziehen und zu veräußern, als die hierdurch entstehenden Verluste in dem aus

Zur Neuprägung dieser Münzen sind Landessilbermünzen insoweit einzuziehen,

den Neuprägungen sich ergebenden Münzgewinne Deckung finden.“

Die Begründung wies darauf hin, daß nach der Entwickelung der Geldverkehrsverhältnisse diesen die Höchstquote von 10 Mark nicht mehr entspreche. Nach vorsichtiger Ermittelung erfordere der Verkehr einschließlich des für die Reichsbank zur Aufrechterhaltung eines ordentlichen Kassenbetriebs benötigten Bestandes mindestens den Betrag von 14 Mark für den Kopf der Bevölkerung in Silbermünzen, und die Erfahrungen zeigten, daß gegenüber den Talern die Reichssilbermünzen bei weitem bevorzugt würden. Dem bei der Münzreform verfolgten Ziele gemäß, solle das für die Erhöhung der Kopfquote notwendige Prägematerial dem Talervorrate entnommen werden, wie bisher bei den Neuprägungen von Silber. Um aber einer Verschlechterung des Gesamtgeldumlaufs vorzubeugen, solle der sich bei den Prägungen ergebende Münzgewinn dazu dienen, Gold anzukaufen und die bei dem Verkauf von Landessilbermünzen erwachsenden Verluste zu decken. — Die Kommission des Reichstages erhöhte die Kopfquote auf 15 Mark, nahm aber im übrigen den Entw. unverändert an. Bei der 2. Beratung des Entw. im Plenum des Reichstags wurde jedoch ein Antrag (des Abg. Herold) angenommen und dann auch in der 3. Lesung gebilligt, wonach, abweichend von Art. 4 Abs. 2 des MünzG. in der bisherigen Gestalt, nur soviel Landessilbermünzen einzuziehen sind, als für die Neuprägungen und deren Kosten erforderlich sind, also nicht eine dem Werte nach gleiche Menge, sondern fast 10 Prozent weniger (vgl. Art. 3 § 1 das.). Nur der zur Deckung der Prägekosten erforderliche Betrag tritt den einzuziehenden Silbermünzen hinzu. Von einer Veräußerung überschüssiger Taler ist überhaupt nicht mehr als solche für die Neuprägungen und deren Kosten erforderlich sind.

Art. 5. Der Gesammtbetrag der Nickel- und Kupfermünzen soll zwei und eine halbe Mark für den Kopf der Bevölkerung des Reichs nicht übersteigen.

Art. 6. Von den Landesscheidemünzen sind:

1) die auf andere als Thalerwährung lautenden, mit Ausschluß der bayerischen Heller und der mecklenburgischen nach dem Marksysteme ausgeprägten Fünf-, Zwei- und Einpfennigstücke,
2) die auf der Zwölftheilung des Groschens beruhenden Scheidemünzen zu 2 und 4 Pfennigen,
3) die Scheidemünzen der Thalerwährung, welche auf einer anderen Eintheilung des Thalers, als der in 30 Groschen beruhen, mit Ausnahme der Stücke im Werthe von $^1/_{12}$ Thaler,

bis zu dem Zeitpunkte des Eintritts der Reichswährung (Art. 1) einzuziehen.

Nach diesem Zeitpunkte ist Niemand verpflichtet, diese Scheidemünzen in Zahlung zu nehmen, als die mit der Einlösung derselben beauftragten Kassen.[14]

die Rede. Der Münzgewinn bleibt gewissermaßen in der Schwebe und die Unterwertigkeit des gesamten Silbermünzumlaufs wächst in demselben Maße als der Umlauf selbst.

Danach hat Art. 4 durch G. v. 1. Juni 1900 (s. oben Anm. 4, S. 66) dahin lautend: An die Stelle des Artikel 4 des MünzG. v. 9. Juli 1873 tritt folgende Bestimmung: (wie oben) die obige Gestalt erhalten.

[14] Hier enthält also das Gesetz unmittelbar die Außer-

Art. 7. Die Ausprägung der Silber-, Nickel- und Kupfermünzen (Art. 3), sowie die vom Reichskanzler anzuordnende Einziehung der Landessilbermünzen[15] und Landesscheidemünzen erfolgt auf Rechnung des Reichs.

Art. 8. Die Anordnung der Außerkurssetzung[16] von Landesmünzen und Feststellung der für dieselbe erforderlichen Vorschriften erfolgt durch den Bundesrath.

Die Bekanntmachungen über Außerkurssetzung von Landesmünzen sind außer in den zu der Veröffentlichung von Landesverordnungen bestimmten Blättern auch durch das Reichs-Gesetzblatt zu veröffentlichen.[17]

kurssetzung. Die Übersichten der Einziehungen sind im RZBl. enthalten.

[15] Durch Beschluß des Bundesrats v. 8. Juli 1873 ist anerkannt, daß unter den auf Rechnung des Reiches einzuziehenden Landessilbermünzen (Art. 7 des MünzG.) auch die Kronentaler österreichischen oder brabanter Gepräges inbegriffen sind (s. Hirth, Ann. 1874 Sp. 880). Anders die österreichischen Vereinstaler (vgl. Anm. 31 Litt. a zu Art. 15, S. 91).

Eine Einziehung von Münzen der Frankenwährung auf Rechnung des Reiches findet nach § 2 des Gesetzes wegen Einführung der Reichsmünzgesetze in Elsaß-Lothringen v. 15. November 1874 (unten IV) nicht statt.

[16] D. h. die Beseitigung der Eigenschaft als gesetzliches Zahlungsmittel. Vgl. Anm. 14, Strafgesetzbuch § 146 („verrufenem Gelde"). Verschieden davon ist das Umlaufsverbot (Art. 13 Nr. 1).

[17] Vgl. die Bek. v. 6. Dezember 1873 (RGBl.

Eine Außerkurssetzung darf erst eintreten, wenn eine Einlösungsfrist von mindestens vier Wochen

S. 875; Goldmünzen), v. 7. März 1874 (RGBl. S. 21), v. 2. Juli 1874 (RGBl. S. 111), v. 19. Dez. 1874 (RGBl. S. 149), v. 7. Juni 1875 (RGBl. S. 247), v. 12. Sept. 1875 (RGBl. S. 304, 307), v. 17. Okt. 1875 (RGBl. S. 311), v. 10. Dez. 1875 (RGBl. S. 315), v. 12. April 1876 (RGBl. S. 162), v. 2. Nov. 1876 (RGBl. S. 221), v. 22. Febr. 1878 (RGBl. S. 3).

Allmählich sind alle Landesmünzen bis auf die Eintalerstücke deutschen Gepräges außer Kurs gesetzt.

Über die Außerkurssetzung der in Österreich geprägten Vereinstaler und Vereinsdoppeltaler bestimmt das

Gesetz, betreffend die Vereinstaler österreichischen Gepräges. Vom 28. Februar 1892 (RGBl. S. 815. Ausgegeben am 2. März 1892):

Wir **Wilhelm**, von Gottes Gnaden Deutscher Kaiser, König von Preußen ꝛc.

verordnen im Namen des Reichs, nach erfolgter Zustimmung des Bundesrats und des Reichstags, was folgt:

„§ 1. Der Bundesrat wird ermächtigt, die Außerkurssetzung der in Österreich bis zum Schlusse des Jahres 1867 geprägten Vereinstaler und Vereinsdoppeltaler unter Einlösung derselben auf Rechnung des Reichs zu dem Wertverhältnisse von drei Mark gleich einem Taler anzuordnen und die hierfür erforderlichen Vorschriften festzustellen.

§ 2. Der Reichskanzler wird ermächtigt, den Bedarf zur Deckung des durch die Ein-

festgesetzt und mindestens drei Monate vor ihrem Ablaufe durch die vorbezeichneten Blätter bekannt gemacht worden ist.[18]

ziehung dieser Münzen entstehenden Verlustes aus den bereiten Mitteln der Reichs-Hauptkasse zu entnehmen."

§ 8. (Schatzanweisungen.)

Urkundlich unter Unserer Höchsteigenhändigen Unterschrift und beigedrucktem Kaiserlichen Insiegel.

Gegeben Berlin im Schloß, d. 28. Febr. 1892.

(L. S.) **Wilhelm.**

Graf von Caprivi.

Das G. v. 20. April 1874 (s. unten S. 91) hatte es unterlassen, die Ermächtigung des Art. 8 auf diese Münzen auszudehnen, welche mit Rücksicht auf die in Österreich-Ungarn schwebende Valutaregulierung nicht wohl auf die Dauer als gesetzliches Zahlungsmittel in Deutschland beibehalten werden konnten. Das Gesetz vom 28. Februar 1892 beabsichtigte, die rechtzeitige Entfernung der fraglichen Münzen aus dem deutschen Münzumlauf zu ermöglichen und vorzubereiten. Inzwischen waren die österreichischen Doppeltaler gleichzeitig mit den deutschen Doppeltalern in den Jahren 1876 und 1877 aus dem Verkehr gezogen. (S. Helfferich, Die Folgen des deutsch-österreichischen Münz-Vereins von 1857. Straßburg 1894. S. 93—96.) Der Verlust des Reichs an den seit Jahren in den Reichsbankkassen angesammelten Österreichischen Vereinstalern ist dadurch erheblich vermindert, daß auf Grund eines Abkommens mit der Österreichisch-Ungarischen Regierung v. 20. Februar 1892 diese in drei Raten $8^2/_3$ Millionen solcher Taler = 26 000 001 Mark gegen Erstattung des Werts in Österreichischen Noten

Art. 9. Niemand ist verpflichtet, Reichssilbermünzen im Betrage von mehr als zwanzig Mark und Nickel- und Kupfermünzen im Betrage von mehr als einer Mark in Zahlung zu nehmen.[19]

Von den Reichs- und Landeskassen werden Reichs-

nach dem Wertverhältnisse 1 Taler = $1^1/_2$ Gulden ö. W. übernommen hat. Vgl. Drucksachen des Reichstags 1890/92 Nr. 500, 648 und StenB. S. 3939 ff., 4089 ff., 4131 ff. Die Realisation des Gegenwerts (13 Mill. Gulden ö. W.) ergab einen Erlös von Mark 21 773 821,87. Der Verlust der Reichskasse betrug mithin ca. 4,2 Mill. Mark, während er beim Verkauf dieser Taler auf dem Silbermarkte bei dem damaligen Silberpreis mindestens dreimal so groß gewesen wäre.

Die Vereinstaler und Vereinsdoppeltaler österreichischen Gepräges sind sodann zum 1. Januar 1901 außer Kurs gesetzt worden durch die Bekanntmachung des Reichskanzlers v. 8. November 1900 (RGBl. S. 1013). Die Einlösbarkeit ist mit dem 31. März 1901 erloschen.

In Österreich ist die Außerkurssetzung bereits durch die k. k. V. v. 12. und 19. April 1893 erfolgt.

Vgl. im übrigen über diese Münzen Art. 15 Anm. 31, S. 91 sowie Einl. S. 12.

Wegen einer auf die Eintalerstücke deutschen Gepräges und die österreichischen Vereinstaler bezüglichen Zulassung einer Außerkurssetzung minderen Grades vgl. Anm. 31 Litt. b S. 92.

18 Dieser Absatz bleibt nach § 3 des Gesetzes wegen Einführung der Reichs-Münzgesetze in Elsaß-Lothringen vom 15. Nov. 1874 (unten IV) in betreff der Münzen der Frankenwährung außer Anwendung.

19 Dies folgt aus der Goldwährung (vgl. Art. 1, 3, Anm. 5, 6 S. 67 ff.).

Wegen der Schutzgebiete s. jedoch V. v. 1. Febr. 1905 § 2 — unten A VII S. 110.

silbermünzen in jedem Betrage in Zahlung genommen. Der Bundesrath wird diejenigen Kassen bezeichnen, welche Reichsgoldmünzen gegen Einzahlung von Reichssilbermünzen in Beträgen von mindestens 200 Mark oder von Nickel- und Kupfermünzen in Beträgen von mindestens 50 Mark auf Verlangen verabfolgen. Derselbe wird zugleich die näheren Bedingungen des Umtausches festsetzen.[20]

[20] „Reichskassen" — hierunter fallen an sich nicht die Kassen der Reichsbank; indessen sind diese angewiesen, auch größere Beträge, als Abs. 1 vorschreibt, in Zahlung zu nehmen.

„Reichsgoldmünzen" — nicht Taler (vgl. Art. 14, 15). Die bezüglichen Bestimmungen enthält die Bekanntmachung des Reichskanzlers, betreffend die Umwechselung von Reichsgoldmünzen gegen Reichssilber-, Nickel- und Kupfermünzen, v. 19. Dezember 1875 (RGBl. S. 802):

„Auf Grund des Art. 9 des Münzgesetzes vom 9. Juli 1873 (RGBl. S. 233) hat der Bundesrat folgendes bestimmt:

Vom 1. Januar 1876 ab werden bei folgenden Kassen:

1. der Reichsbank-Hauptkasse in Berlin,
2. den Kassen der Reichsbank-Hauptstellen in Frankfurt a. M., Königsberg i. P. und München

Reichsgoldmünzen gegen Einzahlung von Reichssilbermünzen oder von Nickel- und Kupfermünzen auf Verlangen verabfolgt werden.

Die Einlieferung der umzutauschenden Münzen hat in kassenmäßig formierten Beuteln oder Tüten, und zwar die der Silbermünzen in Beträgen von mindestens 200 Mark, die der Nickel- und Kupfermünzen in Beträgen von mindestens 50 Mark zu erfolgen.

Art. 10.[21] Die Verpflichtung zur Annahme und zum Umtausch (Art. 9) findet auf durchlöcherte und anders, als durch den gewöhnlichen Umlauf im Gewicht verringerte, ingleichen auf verfälschte Münzstücke keine Anwendung.

Reichs-Silber-, Nickel- und Kupfermünzen, welche in Folge längerer Cirkulation und Abnutzung an Gewicht oder Erkennbarkeit erheblich eingebüßt haben, werden zwar noch in allen Reichs- und Landeskassen angenommen, sind aber auf Rechnung des Reichs einzuziehen.

Art. 11. Eine Ausprägung von anderen, als den durch dieses Gesetz eingeführten Silber-, Nickel- und Kupfermünzen findet nicht ferner statt. Die durch die Bestimmung im § 10 des Gesetzes, betreffend die Ausprägung von Reichsgoldmünzen, vom 4. Dezember 1871 (Reichs-Gesetzbl. S. 404), vor-

Die Auszahlung des Gegenwertes in Gold erfolgt an den Einlieferer nach bewirkter Durchzählung der eingelieferten Münzen, welche von den gedachten Kassen in der Regel sofort, spätestens aber binnen fünf Tagen nach der Einlieferung bewirkt werden wird."

Wegen d. Schutzgebiete s. V. v. 1. Febr. 1905 § 3 unten A VII, S. 110.

[21] Hierzu ist erlassen die Bekanntmachung des Reichskanzlers v. 9. Mai 1876 (unten V S. 108).

Wegen der gewaltsam beschädigten, aber vollwichtig gebliebenen echten Reichsmünzen vgl. den Bundesratsbeschluß v. 13. Dezember 1877 (oben I Anm. 19, S. 58).

Hinsichtlich der Reichsgoldmünzen enthalten die entsprechenden Bestimmungen das G. v. 4. Dezember 1871 § 9 (oben I) und das MünzG. Art. 2.

behaltene Befugniß, Silbermünzen als Denkmünzen auszuprägen, erlischt mit dem 31. Dezember 1873.[22]

Art. 12.[23] Die Ausprägung von Reichsgoldmünzen geschieht auch ferner nach Maßgabe der Bestimmung im § 6 des Gesetzes, betreffend die Ausprägung von Reichsgoldmünzen, vom 4. Dezember 1871 (Reichs-Gesetzbl. S. 404), auf Rechnung des Reichs.[24]

Vgl. Anm. 20 a. E.

[22] Eine Befugnis zur Ausprägung von Denkmünzen zu 5 und 2 Mark ist wieder eingeführt durch G. vom 1. Juni 1900 Art. V (s. oben S. 74). Über eine Kontingentierung bez. Nichtberücksichtigung bei Innehaltung der Grenze des Art 4 s. d. Verh. d. Reichstags v. 17. Jan. 1905 (StenB. S. 3823 ff.). Bezüglich anderer Silbermünzen, der Nickel- und Kupfermünzen, bewendet es bei dem Verbot des Art. 11.

[23] Dieser Artikel enthält den wichtigen Grundsatz der Ausprägung von Reichsgoldmünzen (nicht Scheidemünzen, vgl. Art. 7) auf Privatrechnung neben der fortgesetzten Ausprägung auf Rechnung des Reichs. Wegen der Ausführung vgl. die Bekanntmachung des Reichskanzlers, betreffend die Ausprägung von Reichsgoldmünzen auf den deutschen Münzstätten für Rechnung von Privatpersonen, vom 8. Juni 1875 (unten VI S. 106).

[24] Dergleichen Prägungen für Rechnung des Reichs haben seit 1877 nicht mehr stattgefunden. Sie erstreckten sich im ganzen auf 906 180,6 Pfund feines Gold mit einem Ausmünzungswert von Mark 1 264 120 995. Die während des Etatsjahrs 1877/78 erfolgte Ausmünzung von 40 010,6 Pfund Feingold, welche in der 7. Münzdenkschrift vom 15. Febr. 1879 mißverständlicherweise als für Rechnung des Reichs vorgenommen bezeichnet ist,

Privatpersonen haben das Recht, auf denjenigen Münzstätten, welche sich zur Ausprägung auf Reichsrechnung bereit erklärt haben, Zwanzigmarkstücke für ihre Rechnung ausprägen zu lassen, soweit diese Münzstätten nicht für das Reich beschäftigt sind.[25]

Die für solche Ausprägungen zu erhebende Gebühr wird vom Reichskanzler mit Zustimmung des Bundesrathes festgestellt, darf aber das Maximum von 7 Mark auf das Pfund fein Gold nicht übersteigen.

Die Differenz zwischen dieser Gebühr und der Vergütung, welche die Münzstätte für die Ausprägung in Anspruch nimmt, fließt in die Reichskasse.[26] Diese Differenz muß für alle deutschen Münzstätten dieselbe sein.

war für Rechnung der Reichsbank erfolgt. Vgl. auch oben Einl. S. 19.

[25] Die Vermittelung dabei fällt fast ganz der Reichsbank zu, welche nach § 14 des BankG. vom 14. März 1875 (unten C I, S. 155) verpflichtet ist, Barrengold zum festen Satze von 1392 Mark für das Pfund fein gegen ihre Noten umzutauschen. Zuzüglich der Prägegebühr von 3 Mark (s. die in Anm. 28 angef. Bek. und Anm. 27) entspricht dies der Wertbestimmung von Mark 1395 für das Pfund fein Gold (vgl. oben I Anm. 2, S. 48).

Übersichten der für Privatrechnung einschließlich der für die Reichsbank ausgeführten Prägungen enthalten die dem Reichstage vorgelegten „Denkschriften" und „Übersichten" (vgl. oben I Anm. 26, S. 61), Hirth, Ann. von 1872 ab, auch das RZBl. bis 1880, ferner der RAnz.

[26] Die Münzstätte erhebt für sich nur die Selbstkosten.

Die Münzstätten dürfen für die Ausprägung keine höhere Vergütung in Anspruch nehmen, als die Reichskasse für die Ausprägung von Zwanzigmarkstücken gewährt.[27]

Art. 13. Der Bundesrath ist befugt:

1) den Werth zu bestimmen, über welchen hinaus fremde Gold- und Silbermünzen nicht in Zahlung angeboten und gegeben werden dürfen, sowie den Umlauf fremder Münzen gänzlich zu untersagen;[28]

In der Differenz soll (nach den Motiven) eine Entschädigung liegen für die Verpflichtung des Reichs zur Einziehung abgenutzter Goldmünzen (G. v. 4. Dezember 1871 § 9 — oben I S. 58). Nach der letzten dem Reichstag mitgeteilten Übersicht (s. oben I Anm. 26, S. 61) sind bis Ende März 1908 in die Reichskasse geflossen Mark 469 436,50.

[27] Also jetzt Mark 2,75 (vgl. G. v. 4. Dez. 1871 § 6 und Anm. 9, oben I S. 52). Die Differenz, welche in die Reichskasse fließt (Abs. 4), beträgt danach Mark 0,25 (vgl. Anm. 25, 26).

[28] Vgl. die Bek. v. 6. Dez. 1873 (RGBl. S. 375), v. 22. Jan. 1884 (RGBl. S. 12), v. 7. März 1874 (RGBl. S. 21), v. 16. Okt. 1874 (RGBl. S. 126), v. 19. Dez. 1874 (RGBl. S. 149), v. 19. Dez. 1874 (RGBl. S. 152), v. 26. Febr. 1875 (RGBl. S. 184). Der Umlauf ist danach untersagt (Verbot, in Zahlung zu geben und zu nehmen) für: 1. österreichische und ungarische Ein- und Zweiguldenstücke; 2. niederländische Ein- und Zweieinhalbguldenstücke; 3. die finnischen Silbermünzen; 4. die Münzen des Konventionsfußes österreichischen Gepräges; 5. die in d. Bek. v. 19. Dez. 1874 (RGBl. S. 152) unter 2 bezeichneten Münzen dänischen Gepräges;

2) zu bestimmen, ob ausländische Münzen von Reichs- oder Landeskassen zu einem öffentlich bekannt zu machenden Kurse im inländischen Verkehr in Zahlung genommen werden dürfen, auch in solchem Falle den Kurs festzusetzen.[29]

Gewohnheitsmäßige oder gewerbsmäßige Zuwiderhandlungen gegen die vom Bundesrathe in

6. die polnischen eindrittel und einsechstel Talarastücke. — Laut Bek. v. 16. April 1888 (RGBl. S. 149), dürfen v. 1. Juli 1888 ab, vorbehaltlich der Gestattung von Ausnahmen für einzelne Grenzbezirke, fremde Scheidemünzen in Zahlung weder gegeben noch genommen werden. Ausnahmen sind gestattet: im badischen Grenzbezirk für Scheidemünzen der Frankenwährung (Bek. von demselben Tage — ebendas. und Bek. v. 24. Jan. 1898 — RGBl. S. 6), im sächsischen Grenzbezirk für österreichische Scheidemünzen (Bek. v. 30. April 1888 — RGBl. S. 171), innerhalb bayerischer Grenzbezirke für Scheidemünzen der österreichischen und Frankenwährung (Bek. v. 7. Juli 1888 — RGBl. S. 218), innerhalb schlesischer Grenzbezirke für Scheidemünzen der österreichischen Währung (Bek. v. 26. Febr. 1889 RGBl. S. 87), im württembergischen Grenzbezirk für Scheidemünzen der Frankenwährung (Bek. v. 26. Febr. 1889 — RGBl. S. 38 und Bek. v. 19. Dez. 1895 — RGBl. S. 463), in den rheinischen und lothringschen Grenzbezirken für Scheidemünzen luxemburgischem Gepräges (Bek. v. 28. Jan. 1902 — RGBl. S. 37), in den rheinischen, westfälischen und hannoverschen Grenzbezirken für Scheidemünzen niederländischen Gepräges (Bek. v. 19. März 1908 — RGBl. S. 58).

[29] Dergl. Best. sind nicht erlassen.

Wegen der Schutzgebiete s. S. 112.

Gemäßheit der Bestimmungen unter 1 getroffenen Anordnungen werden bestraft mit Geldstrafe bis zu 150 Mark oder mit Haft bis zu sechs Wochen.

Art. 14. Von dem Eintritt der Reichswährung an gelten folgende Vorschriften:

§ 1. Alle Zahlungen, welche bis dahin in Münzen einer inländischen Währung oder in landesgesetzlich den inländischen Münzen gleichgestellten ausländischen Münzen zu leisten waren, sind vorbehaltlich der Vorschriften Art. 9, 15 und 16 in Reichsmünzen zu leisten.

§ 2.[30] Die Umrechnung solcher Goldmünzen, für welche ein bestimmtes Verhältniß zu Silbermünzen gesetzlich nicht feststeht, erfolgt nach Maßgabe des Verhältnisses des gesetzlichen Feingehalts derjenigen Münzen, auf welche die Zahlungsverpflichtung lautet, zu dem gesetzlichen Feingehalte der Reichsgoldmünzen.

Bei der Umrechnung anderer Münzen werden
- der Thaler zum Werthe von 3 Mark,
- der Gulden süddeutscher Währung zum Werthe von $1^5/_7$ Mark,
- die Mark lübischer oder hamburgischer Kurantwährung zum Werthe von $1^1/_5$ Mark,

die übrigen Münzen derselben Währung zu entsprechenden Werthen nach ihrem Verhältniß zu den genannten berechnet.

30 Vgl. G. v. 4. Dez. 1871 § 8 — oben I S. 56.

Bei der Umrechnung werden Bruchtheile von Pfennigen der Reichswährung zu einem Pfennig berechnet, wenn sie einen halben Pfennig oder mehr betragen, Bruchtheile unter einem halben Pfennig werden nicht gerechnet.

§ 3. Werden Zahlungsverpflichtungen nach Eintritt der Reichswährung unter Zugrundelegung vormaliger inländischer Geld- oder Rechnungswährungen begründet, so ist die Zahlung vorbehaltlich der Vorschriften Art. 9, 15 und 16 in Reichsmünzen unter Anwendung der Vorschriften des § 2 zu leisten.

§ 4. In allen gerichtlich oder notariell aufgenommenen Urkunden, welche auf einen Geldbetrag lauten, desgleichen in allen zu einem Geldbetrag verurtheilenden gerichtlichen Entscheidungen ist dieser Geldbetrag, wenn für denselben ein bestimmtes Verhältniß zur Reichswährung gesetzlich feststeht, in Reichswährung auszudrücken; woneben jedoch dessen gleichzeitige Bezeichnung nach derjenigen Währung, in welcher ursprünglich die Verbindlichkeit begründet war, gestattet bleibt.

Art. 15.[31] An Stelle der Reichsmünzen sind

[31] Art. 15 ist ergänzt durch folgende Gesetze:

a) Gesetz, betreffend die Abänderung des Artikel 15 des Münzgesetzes vom 9. Juli 1873. Vom 20. April 1874. (RGBl. S. 35. Ausgegeben am 30. April 1874.)

Wir Wilhelm, von Gottes Gnaden, Deutscher Kaiser, König von Preußen &c.
verordnen im Namen des Deutschen Reichs,

bei allen Zahlungen bis zur Außerkurssetzung anzunehmen:

nach erfolgter Zustimmung des Bundesrats und des Reichstags, was folgt:

Einziger Artikel.

Die Bestimmung im Artikel 15, Ziffer 1 des Münzgesetzes vom 9. Juli 1873 (Reichs-Gesetzbl. S. 233), findet auch auf die in Österreich bis zum Schlusse des Jahres 1867 geprägten Vereinstaler und Vereinsdoppeltaler Anwendung.

Urkundlich unter Unserer Höchsteigenhändigen Unterschrift und beigedrucktem Kaiserlichen Insiegel.

Gegeben Berlin, den 20. April 1874.

(L. S.) **Wilhelm.**

Fürst v. Bismarck.

Über die Außerkurssetzung dieser Münzen s. oben Anm. 17 S. 80ff.

Wegen der Beschränkung auf die bis Ende 1867 geprägten Münzen jener Art s. Vertrag v. 13. Juni 1867 (PrGBl. 1867 S. 1801).

b) Gesetz, betreffend die Abänderung des Art. 15 des Münzgesetzes vom 9. Juli 1873. Vom 6. Januar 1876 (RGBl. S. 3. Ausgegeben am 18. Januar 1876.)

Wir **Wilhelm**, von Gottes Gnaden Deutscher Kaiser, König von Preußen rc.

verordnen im Namen des Deutschen Reichs, nach erfolgter Zustimmung des Bundesrats und des Reichstags, was folgt:

Der Artikel 15 des Münzgesetzes vom 9. Juli 1873 (Reichs-Gesetzbl. S. 233) erhält folgenden Zusatz:

1) im gesammten Bundesgebiete an Stelle aller Reichsmünzen die Ein- und Zweithalerstücke deutschen Gepräges unter Berechnung des Thalers zu 3 Mark;

2) im gesammten Bundesgebiete an Stelle der Reichssilbermünzen, Silberkurantmünzen deutschen Gepräges zu $^1/_3$ und $^1/_6$ Thaler unter Berechnung des $^1/_3$ Thalerstücks zu einer Mark und des $^1/_6$ Thalerstücks zu einer halben Mark;

3) in denjenigen Ländern, in welchen gegenwärtig die Thalerwährung gilt, an Stelle der Reichs-, Nickel- und Kupfermünzen die nachbezeichneten

(Folgt die dem Artikel 15 in gesperrter Schrift hinzugefügte Bestimmung.)

Urkundlich unter Unserer Höchsteigenhändigen Unterschrift und beigedrucktem Kaiserlichen Insiegel.

Gegeben Berlin, den 6. Januar 1876.

(L. S.) **Wilhelm.**

Fürst v. Bismarck.

Bis auf die Taler Deutschen Gepräges sind bereits alle unter Art. 15 fallenden Münzen außer Kurs gesetzt (vgl. Art. 8 Anm. 17, S. 80).

Einen Zusatz für Elsaß-Lothringen enthält das Gesetz wegen Einführung der Reichsmünzgesetze in Elsaß-Lothringen v. 15. November 1874 § 5 (unten IV).

Der Bundesrat hat bisher von der Ermächtigung keinen Gebrauch gemacht. Vgl. auch G. v. 1. Juni 1900 Art. IV (s. oben S. 76 ff.).

Münzen der Thalerwährung zu den daneben bezeichneten Werthen:

$^{1}/_{12}$ Thalerstücke	zum	Werthe	von	25	Pfennig,
$^{1}/_{15}$	„	„	„	„	20	„
$^{1}/_{30}$	„	„	„	„	10	„
$^{1}/_{2}$ Groschenstücke	„	„	„	5	„
$^{1}/_{5}$	„	„	„	„	2	„
$^{1}/_{10}$ u. $^{1}/_{12}$	„	„	„	„	1	„

4) in denjenigen Ländern, in welchen die Zwölftheilung des Groschens besteht, an Stelle der Reichs-, Nickel- und Kupfermünzen die auf der Zwölftheilung des Groschens beruhenden Dreipfennigstücke zum Werthe von $2^{1}/_{2}$ Pfennig;

5) in Bayern an Stelle der Reichskupfermünzen die Hellerstücke zum Werthe von $^{1}/_{2}$ Pfennig;

6) in Mecklenburg an Stelle der Reichskupfermünzen die nach dem Marksystem ausgeprägten Fünfpfennigstücke, Zweipfennigstücke und Einpfennigstücke zum Werthe von 5, 2 und 1 Pfennig.

Die sämmtlichen sub 3 und 4 verzeichneten Münzen sind an allen öffentlichen Kassen des gesammten Bundesgebietes zu den angegebenen Werthen bis zur Außerkurssetzung in Zahlung anzunehmen.

Der Bundesrath ist befugt, zu bestimmen, daß die Einthalerstücke deutschen Gepräges, sowie die in Oesterreich bis zum

Schlusse des Jahres 1867 geprägten Vereinsthaler bis zu ihrer Außerkurssetzung nur noch an Stelle der Reichssilbermünzen, unter Berechnung des Thalers zu 3 Mark, in Zahlung anzunehmen sind.

Eine solche Bestimmung ist durch das Reichs-Gesetzblatt zu veröffentlichen und tritt frühestens einen Monat nach ihrer Veröffentlichung in Kraft.

Art. 16. Deutsche Goldkronen, Landesgoldmünzen und landesgesetzlich den inländischen Münzen gleichgestellte ausländische Goldmünzen, sowie grobe Silbermünzen, welche einer anderen Landeswährung als der Thalerwährung angehören, sind bis zur Außerkurssetzung als Zahlung anzunehmen, soweit die Zahlung nach den bisherigen Vorschriften in diesen Münzsorten angenommen werden mußte.[32]

Art. 17. Schon vor Eintritt der Reichsgoldwährung können alle Zahlungen, welche gesetzlich in Münzen einer inländischen Währung oder in ausländischen, den inländischen Münzen landesgesetzlich gleichgestellten Münzen geleistet werden dürfen, ganz oder theilweise in Reichsmünzen, vorbehaltlich der Vorschrift Art. 9, dergestalt geleistet

[32] Alle diese Münzen sind außer Kurs gesetzt (vgl. Art. 8 und 18 sowie die Bek. v. 6. Dez. 1873 (RGBl. S. 8), v. 7. März 1874 (RGBl. S. 21), v. 19. Dez. 1874 (RGBl. S. 149).

werden, daß die Umrechnung nach den Vorschriften Art. 14 § 2 erfolgt.[33]

Art. 18. Bis zum 1. Januar 1876 sind sämmtliche nicht auf Reichswährung lautenden Noten der Banken einzuziehen. Von diesem Termine an dürfen nur solche Banknoten, welche auf Reichswährung in Beträgen von nicht weniger als 100 Mark lauten, in Umlauf bleiben oder ausgegeben werden.[34]

Dieselben Bestimmungen gelten für die bis jetzt von Korporationen ausgegebenen Scheine.[35]

Das von den einzelnen Bundesstaaten ausgegebene Papiergeld ist spätestens bis zum 1. Januar 1876 einzuziehen und spätestens sechs Monate vor diesem Termine öffentlich aufzurufen. Dagegen wird nach Maßgabe eines zu erlassenden Reichsgesetzes eine Ausgabe von Reichspapiergeld stattfinden. Das Reichsgesetz wird über die Ausgabe und den Umlauf des Reichspapiergeldes, sowie über

[33] Wegen der Umrechnung von Münzen der Frankenwährung vgl. G. v. 15. November 1874 § 4 (unten IV).

[34] Durch diese Bestimmung wurde die mit dem G. v. 27. März 1870 (BGBl. S. 51) begonnene Reform des Banknotenwesens wesentlich gefördert. Ihr nächstes Stadium beschritt die letztere durch das zur Ausführung des Art. 18 erlassene G., betr. die Ausgabe von Banknoten, v. 21. Dez. 1874 Art. II (RGBl. S. 193). Vgl. auch BankG. v. 14. März 1875 § 8 (unten C I, S. 181).

[35] Vgl. BankG. v. 14. März 1875 § 54.

die den einzelnen Bundesstaaten zum Zweck der Einziehung ihres Papiergeldes zu gewährenden Erleichterungen die näheren Bestimmungen treffen.[36]

Urkundlich unter Unserer Höchsteigenhändigen Unterschrift und beigedrucktem Kaiserlichen Insiegel.

Gegeben Bad Ems, den 9. Juli 1873.

(L. S.) **Wilhelm.**

Fürst v. Bismarck.

III.

Gesetz, betreffend Aenderungen im Münzwesen.

Vom 1. Juni 1900.

(RGBl. S. 250. Ausgegeben am 6. Juni 1900.)[1]

Wir **Wilhelm**, von Gottes Gnaden Deutscher Kaiser, König von Preußen rc.

verordnen im Namen des Reichs, nach erfolgter Zustimmung des Bundesraths und des Reichstags, was folgt:

Artikel I.

Der Artikel 2 des Münzgesetzes vom 9. Juli 1873 (Reichs-Gesetzbl. S. 233) wird aufgehoben.

[36] Aus praktischen Rücksichten ist die mit dem G. v. 16. Juni 1870 (BGBl. S. 507) begonnene Reform des Papiergeldwesens mit der des Banknotenwesens verbunden. Die Ausführung der vorliegenden Bestimmung enthält das G., betr. die Ausgabe von Reichskassenscheinen, v. 30. April 1874 (unten B I, S. 116).

[1] Das Gesetz ist hier im Zusammenhange ohne Erläuterungen nochmals abgedruckt.

Die Reichsgoldmünzen zu fünf Mark sind auf Anordnung des Bundesraths mit einer Einlösungsfrist von einem Jahre außer Kurs zu setzen. Die Bekanntmachung über die Außerkurssetzung ist durch das Reichs-Gesetzblatt sowie durch die zu den amtlichen Bekanntmachungen der unteren Verwaltungsbehörden dienenden Tageszeitungen zu veröffentlichen.

Artikel II.

Im Artikel 3 unter Nummer 1 des vorbezeichneten Gesetzes werden die Worte „und Zwanzigpfennigstücke", ferner im Artikel 3 § 1 Abs. 1 die Worte „und in 500 Zwanzigpfennigstücke", sowie im Artikel 3 § 1 Abs. 3 die Worte „mit Ausnahme der Zwanzigpfennigstücke" gestrichen.

Die Zwanzigpfennigstücke aus Silber sind außer Kurs zu setzen. Hierbei finden die Vorschriften des Artikel I Abs. 2 dieses Gesetzes mit der Maßgabe Anwendung, daß die Anordnung der Außerkurssetzung nicht vor dem 1. Januar 1902 erfolgen darf.

Artikel III.

Das Gesetz, betreffend die Ausprägung einer Nickelmünze zu zwanzig Pfennig, vom 1. April 1886 (Reichs-Gesetzbl. S. 67) tritt außer Kraft.

Die Zwanzigpfennigstücke aus Nickel sind außer Kurs zu setzen. Hierbei finden die Vorschriften des Artikel I Abs. 2 dieses Gesetzes mit der Maßgabe Anwendung, daß die Anordnung der Außerkurssetzung nicht vor dem 1. Januar 1903 erfolgen darf.

Artikel IV.

An die Stelle des Artikel 4 des Münzgesetzes vom 9. Juli 1873 tritt folgende Bestimmung:

Der Gesammtbetrag der Reichssilbermünzen soll bis auf Weiteres fünfzehn Mark für den Kopf der Bevölkerung des Reichs nicht übersteigen.

Zur Neuprägung dieser Münzen sind Landessilbermünzen insoweit einzuziehen, als solche für die Neuprägungen und deren Kosten erforderlich sind.

Artikel V.

Dem Artikel 3 § 2 des vorbezeichneten Gesetzes wird folgender Absatz 2 beigefügt:

„Der Bundesrath wird ermächtigt, Fünfmarkstücke und Zweimarkstücke als Denkmünzen in anderer Prägung herstellen zu lassen.“

Artikel VI.

Der Artikel 8 der Maaß- und Gewichtsordnung vom 17. August 1868 (Bundes-Gesetzbl. S. 473) wird aufgehoben.

Urkundlich unter Unserer Höchsteigenhändigen Unterschrift und beigedrucktem Kaiserlichen Insiegel.

Gegeben Neues Palais, den 1. Juni 1900.

(L. S.) **Wilhelm.**

Fürst zu Hohenlohe.

IV.

Gesetz wegen Einführung der Reichs-Münzgesetze in Elsaß-Lothringen. Vom 15. November 1874.

(Reichs-Gesetzbl. S. 131. Ausgegeben am 19. November 1874. Gesetzbl. für Elsaß-Lothringen S. 39.)

Wir Wilhelm, von Gottes Gnaden Deutscher Kaiser, König von Preußen ꝛc. verordnen im Namen des Deutschen Reichs, nach erfolgter Zustimmung des Bundesraths und des Reichstags, was folgt:

§ 1. Die Wirksamkeit der anliegenden Reichsgesetze, nämlich des Gesetzes, betreffend die Ausprägung von Reichs-Goldmünzen, vom 4. Dezember 1871 (Reichs-Gesetzbl. S. 404)[1] und des Münzgesetzes vom 9. Juli 1873 (Reichs-Gesetzbl. S. 233)[2] wird mit den aus den folgenden Paragraphen sich ergebenden Maßgaben auf Elsaß-Lothringen ausgedehnt.

§ 2. Eine Einziehung von Münzen der Frankenwährung auf Rechnung des Reichs[3] findet nicht statt.

§ 3. Der letzte Satz des Artikels 8 des Münzgesetzes vom 9. Juli 1873, welcher lautet:

[1] Oben I, S. 47.
[2] Oben II, S. 64.
[3] Vgl. G. v. 4. Dez. 1871 § 11, MünzG. v. 9. Juli 1873 Art. 7 Anm. 15, S. 80.

„Eine Außerkurssetzung darf erst eintreten, wenn eine Einlösungsfrist von mindestens vier Wochen festgesetzt und mindestens drei Monate vor ihrem Ablaufe durch die vorbezeichneten Blätter bekannt gemacht worden ist."

bleibt in Betreff der Münzen der Frankenwährung außer Anwendung.[4]

§ 4. Bei der Umrechnung von Münzen der Frankenwährung (§ 8 des Gesetzes vom 4. Dezember 1871, Artikel 14 § 2 und Artikel 17 des Münzgesetzes vom 9. Juli 1873) werden der Frank zum Werthe von 0,8 Mark, die übrigen Münzen der Frankenwährung zu entsprechenden Werthen nach ihrem Verhältniß zum Frank berechnet.

§ 5. Dem Artikel 15 des Münzgesetzes vom 9. Juli 1873 tritt folgende Bestimmung hinzu:

An Stelle der Reichsmünzen sind in Elsaß-Lothringen folgende Münzen der Frankenwährung[5]

[4] Vgl. die Bek. v. 21. Sept. 1875, betr. die Außerkurssetzung der Silber- und Bronzemünzen der Frankenwährung (RGBl. S. 307). Wegen der Goldmünzen vgl. § 1 der Bek. v. 6. Dez. 1873, betr. die Außerkurssetzung der Landesgoldmünzen und der landesgesetzlich den inländischen Münzen gleichgestellten ausländischen Goldmünzen (RGBl. S. 375).

[5] Darunter also nicht die durch das vorliegende Gesetz (durch Nichtberücksichtigung in § 5) außer Kurs gesetzten silbernen Fünffrankenstücke (Kurantmünzen). Siehe auch Anm. 3.

bis zur Außerkurssetzung zu den daneben bezeichneten Werthen bis zu den im Artikel 9 Absatz 1 bestimmten Beträgen in Zahlung zu nehmen:

a) an Stelle der Reichs-Nickel- und Kupfermünzen:

Fünfcentimen-Stücke	zum Werthe von	4	Pfg.
Zehncentimen-Stücke	" " "	8	"
Zwanzigcentimen-Stücke	" "	16	"

b) an Stelle der Reichs-Silbermünzen:

Fünfzigcentimen-Stücke	zum Werthe von	40	Pfg.
Einfrank-Stücke	" " "	80	"
Zweifranken-Stücke	"	1 Mark 60	"

Auch die Reichs- und die Landeskassen sind nicht verpflichtet, die vorstehend bezeichneten Münzen der Frankenwährung in höheren als den im Artikel 9 Absatz 1 bestimmten Beträgen in Zahlung zu nehmen.

Urkundlich unter Unserer Höchsteigenhändigen Unterschrift und beigedrucktem Kaiserlichen Insiegel.

Gegeben Berlin, den 15. November 1874.

(L. S.) **Wilhelm.**

Fürst v. Bismarck.

Wegen der Außerkurssetzung der Scheidemünzen der Frankenwährung in Elsaß-Lothringen s. Anm. 4. Wegen derselben Scheidemünzen in den Grenzbezirken s. MünzG. v. 9. Juli 1878 Art. 13 Anm. 28 (oben S. 88).

V.

Falsche, beschädigte und abgenutzte Reichsmünzen.

Bekanntmachung des Reichskanzlers vom 9. Mai 1876.

(RGBl. S. 260.)[1]

Auf Grund des Artikels 7 der Reichsverfassung[2] hat der Bundesrath in seiner Sitzung vom 24. März 1876 nachstehende Bestimmungen über die Behandlung der bei Reichs- und Landeskassen eingehenden nachgemachten, verfälschten oder nicht mehr umlaufsfähigen Reichsmünzen, beschlossen:

Falschstücke.

I. 1. Sämmtliche Reichs- und Landeskassen haben die bei ihnen eingehenden nachgemachten oder verfälschten Reichsmünzen (§§ 146—148 des Strafgesetzbuchs) anzuhalten.

2. Wird ein eingehendes Falschstück als solches von den Kassenbeamten ohne weiteres erkannt, so hat der Vorsteher der Kasse sofort der zuständigen Justiz- oder

[1] Vgl. G. v. 4. Dez. 1871 § 9 — oben I, S. 58, MünzG. Art. 10 — oben II Anm. 21, S. 85. Die Bestimmungen des Bundesrats haben auch die Reichsbankkassen zu befolgen. Wegen der Schutzgebiete s. S. 111, 118.

[2] Hiernach hat der Bundesrat u. a. zu beschließen „über die zur Ausführung der Reichsgesetze erforderlichen allgemeinen Verwaltungsvorschriften und Einrichtungen, sofern nicht durch Reichsgesetz etwas anderes bestimmt ist."

Polizeibehörde Anzeige zu machen und das angehaltene Falschstück vorzulegen, unter Beifügung des eingegangenen Begleitschreibens, Etiketts rc., beziehungsweise der über die Einzahlung aufzunehmenden kurzen Verhandlung.

3. Erscheint die Unechtheit eines Stückes zweifelhaft, so ist dasselbe, nachdem dem bisherigen Inhaber eine Bescheinigung über den Sachverhalt ertheilt worden, an das Münzmetalldepot des Reichs bei der Königlich preußischen Münzstätte in Berlin (Unterwasserstraße 2—4), und zwar, wenn das Stück in Bayern, Sachsen, Württemberg, Baden, Hessen oder Hamburg angehalten ist, durch Vermittelung der Landesmünzstätte[3] einzusenden. Die Königlich preußische Münzstätte in Berlin wird diese Stücke einer Untersuchung unterwerfen und

a) im Falle der Echtheit für Rechnung des Reichs den Werth der einsendenden Kasse zur Aushändigung an den Einzahler zusenden lassen, die Münzstücke aber, sofern sie zum Umlauf nicht geeignet sind, zur Einziehung bringen;

b) im Falle der Unechtheit das Falschstück an die einsendende Kasse zurückgeben, damit dieselbe in Gemäßheit der Vorschrift unter 1. 2 verfahre.

Gewaltsam rc. beschädigte Münzen.

II. Durch gewaltsame oder gesetzwidrige Beschädigung am Gewicht[4] verringerte echte Reichsmünzen (§ 150 des

[3] Vgl. oben I Anm. 6, S. 50.

[4] Wegen der nicht am Gewicht verringerten s. oben I Anm. 19 S. 58.

Strafgesetzbuchs) sind von den Reichs- und Landeskassen gleichfalls anzuhalten.

Liegt der Verdacht eines Münzvergehens gegen eine bestimmte Person vor, so ist in der unter I. 2 vorgeschriebenen Weise zu verfahren.

Liegt ein solcher Verdacht nicht vor, so ist das Münzstück durch Zerschlagen oder Einschneiden für den Umlauf unbrauchbar zu machen und alsdann dem Einzahler zurückzugeben.

Abgenutzte Reichsmünzen.

III. Reichsgoldmünzen, welche infolge längerer Zirkulation und Abnutzung am Gewicht soviel eingebüßt haben, daß sie das Passiergewicht (§ 9 des Gesetzes vom 4. Dezember 1871, RGBl. S. 403)[5] nicht mehr erreichen,

sowie

Reichssilber-, Nickel- und Kupfermünzen, welche infolge längerer Zirkulation und Abnutzung an Gewicht oder Erkennbarkeit erheblich eingebüßt haben,[6] sind von allen Reichs- und Landeskassen zum vollen Werth anzunehmen und in der Weise für Rechnung des Reichs einzuziehen, daß sie den dazu bestimmten Sammelstellen — der Reichshauptkasse und den Oberpostkassen, in Preußen: der Generalstaatskasse und den Regierungs- beziehungsweise Bezirkshauptkassen, in den übrigen Bundesstaaten: der Landeszentralkasse — zugeführt werden.

[5] Oben I Anm. 18 S. 58.
[6] Vgl. MünzG. Art. 10 Abs. 2 oben II S. 85.

Die Sammelstellen haben die Münzen, sobald sich ein angemessener Betrag angesammelt hat, kassenmäßig verpackt und bezeichnet dem Münzmetalldepot des Reichs bei der Königlich preußischen Münzstätte zu Berlin gegen Anerkenntniß einzusenden und den Werth des Anerkenntnisses der Reichshauptkasse in Aufrechnung zu bringen.

Die vorstehenden Bestimmungen finden auf deutsche Landesmünzen so lange Anwendung, als dieselben noch nicht außer Kurs gesetzt sind.

IV. Postsendungen, welche in Ausführung gegenwärtiger Bestimmungen zwischen Landesbehörden und Landeskassen einerseits und dem Reichsmünzmetalldepot andererseits erfolgen, sind als Reichsdienstsachen portofrei zu befördern.

VI.

Prägung von Reichsgoldmünzen auf Privatrechnung.

Bekanntmachung des Reichskanzlers, betreffend die Ausprägung von Reichsgoldmünzen auf den deutschen Münzstätten für Rechnung von Privatpersonen. Vom 8. Juni 1875.

(RGBl. S. 348.)

Zum Vollzuge des Artikels 12 des Münzgesetzes vom 9. Juli 1873 (RGBl. S. 283)[1] hat der Bundesrath die nachfolgenden Bestimmungen erlassen:

[1] Vgl. oben II Anm. 23—27 S. 86 ff.

Die deutschen Münzstätten, und zwar:

die Königlich preußischen Münzstätten zu Berlin, Frankfurt a. M.* und Hannover*, die Königlich bayerische Münzstätte zu München, die Königlich sächsische zu Dresden,[2] die Königlich württembergische zu Stuttgart, die Großherzoglich badische zu Karlsruhe, die Großherzoglich hessische zu Darmstadt* und die Münzstätte der freien und Hansestadt Hamburg[3]

prägen, soweit sie nicht für das Reich beschäftigt sind, Reichsgoldmünzen für Rechnung von Privatpersonen gegen eine Prägegebühr von drei Mark für das Pfund Feingold unter folgenden Bedingungen:

1. Das auszuprägende Gold ist der Münzstätte in Barren von mindestens fünf Pfund Rauhgewicht unter Beifügung der Probirscheine einzuliefern.

2. Nach Feststellung des Rauhgewichts, die in Gegenwart des Einlieferers oder seines Beauftragten erfolgt, nimmt die Münzstätte zwei Aushiebe von jedem Barren.

   Die Münzstätte ermittelt durch zwei Proben von jedem Barren den Feingehalt bis auf $^1/_{5000}$. Als Gebühr für diese Ermittelung ist von dem Einlieferer für jede Probe der Betrag von $1{,}_{50}$ Mark, also für beide Proben zusammen der Betrag von $3{,}_{00}$ Mark zu zahlen. Die Aushiebe verbleiben dem Einlieferer.

[2] Jetzt Muldenhütten bei Freiberg i. S.

[3] Die mit * bezeichneten Münzstätten sind aufgehoben. Vgl. oben I Anm. 6 S. 50.

Barren, deren Feingehalt von der Münzstätte, welcher sie zur Ausprägung überliefert werden, schon früher vorschriftsmäßig festgestellt ist und auf Grund dieser Feststellung nachgewiesen werden kann, werden mit dem nachgewiesenen Feingehalt ohne neue Prüfung angenommen.

3. Nach Feststellung des Feingehalts wird dem Einlieferer eine Abschrift des Probirscheines und eine Berechnung des Werthbetrages, zu welchem das Gold, einschließlich der Aushiebe und abzüglich der Prägegebühr, angenommen werden soll, unter Angabe des Tages, an welchem die Auszahlung zu erfolgen hat, übersandt. Erklärt der Einlieferer nicht binnen drei Tagen, daß er die Barren zurückziehe oder der Feingehaltsbestimmung widerspreche, so werden dieselben verarbeitet.

4. Widerspricht der Einlieferer der Feingehaltsbestimmung, ohne den Barren zurückzuziehen, so findet auf seine Kosten eine weitere Probe zweier Aushiebe statt, welche durch einen vom Reichskanzler zu bezeichnenden Probirer vorgenommen wird, und für die Münzstätte definitiv maßgebend ist. Giebt sich der Einlieferer auch mit dieser Feingehaltsbestimmung nicht zufrieden, so hat er den Barren binnen drei Tagen zurückzunehmen.

5. Die Auszahlung der Prägeergebnisse erfolgt in Doppelkronen, der Einlieferer ist jedoch verpflichtet, auch Kronen in Zahlung anzunehmen.

6. Barren mit einem Feingehalt von weniger als

900 Tausendtheilen ist die Münzstätte befugt, zurückzugeben.

7. Barren, welche vor der Einschmelzung als spröde oder iridiumhaltig erkannt werden, ist der Einlieferer zurückzunehmen verpflichtet.

VII.

Das Münzwesen in den deutschen Schutzgebieten.

1.

Das Münzwesen in den meisten Schutzgebieten — Kamerun, Togogebiet, südwestafrikanisches Schutzgebiet, Deutsch Neu-Guinea, Marshallinseln, Inselgebiet der Karolinen, Palaus und Marianen, Samoa — ist durch die folgende „Verordnung des Reichskanzlers,[1] betreffend das Geldwesen der Schutzgebiete außer

[1] Die Verordnung ist mit folgender Anm. zu „gesetzliches Zahlungsmittel" (§ 2) veröffentlicht:

„Diese Münzen sind zur Zeit folgende:

a) Goldmünzen: Das Zwanzigmarkstück und das Zehnmarkstück;

b) Silbermünzen: Das Fünfmarkstück, das Zweimarkstück, das Einmarkstück, das Fünfzigpfennigstück sowie die Eintalerstücke deutschen Gepräges;

c) Nickel- und Kupfermünzen: Das Zehnpfennigstück, das Fünfpfennigstück, das Zweipfennigstück, das Einpfennigstück.

(§§ 1 bis 5 des G., betreffend die Ausprägung von Reichsgoldmünzen, v. 4. Dezember 1871, RGBl. S. 404; Art. 8, 15 des MünzG. v. 9. Juli 1873, RGBl. S. 233, in der Fassung des G. v. 1. Juni 1900, RGBl. S. 250.)"

Deutsch-Ostafrika und Kiautschou" vom 1. Februar 1905 (RAnz. Nr. 41 v. 16. Febr. 1905) geregelt.

Auf Grund des § 15 des Schutzgebietsgesetzes (RGBl. 1900, S. 813) wird für die Schutzgebiete, mit Ausnahme von Deutsch-Ostafrika und Kiautschou, unter Aufhebung aller bisher über das Geldwesen erlassenen Bestimmungen verordnet, was folgt:

§ 1. In den Schutzgebieten, außer Deutsch-Ostafrika und Kiautschou, gilt die Reichsmarkrechnung.

§ 2. Gesetzliches Zahlungsmittel sind die sämtlichen Münzen, die auf Grund reichsgesetzlicher Bestimmungen im Reichsgebiete gesetzliches Zahlungsmittel sind,[1] jedoch mit der Maßgabe, daß neben den Reichsgoldmünzen und den Talern auch die Reichssilbermünzen für jeden Betrag in Zahlung genommen werden müssen und daß die Nickel- und Kupfermünzen sowohl im Privatverkehr als auch im Verkehr mit den amtlichen Kassen gesetzliches Zahlungsmittel bis zum Betrage von fünf Mark sind.[2]

§ 3. Die von den Gouverneuren (in den Marshallinseln dem Landeshauptmann) zu bezeichnenden Kassen werden nach ihrer Wahl Gold- oder Silbermünzen auf

[2] Für das Reichsgebiet ist die Zahlkraft der Reichssilbermünzen auf zwanzig Mark, der Nickel- und Kupfermünzen auf eine Mark begrenzt. MünzG. Art. 9 oben A II, S. 88.

[3] Im Reichsgebiet sind von bestimmt bezeichneten Kassen Reichsgoldmünzen auf Verlangen gegen Einzahlung von Reichssilbermünzen in Beträgen von mindestens 200 Mark oder von Nickel- und Kupfermünzen in Beträgen von mindestens 50 Mark zu verabfolgen (s. oben S. 84).

Verlangen gegen Einzahlung von Nickel- und Kupfermünzen in Beträgen von mindestens 100 Mark[3] verabfolgen. Die Gouverneure setzen die Bedingungen des Umtausches fest.

§ 4. Die Verpflichtung zur Annahme (§ 2) und zum Umtausch (§ 8) findet auf durchlöcherte und anders als durch den gewöhnlichen Umlauf im Gewichte verringerte, desgleichen auf verfälschte Münzstücke keine Anwendung.[4]

§ 5. Reichsgoldmünzen, deren Gewicht um nicht mehr als fünf Tausendteile hinter dem Normalgewicht (7,96495 g für die Doppelkrone, 3,98248 g für die Krone) zurückbleibt, mithin mindestens 7,9251 g für die Doppelkrone und 3,9626 g für die Krone beträgt (Passiergewicht) und welche nicht durch gewaltsame und gesetzwidrige Beschädigung am Gewicht verringert sind, sollen bei allen Zahlungen als vollwichtig gelten.

Reichsgoldmünzen, welche das vorgedachte Passiergewicht nicht erreichen, desgleichen Reichs-Silber-, Nickel- und Kupfermünzen, welche infolge längeren Umlaufs und natürlicher Abnutzung an Gewicht und Erkennbarkeit erheblich eingebüßt haben, sind zwar von den amtlichen Kassen zu ihrem vollen Nennwerte anzunehmen, dürfen aber von diesen Kassen nicht wieder ausgegeben werden, sondern sind dem Gouvernement behufs Einziehung einzuliefern.[5]

[4] Wie Art. 10 Abs. 1 des MünzG. (oben S. 85).

[5] Vgl. G. v. 4. Dez. 1871 § 9 — oben A I, S. 58 — u. MünzG. Art. 10 Abs. 2 — oben A II S. 85.

§ 6. Die Reichskassenscheine sind bei allen amtlichen Kassen zu ihrem Nennwert in Zahlung zu nehmen. Im Privatverkehr findet ein Zwang zu ihrer Annahme nicht statt.[6]

§ 7. Die amtlichen Kassen sind ermächtigt, die von der Reichsbank ausgegebenen Noten in Zahlung zu nehmen.[7]

§ 8. Die Gouverneure (in den Marshallinseln der Landeshauptmann) sind befugt:

1. die zur Aufrechterhaltung eines geregelten Geldumlaufs erforderlichen polizeilichen Vorschriften zu erlassen;
2. den Wert zu bestimmen, über welchen hinaus fremde Münzen nicht in Zahlung angeboten und gegeben werden dürfen sowie den Umlauf fremder Münzen gänzlich zu untersagen;
3. zu bestimmen, ob fremde Münzen von den amtlichen Kassen zu einem öffentlich bekannt zu machenden Kurse in Zahlung genommen werden dürfen, sowie in solchem Falle den Kurs festzusetzen;
4. fremden Goldmünzen gesetzliche Zahlungskraft in einem bestimmten Kursverhältnis zur Reichsmark beizulegen;
5. den Zeitpunkt des Inkrafttretens dieser Verordnung in den ihrer Verwaltung unterstehenden Schutzgebieten durch öffentliche Bekanntmachung festzusetzen.[8]

Berlin, den 1. Februar 1905.

Der Reichskanzler.
Graf von Bülow.

[6] Vgl. G. v. 30. April 1874 § 5 — unten B I S. 120.

[7] Vgl. BankG. v. 14. März 1875 § 2 u. dazu Anm. 4 — unten C. I, S. 131.

[8] Vgl. MünzG. v. 9. Juli 1873 Art. 13 — oben A. II, S. 88.

Die von der Kolonialabteilung des Auswärtigen Amts unterm 6. Februar 1905 erlassenen „Bestimmungen über die Behandlung der bei den amtlichen Kassen der Schutzgebiete, außer Deutsch-Ostafrika und Kiautschou eingehenden, nachgemachten, verfälschten oder nicht mehr umlaufsfähigen Reichsmünzen, Reichskassenscheine und Reichsbanknoten" (RAnz. Nr. 41 v. 16. Febr. 1905) schließen sich im wesentlichen den maßgebenden Bestimmungen für das Reichsgebiet an.[9]

Münzen, welche von Eingeborenen zum Zweck der Verwendung als Schmuckstücke durchlöchert worden sind und von denselben in Unkenntnis der bestehenden Vorschriften bei den amtlichen Kassen als Zahlungsmittel angeboten werden, sind nicht wie anderweit gewaltsam beschädigte Münzen durch Zerschlagen oder Einschneiden für den Umlauf besonders unbrauchbar zu machen, sondern ohne weiteres dem Einlieferer zurückzugeben.

2.

Das Deutsch-ostafrikanische Schutzgebiet nimmt eine Sonderstellung ein. Das Münzwesen ist hier, nachdem das der Deutsch-ostafrikanischen Gesellschaft im Jahre 1890 überlassene Prägerecht durch Vertrag vom 15. Nov. 1902 wieder auf das Reich übergegangen ist, durch Allerhöchste Order vom 28. Dez. 1903 (KolBl. 1904 S. 223) und Bek. des Reichskanzlers v. 28. Febr. 1904 (ebenda S. 228) neu geordnet worden.

[9] Vgl. oben A. V S. 103ff. (Reichsmünzen), unten B. I, S. 122 (Reichskassenscheine), C. I, S. 132ff. (Reichsbanknoten).

Rechnungseinheit bleibt danach die **Rupie**, eingeteilt in 100 Heller (früher 64 Pesa). Sie ist hinsichtlich des Feinsilbergehalts (10,6917 g) und des Mischungsverhältnisses ($^{11}/_{12}$ Silber, $^{1}/_{12}$ Kupfer) mit der britisch-indischen und der von der Deutsch-ostafrikanischen Gesellschaft geprägten Rupie identisch. Geprägt werden das 2, 1, $^{1}/_{2}$ und $^{1}/_{4}$ Rupienstück als Silbermünzen und die kupfernen Heller- und Halbhellerstücke.

Die Prägung erfolgt für Rechnung des Schutzgebiets nach Maßgabe des Bedarfs. Vom 1. April 1904 ab werden gemäß Bekanntmachung des Gouverneurs vom 18. April 1904 (Amtlicher Anz. für Deutsch-Ostafrika vom 28. April) die Reichsgoldmünzen von allen öffentlichen Kassen des Schutzgebiets im Verhältnis von 20 Mark = 15 Rupien in Zahlung genommen. Ferner ist bestimmt, daß die Legationskasse in Berlin Zahlungsanweisungen in Rupien, welche auf die Gouvernements-Hauptkasse in Daressalam lauten, zu dem festen Kurse von 134,25 Mk. für 100 Rupien abläßt und daß umgekehrt die Gouvernements-Hauptkasse in Daressalam auf Reichsmark oder Sterlingwährung lautende Sichtwechsel auf Berlin gegen Rupien zum festen Kurse von 1,825 Mk. bezw. $15^{1}/_{2}$ d. für eine Rupie verkauft.[10] Endlich sollen die bei der Prägung der Deutsch-ostafrikanischen Landesmünzen erzielten Münzgewinne zur Hälfte zu einer

[10] Diese Funktion der gegenseitigen Abgabe von Ziehungen zwischen Berlin und Deutsch-Ostafrika wird zukünftig in der Hauptsache von der deutsch-ostafrikanischen Bank erfüllt werden. Vgl. unten C XVII S. 348 ff.

Goldreserve angesammelt werden, während die andere Hälfte für die allgemeinen Zwecke des Schutzgebiets verfügbar bleiben soll. Infolge dieser Anordnungen ist die deutsch-ostafrikanische Rupie auf die Goldbasis gestellt und die Aufrechterhaltung jenes Wertverhältnisses gesichert.

Außer den genannten befinden sich noch folgende Verordnungen im Deutsch-ostafrikanischen Schutzgebiet in Kraft:

Die Verordnungen v. 17. Jan. 1898 (KolG. I S. 392. II S. 4); v. 18. Sept. 1898 (KolG. II S. 88); v. 20. Sept. 1898 (KolG. II S. 88); v. 29. Okt. 1896 (KolG. II S. 294); v. 17. Nov. 1896 (KolG. II S. 295); die Bek., betreffend auf Sicht zahlbare Zahlungsanweisungen auf die Gouvernements-Hauptkasse in Daressalam durch die Legationskasse in Berlin, v. 14. April 1904 (KolBl. S. 275); der Runderlaß, betreffend die mit P.M. abgestempelten Rupien, vom 26. März 1898.

Siehe auch „Denkschrift über die Neuordnung des Münzwesens des Deutsch-ostafrikanischen Schutzgebiets", Drucksache des Reichstags Nr. 354, 11. LegPer., I. Sess. 1903/04.

3.

Im Schutzgebiet von Kiautschou ist das bei der Okkupation vorgefundene außerordentlich vielgestaltige chinesische Geldwesen unverändert gelassen worden.

B. Papiergeld-Gesetzgebung.

I.

Gesetz, betreffend die Ausgabe von Reichskassenscheinen. Vom 30. April 1874. (RGBl. S. 40. Ausgegeben am 5. Mai 1874.)[1]

Wir Wilhelm, von Gottes Gnaden Deutscher Kaiser, König von Preußen 2c. verordnen im

[1] Das Gesetz enthält in Erfüllung der in Art. 18 des MünzG. v. 9. Juli 1873 (oben A II S. 96) gegebenen Zusage die nach Art. 4 Nr. 3 der Reichsverfassung der Beaufsichtigung nud Gesetzgebung des Reichs unterliegende Feststellung der Grundsätze über die Emission von Papiergeld, indem es an Stelle des nach jener Vorschrift einzuziehenden Staatspapiergeldes die Ausgabe von Reichspapiergeld anordnet. Staatspapiergeld darf schon seit dem sog. Papiergeld-Sperrgesetz vom 16. Juni 1870 (BGBl. S. 507) nur auf Grund eines Bundes(Reichs)gesetzes (welches bisher nicht erlassen ist) ausgegeben werden (s. auch unten § 8). — Wegen des sog. Kommunal-Papiergeldes s. BankG. § 54 (unten C I S. 207, 208).

Die Ausdehnung des Gesetzes auf Helgoland ist erfolgt durch die V. v. 22. März 1891 Art. I Abschn. VI Ziff. 2 (RGBl. S. 21).

Namen des Deutschen Reichs, nach erfolgter Zustimmung des Bundesraths und des Reichstags, was folgt:

§ 1. Der Reichskanzler wird ermächtigt, Reichskassenscheine zum Gesammtbetrage von 120 Millionen Mark[2] in Abschnitten zu 5, 20 und 50 Mark[3] ausfertigen zu lassen[4] und unter die Bundesstaaten nach dem Maßstabe ihrer durch die Zählung vom 1. Dezember 1871 festgestellten Bevölkerung zu vertheilen.[5]

Ueber die Vertheilung des Gesammtbetrages

[2] Mit Rücksicht auf die damalige Bevölkerungsziffer von rund 40 Millionen. Eine Vermehrung — welche ernsten währungs- und bankpolitischen Bedenken unterliegt — ist jedoch nicht in Aussicht genommen. Vgl. auch § 3.

[3] Also höchstens zum Betrage der Hälfte der niedrigsten Banknoten (vgl. MünzG. Art. 18 Abs. 1 oben A II S. 96).

[4] Vgl. §§ 6, 7. Periodische Übersichten über die Ausführung des Gesetzes, insbesondere über die ausgegebenen Reichskassenscheine sind in den Berichten der Reichsschulden-Kommission an den Reichstag, bis zum Jahr 1891 auch im RGBl. veröffentlicht, hier anfänglich monatlich, dann in längeren Zwischenräumen, von Jahr zu Jahr (vgl. RGBl. 1875 S. 662 ff., 784 ff., 804 ff. usw.), für die späteren Jahre in den Statistischen Jahrbüchern f. d. D. Reich.

[5] Eine vorläufige Übersicht siehe in Anlage 2 zu den Motiven des Gesetzentwurfs (Aktenstück Nr. 70 StenB. d. Reichstags 2. LegPer. I Sess. 1874 Bd. 3 S. 263 ff. — Anlagen). Die definitiven Anteile ergibt Kol. 3 der jährlichen Nachweisungen (s. Anm. 4, 8).

auf die einzelnen Abschnitte beschließt der Bundesrath.[6]

§ 2. Jeder Bundesstaat hat das von ihm seither ausgegebene Staatspapiergeld spätestens bis zum 1. Juli 1875 zur Einlösung öffentlich aufzurufen und thunlichst schnell einzuziehen.[7]

[6] Diese Bestimmungen haben mehrfach gewechselt. Durch Bundesratsbeschluß v. 25. Juni 1881 wurde bestimmt, daß der für den Umlauf in Abschnitten zu 20 und 5 Mark festgestellte Betrag von je 40 Mill. Mark auf je 10 Mill. Mark herabzusetzen und die Reduktion teils durch Umtausch gegen Fünfzigmarkscheine neuer Ausgabe (v. 10. Januar 1882 — s. die Bek. in Anm. 20), teils im Wege der alljährlich stattfindenden Einziehung von 3659820 Mark in Reichskassenscheinen (vgl. § 3) zu bewerkstelligen sei. Der herabgesetzte Betrag ist jedoch später wieder erhöht worden. Nach der Nachweisung für Ende März 1904 (s. Anm. 4) befinden sich im Umlauf:

in Abschnitten zu	5 Mark	20 Millionen	Mark,
" " "	20 "	30 "	"
" " "	50 "	70 "	"

[7] Die Vorschrift entspricht dem Art. 18 Abs. 8 Satz 1 des MünzG. v. 9. Juli 1873 (vgl. Anm. 1). Die Summe des danach einzuziehenden Papiergeldes, welches sich auf 19 Bundesstaaten verteilte, betrug nach der Anlage 1 zu den Motiven des Gesetzentwurfs 61874600 Taler einschließlich 2228000 Taler preußischer Darlehnskassenscheine (vgl. Anm. 5), nach dem RGBl. waren am 30. April 1874 jedoch 184298529 Mark = 61432843 Taler ausgegeben. Davon waren bis Ende März 1888 eingezogen und vernichtet oder präkludiert 183148967 Mark, so daß noch 1149562 Mark nicht zur Einlösung präsentiert und nicht präkludiert waren. Da sich dieser

Zur Annahme von Staatspapiergeld sind vom 1. Januar 1876 an nur die Kassen desjenigen Staats verpflichtet, welcher das Papiergeld ausgegeben hat.

§ 3. Denjenigen Staaten, deren Papiergeld den ihnen nach § 1 zu überweisenden Betrag von Reichskassenscheinen übersteigt, werden zwei Drittheile des überschießenden Betrages aus der Reichskasse als ein Vorschuß überwiesen und zwar, soweit die Bestände der letzteren es gestatten, in baarem Gelde, soweit sie es nicht gestatten, in Reichskassenscheinen.[8]

Der Reichskanzler wird zu diesem Zwecke ermächtigt, Reichskassenscheine über den im § 1 festgesetzten Betrag hinaus bis auf die Höhe des zu leistenden Vorschusses anfertigen zu lassen, und soweit als nöthig in Umlauf zu setzen.[9]

Ueber die Art der Tilgung dieses Vorschusses

Betrag bis März 1892 (letzte Mitteilung über den Stand der Einlösung in dem Berichte der Reichsschuldenkommission v. 16. Mai 1898) nicht verändert hat, kann ziemlich sicher angenommen werden, daß der größte Teil dauernd aus dem Umlauf verschwunden ist.

Für Preußen wurde die Aufrufung und Einziehung durch das G. v. 18. Juni 1875 (PrGBl. S. 281) angeordnet.

[8] Vgl. die Anlage 2 zu den Motiven des Gesetzentwurfs (s. Anm. 5). Im ganzen sind an Vorschüssen angewiesen 54 123 567 Mark 14 Pf.

[9] Der Umlauf der Reichskassenscheine erhöhte sich dadurch anfänglich auf mehr als 174 Millionen Mark (s. Anm. 4).

wird gleichzeitig mit der Ordnung des Zettelbankwesens Bestimmung getroffen.[10] In Ermangelung einer solchen Bestimmung hat die Rückzahlung des Vorschusses innerhalb 15 Jahren, vom 1. Januar 1876 an gerechnet, in gleichen Jahresraten zu erfolgen.[11]

Die auf den Vorschuß eingehenden Rückzahlungen sind zunächst zur Einziehung der nach vorstehenden Bestimmungen ausgefertigten Reichskassenscheine zu verwenden.[12]

§ 4. Diejenigen Bundesstaaten, welche Papiergeld ausgegeben haben, werden die ihnen ausgefolgten Reichskassenscheine (§§ 1 und 3), soweit der Betrag der letzteren den Betrag des ausgegebenen Staatspapiergeldes nicht übersteigt, nur in dem Maße in Umlauf setzen, als Staatspapiergeld zur Einziehung gelangt.[13]

§ 5. Die Reichskassenscheine werden bei allen Kassen des Reichs und sämmtlicher Bundesstaaten nach ihrem Nennwerthe in Zahlung angenommen[14]

[10] Dies ist nicht geschehen.

[11] Die Zurückzahlung des Vorschusses ist innerhalb dieser Frist vollständig erfolgt, so daß seit dem 1. Januar 1891 nur noch 120000000 Mark Reichskassenscheine im Umlauf sind.

[12] Vgl. Anm. 4.

[13] Vgl. Anm. 7.

[14] Ebenso, wie die Reichssilbermünzen, in jedem Betrage (MünzG. Art. 9 Abs. 2 — oben A II S. 83, 84).

und von der Reichs-Hauptkasse[15] für Rechnung des Reichs[16] jederzeit auf Erfordern gegen baares Geld eingelöst.

Im Privatverkehr findet ein Zwang zu ihrer Annahme nicht statt.[17]

§ 6. Die Ausfertigung der Reichskassenscheine wird der Preußischen Haupt-Verwaltung der Staatsschulden unter der Benennung „Reichsschulden-Verwaltung" übertragen.[18]

Die Reichsschulden-Verwaltung hat für beschädigte oder unbrauchbar gewordene Exemplare für Rechnung des Reichs Ersatz zu leisten, wenn das vorgelegte Stück zu einem echten Reichskassenscheine gehört und mehr als die Hälfte eines solchen beträgt. Ob in anderen Fällen ausnahmsweise ein

Anders hinsichtlich der Banknoten (BankG. § 2 — unten C I S. 131).

15 Dieselbe ist eine Abteilung der Reichsbank-Hauptkasse (vgl. BankG. v. 14. März 1875 § 22 — unten C I, S. 168; Bek. v. 29. Dezember 1875 — unten C XIV S. 285). Die Einlösungspflicht ist durch Klage erzwingbar; dies ist jedoch streitig. Wegen Einlösung der Reichskassenscheine alter Ausgabe s. d. G. v. 21. Juli 1884 (unten II S. 124).

16 D. h. a conto des Reichsguthabens bei der Reichsbank.

17 Vgl. auch BankG. § 2. Wegen der Schutzgebiete s. V. v. 1. Febr. 1905 § 6 — oben A VII S. 112.

18 Vgl. G. v. 19. Juni 1868 § 1 (BGBl. S. 339) und Reichsschuldenordn. v. 19. März 1900 (RGBl. S. 129 — unten E XIII S. 422ff.).

Ersatz geleistet werden kann, bleibt ihrem pflichtmäßigen Ermessen überlassen.[19]

§ 7. Vor der Ausgabe der Reichskassenscheine ist eine genaue Beschreibung derselben öffentlich bekannt zu machen.[20]

[19] Hierzu ist erlassen die Bekanntmachung der Reichsschuldenverwaltung, betreffend den Umtausch beschädigter oder unbrauchbar gewordener Reichskassenscheine. Vom 18. Mai 1876. (RZBl. S. 296.)

„Infolge höherer Anordnung wird hierdurch zur öffentlichen Kenntnis gebracht, daß zur Förderung des Umtausches beschädigter oder unbrauchbar gewordener Reichskassenscheine gegen neue vom Bundesrat die nachfolgenden Bestimmungen getroffen sind:

„1. Sämtliche Reichs- und Landeskassen haben die ihnen bei Zahlungen angebotenen beschädigten oder unbrauchbar gewordenen (einschließlich der geklebten und der beschmutzten) Reichskassenscheine, deren Umtauschfähigkeit (§ 6 Absatz 2 des Gesetzes, betreffend die Ausgabe von Reichskassenscheinen v. 30. April 1874, RGBl. S. 40) zweifellos ist, anzunehmen, aber nicht wieder auszugeben.

„2. Solche Reichskassenscheine sind außer von der Reichshauptkasse auch von den Kaiserlichen Oberpostkassen, der Königlich preußischen Generalstaatskasse, den Königlich preußischen Regierungs- beziehungsweise Bezirkshauptkassen und von den Landeszentralkassen der übrigen Bundesstaaten gegen umlaufsfähige Reichskassenscheine oder bares Geld umzutauschen."

Vgl. BankG. § 4 Abs. 2. Wegen der Schutzgebiete s. oben A VII S. 113.

[20] Vgl. RZBl. 1875 S. 48. Für die neuen Scheine vgl. RAnz. v. 1. April 1882 Nr. 79 Anlage, v. 18. Jan.

Die Kontrole über die Ausfertigung und Ausgabe der Reichskassenscheine übt die Reichsschulden-Kommission.[21]

§ 8. Von den Bundesstaaten darf auch ferner nur auf Grund eines Reichsgesetzes Papiergeld ausgegeben oder dessen Ausgabe gestattet werden.[22]

Urkundlich unter Unserer Höchsteigenhändigen Unterschrift und beigedrucktem Kaiserlichen Insiegel.

Gegeben Berlin, den 30. April 1874.

(L. S.) **Wilhelm.**

Fürst v. Bismarck.

1883 Nr. 16 Anlage, v. 21. Juni 1899 Nr. 144 Anlage. — Wegen gefälschter oder verfälschter Reichskassenscheine vgl. die Strafbestimmungen der §§ 146—149, 151, 152, 360 Nr. 6 des Strafgesetzbuchs.

[21] Vgl. G. v. 19. Juni 1868 § 4 (BGBl. S. 339), Reichsschuldenordn. v. 19. März 1900 (RGBl. S. 129 — unten E XIII S. 422) und BankG. § 16 Abs. 2 (unten S. 159).

[22] Hiermit wird die Bestimmung des G. v. 16. Juni 1870 (s. Anm. 1) wiederholt. Zu dem „Papiergeld" gehört auch das sog. fundierte; vgl. G. v. 21. Juli 1870, betr. die Gründung öffentlicher Darlehnskassen und die Ausgabe von Darlehnskassenscheinen (BGBl. S. 499) und G. v. 6. März 1878, betr. die Einlösung und Präklusion der von dem vormaligen Norddeutschen Bunde ausgegebenen Darlehnskassenscheine (RGBl. S. 5).

II.

Gesetz, betreffend die Einziehung der mit dem Datum vom 11. Juli 1874 ausgefertigten Reichskassenscheine. Vom 21. Juli 1884.

(RGBl. S. 172. Ausgegeben am 2. August 1884.)[1]

Wir **Wilhelm**, von Gottes Gnaden Deutscher Kaiser, König von Preußen rc. verordnen im Namen des Reichs, nach erfolgter Zustimmung des Bundesraths und des Reichstags, was folgt:

Die Bestimmung des § 5 Absatz 1 des Gesetzes, betreffend die Ausgabe von Reichskassenscheinen, vom 30. April 1874 (Reichs-Gesetzbl. S. 40) tritt bezüglich der mit dem Datum vom 11. Juli 1874 ausgefertigten Reichskassenscheine mit Ende des Monats Juni 1885 außer Wirksamkeit.

[1] Die Reichskassenscheine v. 11. Juli 1874 waren allmählich gegen die zur Erschwerung von Fälschungen auf sog. Wilcox-Papier (dem von dem Fabrikanten Wilcox in Glenmills [Pennsylvanien] erfundenen Papier mit eingestreuten Pflanzenfasern) hergestellten neuen Scheine v. 10. Januar 1882 (s. die Bek. oben I Anm. 20 S. 122) bis auf einen Rest von etwa 15 Millionen Mark umgetauscht. Das Gesetz sollte nun die Rückleitung dieser älteren Scheine an die öffentlichen Kassen beschleunigen und bewirken, daß der Verkehr sich ihrer ganz entledige. Rückständig waren am 31. März 1903 noch 337 020 Mark, zu deren Einlösung ein gleich hoher Betrag bei der Kontrolle der Staatspapiere deponiert wurde. (Vgl. Drucks. des Reichstags 11. LegPer. I. Sess. 1903/1904 Nr. 816).

Vom 1. Juli 1885 ab werden diese Scheine nur noch bei der Königlich preußischen Kontrole der Staatspapiere eingelöst.[2]

Urkundlich unter Unserer Höchsteigenhändigen Unterschrift und beigedrucktem Kaiserlichen Insiegel.

Gegeben Bad Gastein, den 21. Juli 1884.

(L. S.) **Wilhelm.**

Fürst v. Bismarck.

[2] Nicht mehr bei der Reichshauptkasse (G. v. 30. April 1874 § 5 Abs. 1). Zur Vermeidung von Härten ist (nach dem Beispiel der Preußischen Bank und der Reichsbank) von einer Ungültigkeitserklärung (Präklusion) Abstand genommen und die vorliegende mildere Form der Außerkurssetzung gewählt.

III.

Gesetz, betreffend den Schutz des zur Anfertigung von Reichskassenscheinen verwendeten Papiers gegen unbefugte Nachahmung.

Vom 26. Mai 1885.

(RGBl. S. 165. Ausgegeben am 8. Juni 1885.)[1]

Wir Wilhelm, von Gottes Gnaden Deutscher Kaiser, König von Preußen rc. verordnen im Namen

[1] Bei der Übernahme der vormaligen Königlich preußischen Staatsdruckerei auf das Reich wurde zufolge

des Reichs, nach erfolgter Zustimmung des Bundesraths und des Reichstags, was folgt:

§ 1. Papier, welches dem zur Herstellung von Reichskassenscheinen verwendeten, durch äußere Merkmale erkennbar gemachten Papier hinsichtlich dieser Merkmale gleicht oder so ähnlich ist, daß die Verschiedenheit nur durch Anwendung besonderer Aufmerksamkeit wahrgenommen werden kann,[2] darf,

§ 2e des desfallsigen Vertrages (s. RGBl. v. 1879 S. 140) auch die ausschließliche Anwendung des von ihr käuflich erworbenen Wilcoxschen Verfahrens zur Herstellung von Papier mit eingestreuten Pflanzenfasern Eigentum des Reichs. Nachdem unter Anwendung dieses Papiers neue Reichskassenscheine hergestellt und in Verkehr gesetzt (s. oben I Anm. 20 S. 122, II Anm. 1 S. 124) und bereits Fälschungen unter Verwendung einer mehr oder weniger täuschenden Nachahmung des Wilcox-Papiers vorgekommen waren, erschien zum Zweck erhöhter Sicherheit gegen Fälschungen der Reichskassenscheine ein strafrechtlicher Schutz des zu diesen Scheinen verwendeten Papiers nach dem Beispiel anderer Länder angezeigt (s. d. Begr. des GEntw. in den StenB. des Reichstags 6. LegPer. I. Sess. 1884/85 Bd. VI Anlagen Nr. 253 S. 1150).

[2] Vgl. Markenschutz-G. v. 30. Nov. 1874 § 18 (RGBl. S. 143). Das Verbot beschränkt sich nicht auf das Wilcox-Papier, sondern erstreckt sich gleichzeitig auch auf jedes andere Papier, welches etwa künftig zur Anfertigung von Reichskassenscheinen verwendet werden möchte. Aber nur auf diese kommt es an, nicht auf Reichsbanknoten, für welche tatsächlich seit Jahren ebenfalls ausschließlich Wilcox-Papier verwendet wird.

nachdem die Merkmale in Gemäßheit des § 7 des Gesetzes vom 30. April 1874, betreffend die Ausgabe von Reichskassenscheinen (Reichs=Gesetzbl. S. 40), öffentlich bekannt gemacht worden sind,[3] ohne Erlaubniß des Reichskanzlers oder einer von demselben zur Ertheilung der Erlaubniß ermächtigten Behörde weder angefertigt oder aus dem Auslande eingeführt, noch verkauft, feilgehalten oder sonst in Verkehr gebracht werden.

§ 2. Wer den Bestimmungen im § 1 vorsätzlich zuwiderhandelt, wird mit Gefängniß bis zu einem Jahre, und wenn die Handlung zum Zweck eines Münzverbrechens begangen worden ist, mit Gefängniß von drei Monaten bis zu zwei Jahren bestraft. Ist die Handlung aus Fahrlässigkeit begangen worden, so ist auf Geldstrafe bis zu eintausend Mark oder Gefängniß bis zu sechs Monaten zu erkennen.[4]

§ 3. Neben der Strafe ist auf Einziehung des Papiers zu erkennen, ohne Unterschied, ob dasselbe dem Verurtheilten gehört oder nicht. Auf die Ein=

[3] Dieses Erfordernis (vgl. oben I Anm. 20 S. 122) dient sowohl zur näheren Bezeichnung des zu schützenden Papiers als zur Fixierung des Zeitpunkts, von welchem ab der Schutz eintritt.

[4] Der Entwurf wollte jede Zuwiderhandlung ohne Unterschied im Anschluß an das Strafmaß des StrGB. § 151 mit Gefängnis bis zu 2 Jahren ahnden. Milder StrGB. § 360 Nr. 4.

ziehung des Papiers ist auch dann zu erkennen, wenn die Verfolgung oder die Verurtheilung einer bestimmten Person nicht stattfindet.

Urkundlich unter Unserer Höchsteigenhändigen Unterschrift und beigedrucktem Kaiserlichen Insiegel.

Gegeben Berlin, den 26. Mai 1885.

(L. S.) **Wilhelm.**

Fürst v. Bismarck.

C. Notenbankgesetzgebung.

I.

Bankgesetz. Vom 14. März 1875. (RGBl. S. 177. Ausgegeben am 18. März 1875.)[1]

Wir Wilhelm, von Gottes Gnaden Deutscher Kaiser, König von Preußen ꝛc. verordnen im Namen des Deutschen Reichs, nach erfolgter Zustimmung des Bundesraths und des Reichstags, was folgt:

Titel I.

Allgemeine Bestimmungen.

§ 1. Die Befugniß zur Ausgabe von Banknoten kann nur durch Reichsgesetz erworben, oder

[1] Das BankG. enthält die nach Art. 4 der Reichsverfassung der Reichsgesetzgebung anheimfallende Reform des Banknotenwesens. Vorbereitet ist dieselbe durch das in seiner Wirksamkeit bis zum 31. Dez. 1875 verlängerte, im übrigen jetzt durch die einschlagenden Bestimmungen des BankG. ersetzte sog. Banknoten-Sperrgesetz v. 27. März 1870 (BGBl. S. 51), ferner durch Art. 18 des MünzG. v. 9. Juli 1873 (oben A II S. 96), endlich durch die zu dessen Ausführung erlassenen Bestimmungen in Art. II des G. v. 21. Dez.

über den bei Erlaß des gegenwärtigen Gesetzes zulässigen Betrag der Notenausgabe hinaus erweitert werden.[2]

Den Banknoten im Sinne dieses Gesetzes wird dasjenige Staatspapiergeld gleich geachtet, dessen Ausgabe einem Bankinstitute zur Verstärkung seiner Betriebsmittel übertragen ist.[3]

1874 (RGBl. S. 193 — s. unten Anm. 13, S. 187). Das Bankgesetz ist, bis auf die in § 60 bezeichneten, am 1. Jan. 1876 in Kraft getretenen Bestimmungen, am 1. April 1875 im ganzen Deutschen Reiche in Kraft getreten (vgl. Reichsverfassung Art. 2).

[2] Die Bestimmung ist an die Stelle der §§ 1, 2 des G. v. 27. März 1870 (BGBl. S. 51) getreten. Vgl. auch BankG. § 44 Abs. 1 Nr. 6, Abs. 4, § 46 Abs. 1. Ein Antrag der beteiligten Bundesregierung ist nicht mehr erforderlich. Indessen sind dergleichen Gesetze bisher nicht erlassen. Eine den § 1 Abs. 1 einschränkende Sondervorschrift hinsichtlich Bayerns enthält § 47 Abs. 8. Die Vorschriften über den Höchstbetrag der Notenausgabe, sei es an sich oder im Verhältnis zum Grundkapital (§ 44 Abs. 4), befinden sich in den Privilegien und Statuten der einzelnen Notenbanken. Bei Überschreitung kann das Notenrecht entzogen werden (§ 50 Nr. 1). Hinsichtlich der Reichsbank vgl. § 16.

Bei Verkündung des Bankgesetzes bestanden im Deutschen Reich 33 Notenbanken, darunter die Preußische Bank und 5 andere mit unbegrenztem, die übrigen mit mehr oder weniger begrenztem Notenrecht (vgl. Anlage zum § 9 — unten S. 215).

Strafbestimmungen wegen unbefugter Notenausgabe siehe in §§ 55, 59 Nr. 3. Vgl. auch § 48.

[3] § 1 Abs. 2, entsprechend dem § 5 d. G. v. 27. März

§ 2. Eine Verpflichtung zur Annahme von Banknoten bei Zahlungen, welche gesetzlich in Geld zu leisten sind, findet nicht statt und kann auch für Staatskassen durch Landesgesetz nicht begründet werden.[4]

§ 3. Banknoten dürfen nur auf Beträge von 100, 200, 500 und 1000 Mark oder von einem Vielfachen von 1000 Mark ausgefertigt werden.[5]

1870 (BGBl. S. 51), bezieht sich auf die Oldenburgische Landesbank, welcher nach dem Gesetz für das Herzogtum Oldenburg, betr. die Ausgabe von Papiergeld, v. 12. August 1868 und einem vorangegangenen Vertrage zwischen der Großherzoglichen Regierung und den Gründern der Bank ein Betrag von 2 Millionen Taler Oldenburgisches Staatspapiergeld für ihren Betrieb überwiesen worden war (vgl. Anlage 1 zum Entw. des Bankgesetzes, Aktenstück des Reichstags Nr. 27 2. LegPer. II. Sess. 1874 S. 31 Anm.). Die Bestimmung ist durch den Verzicht jener Bank auf das Notenrecht (s. unten Anm. 26 S. 148) und die Einziehung des in Noten umgewandelten Papiergeldes gegenstandslos geworden.

4 Hier ist in unbedingter Weise das Gegenteil des gesetzlichen Kurses (legal tender) wie des Zwangskurses bestimmt. Nur administrative Ermächtigungen bestehen für die Reichs- und Landeskassen. (Vgl. z. B. für Preußen die Verf. des Finanzministers v. 5. Jan. 1876 und des Justizministers v. 11. Febr. 1876 — MBl. für die ges. innere Verw. S. 13; JMBl. S. 35.) Wegen der Bankkassen vgl. § 4 und Anm. 6, §§ 19, 44 Abs. 1 Nr. 5. Die §§ 2—6 gelten auch für die von Korporationen ausgegebenen Noten 2c. (§ 54).

Wegen Beseitigung des Widerspruchsrechts von Privatbanken vgl. § 44 Abs. 1 Nr. 6. Wegen der Schutzgebiete s. V. v. 1. Febr. 1905 § 7 — oben A VII. S. 112.

5 Vgl. die periodisch im RZBl. seit Februar 1877

§ 4. Jede Bank ist verpflichtet, ihre Noten sofort auf Präsentation zum vollen Nennwerthe einzulösen, auch solche nicht nur an ihrem Hauptsitz, sondern auch bei ihren Zweiganstalten jederzeit zum vollen Nennwerthe in Zahlung anzunehmen.[6]

Für beschädigte Noten hat sie Ersatz zu leisten, sofern der Inhaber entweder einen Theil der Note

(S. 206) bis Ende Nov. 1880 (Nr. 51 v. 17. Dez. 1880 S. 786, 787) veröffentlichten statistischen Nachweisungen der deutschen Banknoten und von da ab die „Bemerkungen" zu den ebendaselbst seit Sept. 1875 (S. 674) monatlich abgedruckten „Status der deutschen Notenbanken". Bei weitem der größte Betrag ist in Noten zu 100 Mark ausgegeben. Noten zu 200 Mark kommen jetzt nicht mehr vor, Noten zu 500 Mark nur bei der Sächsischen Bank und der Preußischen Bank (jetzt der Reichsbank — s. Anm. 60, S. 158), Noten zu 1000 Mark nur bei der Reichsbank; Noten zu höheren Beträgen sind bisher nicht ausgegeben. Noten zu kleineren Beträgen als 100 Mark verbietet bereits Art. 18 des MünzG. v. 9. Juli 1873 (s. Anm. 1). Wegen der von Korporationen ausgegebenen Noten 2c. siehe § 54.

[6] Die Banknote ist eine Zahlungsanweisung auf Sicht an den Inhaber. Zahlungsort ist der Sitz („Hauptsitz") der Bank; nur die Verpflichtung der Reichsbank ist eine weitere (§ 18 b). Wegen anderer Einlösungsstellen der Privatnotenbanken vgl. § 44 Abs. 1 Nr. 4, § 45. Unter Umständen kann bei nicht rechtzeitig erfolgter Einlösung durch gerichtliches Urteil die Entziehung der Befugnis zur Notenausgabe ausgesprochen werden nach § 50 Abs. 1 Nr. 3.

Wegen der Annahme von Noten anderer Banken vgl. § 19, § 44 Abs. 1 Nr. 5.

präsentirt, welcher größer ist, als die Hälfte, oder den Nachweis führt, daß der Rest der Note, von welcher er nur die Hälfte oder einen geringeren Theil als die Hälfte präsentirt, vernichtet sei.[7]

Für vernichtete oder verlorene Noten Ersatz zu leisten, ist sie nicht verpflichtet.[8]

§ 5. Banknoten, welche in die Kasse der Bank oder einer ihrer Zweiganstalten oder in eine von ihr bestellte Einlösungskasse in beschädigtem oder beschmutztem Zustande zurückkehren, dürfen nicht wieder ausgegeben werden.[9]

§ 6. Der Aufruf und die Einziehung der Noten einer Bank oder einer Gattung von Banknoten darf nur auf Anordnung oder mit Genehmigung des Bundesraths erfolgen.

Die Anordnung erfolgt, wenn ein größerer Theil des Umlaufs sich in beschädigtem oder beschmutztem Zustande befindet, oder wenn die Bank die Befugniß zur Notenausgabe verloren hat.

Die Genehmigung darf nur ertheilt werden,

7 Ähnlich bei Reichskassenscheinen nach dem G. v. 30. April 1874 § 6 Abs. 2 (oben B I S. 121).

8 Hiernach gibt es weder eine Zahlungssperre noch ein Aufgebot behufs Kraftloserklärung einzelner Banknoten. Vgl. auch BGB. § 799 Abs. 1. Anders der Aufruf des § 6. Über die Zulässigkeit der Vindikation entscheidet das bürgerliche Recht. Vgl. BGB. § 1006.

9 Ist der größere Teil in diesem Zustande, kann die Einziehung angeordnet werden (§ 6 Abs. 2).

wenn nachgewiesen wird, daß Nachahmungen der aufzurufenden Noten in den Verkehr gebracht sind.[10]

[10] Das Gesetz unterscheidet zwischen Anordnung (Abs. 2) und bloßer Genehmigung (Abs. 3). Die Einziehung und Vernichtung von Reichsbanknoten, auch im Falle des § 5, erfolgt unter Kontrolle der Reichsschuldenkommission (§ 16 Abs. 2).

Wegen der Verpflichtung zur Einziehung kraft Urteils s. § 50 Abs. 3, §§ 51—53. Die Frist, innerhalb deren die Bekanntmachung zu erlassen ist, wird vom Gericht bestimmt.

Über die Behandlung nachgemachter und verfälschter Reichsbanknoten hat der Bundesrat am 30. November 1876 beschlossen:

„1. Den nachstehenden Bestimmungen seine Zustimmung zu erteilen:

I. Sämtliche Reichs- und Landeskassen haben die bei ihnen eingehenden nachgemachten oder verfälschten Reichsbanknoten (§§ 146—149 des Strafgesetzbuches) anzuhalten.

II. Wird ein eingehendes Falschstück als solches von den Kassenbeamten ohne weiteres erkannt, so hat der Vorsteher der Kasse sofort der zuständigen Justiz- oder Polizeibehörde Anzeige zu machen und derselben das angehaltene Falschstück unter Beifügung des eingegangenen Begleitschreibens, Etiketts 2c. bzw. der über die Einzahlung aufzunehmenden kurzen Verhandlung vorzulegen.

III. Erscheint die Unechtheit einer Note zweifelhaft, so ist dieselbe, nachdem dem bisherigen Inhaber eine Bescheinigung über den Sachverhalt erteilt worden ist, an das Reichsbank-Direktorium (Berlin W., Jägerstraße Nr. 84) einzusenden. Dasselbe wird diese Noten einer Prüfung unterwerfen und

In allen Fällen schreibt der Bundesrath die Art, die Zahl und die Fristen der über den Aufruf zu erlassenden Bekanntmachungen, den Zeitraum, innerhalb dessen und die Stellen, an welchen

a) im Falle der Echtheit den Wert der einsendenden Kasse zur Aushändigung an den Einzahler zustellen,

b) im Falle der Unechtheit das Falschstück an die einsendende Kasse zurückgeben, damit dieselbe in Gemäßheit der Vorschriften unter II verfahre.

IV. Dem Reichsbank-Direktorium ist von jeder wegen Fälschung oder Nachahmung von Reichsbanknoten erfolgten Einleitung eines Untersuchungs- oder Ermittelungsverfahrens durch die betreffende Justiz- oder Polizeibehörde sofort Mitteilung zu machen und sobald es ohne Nachteil für das Verfahren geschehen kann, das Falschstück vorzulegen.

Auch ist das Reichsbank-Direktorium von dem Fortgang des Verfahrens in Kenntnis zu erhalten und von dem schließlichen Ergebnisse desselben unter Vorlegung der Akten und der Falschstücke zu benachrichtigen. Letztere sind von dem Reichsbank-Direktorium aufzubewahren.

2. Es sei zu veranlassen, daß den betreffenden Reichs- und Landesbehörden die unter Ziff. 1 erwähnten Bestimmungen zur Nachachtung mitgeteilt werden, unter besonderem Hinweis auf die einschlägigen Bestimmungen des Strafgesetzbuches in den §§ 146—149, 151, 152 und 360 Ziff. 4—6."

Letzteres ist geschehen (vgl. z. B. die Verfügung des preuß. Finanzministers v. 13. Febr. 1877 – MBl. für die ges. innere Verw. S. 70; Allgem. Verfügung des preuß. Justizministers v. 20. März 1877 — JMBl. S 54).

Wegen der Schutzgebiete s. oben S. 113.

die Noten eingelöst werden sollen, die Maßgaben, unter denen nach Ablauf der Fristen eine Einlösung der aufgerufenen Noten noch stattzufinden hat, und die zur Sicherung der Noteninhaber sonst erforderlichen Maßregeln vor.

Die nach dem Vorstehenden von dem Bundesrathe zu erlassenden Vorschriften sind durch das Reichs-Gesetzblatt zu veröffentlichen.[11]

[11] Dies verstand sich nicht von selbst nach der Reichsverfassung (s. Entsch. d. RG. i. ZivS. Bd. 48, S. 89). Solche Vorschriften sind erlassen hinsichtlich der Noten der Bayerischen Hypotheken- und Wechselbank laut Bek. v. 7. Juni 1877 (RGBl. S. 527); der Rostocker Bank: Bek. v. 19. Dez. 1877 (RGBl. S. 575), v. 9. April 1878 (RGBl. S. 11) und v. 19. Okt. 1878 (RGBl. S. 850); der vormaligen Preußischen Bank: Bek. v. 15. März 1878 (RGBl. S. 6) und v. 10. April 1878 (RGBl. S. 12); der Lübecker Kommerzbank: Bek. v. 8. Aug. 1886 (RGBl. S. 259); der Kölnischen Privatbank: Bek. v. 7. Juli 1887 (RGBl. S. 286); der Hannoverschen Bank: Bek. v. 16. Juli 1889 (RGBl. S. 169); der Bremer Bank: Bek. v. 25. Okt. 1889 (RGBl. S. 199); des Leipziger Kassenvereins: Bek. v. 4. Juli 1890 (RGBl. S. 76); der Magdeburger Privatbank: Bek. v. 9. Dez. 1890 (RGBl. S. 205) und v. 29. April 1893 (RGBl. S. 153); der Provinzial-Aktienbank des Großherzogtums Posen: Bek. v. 9. Dez. 1890 (RGBl. S. 206); der Danziger Privat-Aktienbank: Bek. v. 25. Dez. 1890 (RGBl. S. 213); der Chemnitzer Stadtbank: Bek. v. 8. Febr. 1891 (RGBl. S. 12); der Städtischen Bank zu Breslau: Bek. v. 19. Nov. 1893 (RGBl. S. 263); der Frankfurter Bank: Bek. v. 6. Juli 1901 (RGBl. S. 262); der Bank für Süd-

§ 7. Den Banken, welche Noten ausgeben, ist nicht gestattet:

1. Wechsel zu akzeptiren,
2. Waaren oder kurshabende Papiere für eigene oder für fremde Rechnung auf Zeit zu kaufen oder auf Zeit zu verkaufen, oder für die Erfüllung solcher Kaufs- oder Verkaufsgeschäfte Bürgschaft zu übernehmen.[12]

§ 8. Banken, welche Noten ausgeben, haben

1. den Stand ihrer Aktiva und Passiva vom 7., 15., 23. und Letzten jedes Monats, spätestens am fünften Tage nach diesen Terminen[13] und

deutschland: Bek. v. 5. Juni 1902 (RGBl. S. 225) — sämtlich mit Ausnahme der Preuß. Bank (vgl. Anm. 60, S. 158) Fälle der Anordnung wegen Verlustes der Notenausgabebefugnis (§ 6, Abs. 2, § 49).

Auch die Einziehung der von der Landständischen Bank zu Bautzen (die nicht zu den Notenbanken gerechnet ist — s. § 54) ausgegebenen Noten ist auf Grund des § 6 angeordnet (Bek. v. 17. August 1908 — RGBl. S. 270).

[12] Das Verbot in Nr. 2 richtet sich hauptsächlich gegen Reportgeschäfte.

Vgl. die Strafbestimmung in § 58 Abs. 2. Der Ausschluß von Blankokrediten ist selbstverständlich. Die zivilrechtliche Gültigkeit der in § 7 bezeichneten Geschäfte bleibt unberührt.

Das G. v. 19. Juni 1893, betr. Ergänzung der Bestimmungen über den Wucher (RGBl. S. 197) hat nach Art. II 4 Abs. 2 auf Notenbanken keine Anwendung.

[13] Auf diesen Wochenübersichten beruhen die monatlich veröffentlichten „Status der deutschen Notenbanken“

2. spätestens drei Monate nach dem Schlusse jedes Geschäftsjahres eine genaue Bilanz ihrer Aktiva

(vgl. Anm. 5). Wegen der Reichsbank vgl. §§ 15 Satz 2, 32 Abs. 1.

Außerdem gilt noch folgende Bestimmung des Gesetzes, betreffend die Ausgabe von Banknoten, v. 21. Dezember 1874 Art. II (s. Anm. 1):

„§ 4. Die Banken sind ferner verpflichtet, dem Reichskanzler behufs der Veröffentlichung spätestens am siebenten Tage eines jeden Monats den am letzten Tage des vorausgegangenen Monats vorhanden gewesenen Betrag

der umlaufenden —

der in den Bankkassen (einschließlich der Filiale, Agenturen und sonstigen Zweiganstalten) befindlichen —

eintretendenfalls auch der nach erfolgter Einlösung vernichteten —

Noten, nach den einzelnen Abschnitten (Appoints) gesondert, anzuzeigen."

Art. I und der Rest von Art. II waren nur von vorübergehender Bedeutung.

Die erste Nachweisung jener Art wurde durch „Bekanntmachung" des Reichskanzlers v. 15. Jan. 1875 veröffentlicht (RZBl. S. 91 ff.). Vgl. ferner RZBl. 1875 S. 132, 178, 190, 278, 312, 352, 432, 460, 514, 664, 684, 780, 788; 1876 S. 34 ff. In den ferneren Nachweisungen treten noch die präkludierten Banknoten hinzu (vgl. RZBl. 1876 S. 112, 172, 228 ff. usw. bis 1877 S. 124). In den folgenden Nachweisungen werden nur die im Umlauf und im Bestande befindlichen Banknoten nachgewiesen (RZBl. 1877 S. 206, 216, 280 usw.). Vgl. auch BankG. § 10.

und Passiva, sowie den Jahresabschluß des Gewinn- und Verlustkontos

durch den Reichsanzeiger auf ihre Kosten zu veröffentlichen.

Die wöchentliche Veröffentlichung muß angeben

1. auf Seiten der Passiva:
   - das Grundkapital,
   - den Reservefonds,
   - den Betrag der umlaufenden Noten,
   - die sonstigen täglich fälligen Verbindlichkeiten,[14]
   - die an eine Kündigungsfrist gebundenen Verbindlichkeiten,[15]
   - die sonstigen Passiva;[16]
2. auf Seiten der Aktiva:
   - den Metallbestand (den Bestand an kursfähigem deutschem Gelde und an Gold in Barren oder ausländischen Münzen, das Pfund fein zu 1392 Mark berechnet),[17]

[14] Z. B. die Giroguthaben (§ 13 Nr. 7) und sonstigen auf jederzeitiges Verlangen rückzahlbaren „fremden Gelder" (§ 22) bei der Reichsbank.

[15] Z. B. die Depositengelder (§ 13 Nr. 7).

[16] D. h. Buchschulden jeder Art, z. B. die noch nicht zur Verteilung gelangten Gewinne.

[17] Kursfähiges deutsches Geld sind die Reichsgold-, Silber-, Nickel- und Kupfermünzen und die den Goldmünzen gleichgestellten Taler (MünzG. Art. 14, 15 — oben A II S. 90 ff.). Eine Sonderung der deutschen Münzen nach Gold und Silber, überhaupt nach einzelnen Gat-

den Bestand:
an Reichs-Kassenscheinen,
an Noten anderer Banken,
an Wechseln,
an Lombardforderungen,
an Effekten,[18]
an sonstigen Aktiven.[19]

tungen ist nicht vorgeschrieben; sie erfolgt aber seit 1894 in den jährlichen Verwaltungsberichten und Bilanzen der Reichsbank, welcher sich in dieser Hinsicht bisher nur die Bayerische Notenbank angeschlossen hat, für den 31. Dezember und im Jahresdurchschnitt, indem folgende Gattungen des Metallbestandes gesondert angegeben werden; Gold in Barren und fremden Münzen, Gold in deutschen Münzen, Taler und Scheidemünzen. Mitteilungen über die Zusammensetzung des Metallbestandes zu Ende 1898 enthält der KommB. v. 14. April 1899 S. 3. 10. LegPer. I. Session 1898/99, Drucksache Nr. 209. Seit 1902 ist sie außerdem in der Januarsitzung des Zentralausschusses der Reichsbank jedesmal von dem Vorsitzenden mitgeteilt und alsdann in der Nordd. Allg. Zeitg. veröffentlicht worden.

Die Bestimmung wegen des Goldes entspricht dem § 14 und dem § 9 Abs. 1.

[18] Hier umfaßt der Ausdruck auch kurzfällige Schuldverschreibungen (§ 13, Nr. 2, § 32 Abs. 1), z. B. Schatzanweisungen des Reichs. Der Antrag, hinzuzusetzen „zum Tageskurs", wurde von der Kommission des Reichstags v. 1874/75 als überflüssig abgelehnt. Vgl. HGB. v. 10. Mai 1897 §§ 40, 261, sowie Statut der Reichsbank § 13 Nr. 1 (unten II S. 227).

[19] Z. B. die Grundstücke, ferner zinsfreie Vorschüsse auf Goldlieferungen usw.

Welche Kategorien der Aktiva und Passiva in der Jahresbilanz gesondert nachzuweisen sind, bestimmt der Bundesrath.[20]

Außerdem sind in beiden Veröffentlichungen die aus weiterbegebenen im Inlande zahlbaren Wechseln[21] entsprungenen eventuellen Verbindlichkeiten ersichtlich zu machen.

§ 9. Banken, deren Notenumlauf ihren Baarvorrath und den ihnen nach Maßgabe der Anlage zugewiesenen Betrag übersteigt, haben vom 1. Januar 1876 ab von dem Ueberschusse eine Steuer von jährlich Fünf vom Hundert an die Reichskasse zu entrichten.[22] Als Baarvorrath gilt bei Fest-

[20] Diese Bestimmungen enthält die Bekanntmachung des Reichskanzlers betreffend die Vorschriften über die von den Notenbanken in der Jahresbilanz gesondert nachzuweisenden Aktiva und Passiva, v. 15. Januar 1877 (unten V S. 267).

Besondere Vorschriften für die Jahresbilanz der Reichsbank auf Grund des § 40 Nr. 4 enthält § 13 des Statuts der Reichsbank (unten S. 227). Strafbestimmungen wegen wissentlich falscher Angaben in den Wochenübersichten und Bilanzen gibt § 59 Nr. 1 des Bankgesetzes. Die Richtigkeit der Angaben überwacht auch der Reichskanzler (§ 48).

[21] Die Reichsbank „rediskontiert" ihre Inlandswechsel nicht. Seitens der Privatnotenbanken werden solche Wechsel jedoch vielfach bei der Reichsbank rediskontiert.

[22] Diese Bestimmung enthält das wichtige, aber seinem Werte nach bestrittene Prinzip der sog. indirekten Kontingentierung der Notenausgabe (vgl. darüber die

stellung der Steuer der in den Kassen der Bank befindliche Betrag an kursfähigem deutschem Gelde,[23] an Reichs-Kassenscheinen, an Noten anderer deutscher Banken[24] und an Gold in Barren oder ausländischen Münzen, das Pfund fein zu 1392 Mark berechnet.[25]

Erlischt die Befugniß einer Bank zur Notenausgabe (§ 49), so wächst der derselben zustehende Antheil an dem Gesammtbetrage des der Steuer

Motive zum Entwurfe des BankG. v. 1875 S. 18 ff., KommBericht — Aktenstück Nr. 195 2. LegPer. II. Sess. 1874 S. 15 ff., StenB. S. 215 ff., 1268 ff.). Die steuerfreie Notenreserve, d. h. der Überschuß des Barvorrats und des der betreffenden Bank an ungedeckten Noten zugewiesenen Betrags über den Notenumlauf ist danach ein bedeutsamer Faktor der Bankpolitik.

Der Entwurf von 1898/99 hielt das System, als im allgemeinen bewährt, zwar aufrecht, schlug aber eine Erweiterung des Kontingents der Reichsbank vor, welche im Reichstage eine weitere Steigerung erfuhr (s. Entw. Art. 8, Begr. S. 7 f. KommB. — Aktenstück Nr. 209, 10. LegPer. I. Sess. 1898/99, S. 29 ff., StenB. 1. Beratung S. 696, 702, 710, 718, 719, 720, 725, 734, 742, 752, 2. Ber. S. 1965 ff.; 3. Ber. S. 1993 ff. und unten Anm. 26.)

[23] Vgl. Anm. 17.

[24] Durch die Hinzurechnung dieser Noten (vgl. §§ 19, 44 Abs. 1 Nr. 5) unterscheidet sich die Vorschrift von den Bestimmungen über die sog. Drittelbeckung (§§ 17, 44 Nr. 3).

[25] Vgl. § 13 Nr. 1, § 14. Beliehenes Gold (§ 13 Nr. 3 a) gehört nicht hierher.

nicht unterliegenden ungedeckten Notenumlaufs dem Antheile der Reichsbank zu.[26]

[26] Zunächst verzichteten auf das Recht der Notenausgabe (vgl. § 49 Nr. 2) 18 Banken, nämlich die Ritterschaftliche Privatbank in Pommern (Stettin), die Bank des Berliner Kassenvereins, die Kommunalständische Bank für die preußische Oberlausitz (Görlitz), die Leipziger Bank, die Weimarische Bank, die Oldenburgische Landesbank, die Mitteldeutsche Kreditbank in Meiningen, die Privatbank zu Gotha, die Anhalt-Dessauische Landesbank, die Thüringische Bank (Sondershausen), die Geraer Bank, die Niedersächsische Bank (Bückeburg) und die Lübecker Privatbank (Nr. 2, 4, 9, 15, 22. 23, 25 bis 81 der Anlage) mit einem Gesamtbetrage von 22 561 000 Mark,

sodann die Landgräflich hessische konzessionierte Landesbank in Homburg (Nr. 11) mit	159 000	„
die Rostocker Bank (Nr. 21) mit . .	1 155 000	„
die Kölnische Privatbank (Nr. 5) mit .	1 251 000	„
die Kommerzbank in Lübeck (Nr. 32) mit	959 000	„
die Hannoversche Bank (Nr. 10) mit .	6 000 000	„
die Bremer Bank (Nr. 88) mit . .	4 500 000	„
der Leipziger Kassenverein (Nr. 16) mit	1 440 000	„
Weitere 5 Banken verloren die Befugnis zur Ausgabe von Banknoten durch Ablauf der Zeitdauer, für welche diese Befugnis erteilt war (vgl. § 49 Nr. 1), und zwar:		
die Danziger Privataktienbank (Nr. 7) mit	1 272 000	„
die Provinzialaktienbank des Großherzogtums Posen (Nr. 8) mit . . .	1 206 000	„
die Magdeburger Privatbank (Nr. 6) mit	1 173 000	„
die Chemnitzer Stadtbank (Nr. 17) mit	441 000	„
die Städtische Bank zu Breslau (Nr. 8) mit	1 288 000	„
zusammen	48 400 000	Mark

§ 10. Zum Zweck der Feststellung der Steuer hat die Verwaltung der Bank am 7., 15., 23. und

an steuerfreien ungedeckten Noten. Der
Anteil der Reichsbank erhöhte sich
hiernach auf . . . . 293 400 000 Mark

Eine weitere Erhöhung des Anteils der Reichsbank erfolgte durch das G., betreffend die Abänderung des BankG. v. 14. März 1875. V. 17. Juni 1899 (s. unten Anm. 76, S. 165) Art. 5, dahin lautend:

„Der nach Maßgabe der Anlage zum § 9 des BankG. der Reichsbank zustehende Anteil an dem Gesamtbetrage des der Steuer nicht unterliegenden ungedeckten Notenumlaufs, einschließlich der ihr inzwischen zugewachsenen Anteile der unter Nr. 2 bis 11, 15 bis 17, 21 bis 23 und 25 bis 33 bezeichneten Banken wird auf vierhundertundfünfzig Millionen Mark festgesetzt unter gleichzeitiger Erhöhung des Gesamtbetrags auf fünfhunderteinundvierzig Millionen sechshunderttausend Mark."

Vgl. oben Anm. 22. Die Regierungen hatten (Art. 3 d. Entw.) eine Erhöhung des Anteils der Reichsbank auf 400 Millionen, des Gesamtbetrags also auf 491 600 000 Mark vorgeschlagen (s. Begründung S. 7ff.). In erster und zweiter Lesung der Kommission gebilligt, wurde infolge eines Kompromisses der Parteien in dritter Lesung von der Kommission eine weitere Erhöhung um 50 Mill., also auf 450 Millionen bezw. 541 600 000 Mark beschlossen (s. KommB. S. 29ff.). Das Plenum stimmte ohne Debatte zu. Vgl. oben S. 87ff.

Die Vorschrift trat nach Art. 10. am 1. Januar 1901 in Kraft.

Letzten jedes Monats den Betrag des Baarvorraths und der umlaufenden Noten der Bank festzustellen[27]

Von den übrigen 7 Banken verzichteten sodann noch auf das Recht der Notenausgabe:

die Frankfurter Bank (Nr. 12) mit .	10000000	Mark
die Bank für Süddeutschland (Nr. 20) mit	10000000	„
der Anteil der Reichsbank erhöhte sich danach auf	470000000	„

(Bek. v. 5. Juni 1902 RGBl. S. 226).

Die noch fortbestehenden Privatnotenbanken sind:

1. die Bayerische Notenbank (Nr. 18) mit	32000000	Mark
2. die Sächs. Bank zu Dresden (Nr. 14) mit	16771000	„
3. die Württembergische Notenbank (Nr. 18) mit	10000000	„
4. die Badische Bank (Nr. 19) mit .	10000000	„
5. die Braunschweigische Bank (Nr. 21) mit	2829000	„
zusammen	71600000	Mark

an steuerfreien ungedeckten Noten.

Das Nähere, insbesondere über die allmähliche Vermehrung des Kontingents der Reichsbank infolge des Zuwachsrechts (§ 9 Abs. 2), bei welchem es auch künftig bewendet, wie die Begründung des Entw. v. 1899 ausdrücklich hervorhebt, enthalten die Bek. des Reichskanzlers v. 1. April 1876 (RGBl. S. 124), 28. Juli 1876 (RGBl. S. 170), 18. Okt. 1877 (RGBl. S. 567), 25. Juli 1886 (RGBl. S. 236), 15. März 1887 (RGBl. S. 123), 16. Juli 1889 (RGBl. S. 170), 25. Okt. 1889 (RGBl. S. 200), 9. Mai 1890 (RGBl S. 68), 14. Jan. 1891 (RGBl. S. 9), 27. Febr. 1894 (RGBl. S. 152), 6. Juli und diese Feststellung an die Aufsichtsbehörde[28] einzureichen. Am Schluß jedes Jahres wird von der Aufsichtsbehörde auf Grund dieser Nachweisungen die von der Bank zu zahlende Steuer in der Weise festgestellt, daß von dem aus jeder dieser Nachweisungen sich ergebenden steuerpflichtigen Ueberschusse des Notenumlaufs $^{5}/_{48}$ Prozent als Steuersoll berechnet werden. Die Summe dieser für jede einzelne Nachweisung als Steuersoll berechneten Beträge ergiebt die von der Bank spätestens am 31. Januar des folgenden Jahres zur Reichskasse abzuführende Steuer.[29]

1901 (RGBl. S. 263), und 5. Juni 1902 (RGBl. S. 226).

[27] Die Daten ergeben sich aus den Wochenübersichten (§ 8).

[28] Die „Aufsichtsbehörde" ist der Reichskanzler, welcher auch die Richtigkeit der behufs der Steuerberechnung abgegebenen Nachweise überwacht (§ 48). Die Strafbestimmung wegen unrichtiger Angaben enthält § 59 Nr. 2.

[29] Eine solche Steuer ist von der Sächsischen Bank bisher alljährlich, ebenso von der Württembergischen Notenbank seit 1889, ferner seit 1890, mit Ausnahme des Jahres 1894 regelmäßig auch von der Badischen Bank und einigemal von der Bayerischen Notenbank, schon seit 1881 auch von der Reichsbank zu entrichten gewesen, und zwar von der Reichsbank meistens am Schluß des Herbst- und des Wintervierteljahres, anfänglich (1881 bis 1886) mit kleinen, dann mit wachsenden Beträgen, in den Jahren 1881, 1884 bis 1886, 1893 nur je 1 mal, im Jahre 1899 20 mal, seitdem wieder seltener (im Jahre 1903 7 mal, 1904 8 mal), bisher im ganzen: 12 250 885 Mark.

§ 11. Ausländische Banknoten oder sonstige auf den Inhaber lautende unverzinsliche Schuldverschreibungen ausländischer Korporationen, Gesellschaften oder Privaten dürfen, wenn sie ausschließlich oder neben anderen Werthbestimmungen in Reichswährung oder einer deutschen Landeswährung ausgestellt sind, innerhalb des Reichsgebietes zu Zahlungen nicht gebraucht werden.[30]

Titel II.
Reichsbank.[31]

§ 12. Unter dem Namen

„Reichsbank"

wird eine unter Aufsicht[32] und Leitung[33] des Reichs

[30] Die entsprechende Strafbestimmung enthält § 57. Das Zahlungsgeschäft bleibt gültig.

[31] Die Reichsbank hat eine von den übrigen Banken (Privatnotenbanken — Titel III) abweichende Stellung als Zentralnotenbank des Reichs, welche nicht sowohl dem Erwerbe, als öffentlichen volkswirtschaftlichen Zwecken dienen soll und daher im öffentlichen Interesse mit gewissen Rechten ausgestattet und mit entsprechenden Pflichten belastet ist. Sie ist, wie das Reichsgericht (Entsch. in Zivilsachen Bd. 15 S. 284 ff.) sagt, „ein verfassungsmäßiges Organ, ein Institut des Reichs, zu dessen öffentlich rechtlichen Zwecken sie besteht und betrieben wird". Ihre Verwaltung ist deshalb dem Organismus der Reichsbehörden eng angeschlossen. Vgl. auch das. Bd. 36 S. 141 ff. Auch die Zweiganstalten haben den Charakter öffentlicher Behörden. Vgl. V. v. 19. Dez. 1875 — unten S. 271.

[32] Vgl. § 25.

[33] Vgl. § 26.

stehende Bank errichtet, welche die Eigenschaft einer juristischen Person[34] besitzt und die Aufgabe hat, den Geldumlauf im gesammten Reichsgebiete zu regeln, die Zahlungsausgleichungen zu erleichtern[35] und für die Nutzbarmachung verfügbaren Kapitals zu sorgen.

Die Reichsbank hat ihren Hauptsitz in Berlin. Sie ist berechtigt, aller Orten im Reichsgebiete Zweiganstalten zu errichten.[36]

Der Bundesrath kann die Errichtung solcher Zweiganstalten an bestimmten Plätzen anordnen.[37]

[34] Die Reichsbank ist somit vermögensrechtlich von dem Reichsfiskus getrennt; aber sie ist keine Aktiengesellschaft, sondern hat ihr eigenes in dem Bankgesetz und ihrem Statut enthaltenes Sonderrecht, neben welchem sie freilich den von Kaufleuten handelnden Bestimmungen des Handelsgesetzbuchs unterliegt. Vgl. auch § 66, Statut § 17 Abs. 2 (unten II S. 231) u. HGB. v. 10. Mai 1897 § 1 Abs. 2 Nr. 4, § 7.

[35] Diesem Zwecke dient hauptsächlich der Giroverkehr (§ 13 Nr. 7). Weiter erleichtert werden die Zahlungsausgleichungen durch die bei der Reichsbank in Berlin, Bremen, Breslau, Chemnitz, Dortmund, Dresden, Elberfeld, Frankfurt a. M., Hamburg, Leipzig, Köln und Stuttgart errichteten Abrechnungsstellen (Clearing-Häuser).

[36] Im ganzen hat die Reichsbank jetzt (Ende April 1905) 428 Zweiganstalten. Vgl. §§ 36, 37 und das Verzeichnis im Anhang B unten S. 340ff.

[37] Die Reichsbankhauptstellen werden an vom Bundesrat zu bestimmenden größeren Plätzen errichtet. (§ 36).

§ 13. Die Reichsbank ist befugt, folgende Geschäfte zu betreiben:[38]

1. Gold und Silber in Barren und Münzen zu kaufen[39] und zu verkaufen;
2. Wechsel,[40] welche eine Verfallzeit von höchstens drei Monaten haben und aus welchen in der Regel drei, mindestens aber zwei als zahlungsfähig bekannte Verpflichtete haften, ferner Schuld-

Seit 1876 sind die Reichsbankhauptstellen auf 19 vermehrt (s. unten Anm. 108 S. 181).

[38] Die zivilrechtliche Gültigkeit einzelner nicht unter § 13 fallenden Rechtsgeschäfte wird durch diese Beschränkung nicht berührt (vgl. StenB. des Reichstags v. 1874/75 S. 1317). Vgl. auch § 35. Nr. 1—4 enthalten die Anlage(Aktiv)geschäfte (wegen der Privatnotenbanken vgl. § 44 Nr. 1), Nr. 5—8 die sonstigen Geschäfte.

[39] Vgl. §§ 14, 32. Der Ankauf des aus dem Auslande eingeführten Goldes dient wesentlich der Erhaltung und Verstärkung der Notendeckung und liegt im Interesse der Währung.

[40] Nur Wechsel — keine Anweisungen, Schecks (soweit diese keine wirklichen Wechsel sind), Warrants oder ähnliche Papiere. Nur Wechsel dienen als Notendeckung (vgl. § 17). In der Reichstagskommission für den Entw. des G. v. 7. Juni 1899 wurde eine Resolution angenommen, welche die Berücksichtigung der Haftsumme bei Diskontierung von Genossenschaftswechseln empfiehlt (s. Bericht S. 55, 56). Das Plenum stimmte mit der Änderung von „Haftsumme" in „Haftpflicht" zu (StenB. S. 1991). Die Praxis der Reichsbank stimmt hiermit überein.

verschreibungen des Reichs, eines deutschen Staats oder inländischer kommunaler Korporationen,[41] welche nach spätestens drei Monaten mit ihrem Nennwerthe fällig sind, zu diskontiren,[42] zu kaufen und zu verkaufen;

3. zinsbare Darlehne auf nicht länger als drei Monate gegen bewegliche Pfänder zu ertheilen (Lombardverkehr),[43] und zwar:

   a) gegen Gold und Silber, gemünzt und ungemünzt,[44]

   b) gegen zinstragende oder spätestens nach einem Jahre fällige und auf den Inhaber lautende Schuldverschreibungen des Reichs, eines deutschen Staats[45] oder inländischer kommunaler

[41] D. h. Provinzen, Kreise, Gemeinden. Vgl. BGB. § 1807 Nr. 4. Die Papiere müssen zum Umlauf bestimmt sein, also mindestens die Orderklausel enthalten.

[42] Wegen Bekanntmachung des Diskontosatzes s. § 15. Über Anhörung des Zentralausschusses s. § 32 Abs. 2 Litt. e. Die Bedingungen des Diskontogeschäfts s. unten im Anhang unter II, S. 292 ff.

[43] Wegen des Höchstbetrages vgl. § 32 Abs. 2 Litt. d. Die Bedingungen s. im Anhang unter V S. 301 ff. Vgl. auch Anm. 53 a. E. Über die Bekanntmachung des Lombardzinsfußes s. § 15. Über die Höhe ist der Zentralausschuß zu hören (§ 32 Abs. 2 Litt. e).

[44] Ein Abschlag von dem Metallwerte, wie der Entw. wollte, ist nicht vorgeschrieben.

[45] Über Reichsschuldbuchforderungen (G. v. 31. Mai 1891 — RGBl. S. 321, vgl. unten E IV S. 368 ff.) und preußische Staatsschuldbuchforderungen (G. v. 20. Juli

Korporationen, oder gegen zinstragende, auf den Inhaber lautende Schuldverschreibungen, deren Zinsen vom Reiche oder von einem Bundesstaate garantirt sind, gegen voll eingezahlte Stamm- und Stammprioritätsaktien und Prioritätsobligationen deutscher Eisenbahngesellschaften, deren Bahnen in Betrieb befindlich sind,[46] sowie gegen Pfandbriefe landschaftlicher, kommunaler oder anderer unter staatlicher Aufsicht stehender Bodenkreditinstitute Deutschlands[47] und deutscher

1883 — PrGBl. S. 120) werden Schuldverschreibungen überhaupt nicht (weder auf Namen noch auf Inhaber) ausgestellt; sie sind also nicht lombardfähig.

46 Der Relativsatz ist ein Zusatz des Reichstags (Kommissionsbericht v. 19. Jan. 1875 S. 38). Die Aktien und Prioritätsobligationen brauchen nicht auf den Inhaber zu lauten.

47 Das Erfordernis der staatlichen Aufsicht bezieht sich nicht auf die Hypothekenbanken (KommB. v. 19. Jan. 1875 S. 38. StenB. S. 1918). Über die Bodenkreditinstitute s. Dr. Felix Hecht, Die staatlichen und provinziellen Bodenkreditinstitute in Deutschland. Teil I und II. Leipzig 1891); ders., Der europäische Bodenkredit, Leipzig 1900. — Die Pfandbriefe brauchen nicht auf den Inhaber zu lauten. Vgl. Anm. 46.

Nur in solchen, bei der Reichsbank in I. Klasse (d. h. zu $^3/_4$ des Kurswerts) beleihbaren Pfandbriefen deutscher Hypothekenbanken auf Aktien dürfen die den Prämienreservefonds bildenden Bestände der Privatversicherungsanstalten angelegt werden (G. über die privaten Versicherungsunternehmungen v. 12. Mai 1901 — RGBl. 139).

Hypothekenbanken auf Aktien, zu höchstens drei Viertel des Kurswerthes; **diesen Pfandbriefen stehen gleich andere auf den Inhaber lautende Schuldverschreibungen der bezeichneten Institute und Banken, welche auf Grund von Darlehnen ausgestellt werden, die an inländische kommunale Korporationen oder gegen Uebernahme der Garantie durch eine solche Korporation gewährt sind,**[48]

c) gegen zinstragende, auf den Inhaber lautende Schuldverschreibungen nicht deutscher Staaten, sowie gegen staatlich garantirte ausländische

[48] Der Zusatz beruht auf Art. 6 d. G. v. 7. Juni 1899 (vgl. Anm. 76 — unten S. 164), dahin lautend:

Dem § 13 des Bankgesetzes Ziffer 8 wird unter b nach den Worten „des Kurswertes;" folgender Satz beigefügt:

(Hier folgt der obige Text.)

Die Bestimmung findet sich bereits in Art. 4 des Entwurfs der Regierungen. Sie bezweckt die Erweiterung des Kreises der lombardfähigen Papiere auf die in Rede stehenden nicht als „Pfandbriefe" zu bezeichnenden, schon jetzt von einigen Instituten und Banken ausgestellten Schuldverschreibungen („Kommunalobligationen" 2c.), welche mindestens denselben Grad von Sicherheit gewähren wie die Pfandbriefe. Sie gilt auf Grund des § 44 auch für die Privatnotenbanken, auf welche die beschränkenden Bestimmungen des § 43 keine Anwendung finden. Im Reichstage ist sie nicht beanstandet.

Art. 6 trat nach Art. 10 am 1. Januar 1901 in Kraft.

Eisenbahn-Prioritätsobligationen, zu höchstens 50 Prozent des Kurswerthes,[49]

d) gegen Wechsel, welche anerkannt solide Verpflichtete aufweisen, mit einem Abschlage von mindestens 5 Prozent ihres Kurswerthes,

e) gegen Verpfändung im Inlande lagernder Kaufmannswaaren, höchstens bis zu zwei Drittheilen ihres Werthes;

4. Schuldverschreibungen der vorstehend unter 3b bezeichneten Art[50] zu kaufen und zu verkaufen; die Geschäftsanweisung für das Reichsbank-Direktorium (§ 26)[51] wird feststellen, bis zu welcher Höhe die Betriebsmittel der Bank in solchen Schuldverschreibungen angelegt werden dürfen;

[49] Diese Prioritätsobligationen dürfen auf Namen lauten (vgl. Anm. 46, 47) und von Eisenbahngesellschaften ausgegeben sein, deren Bahnen nicht im Betrieb befindlich sind.

[50] Kurzfällige Schuldverschreibungen derselben Art fallen bereits unter Nr. 2.

[51] Nicht das Bankgesetz selbst, wie bei den Privatnotenbanken (§ 44 Nr. 1). Eine solche Bestimmung ist übrigens bisher nicht erlassen. Ehe der Ankauf von „Effekten", d. h. eben von Papieren der hier bezeichneten Art, erfolgen darf, muß der Höchstbetrag, bis zu welchem die Fonds der Bank zu diesem Zweck verwendet werden dürfen, mit Zustimmung des Zentralausschusses festgesetzt sein (§ 82 Abs. 2 Litt. d). Die Reichsbank hält seit dem Jahre 1900 im Interesse ihrer Auftraggeber (Deponenten) einen sehr beschränkten Vorrat lombardfähiger Effekten in kleinen Stücken.

5. für Rechnung von Privatpersonen, Anstalten und Behörden Inkassos zu besorgen und nach vorheriger Deckung Zahlungen zu leisten und Anweisungen oder Ueberweisungen auf ihre Zweiganstalten oder Korrespondenten auszustellen;[52]
6. für fremde Rechnung Effekten aller Art, sowie Edelmetalle nach vorheriger Deckung zu kaufen und nach vorheriger Ueberlieferung zu verkaufen;[53]
7. verzinsliche und unverzinsliche Gelder im Depositengeschäft und im Giroverkehr anzunehmen; die Summe der verzinslichen Depositen[54] darf

[52] Die Bedingungen des Einziehungsgeschäfts und des Ein- und Auszahlungsverkehrs s. unten im Anhang IV, VII S. 298 ff., 316 ff.

[53] Der Blankokredit ist hier wie in Nr. 5 ausdrücklich untersagt. Das Nähere über die erforderliche Sicherstellung beim An- und Verkauf von Effekten (vgl. § 40 Nr. 11) enthält § 10 des Reichsbankstatuts v. 21. Mai 1875 (unten II S. 226). Vgl. auch die Bedingungen im Anhang VIII a. E. S. 319. Die Reichsbank unterliegt bei diesem Geschäftszweig wie bei dem der Nr. 8 und auch im Lombardverkehre (Nr. 3) den Verpflichtungen der Bankiers aus dem sogen. Bankdepotgesetz. v. 5. Juli 1896 (RGBl. S. 183, 194), welche sie freilich schon früher zu erfüllen gewohnt war.

[54] Die verzinslichen Depositen sind zurückgezahlt (vgl. Vertrag über die Abtretung der Preußischen Bank an das Deutsche Reich v. 17./18. Mai 1875 §§ 12, 18 und Anm. 12 dazu (unten III S. 259 ff.). Solche werden seit dem 31. Mai 1879 überhaupt nicht mehr angenommen.

diejenige des Grundkapitals und des Reservefonds der Bank nicht übersteigen;

8. Werthgegenstände in Verwahrung und in Verwaltung zu nehmen.[55]

§ 14. Die Reichsbank ist verpflichtet, Barrengold zum festen Satze von 1392 Mark für das Pfund fein gegen ihre Noten umzutauschen.[56]

Trotzdem weisen auch neuere Gesetze auf die Annahme verzinslicher Gelder durch die Reichsbank hin, so z. B. BGB. § 1808 u. Krankenversicherungsgesetz v. 10. April 1892 § 40 (RGBl. S. 417).

Der Giroverkehr — der wichtigste Teil der Passivgeschäfte neben den Banknoten — beruht auf den „Bestimmungen" im Anhang VI S. 808 ff. — Die Hamburger Girobank ist aufgehoben (Bek. v. 19. Nov. 1875 bei Soetbeer, Deutsche Bankverfassung S. 203). Ihr Gebäude ist von der Reichsbank erworben und dient zu deren Geschäftsbetrieb.

55 Offen und verschlossen nach Maßgabe der „Bedingungen" im Anh. IX u. XI S. 319 ff. u. 336 und der gesetzlichen Bestimmungen z. B. BGB. §§ 1082, 1114, 2116. Vgl. Anm. 58 a. E.

56 Die Bestimmung, welche erst infolge der Kommissionsverhandlungen des Reichstags v. 1874/75 in das Gesetz aufgenommen ist (KommB. S. 40, StenB. S. 1819 ff.), ergänzt das Prägerecht der Privaten (vgl. MünzG. v. 9. Juli 1873 Art. 12 — oben A II S. 86) und dient wie dieses zur Aufrechterhaltung der Goldwährung. Die Differenz von 3 Mark gegen den Münzwert (G. v. 4. Dez. 1871 § 1 — oben A I S. 48) ersetzt die Münzgebühr (vgl. MünzG. Art. 12 Anm. 26 S. 87). Periodische Übersichten über die Goldankäufe der Reichs-

Die Bank ist berechtigt, auf Kosten des Abgebers solches Gold durch die von ihr zu bezeichnenden Techniker prüfen und scheiden zu lassen.[57]

§ 15. Die Reichsbank hat jeweilig den Prozentsatz öffentlich bekannt zu machen, zu welchem sie diskontirt (§ 13, 2) oder zinsbare Darlehne ertheilt (§ 13, 3).[58] Die Aufstellung ihrer Wochen-Ueber-

bank enthält das RGBl. Die Prägungen erfolgen selbstverständlich je nach Bedarf. Vgl. oben Einleitung S. 19ff.

[57] Vgl. die Bek. v. 8. Juni 1875 (oben A VI S. 106).

[58] Auf den sog. Privatdiskont bezieht sich das G. v. 7. Juni 1899 (unten Anm. 76, S. 164) Art. 7 § 1, welcher lautet:

„Die Reichsbank darf vom 1. Januar 1901 ab nicht unter dem von ihr gemäß § 15 des Bankgesetzes jeweilig öffentlich bekannt gemachten Prozentsatze diskontieren, sobald dieser Satz vier Prozent erreicht oder überschreitet.

Wenn die Reichsbank zu einem geringeren als dem öffentlich bekannt gemachten Prozentsatze diskontiert, so hat sie diesen Satz im Reichsanzeiger bekannt zu machen."

Der Entwurf enthielt solche Vorschrift nicht. Dieselbe ist von der Kommission des Reichstags in Verbindung mit einer die Privatnotenbanken (vgl. § 44 Nr. 1) einschränkenden Bestimmung (Art. 7 §§ 2, 3 — unten S. 199ff.) aufgenommen (s. Bericht S. 32 ff.) und im Plenum nach Ablehnung des wiederholten Antrags auf Streichung der Worte „erreicht oder" aufrecht erhalten (StenB. S. 1978ff., 1998ff.). Es wird dadurch sichten erfolgt auf Grundlage der Bücher des Reichsbank-Direktoriums und der demselben unmittelbar untergeordneten Zweiganstalten.[59]

§ 16. Die Reichsbank hat das Recht, nach

im wesentlichen nur die bisherige Praxis befestigt, wonach die Reichsbank nur zu Zeiten flüssigen Geldes von der fraglichen Befugnis Gebrauch gemacht hat.

Die Bekanntmachung (Art. 7 § 1 Abs. 2 des G. v. 7. Juni 1899) soll zwar erfolgen, aber nur im Reichsanzeiger, nicht auch in den übrigen zu Bekanntmachungen des Reichsbank-Direktoriums bestimmten Blättern (Statut § 30 — unten II S. 234.)

Übrigens sind diese Diskontierungen (von sog. ersten oder Börsenwechseln) zu niedrigerem Satz seit dem 1. April 1896 eingestellt.

Der Lombardzinsfuß ist in der Regel 1 Prozent höher als der Wechseldiskont. Indessen ist in der Kommission des Reichstags v. 1899 und unverändert auch im Plenum eine Resolution dahin angenommen:

„Die Erwartung auszusprechen, daß die Reichsbankleitung in Erwägung zieht, ob nicht zu Zeiten flüssigen Geldstandes eine Zinsfestsetzung für Lombarddarlehen auf $1/2$ Prozent über Bankdiskont ermöglicht werden kann" (s. KommB. S. 81 ff., S. 56 ff., StenB. S. 1992).

Die Erwägungen haben zu einer Änderung der bisherigen Praxis nicht geführt. Zuweilen ist die Lombardanlage recht hoch (31. Dez. 1903: 213 Mill., 1904: 215 Mill.).

[59] Das Deckungsverhältnis braucht nicht bekannt gemacht zu werden. Ein dahinzielender Antrag in der Reichstagskommission v. 1899 ist abgelehnt. (Vgl. KommB. S. 48.) Vgl. §§ 8, 36, 37, 48.

Bedürfniß ihres Verkehrs[60] Banknoten auszugeben.[61]

[60] Eine Beschränkung liegt mittelbar in den §§ 9, 10, 17.

Wegen Ausgabe der Noten zu 100 Mark und 1000 Mark vgl. die Bek. des Reichsbank-Direktoriums v. 6. August 1876 (RAnz. Nr. 187 v. 10. August 1876), 20. Juni 1877 (RAnz. Nr. 149 v. 28. Juni 1877), 10. November 1884 (RAnz. Nr. 267 v. 12. November 1884), 9. Juli 1891 (RAnz. Nr. 161 v. 11. Juli 1891), 9. Oktober 1895 (RAnz. Nr. 244 v. 11. Oktober 1895), 9. Januar 1896 (RAnz. Nr. 8 v. 10. Januar 1896), 11. April 1896 (RAnz. Nr. 88 v. 13. April 1896). Laut Bek. des Reichskanzlers v. 16. Dezember 1875 (Reichsbankstatut § 1, Anm. 3 — unten II S. 218) gelten v. 1. Januar 1876 ab alle bis dahin von der Preußischen Bank ausgegebenen Banknoten (s. oben Anm. 5) als Noten der Reichsbank. Die Noten der Preußischen Bank zu 100 Mark (nicht die zu 500 und zu 1000 Mark) sind inzwischen aufgerufen (vgl. § 6, Anm. 11).

Tatsächlich hat der Notenumlauf der Reichsbank in den letzten drei Jahren durchschnittlich je über 1200 Millionen Mark = 89,5 bis 89,9 Prozent des gesamten deutschen Notenumlaufs betragen.

[61] Gewissermaßen aus dem Bereich der Banknotenpolitik entfernt werden die noch umlaufenden Noten der Preußischen Bank durch nachfolgende Bestimmungen des G. v. 7. Juni 1899 (unten Anm. 76, S. 164):

> Artikel 9. § 1. Die Reichsbank zahlt am 1. Januar 1901 an die Reichskasse einen Betrag, welcher dem Nennwerte der dann noch im Umlaufe befindlichen Noten der vormaligen Preußischen Bank entspricht.
>
> § 2. Das Reich erstattet der Reichsbank die-

Die An- und Ausfertigung,[62] Einziehung und Vernichtung derselben erfolgt unter Kontrole der Reichsschulden-Kommission.[63]

jenigen Beträge, zu welchen sie vom 1. Januar 1901 ab Noten der im § 1 bezeichneten Art einlöst oder in Zahlung nimmt oder mit welchen sie für dieselben nach § 4 des Bankgesetzes Ersatz leistet.

§. 3. Vom 1. Januar 1901 ab werden die Noten der vormaligen Preußischen Bank bei Feststellung des Notenumlaufs der Reichsbank gemäß §§ 8, 9, 10 und 17 des Bankgesetzes außer Ansatz gelassen.

Die Vorschriften befanden sich bereits in dem Entwurf der Regierungen Art. 7 (Begründung S. 14, 16, 17) und sind im Reichstage nicht beanstandet. § 3 ist eine Folge der §§ 1 u. 2. Die Bestimmungen des § 16 Abs. 2 d. BankG. finden indessen auf diese Noten nach wie vor Anwendung.

Nach § 1 sind gezahlt 2559040 Mark. Nach § 2 sind bisher erstattet 138860 Mark.

62 Die An- und Ausfertigung geschieht durch die Reichsdruckerei. Wegen Verteilung der Kosten auf mehrere Jahre s. Reichsbankstatut § 13 Nr. 2 (unten II S. 227).

63 Vgl. G. v. 19. Juni 1868 §§ 4—7 (BGBl. S. 339) sowie die Reichsschuldenordnung v. 19. März 1900 §§ 12 bis 15 (RGBl. S. 129) unten E XIII S. 422 ff. Die bisherigen Schlußworte des § 16, „welchen zu diesem Zwecke ein vom Kaiser ernanntes Mitglied hinzutritt", sind nach § 20 der Reichsschuldenordnung gestrichen. Die nach § 8 d. G. v. 23. Febr. 1876 gewählten Mitglieder sowie das auf Grund des § 16 d. BankG. vom Kaiser ernannte Mitglied wurden für die Zeit, für welche sie gewählt oder ernannt waren, vollberechtigte Mitglieder der Kommission.

§ 17. Die Reichsbank ist verpflichtet, für den Betrag ihrer im Umlauf befindlichen Banknoten jederzeit mindestens ein Drittheil in kursfähigem deutschen Gelde, Reichs-Kassenscheinen oder in Gold in Barren oder ausländischen Münzen, das Pfund fein zu 1392 Mark gerechnet,[64] und den Rest in diskontirten Wechseln, welche eine Verfallzeit von höchstens drei Monaten haben, und aus welchen in der Regel drei, mindestens aber zwei als zahlungsfähig bekannte Verpflichtete haften, in ihren Kassen als Deckung bereit zu halten.[65]

§ 18. Die Reichsbank ist verpflichtet, ihre Noten:

a) bei ihrer Hauptkasse in Berlin sofort auf Präsentation,

[64] Vgl. § 8 Anm. 17, § 14. In § 9 treten Noten anderer deutscher Banken hinzu (Anm. 24).

[65] Die Wechsel müssen dem § 13 Nr. 2 entsprechen. Andere Schuldverschreibungen, Silber in Barren oder in Münzen, welche nicht zum kursfähigen deutschen Gelde gehören, und Lombardforderungen sind zur Deckung nicht geeignet. Gleiche Deckungsvorschriften für die Privatnotenbanken enthält § 44 Nr. 3.

Landesgesetzlich können unter gewissen Voraussetzungen etwaige Pfand- und Vorzugsrechte der Banknoteninhaber erhalten werden nach § 12 des EG. z. KO. v. $\frac{\text{10. Febr. 1877 (RGBl. S. 390)}}{\text{17. Mai 1898 (RGBl. S. 248)}}$ und § 23 des EG. z. ZPO. v. $\frac{\text{30. Jan. 1877 (RGBl. S. 244)}}{\text{17. Mai 1898 (RGBl. S. 332)}}$.

b) bei ihren Zweiganstalten, soweit es deren Baarbestände und Geldbedürfnisse gestatten,[66]

dem Inhaber gegen kursfähiges deutsches Geld einzulösen.[67]

§ 19. Die Reichsbank ist verpflichtet, die Noten der, vom Reichskanzler nach der Bestimmung im § 45 dieses Gesetzes bekannt gemachten Banken sowohl in Berlin, als auch bei ihren Zweiganstalten in Städten von mehr als 80000 Einwohnern[68] oder am Sitze der Bank, welche die Noten ausgegeben hat,[69] zum vollen Nennwerthe in Zahlung zu nehmen, so lange die ausgebende Bank ihrer Noteneinlösungspflicht pünktlich nachkommt. Die auf diesem Wege angenommenen Banknoten dürfen nur entweder zur Einlösung präsentirt oder zu

[66] Ohne diese Beschränkung würde die Goldausfuhr erleichtert werden. Vgl. StenB. des Reichstags v. 1874/75 S. 1332ff.

[67] Vgl. oben § 4 Abs. 1 u. Anm. 6.

[68] Über die Einwohnerzahl entscheiden die veröffentlichten Resultate der gesetzlichen Volkszählung (s. oben A II Anm. 18 S. 77). Vgl. das Verzeichnis der Zweiganstalten, in welchem die fraglichen Plätze durch fette Schrift bezeichnet sind (unten im Anhang B S. 340ff.). Tatsächlich geht die Reichsbank noch weiter, indem sie besonders auf das natürliche Umlaufsgebiet wie auf die Erleichterung des Giroverkehrs Rücksicht nimmt.

Über Versuche, die gesetzlichen Grenzen der Annahmepflicht zu erweitern, vgl. d. KommB. des Reichstags v. 1899 S. 48ff.

[69] Abweichend § 44 Nr. 5.

Zahlungen an diejenige Bank, welche dieselben ausgegeben hat, oder zu Zahlungen an dem Orte, wo letztere ihren Hauptsitz hat, verwendet werden.

Die Reichsbank ist ermächtigt, mit anderen deutschen Banken Vereinbarungen über Verzichtleistung der letzteren auf das Recht zur Notenausgabe abzuschließen.[70]

§ 20. Wenn der Schuldner eines im Lombardverkehr (§ 13 Ziffer 3) gewährten Darlehns im Verzuge ist,[71] ist die Reichsbank berechtigt, ohne gerichtliche Ermächtigung oder Mitwirkung das bestellte Faustpfand durch einen ihrer Beamten oder durch einen zu Versteigerungen befugten Beamten öffentlich verkaufen, oder, wenn der verpfändete Gegenstand einen Börsenpreis oder Marktpreis hat, den Verkauf auch nicht öffentlich durch einen ihrer Beamten, oder durch einen Handelsmakler, oder, in Ermangelung eines solchen, durch einen zu Versteigerungen befugten Beamten zum laufenden Preise bewirken zu lassen, und sich aus dem Erlöse wegen Kapital, Zinsen und Kosten bezahlt zu machen. Dieses Recht behält die Bank auch gegenüber an-

[70] Sie hat in mehreren Fällen den verzichtenden Banken den Betrag der von ihnen zur Herstellung ihrer Banknoten in Reichswährung verwendeten Kosten gegen Verzicht auf weitere Entschädigungsansprüche ersetzt. Vgl. § 9 Abs. 2, § 32 Abs. 2 Litt. f.

[71] Vgl. die Bedingungen A §§ 2, 3 im Anh. V (unten S. 301 ff.).

deren Gläubigern und gegenüber der Konkursmasse des Schuldners.[72]

§ 21. Die Reichsbank und ihre Zweiganstalten sind im gesammten Reichsgebiete frei von staatlichen Einkommen- und Gewerbesteuern.[73]

§ 22. Die Reichsbank ist verpflichtet, ohne Entgelt für Rechnung des Reichs Zahlungen anzunehmen und bis auf Höhe des Reichsguthabens zu leisten.[74]

[72] Vgl. BGB. §§ 1234 ff., HGB. v. 1897 § 368. An Stelle der Handelsmakler sind die Kursmakler getreten (s. BörsenG. v. 22. Juni 1896 § 34).

[73] Nicht von kommunalen Steuern und ebensowenig von staatlichen Steuern auf andere Gegenstände, z. B. Grund- und Gebäudesteuern, wohl aber von der (auf sog. fundiertes Einkommen in manchen Bundesstaaten gelegten) „Ergänzungs- bzw. „Vermögenssteuer".

Wegen des Handelsregisters vgl. § 66.

[74] Eine Erweiterung der Verpflichtung enthält § 11 des Statuts der Reichsbank v. 21. Mai 1875 (unten II S. 226).

Auf Grund dieser Bestimmungen ist die Bek., betreffend die Reichshauptkasse, v. 29. Dezember 1875, erlassen (unten XIV S. 285).

Für die Reichshauptkasse ist vom Reichskanzler statt der älteren GeschAnw. v. 30. Dezember 1875 eine neue Geschäftsanweisung unterm 12. September 1908 erlassen.

Der Reichsbankhauptkasse und einigen anderen Bankkassen ist noch die Umwechselung von Reichsscheidemünzen gegen Goldmünzen nach Art. 9 des MünzG. v. 9. Juli 1873 übertragen laut Bekanntmachung des Reichskanzlers v. 19. Dezember 1875, betr. die Umwechselung von Reichsgoldmünzen gegen

Sie ist berechtigt, die nämlichen Geschäfte für die Bundesstaaten zu übernehmen.[75]

§ 28. Das Grundkapital der Reichsbank besteht aus einhundertundachtzig Millionen Mark, getheilt in vierzigtausend Antheile von je dreitausend und sechzigtausend Antheile von je eintausend Mark.[76]

Reichssilber-, Nickel- und Kupfermünzen (oben A II Anm. 20 S. 84).

Ein besonderes Abkommen besteht mit der Reichspostverwaltung, zufolge dessen die Reichsbank (für Rechnung des Reichsguthabens) die Postkassen mit den erforderlichen Zuschüssen versieht und die entbehrlichen Gelder annimmt.

[75] Dies war für Preußen und Baden geschehen. Die besonderen Konten Preußens und Badens sind jedoch später aufgehoben. Die preußische Generalstaatskasse mit einer großen Zahl anderer preußischen Staatskassen und die große Mehrzahl aller anderen deutschen Zentral-Staatskassen sind, wie das Reich, in den Giroverkehr eingetreten.

[76] Vgl. Anm. 84. § 28 lautete bisher: „Das Grundkapital der Reichsbank besteht aus einhundertundzwanzig Millionen Mark, geteilt in vierzigtausend auf Namen lautende Anteile von je dreitausend Mark.

Die Anteilseigner haften persönlich für die Verbindlichkeiten der Reichsbank nicht."

Der im Januar 1899 eingebrachte Entwurf eines Gesetzes, betr. die Abänderung des Bankgesetzes, schlug eine Erhöhung des Stammkapitals auf 150 Millionen Mark in Anteilen von je 3000 Mark vor. Die Kommission des Reichstags stimmte in erster Lesung dem Vorschlage bei unter Annahme eines Antrags, welcher den Nennwert der neuen Anteile auf je 1000 Mark herabsetzte, und hielt diesen Beschluß auch in zweiter

Von letzteren sind dreißigtausend Antheile bis zum 31. Dezember 1900 und dreißigtausend Antheile bis zum 31. Dezember

Lesung aufrecht. In dritter Lesung gelangte aber die allmähliche Erhöhung auf 180 Millionen Mark in der jetzigen Gestalt als Kompromißvorschlag zur Annahme, und diese Änderung ist auch im Plenum unter Ablehnung abweichender Vorschläge angenommen worden (KommB. S. 10ff., StenB. S. 1965ff., 2002).

Die Vorschrift bildet den Eingang des Gesetzes, betreffend die Abänderung des Bankgesetzes vom 14. März 1875. Vom 7. Juni 1899 (RGBl. S. 311. Ausgegeben den 13. Juni 1899).

Wir Wilhelm, von Gottes Gnaden Deutscher Kaiser, König von Preußen 2c. verordnen im Namen des Reichs, nach erfolgter Zustimmung des Bundesrats und des Reichstags, was folgt:

Art. 1. Der § 23 des Bankgesetzes vom 14. März 1875 (Reichs-Gesetzbl. S. 177) wird durch folgende Bestimmung ersetzt:

(Hier folgt der obige Text.)

Art. 2—7 s. unten S. 169, 176, 188, oben S. 144, 152, 156, unten S. 199.

Art. 8. Der Reichskanzler wird ermächtigt, die auf Grund des Artikels 1 dieses Gesetzes auszugebenden neuen Anteilsscheine im Wege öffentlicher Zeichnung zu begeben.

Die Höhe des bei Begebung der neuen Anteilsscheine zu entrichtenden Aufgeldes und die Fristen für die Einzahlung des Gegenwerts bestimmt der Reichskanzler.

Art. 9 s. oben S. 158.

1905 zu begeben. Auf die Begebung findet der § 38 des Gesetzes vom 22. Juni 1896 (Prospektzwang) keine Anwendung.

Art. 10. Die Art. 1, 2, 5 und 6 dieses Gesetzes treten am 1. Januar 1901 in Kraft.

Urkundlich unter Unserer Höchsteigenhändigen Unterschrift und beigedrucktem Kaiserlichen Insiegel.

Gegeben Neues Palais, den 7. Juni 1899.

(L. S.) **Wilhelm.**

Graf von Posadowsky.

Vgl. oben Einl. S. 35 ff.

Eine auf den 18. Mai 1899 berufene außerordentliche Generalversammlung der Anteilseigner stimmte den in dem Gesetze enthaltenen Abänderungen des Bankgesetzes zu, wie dies auch im Jahre 1889 hinsichtlich der damaligen Änderungen geschehen war.

Nach Art. 8 des G. v. 7. Juni 1899 sind andere Arten der Begebung als die der öffentlichen Zeichnung ausgeschlossen. Anders § 62 Nr. 1 des BankG. v. 14. März 1875. Auch fehlt es an Bestimmungen hinsichtlich etwa nicht begebener Anteilsscheine wie in § 62 Nr. 2, §§ 63—65 das.

Die öffentliche Zeichnung auf die ersten 80 000 neuen Anteile hat am 18. Oktober 1900, auf die letzten 80 000 Stück am 3. November 1904 stattgefunden.

Das Aufgeld betrug bei den i. J. 1875 aufgelegten 60 Mill. Mark (§ 62 Nr. 1) 30 Prozent, bei der Emission von 1900 35 Prozent, bei den 1904 aufgelegten Anteilen 44 Prozent (ohne den Emissionsstempel — s. unten C II Anm. 10, S. 221).

Vgl. Bek. des Reichskanzlers v. 24. Mai 1875 (RAnz. Nr. 120. Beil. 1 v. 26. Mai 1875), 10. Okt.

Die Antheile lauten auf Namen.

Die Antheilseigner haften persönlich für die Verbindlichkeiten der Reichsbank nicht.

§ 24.[77] Aus dem beim Jahresabschlusse sich ergebenden Reingewinne der Reichsbank wird:

1900 (RAnz. Nr. 244. Beil. 3. v. 13. Okt. 1900) u. v. 5. Oktober 1904 (RAnz. v. 29. Okt. Nr. 256).

Die Zuteilung der neuen Anteile mußte innerhalb der Fristen des neuen § 23 Abs. 2 erfolgen. Satz 2 stellt hinsichtlich der Befreiung vom Prospektzwang vor der Zulassung an deutschen Börsen die neuen Bankanteilsscheine den deutschen Reichs- und Staatsanleihen gleich.

Die Anteile sind vollgezahlt.

Auf § 23 beruht die freilich nur entfernte Ähnlichkeit der Reichsbank mit den Aktiengesellschaften. Die Reichsbank ist danach ganz auf Privatkapital gegründet; das Reich hat kein Kapital eingeschossen, also auch keinerlei Risiko; aber es gewährt das Notenrecht und es leitet und beaufsichtigt die Verwaltung (§§ 12, 25 ff.). Über seine Gewinnbeteiligung s. § 24. Das Nähere wegen der „Reichsbankanteile" siehe im Reichsbankstatut §§ 2—8 (unten II S. 216 ff.).

[77] Nach der ersten Fassung des § 24 betrug die ordentliche Dividende (Abs. 1 Nr. 1 und Abs. 2) vier und einhalb Prozent, und die Teilung zu 1/4 und 3/4 (Nr. 3) begann erst, sobald die Gesamtdividende der Anteilseigner acht Prozent überstieg. Laut Gesetz, betreffend die Abänderung des Bankgesetzes v. 14. März 1875, v. 18. Dezember 1889 (RGBl. S. 201), war der § 24 des BankG. v. 14. März 1875 durch eine am 1. Januar 1891 in Kraft getretene Bestimmung ersetzt, wonach die ordentliche (Vor-) Dividende auf drei und einhalb Prozent herabgesetzt wurde und die Teilung zu 1/4 und 3/4 schon dann begann, wenn die

1. zunächst den Antheilseignern eine ordentliche Dividende von dreiundeinhalb Prozent des Grundkapitals berechnet, sodann
2. von dem Mehrbetrag eine Quote von zwanzig

Gesamtdividende sechs Prozent übersteigt. Was über $3^1/_2$, jedoch nicht über 6 Prozent gewonnen wurde, war nach wie vor je zur Hälfte zwischen Reich und Anteilseignern zu verteilen. Eine weitere Schmälerung der Bezüge der letzteren — nachdem der Reservefonds, welcher nach der ursprünglichen, auch nach dem G. v. 18. Dezember 1889 unverändert gebliebenen Vorschrift nur bis zur Erreichung von $^1/_4$ des Grundkapitals (von 120 Mill.) ergänzt werden sollte, diese Grenze zu Ende 1891 erreicht hatte — schlug der RegEntw. von 1899 dahin vor, daß der Reservefonds von neuem geöffnet und wiederum in der alten Weise aufgefüllt werden solle, bis er $^2/_5$ des Grundkapitals (nach dem RegVorschlage 150 Mill., also 60 Mill. M.) betrage, daß die gleiche Teilung des Überrestes alsdann solange fortdauere, als die Gesamtdividende der Anteilseigner nicht fünf Prozent übersteige und hierauf erst die Teilung zu $^1/_4$ und $^3/_4$ beginne. In der Reichstagskommission wurde indessen jene Zwischenstufe von $3^1/_2$ bis zu 5 Prozent ganz beseitigt, dergestalt, daß die Teilung zu $^1/_4$ und $^3/_4$ zwischen Reich und Anteilseignern schon nach Erreichung der Vordividende von $3^1/_2$ Prozent und Ergänzung des Reservefonds durch Zuschreibung einer Quote von 20 Prozent des Mehrbetrages bis zur Erreichung des Betrages von 60 Mill. Mark beginnt, bei welchem es trotz der späteren Erhöhung des Grundkapitals auf 180 Millionen verblieb. Das Plenum stimmte diesem Kompromißvorschlage unter Ablehnung von Anträgen zu, welche die Gesamtdividende der Anteilseigner auf den Höchstbetrag von 6 bezw. 5 Prozent beschränken wollten. (Vgl. KommB. S. 20 ff., StenB.

Prozent dem Reservefonds zugeschrieben, so-lange derselbe nicht den Betrag von sechzig Millionen Mark erreicht hat,

3. von dem weiter verbleibenden Reste den Antheilseignern ein Viertel, der Reichskasse drei Viertel überwiesen.

Erreicht der Reingewinn nicht volle dreiundeinhalb Prozent des Grundkapitals, so ist das Fehlende aus dem Reservefonds zu ergänzen.

Das bei Begebung von Antheilsscheinen der

S. 1975 ff., 2005). Die Vorschrift des G. v. 7. Juni 1899 (oben S. 165) lautet:

Art. 2. Der § 24 des Bankgesetzes erhält unter Aufhebung des Artikel I des Gesetzes v. 18. Dezember 1889 (RGBl. S. 201) nachstehende Fassung:

(Hier folgt der obige Text.)

Nach Art. 10 trat Art. 2 am 1. Januar 1901 in Kraft.

Daß die Vordividende nur $3^1/_2$ Prozent beträgt, entspricht der seit 1875 eingetretenen Herabminderung des Zinsfußes.

Wegen anderweiter Regelung des Teilnahmeverhältnisses bei etwaiger Erhöhung des Grundkapitals vgl. Reichsbankstatut § 2 Abs. 3, unten C II, S. 220. Wegen der Dividendenscheine und Talons s. das. §§ 3, 9, 14, 15. Die Festsetzung der Dividende erfolgt nach dem Vorschlage des Reichsbankdirektoriums und gutachtlicher Anhörung des Zentralausschusses durch den Reichskanzler (BankG. § 32 Abs. 2 Litt. a, Reichsbankstatut § 14) und wird den Anteilseignern in der ordentlichen Generalversammlung mitgeteilt (§ 22 Abs. 2 Litt. a; Reichsbankstatut § 21). — Über die Termine und Modalitäten der

Reichsbank etwa zu gewinnende Aufgeld fließt dem Reservefonds zu.[78]

Dividendenrückstände verjähren binnen vier Jahren, von dem Tage ihrer Fälligkeit an gerechnet,[79] zum Vortheile der Bank.

§ 25. Die dem Reiche zustehende Aufsicht über die Reichsbank wird von einem Bank-Kuratorium ausgeübt, welches aus dem Reichskanzler als Vorsitzenden und vier Mitgliedern besteht. Eines dieser Mitglieder ernennt der Kaiser,[80] die drei anderen der Bundesrath.

Das Kuratorium versammelt sich vierteljährlich einmal. In diesen Versammlungen wird ihm über den Zustand der Bank und alle darauf Bezug habenden Gegenstände Bericht erstattet und eine allgemeine Rechenschaft von allen Operationen und Geschäftseinrichtungen der Bank ertheilt.

Erhebung der Dividende s. § 40 Nr. 5, Reichsbankstatut § 15.

[78] Wegen der Höhe des Aufgeldes s. Anm. 76 S. 166. Vermöge der Zuschreibung des Aufgeldes bei der letzten Emission hat der Reservefonds den Betrag von 64 818 723,75 Mark, also mehr als die gesetzliche Höhe, (Nr. 2) erreicht. Die in Nr. 2 vorgeschriebene Zuschreibung von 20 Prozent hat also mit dem Jahre 1908 ihr Ende gefunden.

[79] Diese ergibt sich aus § 15 des Statuts der Reichsbank.

[80] Gegenwärtig der preußische Finanzminister Frhr. v. Rheinbaben. Die Einrichtungen sind der preußischen Bankordnung v. 5. Oktober 1846 §§ 41 ff. (PrGBl. S. 435) nachgebildet.

§ 26. Die dem Reiche zustehende Leitung der Bank wird vom Reichskanzler, und unter diesem von dem Reichsbank-Direktorium ausgeübt; in Behinderungsfällen des Reichskanzlers wird die Leitung durch einen vom Kaiser hierfür ernannten Stellvertreter wahrgenommen.[81]

Der Reichskanzler leitet die gesammte Bankverwaltung innerhalb der Bestimmungen dieses Gesetzes und des zu erlassenden Statuts (§ 40). Er erläßt die Geschäftsanweisungen für das Reichsbank-Direktorium und für die Zweiganstalten,[82] sowie die Dienstinstruktionen für die Beamten der Bank, und verfügt die erforderlichen Abänderungen

[81] Der „hierfür" besonders ernannte Stellvertreter ist der allgemeine Stellvertreter des Reichskanzlers, Staatssekretär des Innern, Staatsminister Dr. Graf von Posadowsky-Wehner.

[82] Auf Grund dieser Bestimmung sind vom Reichskanzler erlassen:
a) die Geschäftsanweisung für die Reichsbankhauptstellen und Reichsbankstellen v. 30. November 1875;
b) die Geschäftsanweisung für die Reichsbanknebenstellen v. 17. Dezember 1875;
c) die Geschäftsanweisung für diejenigen Reichsbanknebenstellen, welche durch zwei kautionspflichtige Bankbeamte verwaltet werden, vom 21. April 1883.

Sie sind sämtlich nicht veröffentlicht. Reichsbanknebenstellen der in c bezeichneten Art bestehen nicht mehr. Vgl. jedoch Anm. 115. Allgemeine Geschäftsanweisungen und Dienstinstruktionen sind dem Zentralausschusse mitzuteilen (§ 32 Abs. 3).

der bestehenden Geschäftsanweisungen (Reglements) und Dienstinstruktionen.

§ 27. Das Reichsbank-Direktorium ist die verwaltende und ausführende, sowie die, die Reichsbank nach außen vertretende Behörde.

Es besteht aus einem Präsidenten und der erforderlichen Anzahl von Mitgliedern,[83] und faßt seine Beschlüsse nach Stimmenmehrheit, hat jedoch bei seiner Verwaltung überall den Vorschriften und Weisungen des Reichskanzlers Folge zu leisten.

Präsident und Mitglieder des Reichsbank-Direktoriums werden auf den Vorschlag des Bundesraths vom Kaiser auf Lebenszeit ernannt.

§ 28. Die Beamten der Reichsbank haben die Rechte und Pflichten der Reichsbeamten.[84]

[83] Seit dem Mai 1887 ist auch die Stelle eines Vizepräsidenten geschaffen und in den Etat (§ 28 Abs. 2) aufgenommen (RGBl. 1887 S. 147). Außer diesem zählt das Reichsbankdirektorium gegenwärtig sieben Mitglieder. Wegen gutachtlicher Anhörung des Zentralausschusses s. § 32 Abs. 2 Litt. c.

[84] Wegen der Anstellung der Reichsbankbeamten, welche Reichsbeamte sind (Entsch. d. RG. in ZS. 36 S. 141 ff., Urteil v. 19. Dez. 1904 — S. 11269. 04), also den gewöhnlichen Diensteid der unmittelbaren Reichsbeamten (V. v. 29. Juni 1871 — RGBl. S. 303) leisten, und behufs Anwendung des Reichsbeamtengesetzes (in Ergänzung nicht des Statuts, sondern der V. v. 23. November 1874 — RGBl. S. 135) ist die Verordnung, betreffend die Anstellung der Beamten und die Zuständigkeit zur Ausführung des Gesetzes vom 31. März 1873 bei der Ver-

Ihre Besoldungen, Pensionen und sonstigen Dienstbezüge, sowie die Pensionen und Unterstützungen für ihre Hinterbliebenen, trägt die Reichsbank. Der Besoldungs- und Pensionsetat des Reichsbank-Direktoriums wird jährlich durch den Reichshaushalts-Etat,[85] der der übrigen Beamten

waltung der Reichsbank, vom 19. Dezember 1875 (unten VI S. 271) erlassen.

Den Beamten, deren Gehälter vierteljährlich zahlbar sind, treten die Reichsbankbeamten zufolge Bekanntmachung des Reichskanzlers v. 27. Dezember 1875 (RZBl. S. 819) hinzu.

Die Gehälter der Reichsbankbeamten sind zufolge Erlasses v. 14. Januar 1895 nach Dienstaltersstufen geregelt.

Wegen der Tagegelder, Fuhrkosten und Umzugskosten s. die auf Grund des §18 des ReichsbeamtenG. v. 31. März 1873 erlassene Kaiserl. V. v. 25. Juni 1901 (RGBl. S. 241).

Die hinsichtlich der Dienstwohnungen der Reichsbeamten erlassenen Vorschr. v. 16. Febr. 1903 (RZBl. S. 63ff.) sind laut Kaiserlichen Erlasses v. 4. Jan. 1904 (ebendas. S. 10) mit einigen Abänderungen sinngemäß auf die Dienstwohnungen der Reichsbankbeamten anzuwenden.

[85] Vgl. RGBl. 1877 S. 408, 425, 489 usw. In Betreff des Pensions- und Kautionswesens vgl. die auf Grund des § 40 „zur Ergänzung des Statuts der Reichsbank" erlassenen Verordnungen vom 23. Dezember 1875 (unten VII S. 274), v. 31. März 1880 (unten VIII S. 276) u. v. 20. Juni 1886 (unten X S. 280). Die für andere Beamtenzweige eingetretene Befreiung von der Kautionspflicht erstreckt sich nicht auf die Reichsbankbeamten. Wegen des Witwen- und Waisengeldes vgl. die auf Grund der §§ 28 und 40 „zur Ergänzung des Statuts der Reichsbank" erlassenen

jährlich vom Kaiser im Einvernehmen mit dem Bundesrathe auf den Antrag des Reichskanzlers festgesetzt.[86]

Kein Beamter der Reichsbank darf Antheilscheine derselben besitzen.

§ 29. Die Rechnungen der Reichsbank unterliegen der Revision durch den Rechnungshof des Deutschen Reichs.[87]

Die Form, in welcher die jährliche Rechnungslegung zu erfolgen hat, wird durch den Reichskanzler bestimmt. Die hierüber ergehenden Bestimmungen sind dem Rechnungshof mitzutheilen.[88]

§ 30. Die Antheilseigner üben die ihnen zustehende Betheiligung an der Verwaltung der Reichsbank durch die Generalversammlung,[89] außerdem

Verordnungen v. 8. Juni 1881 (unten IX S. 278), v. 20. Juni 1886 (unten X S. 280), v. 18. März 1888 (unten XI S. 281) u. v. 26. Juli 1897 (unten XII S. 283).

[86] Wegen Anhörung des Zentralausschusses über Abänderungen vgl. § 32 Abs. 2 Litt. b.

[87] Die Kontrolle ist alljährlich durch Gesetz der preußischen Oberrechnungskammer übertragen. (Vgl. G., betr. die Kontrolle des Reichshaushalts, v. 22. Mai 1877 [RGBl. S. 499] usw.)

[88] Die erforderliche (nicht veröffentlichte) Bestimmung ist unterm 5. Februar 1877 erlassen.

Wegen der Aufnahme der Organisations- und Verwaltungskosten in die Jahresrechnung vgl. auch Reichsbankstatut § 13 Nr. 2 (unten II S. 227).

[89] § 30 enthält die Hauptbestimmung des Bankgesetzes

durch einen aus ihrer Mitte gewählten ständigen Zentralausschuß[90] nach Maßgabe der nachfolgenden Bestimmungen aus.

§ 31. Der Zentralausschuß ist die ständige Vertretung der Antheilseigner gegenüber der Verwaltung. Er besteht aus fünfzehn Mitgliedern, neben welchen fünfzehn Stellvertreter zu wählen sind. Die Mitglieder und die Stellvertreter werden von der Generalversammlung aus der Zahl derjenigen Antheilseigner gewählt, welche auf ihren Namen lautende Antheilsscheine über einen Mindestbetrag von je neuntausend Mark besitzen. Sämmtliche Mitglieder und Stellvertreter müssen im Reichsgebiete und wenigstens neun Mitglieder und neun Stellvertreter in Berlin ihren Wohnsitz haben. Ein Drittel der Mitglieder scheidet jährlich aus. Die Ausscheidenden sind wieder wählbar.[91]

(neben §§ 31, 32 Abs. 2 Litt. a, § 33 u. § 40 Nr. 6) über die Generalversammlung. Das Nähere über deren Berufung und (sehr beschränkte) Befugnisse usw. s. im Reichsbankstatut § 2 Abs. 2, §§ 16—22 (unten II).

[90] Der Zentralausschuß hat sehr entfernte Ähnlichkeit mit dem Aufsichtsrat der Aktiengesellschaft; in der Hauptsache hat er nur eine beratende Stimme (siehe § 32). Vgl. auch Reichsbankstatut §§ 22—26, 29 (unten II).

[91] Die neue Fassung des dritten Satzes von § 31, bisher dahin lautend:

„Die Mitglieder und die Stellvertreter werden von der Generalversammlung aus der Zahl der im Besitze von mindestens je drei auf ihren Namen lautenden

Der Zentralausschuß versammelt sich unter Vorsitz des Präsidenten des Reichsbank-Direktoriums wenigstens einmal monatlich, kann von demselben aber auch außerordentlich berufen werden. Er ist beschlußfähig bei Anwesenheit von wenigstens sieben Mitgliedern; die Geschäftsanweisung wird festsetzen, in welchen Fällen und in welcher Reihenfolge die Einberufung von Stellvertretern zu bewirken ist.[92]

§ 32. Dem Zentralausschuß werden in jedem Monat die wöchentlichen Nachweisungen[93] über die

Anteilsscheinen befindlichen Anteilseigner gewählt", beruht auf Art. 3 des Gesetzes vom 7. Juni 1899 (s. oben Anm. 76 S. 165):

„In § 31 wird der dritte Satz von „Die Mitglieder" bis „gewählt" durch folgende Bestimmung ersetzt:"

(Hier folgt obiger Text.)

Sie ist dadurch nötig geworden, daß die neuen Anteilsscheine nur über je tausend Mark lauten (§ 23 Abs. 1). Der Besitz von 9 neuen Anteilsscheinen steht dem von 3 alten gleich.

Näheres über die Ausführung s. im Reichsbankstatut (vgl. Anm. 90). Das Ausscheiden bezieht sich nicht auf die Stellvertreter. (Anders § 34.)

Wird eine Neuwahl aus anderen Gründen (Tod usw.) erforderlich, so erfolgt sie nur für den Rest der unterbrochenen Wahlperiode.

[92] Die Festsetzung ist durch besondere (nicht veröffentlichte) Verfügung des Reichskanzlers v. 26. Nov. 1875 geschehen. Vgl. auch § 34.

[93] Vgl. §§ 8, 15.

Diskonto-, Wechsel- und Lombardbestände, den Notenumlauf, die Baarfonds, die Depositen, über den An- und Verkauf von Gold, Wechseln und Effekten, über die Vertheilung der Fonds auf die Zweiganstalten zur Einsicht vorgelegt, und zugleich die Ergebnisse der ordentlichen[94] und der außerordentlichen Kassenrevisionen, sowie die Ansichten und Vorschläge des Reichsbank-Direktoriums über den Gang der Geschäfte im Allgemeinen und über die etwa erforderlichen Maßregeln mitgetheilt.

Insbesondere ist der Zentralausschuß gutachtlich[95] zu hören:

a) über die Bilanz und die Gewinnberechnung, welche nach Ablauf des Geschäftsjahres vom Reichsbank-Direktorium aufgestellt, mit dessen Gutachten dem Reichskanzler zur definitiven Festsetzung überreicht, und demnächst den Antheilseignern in deren ordentlicher Generalversammlung mitgetheilt wird;[96]

[94] Diese finden in der Regel am achten Tage jeden Monats statt.

[95] Einen ferneren Fall bloß gutachtlicher Äußerung siehe im Reichsbankstatut § 14 Abs. 8. Zu hören ist der Zentralausschuß auch nach § 2 Abs. 2 (Erhöhung des Grundkapitals) und § 7 das. (Gebühr für die Vermerkung von Übertragungen usw.). Einer „Zustimmung" des Zentralausschusses bedarf es nur in den Fällen § 32 Abs. 2 Litt. d 2. Satz, § 35 des BankG. und des § 15 Abs. 2 des Reichsbankstatuts.

[96] Vgl. § 8 Anm. 20, §§ 24, 30 u. Reichsbankstatut §§ 13, 14, 21.

b) über Abänderungen des Besoldungs- und Pensionsetats (§ 28);

c) über die Besetzung erledigter Stellen im Reichsbank-Direktorium, mit Ausnahme der Stelle des Präsidenten, vor der Beschlußfassung des Bundesraths (§ 27);

d) über den Höchstbetrag, bis zu welchem die Fonds der Bank zu Lombarddarlehen verwendet werden können.[97]

Der Ankauf von Effekten für Rechnung der Bank kann nur erfolgen, nachdem die Höhe des Betrages, bis zu welcher die Fonds der Bank zu diesem Zwecke verwendet werden können, zuvor mit Zustimmung des Zentralausschusses festgesetzt ist;[98]

e) über die Höhe des Diskontosatzes und des Lombard-Zinsfußes,[99] sowie über Veränderungen in den Grundsätzen und Fristen der Kreditertheilung;

f) über Vereinbarungen mit anderen deutschen Banken (§ 19),[100] sowie über die in den Geschäftsbeziehungen zu denselben zu beobachtenden Grundsätze.

Allgemeine Geschäftsanweisungen und Dienstinstruktionen sind dem Zentralausschusse alsbald

[97] Vgl. § 13 Nr. 3.

[98] Vgl. § 18 Nr. 4 u. Anm. 95.

[99] Vgl. § 15.

[100] Vgl. § 19 Anm. 70.

nach ihrem Erlasse (§ 26) zur Kenntnißnahme mitzutheilen.

§ 33. Die Mitglieder des Zentralausschusses beziehen keine Besoldung.

Wenn ein Ausschußmitglied das Bankgeheimniß (§ 39) verletzt, die durch sein Amt erlangten Aufschlüsse gemißbraucht oder sonst das öffentliche Vertrauen verloren hat, oder wenn durch dasselbe überhaupt das Interesse des Instituts gefährdet erscheint, so ist die Generalversammlung berechtigt, seine Ausschliessung zu beschließen.[101]

Ein Ausschußmitglied, welches in Konkurs geräth, während eines halben Jahres den Versammlungen nicht beigewohnt, oder eine der Voraussetzungen seiner Wählbarkeit (§ 31) verloren hat, wird für ausgeschieden erachtet.

§ 34. Die fortlaufende spezielle Kontrole über die Verwaltung der Reichsbank üben drei, von dem Zentralausschusse aus der Zahl seiner Mitglieder auf ein Jahr[102] gewählte Deputirte des Zentralausschusses beziehungsweise deren gleichzeitig zu wählende Stellvertreter. Die Geschäftsanweisung wird festsetzen, in welchen Fällen und in welcher

[101] Vgl. Reichsbankstatut § 21. Über vorgängige Suspension von Deputierten s. BankG. § 34 Abs. 4.

[102] Wegen der im Laufe des Jahres eintretenden Erledigungen ist nichts bestimmt. Eine Ergänzung für den Rest der Wahlperiode ist wenigstens nicht ausgeschlossen. Vgl. Anm. 91 a. E.

Reihenfolge die Einberufung von Stellvertretern zu bewirken ist.[103]

Die Deputirten sind insbesondere berechtigt, allen Sitzungen des Reichsbank-Direktoriums mit berathender Stimme beizuwohnen.[104]

Sie sind ferner berechtigt und verpflichtet, in den gewöhnlichen Geschäftsstunden und im Beisein eines Mitgliedes des Reichsbank-Direktoriums von dem Gange der Geschäfte Kenntniß zu nehmen, die Bücher und Portefeuilles der Bank einzusehen und den ordentlichen, wie außerordentlichen Kassenrevisionen beizuwohnen. Ueber ihre Wirksamkeit erstatten sie in den monatlichen Versammlungen des Zentralausschusses Bericht.

Im Fall des § 33 Absatz 2 kann ein Deputirter bereits vor der Entscheidung der Generalversammlung durch den Zentralausschuß suspendirt werden.

§ 35. Geschäfte mit den Finanzverwaltungen des Reichs oder deutscher Bundesstaaten dürfen nur innerhalb der Bestimmungen dieses Gesetzes und des Bankstatuts[105] gemacht und müssen, wenn

[103] Vgl. Reichsbankstatut § 24. — Die Geschäftsanweisung ist bisher nicht erlassen (vgl. Anm. 82, 92).

[104] Obligatorisch ist die Anhörung der Deputierten außerdem nur in Fällen des § 35. Wegen der ihnen obliegenden Prüfung der Jahresbilanz s. Reichsbankstatut § 14. Vgl. übrigens Anm. 95. Über ihre Verpflichtung s. BankG. § 39.

[105] Vgl. besonders BankG. § 13 und Statut §§ 10, 11.

andere als die allgemein geltenden Bedingungen des Bankverkehrs in Anwendung kommen sollen,[106] zuvor zur Kenntniß der Deputirten gebracht, und, wenn auch nur Einer derselben darauf anträgt, dem Zentralausschuß vorgelegt werden. Sie müssen unterbleiben, wenn der letztere nicht in einer beschlußfähigen Versammlung mit Stimmenmehrheit für die Zulässigkeit sich ausspricht.

§ 36. Außerhalb des Hauptsitzes der Bank sind an, vom Bundesrathe zu bestimmenden, größeren Plätzen[107] Reichsbankhauptstellen zu errichten, welche unter Leitung eines aus wenigstens zwei Mitgliedern bestehenden Vorstandes und unter Aufsicht eines vom Kaiser ernannten Bank-Kommissarius stehen.[108]

106 Dieses ist die Bedingung, unter welcher hier die Mitwirkung der Organe der Bankanteilseigner anstatt der sonst ausreichenden Begutachtung (§ 32) gefordert wird. Es soll den Regierungen nicht ohne weiteres mehr gewährt werden dürfen als dem geschäftstreibenden Publikum. Die Vorschrift ist von grundsätzlicher Bedeutung für die Selbständigkeit der Reichsbank gegenüber etwaigen fiskalischen Anforderungen.

107 Vgl. § 12 Abs. 3.

108 16 Hauptstellen sind aufgeführt in der auf Grund der §§ 36, 37 erlassenen Bek. d. Reichskanzlers v. 17. Dezember 1875 (unten XV 1 S. 287).

Später hinzugetreten sind die früheren Reichsbankstellen zu Danzig (Bek. d. Reichskanzlers v. 24. April 1879, RAnz. Nr. 98), Kiel (Bek. d. Reichs-

Bei jeder Reichsbankhauptstelle soll, wenn sich daselbst eine hinreichende Zahl geeigneter Antheilseigner vorfindet, ein Bezirksausschuß bestehen,[109] dessen Mitglieder vom Reichskanzler aus den vom Bank-Kommissar und vom Zentralausschuß aufgestellten Vorschlagslisten der am Sitz der Bankhauptstelle oder in dessen unmittelbarer Nähe wohnhaften Antheilseigner ausgewählt werden.[110] Dem Ausschuß werden in seinen monatlich abzuhaltenden Sitzungen die Uebersichten über die Geschäfte der Bankhauptstelle und die von der Zentralverwaltung ergangenen allgemeinen Anordnungen mitgetheilt. Anträge und Vorschläge des Bezirksausschusses, welchen vom Vorstande der Bankhauptstelle nicht in eigener Zuständigkeit entsprochen wird, werden

kanzlers v. 25. Juli 1901, RAnz. Nr. 176) und Dresden (Bek. d. Reichskanzlers v. 19. Dez. 1902, RAnz. Nr. 303).

Vgl. auch die Bek. des Reichsbank-Direktoriums v. 1. Jan. 1876, den Beginn der Tätigkeit der Reichsbankanstalten betreffend (RAnz. 1876 Nr. 1).

Die Reichsbank wurde eröffnet mit 201 Anstalten. Bis Ende April 1905 hat sich die Zahl derselben vermehrt auf 429.

Das Verzeichnis ist im Anhange (unter B S. 340 ff.) mitgeteilt.

[109] Gegenwärtig bei allen 19 Hauptstellen.

[110] Vgl. § 40 Nr. 7. Über das Verfahren s. Reichsbankstatut § 29; über Zahl und Wählbarkeit der Mitglieder das. §§ 27, 28.

von letzterem dem Reichskanzler mittelst Berichts eingereicht.[111]

Eine fortlaufende spezielle Kontrole über den Geschäftsgang bei den Bankhauptstellen nach Maßgabe der Bestimmungen im § 34 üben, soweit es ohne Störung der täglichen laufenden Geschäfte geschehen kann, 2 bis 3 Beigeordnete, welche vom Bezirksausschuß aus seiner Mitte gewählt,[112] oder, wo ein Bezirksausschuß nicht besteht,[113] vom Reichskanzler nach Absatz 2 ernannt werden.

§ 37. Die Errichtung sonstiger Zweiganstalten erfolgt, sofern dieselben dem Reichsbank-Direktorium unmittelbar untergeordnet werden (Reichsbankstellen), durch den Reichskanzler,[114] sofern sie einer

111 Die letztere Bestimmung ist ohne praktische Bedeutung geblieben.

112 Vgl. § 40 Nr. 7. Über das Verfahren s. Reichsbankstatut § 29 Abs. 2, über die Wählbarkeit das. § 28, über die Verpflichtung BankG. § 39.

113 Vgl. Reichsbankstatut § 29 Abs. 1 und oben Anm. 109.

114 Den in der Bek. v. 17. Dez. 1875 (Anm. 108) genannten 43 sind hinzugetreten die in Reichsbankstellen umgewandelten früheren Unteranstalten in Stolp (Bek. v. 16. Mai 1877, RAnz. Nr. 115), Cottbus (Bek. v. 9. Nov. 1888, RAnz. Nr. 265), Cöslin (Bek. v. 19. Juni 1889, RAnz. Nr. 144), Duisburg (Bek. v. 22. März 1892, RAnz. Nr. 72), Wiesbaden (Bek. v. 30. März 1894, RAnz. Nr. 75), Bochum (Bek. v. 16. Sept. 1896, RAnz. Nr. 228), Darmstadt (Bek. v. 11. März 1897, RAnz. Nr. 62), Plauen i. V. (Bek. v. 17. März 1897, RAnz. Nr. 66),

anderen Zweiganstalt untergeordnet werden,[115] durch das Reichsbank-Direktorium.

§ 38. Die Reichsbank wird in allen Fällen, und zwar auch wo die Gesetze eine Spezialvollmacht erfordern, durch die Unterschrift des Reichsbank-Direktoriums oder einer Reichsbankhauptstelle verpflichtet, sofern diese Unterschriften von zwei Mitgliedern des Reichsbank-Direktoriums beziehungs-

Hildesheim (Bek. v. 8. Juni 1898, RAnz. Nr. 184), Ulm (Bek. v. 8. Sept. 1898, RAnz. Nr. 215), Freiburg i. B. (Bek. v. 29. Mai 1899, RAnz. Nr. 126), Schweidnitz (Bek. v. 8. Jan. 1900, RAnz. Nr. 5), Allenstein (Bek. v. 6. Jan. 1900, RAnz. Nr. 6), Insterburg (Bek. v. 6. Jan. 1900, RAnz. Nr. 6), Barmen (Bek. v. 8. Febr. 1900, RAnz. Nr. 37), Fulda (Bek. v. 15. Mai 1900, RAnz. Nr. 117), Mülheim (Ruhr) (Bek. v. 15. Jan. 1901, RAnz. Nr. 18), Würzburg (Bek. v. 17. Jan. 1901, RAnz. Nr. 17), Brandenburg a. H. (Bek. v. 4. März 1901, RAnz. Nr. 55), Altona (Bek. v. 29. Aug. 1901, RAnz. Nr. 207), Kreuznach (Bek. v. 8. Jan. 1903, RAnz. Nr. 12), Halberstadt (Bek. v. 13. Jan. 1903, RAnz. Nr. 12), Zwickau (Bek. v. 14. April 1903, RAnz. Nr. 88), Hamm (Bek. v. 8. Jan. 1904, RAnz. Nr. 7), Lissa (Bek. v. 5. April 1904, RAnz. Nr. 8), Remscheid (Bek. v. 8. Sept. 1904, RAnz. Nr. 214). Weggefallen sind die Reichsbankstellen in Danzig, Dresden und Kiel, welche in Reichsbankhauptstellen umgewandelt sind (vgl. Anm. 108).

115 Gegenwärtig (Ende April 1905) 330 Reichsbanknebenstellen und 13 (hauptsächlich zur Vermittelung von Lombardgeschäften bestimmte) Warendepots. Vgl. d. Verzeichnis im Anh. B S. 340 ff.

weise[116] von zwei Mitgliedern des Vorstandes der Reichsbankhauptstelle oder den als Stellvertretern der letzteren bezeichneten Beamten vollzogen sind.

Unter welchen Voraussetzungen und in welcher Form die Unterschriften der Bankstellen[117] eine Verpflichtung für die Reichsbank begründen, wird vom Reichskanzler bestimmt und besonders bekannt gemacht.[118]

Gegen die Reichsbankhauptstellen und Bank=

Bei größeren Nebenstellen ist dem Bankvorstand ein zweiter Beamter (zuweilen mehrere Beamte) zur Unterstützung, hauptsächlich behufs der Kassenführung, beigegeben.

116 Nämlich innerhalb des Geschäftskreises der Reichsbankhauptstelle.

117 Nicht der Nebenstellen, welche hauptsächlich nur zur Vermittelung von Geschäften dienen sollten, indessen in gewissem, nach und nach gewachsenem Umfange auch zu verbindlichen Erklärungen bezw. Geschäftsabschlüssen durch die Reichsbankverwaltung ermächtigt sind.

118 Die Bestimmung ist enthalten in der Bek. des Reichskanzlers v. 27. Dezember 1875 (RGBl. S. 820):

Auf Grund des § 38 des Bankgesetzes vom 14. März d. Js. (RGBl. S. 177) wird hierdurch bekannt gemacht, daß die Reichsbank durch die Unterschrift einer Reichsbankstelle in allen Fällen, und zwar auch wo die Gesetze eine Spezialvollmacht erfordern, verpflichtet wird, sofern diese Unterschrift von den beiden Mitgliedern des Vorstandes der Bankstelle oder den als Stellvertretern derselben bezeichneten Beamten vollzogen ist. Die Namen der Vorstandsmitglieder und ihrer stellen[119] können alle Klagen, welche auf den Geschäftsbetrieb derselben Bezug haben, bei dem Gerichte des Orts erhoben werden, wo die Zweiganstalt errichtet ist.[120]

§ 39. Sämmtliche bei der Verwaltung der Bank als Beamte, Ausschußmitglieder, Beigeordnete betheiligte Personen sind verpflichtet, über alle einzelne Geschäfte der Bank, besonders über die mit Privatpersonen und über den Umfang des den letzteren gewährten Kredits, Schweigen zu beobachten. Die Deputirten des Zentralausschusses und deren Stellvertreter, sowie die Beigeordneten bei den Reichsbankhauptstellen sind hierzu vor Antritt ihrer Funktionen mittelst Handschlags an Eidesstatt besonders zu verpflichten.[121]

§ 40. Das Statut der Reichsbank wird nach Maßgabe der vorstehend in den §§ 12 bis 39 ent-

Stellvertreter sowie die Unterschriften derselben werden in dem Geschäftsraume der Bankstelle ausgehängt.

Berlin, den 27. Dezember 1875.

Der Reichskanzler.
v. Bismarck.

[119] Nicht gegen die Nebenstellen (s. Anm. 117).

[120] Die Bestimmung ist aufrecht erhalten nach § 13 Abs. 1 des EG. z. ZPO. Vgl. auch § 21 (früher 22) der ZPO. Im übrigen hat die Reichsbank ihren allgemeinen Gerichtsstand in Berlin (§ 12 Abs. 2).

[121] Vgl. § 33 Abs. 2, § 34 Abs. 4, § 36 Abs. 3.

haltenen Vorschriften vom Kaiser im Einvernehmen mit dem Bundesrath erlassen.[122]

Dasselbe muß insbesondere Bestimmungen enthalten:

1. über die Form der Antheilscheine der Reichsbank und der dazu gehörigen Dividendenscheine und Talons;[123]
2. über die bei Uebertragung oder Verpfändung von Antheilscheinen zu beachtenden Formen;[124]
3. über die Mortifikation verlorener oder vernichteter Antheilscheine, sowie über das Verfahren in Betreff abhanden gekommener Dividendenscheine und Talons;[125]
4. über die Grundsätze, nach denen die Jahresbilanz der Reichsbank aufzunehmen ist;[126]

[122] Wegen der Bedeutung des „Statuts" s. das. (II) Anm. 1 S. 216. Dasselbe ist in mehreren Punkten abgeändert durch die Verordnung v. 8. Sept. 1900 (RGBl. S. 798 — s. unten II S. 217) und ergänzt durch die auf Grund des § 40 erlassenen Verordnungen, betr. die Pensionen und Kautionen der Reichsbankbeamten (Anm. 85, S. 173) sowie die auf Grund der §§ 28 und 40 erlassenen Verordnungen, betr. die Fürsorge für die Witwen und Waisen der Reichsbankbeamten (ebenda).

[123] Vgl. Reichsbankstatut § 3.

[124] Vgl. §§ 4—6 das.; auch § 7 das.

[125] Vgl. §§ 8, 9 das.

[126] Vgl. §§ 12, 13 das.; auch § 14 das. und BankG. § 8 Abs. 3, 4.

5. über Termine und Modalitäten der Erhebung der Dividende;[127]

6. über die Form, in welcher die Zusammenberufung der Generalversammlungen geschieht, sowie über die Bedingungen und die Art der Ausübung des Stimmrechts der Antheilseigner; die Ausübung des Stimmrechts darf jedoch nicht durch den Besitz von mehr als einem Antheilsscheine bedingt, noch dürfen mehr als dreihundert Stimmen in einer Hand vereinigt werden; wobei ein Antheilsschein zu dreitausend Mark dem Rechte auf drei Stimmen und ein Antheilsschein zu eintausend Mark dem Rechte auf eine Stimme entsprechen soll;[128]

7. über die Modalitäten der Wahl des Zentralausschusses und der Deputirten desselben, der

[127] Vgl. Reichsbankstatut § 15.

[128] Vgl. §§ 16—22, 30 das. Das Wort „dreihundert" statt „hundert" und der Zusatz „wobei" bis „soll" sind infolge der Schaffung von Bankanteilen zu 1000 M. durch Art. I des G. v. 7 Juni 1899 (oben Anm. 76 S. 165) erforderlich geworden und von der Reichstagskommission hinzugefügt (s. Bericht d. VIII. Komm. von 1899 S. 19). Die Änderung ist durch Art. 4 dieses Gesetzes herbeigeführt worden, welcher lautet:

§ 40 Ziffer 6 wird durch folgende Bestimmung ersetzt:

(Hier folgt obiger Text, in welchem die Änderungen durch gesperrten Druck hervorgehoben sind.)

Vgl. auch Reichsbankstatut § 17.

Bezirksausschüsse und der Beigeordneten bei den Reichsbankhauptstellen;[129]

8. über die Form, in welcher die von der Gesellschaft ausgehenden Bekanntmachungen erfolgen, sowie über die öffentlichen Blätter, in welche dieselben aufzunehmen sind;[130]
9. über die im Fall der Aufhebung der Reichsbank (§ 41) eintretende Liquidation;[131]
10. über die Form, in welcher die Mitwirkung der Antheilseigner oder deren Vertreter zu einer durch Reichsgesetz festzustellenden Erhöhung des Grundkapitals herbeigeführt werden soll;[132]
11. über die Voraussetzungen der Sicherstellung, unter denen Effekten für fremde Rechnung gekauft oder verkauft werden dürfen;[133]

§ 41. Das Reich behält sich das Recht vor, zuerst zum 1. Januar 1891, alsdann aber von zehn zu zehn Jahren nach vorausgegangener einjähriger Ankündigung,[134] welche auf Kaiserliche An-

[129] Vgl. §§ 22—29 das.

[130] Vgl. § 30 das.

[131] Vgl. § 31 das.

[132] Vgl. §§ 2, 31 das.

[133] Vgl. BankG. § 13 Nr. 6 u. Reichsbankstatut § 10.

[134] Von dieser Ankündigung ist bisher kein Gebrauch gemacht worden, weder bis zum Ablauf der ersten Frist, nachdem die von den Regierungen vorgeschlagene Abänderung des § 24 (mittels G. v. 18. Dezember 1889) zustande gekommen war, noch innerhalb der zweiten, am 31. Dezember 1899 abgelaufenen Kündigungsfrist mit

ordnung, im Einvernehmen mit dem Bundesrath, vom Reichskanzler an das Reichsbank-Direktorium zu erlassen und von letzterem zu veröffentlichen ist, entweder

a) die auf Grund dieses Gesetzes errichtete Reichsbank aufzuheben und die Grundstücke derselben gegen Erstattung des Buchwerthes zu erwerben, oder

b) die sämmtlichen Antheile der Reichsbank zum Nennwerthe zu erwerben.[135]

In beiden Fällen geht der bilanzmäßige Reservefonds, soweit derselbe nicht zur Deckung von Verlusten in Anspruch zu nehmen ist, zur einen Hälfte

Rücksicht auf das G. v. 7. Juni 1899 (s. oben Anm. 76, S. 165).

Der in der Reichstagskomm. v. 1899 ursprünglich angenommene Antrag auf Verlängerung bis zum 1. Januar 1921 und dann weiter von 20 zu 20 Jahren ist dort in dritter Lesung abgelehnt (KommB. S. 45 ff.) und im Plenum nicht wieder aufgenommen.

[135] Vgl. §§ 8, 6 Abs. 4 des Reichsbankstatuts. Nachdem der Reservefonds mehr als die volle gesetzliche Höhe von 60 Millionen Mark erreicht hat (s. § 24 Nr. 2), würden die Anteilseigner also zusammen 212406806,87 Mark (s. Abs. 2), d. h. 118 Prozent erhalten.

Die sog. „Verstaatlichung" (b) wurde bei der Beratung des Reichstags über die in Anm. 76 und 77 erwähnten Gesetzesvorlagen von mehreren Seiten angeregt, fand aber 1899 wie 1889 nicht den Beifall der Mehrheit (s. StenB. v. 1889/90 S. 191 ff., 577 ff., 628—680, v. 1899 S. 696 ff., 721 ff., 749 ff., 1965 ff., 1998 ff., KommB. S. 9).

an die Antheilseigner, zur andern Hälfte an das Reich über.

Zur Verlängerung der Frist nach Inhalt des ersten Absatzes ist die Zustimmung des Reichstags erforderlich.[136]

Titel III.
Privat-Notenbanken.

§ 42. Banken, welche sich bei Erlaß dieses Gesetzes im Besitze der Befugniß zur Notenausgabe befinden,[137] dürfen außerhalb desjenigen Staates,

[136] Die Bestimmung ist nicht ganz deutlich gefaßt. Nach der Entstehungsgeschichte (s. KommB. v. 1874 S. 52 bis 55) ging die Absicht dahin, daß das Reich nicht ohne den Reichstag, dessen Zustimmung sich in Annahme einer bezüglichen Gesetzesvorlage oder auch in einer bloßen Resolution und selbst stillschweigend (vgl. Anm. 76, 77, 184) äußern kann, von der Ausübung der Kündigungsbefugnis abstehen, d. h. das Privilegium der Reichsbank verlängern darf. In dieser Weise ist die Vorschrift bei Ablauf der Fristen bisher ausgelegt worden. Ein Versuch, den Abs. 3 zu ändern, ist in der VIII. Reichstagskomm. v. 1899 vergeblich gemacht worden (s. KommB. S. 46).

[137] Das im Gesetze hinsichtlich der Privatnotenbanken angenommene System besteht in einer Vereinigung

erstens gewisser für alle Notenbanken unbedingt maßgebenden Vorschriften (hinsichtlich der Banknoten [§§ 2—6, 9, 10] und des sonstigen Geschäftsbetriebs [§ 7] mit der Verpflichtung zu gewissen Veröffentlichungen bezw. Mitteilungen [§ 8 u. G. v. 21. Dezbr. 1874 II — oben S. 188]; Beschränkung von Änderungen der welcher ihnen diese Befugniß ertheilt hat, Bankgeschäfte durch Zweiganstalten weder betreiben noch durch Agenten für ihre Rechnung betreiben lassen, noch als Gesellschafter an Bankhäusern sich betheiligen.[138]

§ 43. Die Noten einer Bank, welche sich bei Erlaß dieses Gesetzes im Besitze der Befugniß zur Notenausgabe befindet,[139] dürfen außerhalb desjenigen Staates, welcher derselben diese Befugniß ertheilt hat, zu Zahlungen nicht gebraucht werden.[140]

Statuten usw. [§ 47] und Unterwerfung unter die Aufsicht des Reichskanzlers [§ 48])

und zweitens solcher (auf dem Gedanken, daß das Notenprivileg nicht über das Gebiet des erteilenden Staates hinaus wirke, beruhenden) Beschränkungen (§§ 42, 43), welchen die Banken dadurch entgehen konnten, daß sie sich bis zum 1. Januar 1876 gewissen anderen, im Gesetz also fakultativ vorgesehenen Beschränkungen unterwarfen (§§ 44—46).

[138] Die noch bestehenden Privatnotenbanken sind von diesen Beschränkungen nicht befreit (vgl. § 45 u. Anm. 161, sowie unten Nr. XVI 1, S. 288). Im übrigen siehe Anm. 2; § 44 Abs. 3, 4, § 45 Abs. 2 Nr. 1, §§ 48, 50 Abs. 1 Nr. 2 und die Strafbestimmung des § 58.

[139] Vgl. Anm. 137.

[140] Diese Beschränkung gilt nur noch für die Braunschweigische Bank (vgl. § 45 u. Anm. 161, 162). Die anderen Banken sind davon befreit (s. unten Nr. XVI 1 S. 288). Im übrigen vgl. §§ 44—48, 50 Abs. 1 Nr. 3, § 54 und die Strafbestimmung des § 56. Zivilrechtlich bleiben die betreffenden Geschäfte gültig.

§ 43 gilt auch für das Papiergeld des § 54.

Der Umtausch solcher Noten gegen andere Banknoten, Papiergeld oder Münzen unterliegt diesem Verbote nicht.

§ 44. Die beschränkenden Bestimmungen des § 43 finden auf diejenigen Banken keine Anwendung, welche bis zum 1. Januar 1876 folgende Voraussetzungen erfüllen:

1. Die Bank darf ihre Betriebsmittel nur in den im § 13 unter 1 bis 4 bezeichneten Geschäften,[141] und zwar zu 4 höchstens bis zur Höhe der Hälfte des Grundkapitals der Bank und der Reserven,[142] anlegen.

   Bezüglich des Darlehnsgeschäfts[143] ist der Bank eine Frist bis zum 1. Januar 1877 eingeräumt, innerhalb welcher sie ihre Darlehne den Bestimmungen des § 13 Nr. 3 zu konformiren hat.

   Sie hat jeweilig den Prozentsatz öffentlich bekannt zu machen, zu welchem sie diskontirt oder zinsbare Darlehne gewährt.[144]

2. Die Bank legt von dem sich jährlich über das Maß von $4^1/_2$ Prozent des Grundkapitals hinaus ergebenden Reingewinn jährlich mindestens 20 Prozent so lange zur Ansamm-

141 Vgl. Anm. 88.
142 Vgl. Anm. 51 und § 44 Abs. 4 sowie § 46.
143 Vgl. § 13 Nr. 3.
144 Vgl. § 15 u. Anm. 158.

lung eines Reservefonds zurück, als der letztere nicht ein Viertheil des Grundkapitals beträgt.[145]

3. Die Bank verpflichtet sich, für den Betrag ihrer im Umlauf befindlichen Banknoten jederzeit mindestens ein Drittheil in kursfähigem deutschem Gelde, Reichs-Kassenscheinen oder in Gold in Barren oder ausländischen Münzen, das Pfund fein zu 1392 Mark gerechnet, und den Rest in diskontirten Wechseln, welche eine Verfallzeit von höchstens drei Monaten haben und aus welchen in der Regel drei, mindestens aber zwei als zahlungsfähig bekannte Verpflichtete haften, in ihren Kassen als Deckung bereit zu halten.[146]

4. Die Bank verpflichtet sich, ihre Noten bei einer von ihr zu bezeichnenden Stelle in Berlin oder Frankfurt, deren Wahl der Genehmigung des Bundesraths unterliegt, dem Inhaber gegen kursfähiges deutsches Geld einzulösen.

Die Einlösung hat spätestens vor Ablauf des auf den Tag der Präsentation folgenden Tages zu erfolgen.[147]

[145] Wie in § 24 Nr. 2. Welche Banken ohne weiteres von dieser Beschränkung entbunden sind, s. in § 44 Abs. 4 u. Anm. 161.

[146] Übereinstimmend mit § 17. Vgl. § 46.

[147] Für die Einlösung am Sitz (Hauptsitz) bestehen strengere Bestimmungen. Vgl. §§ 4, 18. Im übrigen vgl. § 45 Abs. 1 Nr. 2, Abs. 2 Nr. 2; §§ 46, 47, 50 Abs. 1 Nr. 3 Litt. b.

5. Die Bank verpflichtet sich, alle deutschen Banknoten, deren Umlauf im gesammten Reichsgebiete gestattet ist, an ihrem Sitze, sowie bei denjenigen ihrer Zweiganstalten, welche in Städten von mehr als 80000 Einwohnern ihren Sitz haben,[148] zu ihrem vollen Nennwerthe in Zahlung zu nehmen, so lange die Bank, welche solche Noten ausgegeben hat, ihrer Noteneinlösungspflicht pünktlich nachkommt. Alle bei einer Bank eingegangenen Noten einer anderen Bank dürfen, soweit es nicht Noten der Reichsbank sind, nur entweder zur Einlösung präsentirt, oder zu Zahlungen an diejenige Bank, welche dieselben ausgegeben hat, oder zu Zahlungen an dem Orte, wo letztere ihren Hauptsitz hat, verwendet werden.[149]

6. Die Bank verzichtet auf jedes Widerspruchsrecht, welches ihr entweder gegen die Ertheilung der Befugniß zur Ausgabe von Banknoten an andere Banken,[150] oder gegen die Aufhebung einer etwa bestehenden Verpflichtung der Landes-

Neben Berlin oder Frankfurt (Main) bestehen zuweilen noch andere Einlösungsstellen (vgl. § 50 Nr. 3c).

148 Vgl. Anm. 68. Die Verpflichtung der Reichsbank erstreckt sich außerdem noch auf den Sitz der ausgebenden Bank (§ 19 Anm. 69). Auch die Annahmepflicht der Privatbanken ist zivilrechtlich erzwingbar.

149 Vgl. § 46 Abs. 1.

150 Vgl. § 1 u. Anm. 2.

regierung, ihre Noten in den öffentlichen Kassen statt baaren Geldes in Zahlung nehmen zu lassen,[151] zustehen möchte.

7. Die Bank willigt ein, daß ihre Befugniß zur Ausgabe von Banknoten zu den in § 41 bezeichneten Terminen durch Beschluß der Landesregierung oder des Bundesraths mit einjähriger Kündigungsfrist aufgehoben werden könne, ohne daß ihr ein Anspruch auf irgend welche Entschädigung zustände.[152]

Von Seiten des Bundesraths wird eine Kündigung nur eintreten zum Zwecke weiterer einheitlicher Regelung des Notenbankwesens oder wenn eine Notenbank den Anordnungen gegenwärtigen Gesetzes zuwidergehandelt hat. Ob diese Voraussetzungen vorliegen, entscheidet der Bundesrath.[153]

Einer Bank, welche die vorstehend unter 1 bis 7 bezeichneten Voraussetzungen erfüllt hat, kann der Betrieb von Bankgeschäften durch Zweiganstalten oder Agenturen[154] außerhalb des im § 42 bezeichneten Gebietes auf Antrag der für den Ort, wo dies

[151] Vgl. § 2 u. Anm. 4.

[152] Vgl. G. v. 27. März 1870 § 3 (BGBl. S. 51).

[153] Bisher (vgl. § 41) ist von der Befugnis kein Gebrauch gemacht.

[154] Nicht genannt ist die Beteiligung als Gesellschafter an Bankhäusern.

[155] Hierin liegt eine Einschränkung der fakultativen Befreiung von den Schranken des § 42.

geschehen soll, zuständigen Landesregierung[155] durch den Bundesrath gestattet werden.[156]

Banken, welche bis zum 1. Januar 1876 nachweisen, daß der Betrag der nach ihrem Statut oder Privileg ihnen gestatteten Notenausgabe auf den Betrag des Grundkapitals eingeschränkt ist, welcher am 1. Januar 1874 eingezahlt war,[157] sind von der Erfüllung der unter 2 bezeichneten Voraussetzung entbunden und erlangen mit der Gestattung des Umlaufs ihrer Noten im gesammten Reichsgebiete[158] zugleich die Befugniß, im gesammten Reichsgebiete durch Zweiganstalten oder Agenturen Bankgeschäfte zu betreiben. Dem Bundesrath bleibt vorbehalten, diesen Banken einzelne der durch die Bestimmungen unter 1 ausgeschlossenen Formen der Kreditertheilung, in deren Ausübung dieselben sich bisher befunden haben, auf Grund des nachgewiesenen besonderen Bedürfnisses zeitweilig oder widerruflich auch ferner zu gestatten und die hierfür etwa nothwendigen Bedingungen festzusetzen.[159]

156 Ohne weiteres befreit sind die in Abs. 4 bezeichneten Banken unter den dortigen Voraussetzungen. Welche Banken den Nachweis geführt haben, ist aus den Bekanntmachungen (vgl. Anm. 161) nicht zu erkennen.

157 Vgl. Anm. 156.

158 Vgl. § 44 Abs. 1, § 45 Abs. 2 Nr. 1.

159 Der Schlußsatz ist durch den Reichstag hinzugefügt.

Von der Befugnis ist insofern Gebrauch gemacht, als einzelnen Privatbanken die Beleihung gewisser, sonst ge-

§ 45. Banken, welche von den Bestimmungen im § 44 zu ihren Gunsten Gebrauch machen wollen, haben dem Reichskanzler nachzuweisen:

1. daß ihre Statuten den durch den § 44 aufgestellten Voraussetzungen entsprechen;
2. daß die erforderliche Einlösungsstelle[160] eingerichtet ist.

Sobald dieser Nachweis geführt ist, erläßt der Reichskanzler eine durch das Reichs-Gesetzblatt zu veröffentlichende Bekanntmachung,[161] in welcher:

setzlich nicht beleihbarer Papiere bis zu bestimmten Höchstbeträgen gestattet ist.

[160] Vgl. § 44 Abs. 1 Nr. 4.

[161] Es sind demzufolge erlassen: die Bekanntmachungen, betreffend die Anwendung der §§ 42 und 43 des BankG. v. 14. März 1875, v. 29. Dezember 1875, v. 7. Januar 1876, v. 8. September 1879 und v. 27. Februar 1888, welche zugleich das Nötige wegen der Einlösungsstellen enthalten (unten XVI S. 288 ff.). Von den Beschränkungen des Notenumlaufs (§ 43) sind demnach alle z. Z. noch bestehenden (s. § 9 Anm. 26, S. 143) Privatnotenbanken mit alleiniger Ausnahme der Braunschweigischen Bank (s. Anm. 162) befreit. — Die älteren Statuten dieser Banken haben sämtlich teils infolge des Bankgesetzes, teils infolge der Aktienrechtsnovelle vom Jahre 1884 eingreifende Änderungen erfahren. Weitere Änderungen sind bei allen noch bestehenden 5 Privatnotenbanken infolge des BGB. bzw. des HGB. u. der Bankgesetznovelle v. 1899 in den Jahren 1899 bezw. 1900 erfolgt.

Eine wichtige ergänzende Bestimmung zu vorstehenden Paragraphen enthält das G. v. 7. Juni 1899 (s. oben Anm. 76, S. 165).

1. die beschränkenden Bestimmungen der §§ 42 und 43 oder des § 43 dieses Gesetzes zu Gunsten der zu bezeichnenden Bank als nicht anwendbar erklärt,

Art. 7:

§ 2.

Der Bundesrat wird denjenigen Privatnotenbanken gegenüber, auf welche die beschränkenden Bestimmungen des § 48 des Bankgesetzes keine Anwendung finden, von dem vorbehaltenen Kündigungsrechte behufs Aufhebung der Befugnis zur Ausgabe von Banknoten zum 1. Januar 1901 Gebrauch machen, wenn diese Banken sich nicht bis zum 1. Dezember 1899 verpflichten, vom 1. Januar 1901 ab

1. nicht unter dem gemäß § 15 des Bankgesetzes öffentlich bekannt gemachten Prozentsatze der Reichsbank zu diskontieren, sobald dieser Satz vier Prozent erreicht oder überschreitet,

und

2. im übrigen nicht um mehr als ein viertel Prozent unter dem gemäß § 15 des Bankgesetzes öffentlich bekannt gemachten Prozentsatze der Reichsbank zu diskontieren, oder falls die Reichsbank selbst zu einem geringeren Satze diskontiert, nicht um mehr als ein achtel Prozent unter diesem Satze.

§ 3.

Handelt eine Privatnotenbank der nach § 2 eingegangenen Verpflichtung entgegen, so wird die Entziehung der Befugnis zur Notenausgabe gemäß §§ 50 ff. des Bankgesetzes durch gerichtliches Urteil ausgesprochen.

2. die Stelle, an welcher die Noten der Bank eingelöst werden, bezeichnet wird.

§ 46. Kann die Dauer einer bereits erworbenen Befugniß zur Ausgabe von Banknoten durch eine

Mitglieder des Vorstandes, Vorsteher einer Zweiganstalt, sonstige Angestellte oder Agenten einer solchen Bank, welche für Rechnung der Bank der von ihr eingegangenen Verpflichtung entgegen, unter dem nach § 2 zulässigen Prozentsatze diskontieren, werden mit Geldstrafe bis zu fünftausend Mark bestraft.

Um eine Durchkreuzung der Diskontopolitik der Reichsbank (s. § 15) durch die Privatnotenbanken zu verhindern, schlug der Regierungsentwurf von 1899 Art. 5 vor, diese unbedingt zu verpflichten, nicht unter dem Prozentsatze der Reichsbank zu diskontieren (Begründung S. 10 ff.). Schon in erster Lesung des Reichstags mehrfach angefochten (StenB. S. 727 ff.), wurde der Vorschlag in der Kommission Gegenstand eingehender Debatten, welche zu der in den obigen Vorschriften enthaltenen, mit einer die sog. Privatdiskontierungen bei der Reichsbank selbst betreffenden Bestimmung (Art. 7 § 1 — s. oben § 15 Anm. 58, S. 156) in Verbindung stehenden Abschwächung führten (KommB. S. 32 ff.). Im Plenum wurden im Interesse der Privatnotenbanken Versuche gemacht, die Beschränkung derselben ganz oder teilweise zu beseitigen, jedoch ohne Erfolg (StenB. S. 1978 ff., 2002 ff.).

Die Privatnotenbanken sind danach nur dann, wenn die Reichsbank — infolge einer gewissen Geldversteifung oder aus anderen Gründen — zu dem (hohen) Diskont von mindestens 4 Prozent diskontiert, an diesen nach unten hin unbedingt gebunden. Ist der Diskont niedriger, vom Staate oder einer öffentlichen Behörde ausgehende, an einen bestimmten Termin gebundene Kündigung auf eine bestimmte Zeit beschränkt werden, so tritt diese Kündigung zu dem frühesten zulässigen Termine kraft gegenwärtigen Gesetzes ein, es sei denn, daß die Bank den zulässigen Betrag ihrer Notenausgabe auf den am 1. Januar 1874 eingezahlten Betrag ihres Grundkapitals beschränkt und sich den Bestimmungen im § 44 unter 1 und 3 bis 7 unterworfen hat.[162]

so dürfen sie dagegen bis zu $1/4$ Prozent unter dem offiziellen Satze der Reichsbank bleiben. Diskontiert die Reichsbank selbst zum Privatsatze („zu einem geringeren Satze"), so darf die Differenz nicht mehr als $1/8$ Prozent betragen.

Hiermit ist gesetzlich ungefähr das festgelegt und durch eine scharfe Androhung (§ 3) gesichert, was die Reichsbank bisher durch Abkommen mit den Privatnotenbanken erstrebt hatte. Vgl. oben Einl. S. 37 ff.

Die Strafbestimmung in Abs. 2 umfaßt auch „sonstige Angestellte", also einen weiteren Personenkreis als § 58 und trifft auch Umgehungen durch sog. Rückvergütung eines Teils des Diskonts, obschon diese nicht ausdrücklich genannt sind.

Die verlangte Erklärung ist rechtzeitig von allen hierher gehörenden Privatnotenbanken abgegeben worden.

162 Von den bestehenden Notenbanken hat nur die Braunschweigische Bank sich nicht unterworfen. Ihr Privilegium dauert (ohne Kündigungsbefugnis) bis zum 11. Mai 1952. Vgl. § 47 Abs. 2. Die übrigen in den Bekanntmachungen (Anm. 161) nicht genannten Notenbanken haben auf ihr Notenrecht verzichtet (vgl. § 9 Anm. 26).

Statutarische Bestimmungen, durch welche die Dauer einer Bank oder der derselben ertheilten Befugniß zur Notenausgabe von der unveränderten Fortdauer des Notenprivilegiums der Preußischen Bank abhängig gemacht ist,[163] treten außer Kraft.

§ 47. Jede Abänderung der Bestimmungen des Grundgesetzes, Statuts oder Privilegiums einer Bank, welche die Befugniß zur Ausgabe von Banknoten bereits erworben hat, bedarf, so lange der Bank diese Befugniß zusteht, zu ihrer Gültigkeit der Genehmigung des Bundesraths, sofern sie das Grundkapital, den Reservefonds, den Geschäftskreis oder die Deckung der auszugebenden Noten, oder die Dauer der Befugniß zur Notenausgabe zum Gegenstande hat.[164] Landesgesetzliche Vorschriften und Konzessionsbedingungen, durch welche eine Bank bezüglich des Betriebs des Diskonto-, des Lombard-, des Effekten- und des Depositengeschäfts Beschränkungen unterworfen ist, welche das gegenwärtige Gesetz nicht enthält, stehen einer solchen Aenderung nicht entgegen.

[163] Dies war der Fall bei den in den älteren preußischen Provinzen bestehenden Notenbanken. Vgl. auch G. v. 27. März 1870 § 4 (BGBl. S. 51).

[164] Eine solche Genehmigung ist z. B. verschiedenen der jetzt aufgehobenen preußischen Privatnotenbanken ertheilt worden. Die Bestimmung gilt für alle Privatnotenbanken ohne Ausnahme. Wegen der Geltung des § 47 für das Papiergeld des § 54 s. daselbst.

Die Genehmigung wird, nach Erfüllung der sonstigen gesetzlichen Erfordernisse, durch die betheiligte Landesregierung beantragt und muß versagt werden, wenn die Bank nicht von den Bestimmungen des § 44 Gebrauch macht.

Die bayerische Regierung ist berechtigt, bis zum Höchstbetrage von 70 Millionen Mark die Befugniß zur Ausgabe von Banknoten für die in Bayern bestehende Notenbank zu erweitern, oder diese Befugniß einer anderen Bank zu ertheilen, sofern die Bank sich den Bestimmungen des § 44 unterwirft.[165]

§ 48. Der Reichskanzler ist jederzeit befugt, sich nöthigenfalls durch kommissarische Einsichtnahme von den Büchern, Geschäftslokalen und Kassenbeständen der Noten ausgebenden Banken die Ueberzeugung zu verschaffen, daß dieselben die durch Gesetz oder Statut festgestellten Bedingungen und Beschränkungen der Notenausgabe innehalten, oder die Voraussetzungen der zu ihren Gunsten etwa ausgesprochenen Nichtanwendbarkeit der §§ 42 und 43 oder des § 43

[165] Zufolge Vertrages mit der Bayerischen Hypotheken- und Wechselbank vom 20. März 1875 hat diese ihr Notenemissionsrecht der neu gegründeten Bayerischen Notenbank überlassen, welche sich den Bestimmungen in § 44 Nr. 1—7 unterworfen hat (vgl. Bek. v. 29. Dez. 1875 Nr. 7, unten XVI 1 S. 288). Die entsprechende Gesetzesänderung enthält das bayerische Gesetz v. 15. April 1875 (Gesetz- und Verordnungsbl. Nr. 23).

dieses Gesetzes[166] erfüllen und daß die von ihnen veröffentlichten Wochen- und Jahresübersichten (§ 8), sowie die behufs der Steuerberechnung abgegebenen Nachweise (§ 10) der wirklichen Sachlage entsprechen.[167]

Das Aufsichtsrecht der Landesregierungen wird durch diese Bestimmung nicht berührt.

§ 49. Die Befugniß zur Ausgabe von Banknoten geht verloren:

1. durch Ablauf der Zeitdauer, für welche sie ertheilt ist,[168]
2. durch Verzicht,[169]
3. im Falle des Konkurses durch Eröffnung des Verfahrens gegen die Bank,
4. durch Entziehung kraft richterlichen Urtheils,[170]
5. durch Verfügung der Landesregierung nach Maßgabe der Statuten oder Privilegien.

§ 50. Die Entziehung der Befugniß zur Notenausgabe wird auf Klage des Reichskanzlers oder der Regierung des Bundesstaates, in welchem die Bank ihren Sitz hat, durch gerichtliches Urtheil ausgesprochen:

[166] Vgl. § 45. Der § 48 gilt aber für alle Notenbanken, auch für die Braunschweigische Bank.

[167] Hiervon ist einmal im J. 1901 gegenüber der (später aufgelösten) Bank für Süddeutschland Gebrauch gemacht.

[168] Vgl. § 44 Nr. 7, §§ 46, 47 Abs. 1.

[169] Vgl. §§ 9 Abs. 2, 19 Abs. 2, 32 ff.

[170] Vgl. §§ 50—53.

1. wenn die Vorschriften der Statuten, des Privilegiums oder des gegenwärtigen Gesetzes[171] über die Deckung für die umlaufenden Noten verletzt worden sind oder der Notenumlauf die durch Statut, Privilegium oder Gesetz[172] bestimmte Grenze überschritten hat;
2. wenn die Bank vor Erlaß der in § 45 erwähnten Bekanntmachung des Reichskanzlers außerhalb des durch § 42 ihr angewiesenen Gebiets die in § 42 ihr untersagten Geschäfte betreibt, oder außerhalb des durch § 43 ihr angewiesenen Gebiets ihre Noten vertreibt oder vertreiben läßt;[173]
3. wenn die Bank die Einlösung präsentirter Noten nicht bewirkt
   a) an ihrem Sitze am Tage der Präsentation,
   b) an ihrer Einlösungsstelle (§ 44 Nr. 4) bis zum Ablaufe des auf den Tag der Präsentation folgenden Tages,
   c) an sonstigen durch die Statuten bestimmten Einlösungsstellen bis zum Ablaufe des dritten Tages nach dem Tage der Präsentation;[174]

[171] Vgl. § 44 Nr. 3, § 47. Auch der Fall des § 44 Abs. 4 gehört hierher (s. StenB. des Reichstags v. 1874/75 S. 1390).

[172] Vgl. §§ 44 Abs. 4, 47 Abs. 3, 48.

[173] Von der Reichstagskomm. zur Verhütung von Umgehungen hinzugefügt.

[174] Es besteht danach eine Abstufung vom Sitze (§ 4)

4. sobald das Grundkapital sich durch Verluste um ein Drittheil vermindert hat.

Die Klage ist im ordentlichen Verfahren zu verhandeln. Der Rechtsstreit gilt im Sinne der Reichs- und Landesgesetze als Handelssache.[175]

In dem Urtheile ist zugleich die Verpflichtung zur Einziehung der Noten auszusprechen.[176]

§ 51. Das Urtheil ist erst nach Eintritt der Rechtskraft vollstreckbar. Die Vollstreckung wird auf Antrag durch das Prozeßgericht verfügt. Das Gericht bestimmt zu diesem Zwecke die Frist, innerhalb welcher von der Bankverwaltung die Bekanntmachung über die Einziehung der Noten zu erlassen ist.

Sofern nicht der Konkurs über die Bank ausgebrochen ist, setzt das Gericht einen Kurator ein, welcher die Einziehung der Noten zu überwachen und, wenn die Bank den für diesen Fall vorge-

ab zur bankgesetzlichen, im einzelnen Fall obligatorisch gewählten, und weiter zur statutarischen Einlösungsstelle.

[175] Einen fünften Fall s. in Art. 7 § 3 Abs. 1 des Gesetzes vom 7. Juni 1899 (oben S. 199). Die Vorschrift des Abs. 2 ist in § 101 des Gerichtsverfassungsgesetzes v. 27. Januar 1877 (RGBl. S. 41) nicht berücksichtigt. Die vorliegenden Sachen gehören also vor die Zivilkammern der Landgerichte. Dagegen behält die Bestimmung ihre Bedeutung insofern, als die Zuständigkeit des Reichsgerichts durch die Landesgesetzgebung nicht beseitigt werden darf (EG. z. GVG. § 8 Abs. 2).

[176] Vgl. § 6 Abs. 4, 5 Anm. 10, 11.

sehenen Verpflichtungen nicht nachkommt, die Liquidation der Bank beim Gerichte zu beantragen verpflichtet ist.

Eingehende Noten sind von der Bank an eine vom Reichskanzler zu bezeichnende, am Sitze der Bank gelegene Kasse abzuliefern.

§ 52. Sechs Monate, nachdem das Urtheil (§ 50) die Rechtskraft erlangt hat, zahlt die Bank an die vom Reichskanzler bezeichnete Kasse einen Betrag in baarem Gelde ein, welcher dem bis dahin nicht abgelieferten Betrage ihrer Noten gleichkommt. Dieser Baarbetrag wird ihr nach Maßgabe der weiter von ihr abgelieferten Noten und der verbleibende Rest nach Ablauf der letzten vom Bundesrathe für die Einlösung festgesetzten Frist zurückgezahlt.

§ 53. Die an die Kasse abgelieferten Noten (§ 51 und § 52) werden in Gegenwart des Kurators der Kasse und des für die Einziehung der Noten bestellten Kurators vernichtet. Ueber die Vernichtung wird ein gerichtliches oder notarielles Protokoll aufgenommen. Die Verwaltung der Bank ist befugt, an der Vernichtung durch zwei Abgeordnete Theil zu nehmen. Der für die Vernichtung bestimmte Termin ist ihr jedesmal spätestens acht Tage vorher von der der Kasse vorgesetzten Behörde anzuzeigen. Die Vernichtung kann in einem oder in mehreren Terminen erfolgen.

§ 54. Für diejenigen Korporationen, welche,

ohne Zettelbanken zu sein, sich beim Erlaß dieses Gesetzes im Besitz der Befugniß zur Ausgabe von Noten, Kassenscheinen oder sonstigen auf den Inhaber ausgestellten unverzinslichen Schuldverschreibungen befinden, und für das von ihnen ausgegebene Papiergeld gelten insolange, als sie von der Befugniß, Papiergeld in Umlauf zu erhalten, Gebrauch machen, die Bestimmungen der §§ 2 bis einschließlich 6, dann des § 43 und des § 47 Absatz 1 dieses Gesetzes, soweit sich derselbe auf die Befugniß zur Ausgabe von Papiergeld, auf deren Dauer, oder auf die Deckung des Papiergeldes bezieht.[177]

Titel IV.
Strafbestimmungen.

§ 55. Wer unbefugt Banknoten oder sonstige auf den Inhaber lautende unverzinsliche Schuldverschreibungen ausgiebt,[178] wird mit einer Geld-

[177] Die Vorschrift betrifft das sog. Korporations- oder Kommunalpapiergeld. Vgl. auch MünzG. Art. 18 Absatz 2 (oben A II S. 96). Dergleichen Befugnis hatten einzelne Stadtgemeinden, ständische Verbände usw. erhalten, z. B. die Landständische Bank in Bautzen, welche keine Wechsel diskontiert und deshalb nicht zu den Notenbanken gerechnet ist. Die Befugnis dieser Bank ist neuerdings erloschen (s. oben Anm. 11). Das Papiergeld der Stadt Hannover ist im Jahr 1893 eingezogen worden. — Vgl. §§ 56, 57, 59 Abs. 2. — Wegen ausländischer Scheine dieser Art vgl. §§ 11, 57.

[178] Vgl. §§ 1, 16, 42, 43, 44 Abs. 4, 46, 47, 48, 49, 54.

strafe bestraft, welche dem Zehnfachen des Betrages der von ihm ausgegebenen Werthzeichen gleichkommt, mindestens aber fünftausend Mark beträgt.

§ 56. Mit Geldstrafe bis zu einhundertfünfzig Mark wird bestraft, wer der Verbotsbestimmung des § 43 zuwider, Noten inländischer Banken, oder Noten oder sonstige Geldzeichen inländischer Korporationen[179] außerhalb desjenigen Landesgebiets, für welches dieselben zugelassen sind, zur Leistung von Zahlungen verwendet.

§ 57. Mit Geldstrafe von fünfzig Mark bis zu fünftausend Mark wird bestraft, wer der Verbotsbestimmung in § 11 zuwider, ausländische Banknoten oder sonstige auf den Inhaber lautende unverzinsliche Schuldverschreibungen ausländischer Korporationen, Gesellschaften oder Privaten, welche ausschließlich oder neben anderen Werthbestimmungen in Reichswährung oder einer deutschen Landeswährung ausgestellt sind, zur Leistung von Zahlungen verwendet.

Geschieht die Verwendung gewerbsmäßig, so tritt neben der Geldstrafe Gefängnis bis zu einem Jahre ein. Der Versuch ist strafbar.

§ 58. Mit Geldstrafe bis zu fünftausend Mark wird bestraft, wer den Bestimmungen im § 42 zuwider, für Rechnung von Banken als Vorsteher von Zweiganstalten oder als Agent Bankgeschäfte

179 Vgl. § 54.

betreibt oder mit Banken als Gesellschafter in Verbindung tritt.

Die gleiche Strafe trifft die Mitglieder des Vorstandes einer Bank, welche den Bestimmungen des § 7 entgegenhandeln, oder welche dem Verbote des § 42 zuwider

a) Zweiganstalten oder Agenturen bestellen,
   oder

b) die von ihnen vertretene Bank als Gesellschafter an Bankhäusern betheiligen.

§ 59.[180] Die Mitglieder des Vorstandes einer Bank werden:

1. wenn sie in den durch die Bestimmungen des § 8 vorgeschriebenen Veröffentlichungen wissentlich den Stand der Verhältnisse der Bank unwahr darstellen oder verschleiern, mit Gefängniß bis zu drei Monaten bestraft;
2. wenn sie durch unrichtige Aufstellung der im § 10 vorgeschriebenen Nachweisungen den steuerpflichtigen Notenumlauf zu gering angeben, mit einer Geldstrafe bestraft, welche dem Zehnfachen der hinterzogenen Steuer gleichsteht, mindestens aber fünfhundert Mark beträgt;
3. wenn die Bank mehr Noten ausgiebt, als sie auszugeben befugt ist,[181] mit einer Geldstrafe

[180] Die Strafkammern der Landgerichte sind nach § 74 Nr. 5 des Gerichtsverfassungsgesetzes für diese Zuwiderhandlungen ausschließlich zuständig.

bestraft, welche dem Zehnfachen des zu viel ausgegebenen Betrages gleichkommt, mindestens aber fünftausend Mark beträgt.

Die Strafe zu 3 trifft auch die Mitglieder des Vorstandes solcher Korporationen, welche zur Ausgabe von auf den Inhaber lautenden unverzinslichen Schuldverschreibungen befugt sind, wenn sie mehr solche Geldzeichen ausgeben, als die Korporation auszugeben befugt ist.[182]

Titel V.

Schlußbestimmungen.

§ 60. Die §§ 6, 42 und 43, sowie die auf die letzteren bezüglichen Strafbestimmungen in den §§ 56 und 58 gegenwärtigen Gesetzes treten am 1. Januar 1876 in Kraft.[183]

§ 61. Der Reichskanzler wird ermächtigt, mit der Königlich preußischen Regierung wegen Abtretung der Preußischen Bank an das Reich auf folgenden Grundlagen einen Vertrag abzuschließen:[184]

1. Preußen tritt nach Zurückziehung seines Einschußkapitals von 1,906,800 Thalern, sowie der ihm zustehenden Hälfte des Reservefonds die

[181] Vgl. Anm. 178.

[182] Vgl. § 54.

[183] Vgl. Anm. 1.

[184] Vgl. den Vertrag über die Abtretung der Preußischen Bank an das Deutsche Reich v. 17./18. Mai 1875 (unten III S. 252).

Preußische Bank mit allen ihren Rechten und Verpflichtungen mit dem 1. Januar 1876 unter den nachstehend Ziffer 2 bis 6 bezeichneten Bedingungen an das Reich ab. Das Reich wird diese Bank an die nach Maßgabe der Bestimmungen dieses Gesetzes zu errichtende Reichsbank übertragen.

2. Preußen empfängt für Abtretung der Bank eine Entschädigung von fünfzehn Millionen Mark, welche aus den Mitteln der Reichsbank zu decken ist.

3. Den bisherigen Antheilseignern der Preußischen Bank wird die Befugniß vorbehalten, gegen Verzicht auf alle ihnen durch ihre Bankantheilsscheine verbrieften Rechte zu Gunsten der Reichsbank den Umtausch dieser Urkunden gegen Antheilsscheine der Reichsbank von gleichem Nominalbetrage zu verlangen.

4. Die Reichsbank hat denjenigen Antheilseignern, welche nach den Bestimmungen der §§ 16 und 19 der Bankordnung vom 5. Oktober 1846 (Preuß. Gesetz-Samml. S. 435) die Herauszahlung des eingeschossenen Kapitals und ihres Antheils an dem Reservefonds der Preußischen Bank verlangen, diese Zahlung zu leisten.

5. Die Reichsbank wird zur Erfüllung der von der Preußischen Bank durch Vertrag vom 28./31. Januar 1856 hinsichtlich der Staatsanleihe von sechszehn Millionen fünfhundertachtundneunzig-

tausend Thalern übernommenen Verbindlichkeiten an Preußen für die Jahre 1876 bis einschließlich 1925 jährlich 621,910 Thaler in halbjährlichen Raten zahlen. Wird die Konzession der Reichsbank nicht verlängert, so wird das Reich dafür sorgen, daß, so lange keine andere Bank in diese Verpflichtung eintritt, die Rente bis zu dem ebengedachten Zeitpunkte der preußischen Staatskasse unverkürzt zufließe.

6. Eine Auseinandersetzung zwischen Preußen und der Reichsbank wegen der Grundstücke der Preußischen Bank bleibt vorbehalten.

§ 62. Der Reichskanzler wird ermächtigt:

1. diejenigen Antheilsscheine der Reichsbank zu begeben, welche nicht nach § 61 Nr. 3 gegen Antheilsscheine der Preußischen Bank umzutauschen sind,[185]

[185] Sämtliche nicht umgetauschte Anteilsscheine (im Gesamtnennwert von 60243000 Mark) sind begeben, und zwar:

20000 Stück im Wege öffentlicher Subskription (vgl. Bek. des Reichskanzlers v. 24. Mai 1875, RAnz. Nr. 120, erste Beilage v. 26. Mai 1875).

81 Stück (bei denen von der Umtauschbefugnis kein Gebrauch gemacht worden war) durch Verkauf an der Börse.

Von der in § 62 Nr. 2 erteilten Befugnis war mithin kein Gebrauch zu machen; die §§ 63–65 sind gegenstandslos geblieben.

Über die gemäß Art. 1 des G. v. 7. Juni 1899 begebenen 60000 Anteile (Art. 8 das.) s. Anm. 76, S. 164 ff.

2. auf Höhe der nicht begebenen Antheilsscheine zur Beschaffung des nach § 23 erforderlichen Grundkapitals der Reichsbank verzinsliche, spätestens am 1. Mai 1876 fällig werdende Schatzanweisungen auszugeben.

§ 63. Die Ausfertigung der Schatzanweisungen (§ 62 Nr. 2) wird der Preußischen Hauptverwaltung der Staatsschulden übertragen. Den Zinssatz bestimmt der Reichskanzler. Bis zum 1. Mai 1876 kann, nach Anordnung des Reichskanzlers, der Betrag der Schatzanweisungen wiederholt, jedoch nur zur Deckung der in Verkehr gesetzten Schatzanweisungen ausgegeben werden.

§ 64. Die zur Verzinsung und Einlösung der Schatzanweisungen erforderlichen Beträge müssen der Reichsschulden-Verwaltung aus den bereitesten Einkünften des Reichs zur Verfallzeit zur Verfügung gestellt werden.

§ 65. Die Ausgabe der Schatzanweisungen ist durch die Reichskasse zu bewirken.

Die Zinsen der Schatzanweisungen verjähren binnen vier Jahren, die verschriebenen Kapitalbeträge binnen 30 Jahren nach Eintritt des in jeder Schatzanweisung auszudrückenden Fälligkeitstermins.

§ 66. Die Bestimmungen des Handelsgesetzbuchs über die Eintragung in das Handelsregister

Anlage zum § 9.

Laufende Nr.	Bezeichnung der Bank.	Ungedeckter Notenumlauf Mark.
1.	Reichsbank	250 000 000[1]
2.	Ritterschaftliche Privatbank in Pommern (Stettin)	1 222 000
3.	Städtische Bank in Breslau	1 283 000
4.	Bank des Berliner Kassenvereins	963 000
5.	Kölnische Bank	1 251 000
6.	Magdeburger Privatbank	1 173 000
7.	Danziger Privat-Aktienbank	1 272 000
8.	Provinzial-Aktienbank des Großherzogthums Posen	1 206 000
9.	Kommunalständische Bank für die preußische Oberlausitz (Görlitz)	1 307 000
10.	Hannoversche Bank	6 000 000
11.	Landgräflich hessische konzessionirte Landesbank	159 000
12.	Frankfurter Bank	10 000 000
13.	Bayerische Banken	32 000 000
14.	Sächsische Bank zu Dresden	16 771 000
15.	Leipziger Bank	5 348 000
16.	Leipziger Kassenverein	1 440 000
17.	Chemnitzer Stadtbank	441 000
18.	Württembergische Notenbank	10 000 000
19.	Badische Bank	10 000 000
20.	Bank für Süddeutschland	10 000 000
21.	Rostocker Bank	1 155 000
22.	Weimarische Bank	1 971 000
23.	Oldenburgische Landesbank	1 881 000
24.	Braunschweigische Bank	2 829 000
25.	Mitteldeutsche Kreditbank in Meiningen	3 187 000
26.	Privatbank zu Gotha	1 844 000
27.	Anhalt-Dessauische Landesbank	935 000
28.	Thüringische Bank (Sondershausen)	1 658 000
29.	Geraer Bank	1 651 000
30.	Niedersächsische Bank (Bückeburg)	594 000
31.	Lübecker Privatbank	500 000
32.	Kommerzbank in Lübeck	959 000
33.	Bremer Bank	4 500 000
	Zusammen	385 000 000

[1] Die Anteile zu 2 bis 12, 15 bis 17, 20 bis 23, 25 bis 33 sind der Reichsbank zugewachsen (s. § 9 Anm. 26).

und die rechtlichen Folgen derselben finden auf die Reichsbank keine Anwendung.[186]

Urkundlich unter Unserer Höchsteigenhändigen Unterschrift und beigedrucktem Kaiserlichen Insiegel.

Gegeben Berlin, den 14. März 1875.

(L. S.) **Wilhelm.**

Fürst v. Bismarck.

[186] Die Bestimmung ist erst vom Reichstag bei der zweiten Lesung zur Beseitigung möglicher Zweifel hinzugefügt (StenB. d. Reichstags v. 1874/75 S. 1895 ff.). Vgl. § 12 Anm. 34.

II.

Statut der Reichsbank. Vom 21. Mai 1875.

(RGBl. S. 203. Ausgegeben den 24. Mai 1875.)[1]

Wir Wilhelm, von Gottes Gnaden Deutscher Kaiser, König von Preußen ꝛc. erlassen auf Grund des § 40 des Bankgesetzes vom 14. März 1875

[1] Das „Statut" der Reichsbank hat nur geringe Ähnlichkeit mit dem Statut einer Aktiengesellschaft. Es enthält in Ergänzung des von der Reichsbank handelnden Titel II des BankG. v. 14. März 1875 Bestimmungen, welche ebensowohl in diesem selbst hätten enthalten sein können. Indessen ist diese Trennung beliebt, um das Gesetz nicht mit Detailbestimmungen zu überladen, welche teils mehr reglementarischen Inhalts sind (vgl. z. B. §§ 10, 11, 13), teils nur die Verhältnisse

(Reichs-Gesetzbl. S. 177) im Einvernehmen mit dem Bundesrath im Namen des Deutschen Reichs nachstehendes

Statut der Reichsbank.

§ 1. Die Reichsbank tritt am 1. Januar 1876 in Wirksamkeit.

der Bankanteilseigner betreffen, und um zugleich eine Ergänzung in bequemerer Form zu ermöglichen. In betreff der letzteren vgl. z. B. BankG. § 40 und Anm. 122, S. 187. Wegen Abänderung des Statuts vgl. § 21 desselben. Eine solche Abänderung ist infolge des Gesetzes (betr. d. Abänderung des BankG. v. 14. März 1875) vom 7. Juni 1899 (s. oben I Anm. 76, S. 165) erfolgt durch die im Einvernehmen mit dem Bundesrat erlassene Kaiserliche Verordnung vom 3. September 1900 (RGBl. S. 798), welche eine Reihe von §§ des Statuts umgestaltet hat. Die Generalversammlung der Anteilseigner vom 19. März 1900 hatte den ihr vorgelegten Entwurf gebilligt.

Die Verordnung lautet im Eingang:

Wir **Wilhelm**, von Gottes Gnaden Deutscher Kaiser, König von Preußen rc., verordnen auf Grund des § 40 des Bankgesetzes vom 14. März 1875 (Reichs-Gesetzbl. S. 177) im Einvernehmen mit dem Bundesrat, im Namen des Reichs, was folgt:

Die §§ 2, 3, 8, 15, 16 und 17 des Statuts der Reichsbank vom 21. Mai 1875 (Reichs-Gesetzbl. S. 203) erhalten vom 1. Januar 1901 ab nachstehende Fassung:

Hierauf folgen die vorgenannten neuen Paragraphen und der Schluß.

Urkundlich unter Unserer Höchsteigen-

Mit demselben Tage gehen alle Rechte und Verpflichtungen der Preußischen Bank, welche mit Ablauf des 31. Dezember 1875 ihre Wirksamkeit einstellt, nach Maßgabe des zwischen dem Reiche und Preußen unterm 17./18. Mai d. J. abgeschlossenen Vertrages,[2] auf die Reichsbank über.[3]

§ 2. Das Grundkapital der Reichsbank von

händigen Unterschrift und beigedrucktem Kaiserlichen Insiegel.

Gegeben Neues Palais, den 3. September 1900.

(L. S.) **Wilhelm.**

Graf von Posadowsky.

[2] Insbesondere § 1 Abs. 2—4 das. (unten III S. 252 ff.).

[3] Hierzu ist erlassen die Bekanntmachung des Reichskanzlers v. 16. Dezember 1875 (RGBl. S. 787):

„Nach § 1 des Statuts der Reichsbank v. 21. Mai d. Js. (RGBl. S. 203) tritt die Reichsbank am 1. Januar 1876 in Wirksamkeit, und gehen mit demselben Tage alle Rechte und Verpflichtungen der Preußischen Bank, welche mit Ablauf des 31. Dezember 1875 ihre Wirksamkeit einstellt, nach Maßgabe des zwischen dem Reiche und Preußen unter dem 17./18. Mai d. Js. abgeschlossenen Vertrages (RGBl. S. 215), auf die Reichsbank über.

Es sind daher vom 1. Januar 1876 an insbesondere auch die seither von der Preußischen Bank unter der Unterschrift des Königlich preußischen Hauptbankdirektoriums, — und zwar sowohl die in Talerwährung als die in Reichswährung, — ausgestellten

180 Millionen Mark[4] ist nach Maßgabe des Bankgesetzes vom 14. März 1875 in Höhe von 120 Millionen Mark durch das Einschuß-kapital derjenigen Antheilseigner der Preußischen Bank, welche innerhalb der vom Reichskanzler bestimmten Frist den Umtausch ihrer Antheilsscheine gegen Antheilsscheine der Reichsbank verlangt haben,[5] und durch die auf die neuen Bankantheilsscheine über 3000 Mark bis zu deren Nennbetrage geleisteten baaren Einzahlungen gebildet worden.[6]

Banknoten in allen rechtlichen Beziehungen als Noten der Reichsbank zu betrachten.

Berlin, den 16. Dezember 1875.

Der Reichskanzler.
v. Bismarck."

[4] Vgl. BankG. § 23.

[5] Vgl. BankG. § 61 Nr. 8 und die Bek. des Reichskanzlers v. 24. Mai 1875 (RAnz. Nr. 120, erste Beilage).

[6] Die Änderungen in Abs. 1: „180" statt „120", der Zusatz: „ist nach Maßgabe des BankG. v. 14. März 1875 in Höhe von 120 Millionen Mark" hinter „Millionen Mark", sowie die Einschaltung der Worte „über 3000 Mark" hinter „neuen Bankanteilsscheine" sind durch die Erhöhung des Grundkapitals und die Schaffung von Anteilsscheinen zu 1000 Mark in dem G. v. 7. Juni 1899 (oben I, Anm. 76 S. 164 ff.) erforderlich geworden. (Statt „Nennbetrage" hieß es früher „Nominalbetrage"; das Wort „worden" am Schlusse fehlte bisher.)

Wegen der Begebung der Bankanteilsscheine, welche sämtlich vollbezahlt sind, vgl. Anm. 76, 185 zum BankG., oben I S. 164, 213.

In Höhe der nach Artikel 1 des Gesetzes vom 7. Juni 1899 (Reichs-Gesetzbl. S. 311) hinzutretenden 60 Millionen Mark wird dasselbe durch die baaren Einzahlungen gebildet, welche auf die bis zum 31. Dezember 1900 und die bis zum 31. Dezember 1905 zu begebenden je 30000 Bankantheilsscheine über 1000 Mark bis zu deren Nennbetrage zu leisten sind.[7]

Bevor eine weitere Erhöhung des Grundkapitals durch Reichsgesetz festgestellt wird, hat, nachdem der Zentralausschuß gehört worden, die Generalversammlung über das Bedürfniß und das Maß der Erhöhung sowie über die folgeweise etwa erforderliche anderweite Regelung des Theilnahmeverhältnisses am Gewinne der Reichsbank (Bankgesetz § 24) Beschluß zu fassen.[8]

§ 3. Die Reichsbankantheile sind untheilbar und vorbehaltlich der Bestimmungen im § 41 des Bankgesetzes unkündbar. Sie werden mit Angabe der Eigenthümer nach Namen, Stand und Wohnort in die Stammbücher der Reichsbank eingetragen.[9]

[7] Absatz 2 ist durch die V. v. 3. Sept. 1900 (s. oben Anm. 1, S. 217) aus gleichem Grunde neu eingeschaltet.

Wegen der Begebung der neuen Anteilsscheine über 1000 Mark s. oben C I Anm. 76, S. 164 ff.

[8] Vgl. BankG. §§ 30—32 Anm. 89, S. 174, Anm. 95, S. 177.

[9] Vgl. HGB. von 1897 § 222.

Ueber jeden Antheil wird ein Antheilsschein nach den beiliegenden Formularen ausgefertigt. Mit dem Antheilsschein erhält der Eigenthümer zugleich die Dividendenscheine für die nächsten fünf Jahre und einen Talon zur Abhebung neuer Dividendenscheine nach Ablauf des fünfjährigen Zeitraums.[10] Die Dividendenscheine und Talons lauten auf den Inhaber und sind nach den beiliegenden Formularen auszufertigen.[11]

[10] Vgl. BankG. § 24 Abs. 4. Die Änderung „nach den beiliegenden Formularen" statt „dem beiliegenden Formulare" und der Zusatz am Schlusse „und sind — auszufertigen" beruht auf dem G. v. 7. Juni 1899, wonach Formulare auch für die Anteilsscheine zu 1000 Mark gebraucht werden, und dem Bedürfnis eines ausdrücklichen Hinweises auf die (schon dem älteren Statut beigefügten) Formulare zu Dividendenscheinen und Talons.

Die neuen Anteilsscheine unterliegen nach dem Tarif 1a zum Reichsstempelg. v. 14. Juni 1900 (RGBl. S. 275) einer Stempelabgabe von 2 M. für das Hundert des Nennwerts zuzüglich des Aufgeldes; ebenso Interimsscheine vom Betrage der bescheinigten Einzahlung (unter späterer Anrechnung des versteuerten Betrags). Die ausdrückliche Hervorhebung der Reichsbankanteilsscheine beruht auf einem Beschlusse der Reichstagskommission (KommB. Nr. 870 der Drucksachen S. 16, 17).

Für Übertragungsvermerke auf den reichsstempelsteuerpflichtigen Papieren und in den Stammbüchern sind weitere (Reichs- u. Staats-) Abgaben nicht zu entrichten (Reichsstempelg. § 4). Für die vor dem 1. Juli 1900 ausgegebenen Anteilsscheine bewendet es jedoch bei dem bisherigen Recht (§ 5 das.).

[11] Vgl. unten § 9.

§ 4. Wenn das Eigenthum eines Bankantheils auf einen Anderen übergeht, so ist dies unter Vorlegung des Antheilsscheines bei der Reichsbank anzumelden und in den Stammbüchern, sowie auf dem Antheilsscheine zu bemerken.

Im Verhältnisse zu der Reichsbank wird nur derjenige als Antheilseigner angesehen, welcher als solcher in den Stammbüchern eingetragen ist.[12]

Zur Prüfung der Legitimation ist die Reichsbank berechtigt, aber nicht verpflichtet.[13]

§ 5. Die Uebertragung der Bankantheile kann durch Indossament erfolgen.

In Betreff der Form des Indossaments kommen die Bestimmungen der Artikel 11 bis 13 der Wechselordnung zur Anwendung.[14]

§ 6. Wenn ein Bankantheil verpfändet ist,[15] so ist dies unter Vorlegung des Antheilsscheines und der schriftlichen Erklärung des Antheilseigners bei der Reichsbank anzumelden; auf Grund dieser Anmeldung ist die Verpfändung in den Stammbüchern und auf dem Antheilsscheine zu bemerken.

Im Verhältnisse zur Reichsbank wird nur derjenige als Pfandgläubiger angesehen, welcher als solcher in den Stammbüchern eingetragen ist.

Zur Prüfung der Echtheit und der Rechtsgültig-

[12] S. unten § 6 Abs. 2, § 16 Abs. 2, 3, 4.
[13] Vgl. HGB. von 1897 § 228.
[14] Vgl. HGB. § 222.

keit der Erklärung ist die Reichsbank berechtigt, aber nicht verpflichtet.

Der Eigenthümer kann ohne Zustimmung des Pfandgläubigers keine neuen Dividendenscheine und im Falle des § 41 des Bankgesetzes keine Zahlung auf den Bankantheil erhalten, wird aber im Uebrigen in seinen ihm nach dem Bankgesetze und diesem Statute zustehenden Rechten nicht beschränkt.

Die Löschung des Pfandrechts erfolgt auf Vorlegung des Antheilsscheines und beglaubigter Einwilligung des Pfandgläubigers.

§ 7. Die für die Vermerkung von Uebertragungen oder von Verpfändungen der Bankantheile zu entrichtende Gebühr bestimmt das Reichsbank-Direktorium nach Anhörung des Zentralausschusses.[16]

§ 8. Verlorene oder vernichtete Antheilsscheine können im Wege des Auf-

[15] Einigung des Gläubigers und des Pfandgläubigers und die Übergabe des indossierten Papiers sind dazu erforderlich (BGB. § 1292).

[16] Die Gebühr ist durch Verfügung v. 4. Jan. 1876 dahin bestimmt, daß für jeden Anteilsschein 3 M., bei gleichzeitiger Übertragung oder Vermerkung der Verpfändung von Bankanteilen desselben Eigners auf denselben Erwerber 1 Mark für den zweiten und jeden ferneren Anteil erhoben werden. Vgl. wegen der Stempelabgaben Reichsstempelg. v. 14. Juni 1900 (RGBl. S. 275) §§ 4—6, Tarifnummer 4a, 4 u. oben Anm. 10, S. 221.

gebotsverfahrens für kraftlos erklärt werden. Hierbei finden die Vorschriften des § 799 Abs. 2 und § 800 des Bürgerlichen Gesetzbuchs sowie die Vorschriften der Civilprozeßordnung über das Aufgebotsverfahren zum Zwecke der Kraftloserklärung einer Urkunde mit folgenden Maßgaben Anwendung.

Ausschließlich zuständig für das Aufgebotsverfahren ist dasjenige Amtsgericht, in dessen Bezirke das Reichsbank-Direktorium seinen Sitz hat.

Die öffentliche Bekanntmachung des Aufgebots und des Ausschlußurtheils muß unbeschadet der Vorschriften der §§ 1009 und 1017 der Civilprozeßordnung auch durch einmalige Einrückung in diejenigen Zeitungen erfolgen, welche vom Reichskanzler für die öffentliche Bekanntmachung des Aufgebots und des Ausschlußurtheils bei Kraftloserklärung von Reichsschuldverschreibungen bestimmt sind.

Das Reichsbank-Direktorium hat jährlich amtliche Listen der im abgelaufenen Jahre für kraftlos erklärten Bankantheilsscheine durch die vorstehend bezeichneten Blätter sowie durch Aushang auf den Börsen zu Berlin, Hamburg, Leipzig,

Frankfurt a. M. und München zu veröffentlichen.

Ein vor dem 1. Januar 1901 anhängiges gerichtliches Aufgebotsverfahren zum Zwecke der Kraftloserklärung eines Antheilsscheins ist nach den bisherigen Vorschriften zu erledigen.[17]

§ 9. Wegen der abhanden gekommenen oder vernichteten Dividendenscheine und Talons ist ein Mortifikationsverfahren nicht zuläſſig, und ebensowenig ist die Reichsbank verpflichtet, bei Nachweis des Verlustes neue Dividendenscheine und Talons auszugeben oder den entsprechenden Geldbetrag zu zahlen. Ist jedoch der Verlust eines Dividenden-

[17] Die bisherigen Vorschriften des § 8 beruhten in einer Anpassung an diejenigen des (jetzt aufgehobenen) G. v. 12. Mai 1878 (RGBl. S. 91). Nachdem die Reichsschuldenordnung v. 19. März 1900 (RGBl. S. 129, unten XIII, S. 422 ff.) die einschlagenden Vorschriften bezüglich der Reichsschuldverschreibungen durch eine dem BGB. und der ZPO. entsprechende Neuregelung ersetzt hat, ist dies nun auch für die Reichsbankantheilsscheine durch die im Text wiedergegebenen Bestimmungen der V. v. 3. September 1900 (RGBl. S. 798, oben Anm. 1) geschehen, welche den Best. in § 17 Abs. 1, §§ 18, 19, 21 Abs. 1 u. § 22 der Reichsschuldenordnung nachgebildet sind.

„Vorschriften der Zivilprozeßordnung — Urkunde" — nämlich §§ 946 ff., 1008 ff.

„das Reichsbank-Direktorium seinen Sitz hat" — gegenwärtig das Amtsgericht I in Berlin.

scheines dem Reichsbank-Direktorium innerhalb der Verjährungsfrist (§ 24 des Bankgesetzes) angezeigt, so ist dasselbe befugt,[18] den Betrag nach Ablauf jener Frist dem Anzeigenden zahlen zu lassen, wenn der Dividendenschein nicht inzwischen präsentirt und eingelöst ist. Ist von dem Verluste eines Talons Anzeige gemacht, so vertritt die Vorlegung des Antheilsscheines die Einlieferung des Talons.[19]

§ 10. Der Ankauf von Effekten für fremde Rechnung[20] darf erst erfolgen, nachdem die dazu erforderlichen Gelder bei der Bank wirklich eingegangen oder lombardmäßig (§ 13 Ziff. 3 des Bankgesetzes) sichergestellt sind. Ebenso muß bei Verkaufsaufträgen der Eingang der Effekten abgewartet werden.

Soll der Ankauf oder Verkauf von Effekten für Rechnung einer öffentlichen Behörde[21] erfolgen, so kann die Erklärung, daß die Gelder oder Effekten zur Verfügung der Bank stehen, für genügend erachtet werden.

§ 11. Der Reichsbank liegt ob, das Reichsguthaben (§ 22 des Bankgesetzes) unentgeltlich zu verwalten und über die für Rechnung des Reichs ange-

[18] Aber nicht verpflichtet. (Anders BGB. § 804.)

[19] Entspricht der Praxis (Entsch. d. ROHG. 10 S. 818, 17 S. 81, 82. Vgl. BGB. § 805).

[20] Vgl. BankG. § 13 Nr. 6. — oben I S. 154.

[21] Über diesen Begriff s. Entsch. d. RG. in StrS. Bd. 8 S. 9.

nommenen und geleisteten Zahlungen Buch zu führen und Rechnung zu legen.[22]

§ 12. Der Werth der von der Preußischen Bank übernommenen Grundstücke ist in die für den 1. Januar 1876 aufzustellende Bilanz mit dem Betrage von 12 Millionen Mark, zuzüglich der in der Zeit vom 1. April bis 31. Dezember 1875 auf die Grundstücke noch zur Verwendung gelangenden Kosten aufzunehmen.[23]

§ 13. Für die Aufstellung der Jahresbilanz[24] sind folgende Vorschriften maßgebend:

1. Kurshabende Papiere dürfen höchstens zu dem Kurswerthe, welchen sie zur Zeit der Bilanzaufstellung haben, angesetzt werden.
2. Von den Kosten der Organisation und Verwaltung dürfen nur die Ausgaben für die Herstellung der Banknoten auf mehrere Jahre vertheilt werden. Alle übrigen Kosten sind ihrem vollen Betrage nach in der Jahresrechnung unter den Ausgaben aufzuführen.

[22] Vgl. BankG. Anm. 74, 75 — oben I S. 163 ff.

[23] Vgl. BankG. § 61 Nr. 6 und Vertrag v. 17./18. Mai 1875 § 8 (unten III S. 256). Die fraglichen Kosten betrugen 751012 Mark 85 Pfennig (Verwaltungsbericht der Preuß. Bank für 1875 S. 7, Anlagen D u. N; Verwaltungsbericht der Reichsbank für 1876 S. 9, Anlagen F, P).

[24] Vgl. BankG. § 8 Nr. 2, Anm. 18 u. 20 — oben I S. 140, 141.

3. Der Betrag des Grundkapitals und des Reservefonds[25] ist unter die Passiva aufzunehmen.
4. Der aus der Vergleichung sämmtlicher Aktiva und sämmtlicher Passiva sich ergebende Gewinn oder Verlust muß am Schlusse der Bilanz besonders angegeben werden.

§ 14. Die Prüfung der Jahresbilanz erfolgt auf Grund der Bücher der Reichsbank durch die Deputirten, welche über das Ergebniß dem Zentralausschusse berichten.[26]

Letzterer äußert sich gutachtlich über den Befund und über die Höhe der den Antheilseignern zu gewährenden Dividende. Das von den sämmtlichen in der betreffenden Versammlung anwesenden Mitgliedern des Zentralausschusses zu vollziehende Gutachten wird von diesem dem Reichsbank-Direktorium eingereicht.[27]

§ 15. Die Dividende wird spätestens vom 1. April des folgenden Jahres ab bei der Reichsbank-Hauptkasse und sämmtlichen Reichsbankhauptstellen und Bankstellen[28] gegen Einreichung der Dividendenscheine gezahlt.

Mit Zustimmung des Zentralausschusses können auf die Dividende halbjährige Abschlagszahlungen

[25] BankG. §§ 23, 24 Nr. 2.
[26] BankG. §§ 32a, 34.
[27] BankG. § 32a.
[28] Auch bei den Nebenstellen mit Kasseneinrichtung (s. BankG. § 37 Anm. 115 — oben 1 S. 184).

bis zu 1³/₄ Prozent am 1. Juli und 2. Januar geleistet werden.[29]

§ 16. Die Generalversammlung (§ 30 des Bankgesetzes) vertritt die Gesammtheit der Reichsbank-Antheilseigner.

Zur Theilnahme ist jeder männliche und verfügungsfähige Antheilseigner berechtigt, welcher durch eine spätestens am Tage vor der Generalversammlung im Archiv der Reichsbank abzuhebende Bescheinigung nachweist, daß und mit welchem Nennbetrage von Antheilen er in den Stammbüchern der Reichsbank als Eigner eingetragen ist.[30]

Eintragungen, welche nicht mindestens 14 Tage vor dem Tage der Generalversammlung geschehen sind, werden nicht berücksichtigt.

Oeffentliche Behörden, juristische Personen, Ge-

[29] Vgl. BankG. §§ 24, 32 u. Anm. 95, S. 177. Aktiengesellschaften ist dies untersagt (HGB. v. 10. Mai 1897 § 215). Die Änderung „1³/₄" statt „2¹/₄" entspricht schon dem G. v. 18. Dez. 1889 (s. oben I Anm. 77 S. 167), ist aber erst durch die V. v. 3. Sept. 1900 (s. oben Anm. 1, S. 216) in dem Statut bewirkt worden.

[30] Vgl. oben § 4 Abs. 2. Die Änderung „mit welchem Nennbetrage von" statt „mit wie vielen" ist in der V. v. 3. Sept. 1900 enthalten und ist eine Folge der Schaffung von Anteilen zu 1000 Mark neben den älteren von 3000 Mark (s. oben Anm. 1 S. 216, Abs. 2 und Anm. 6 S. 219).

sellschaften[31] und Verfügungsunfähige können durch ihre Vertreter, Ehefrauen durch ihre Ehemänner Theil nehmen.

Als Bevollmächtigte werden nur in den Stammbüchern der Bank eingetragene Antheilseigner zugelassen, welche sich durch eine gerichtliche oder notarielle Vollmacht[32] ihres Auftraggebers legitimiren. Ein und derselbe Bevollmächtigte darf nicht mehrere Antheilseigner vertreten.[33]

§ 17. Die Stimmenzahl, die jeder Erschienene hat, bestimmt sich nach dem Nennbetrage der durch ihn vertretenen Bankantheile mit der Maßgabe, daß der Betrag von je 1000 Mark dem Rechte auf eine Stimme entspricht. Mehr als 300 Stimmen

[31] Für Kollektivfirmen (offene Handelsgesellschaften, Kommanditgesellschaften) kann nur ein Gesellschafter bezw. Komplementar teilnehmen, und zwar ein solcher, welcher nicht von der Vertretung der Gesellschaft ausgeschlossen ist. Für Gesellschaften mit beschränkter Haftung handelt der Geschäftsführer, für Aktiengesellschaften und eingetragene Genossenschaften ein, wie jener, statutenmäßig (oder kraft Vollmacht) vertretungsberechtigtes Vorstandsmitglied oder ein anderer Bevollmächtigter. Vgl. § 22 Abs. 5.

Hinsichtlich des Begriffs „Öffentliche Behörde" s. Anm. 21 S. 226.

[32] Auch eine Prokura unterliegt den Erfordernissen des Abs. 5.

[33] Vgl. HGB. von 1897 § 252. Die Beschränkung gilt nur für Bevollmächtigte, nicht für andere Vertreter.

dürfen nicht in einer Hand vereinigt werden.[34]

Die einfache Stimmenmehrheit ist entscheidend. Bei Stimmengleichheit giebt die Stimme desjenigen den Ausschlag, welcher den höchsten Nennbetrag von Bankantheilen vertritt.

§ 18. Die Generalversammlung findet alljährlich zu Berlin im März statt, kann aber auch jederzeit außerordentlich berufen werden. Die Berufung geschieht durch den Reichskanzler mittelst einer mindestens 14 Tage vorher in die dazu bestimmten Blätter (§ 30) aufzunehmenden öffentlichen Bekanntmachung.

§ 19. In der Generalversammlung führt der Reichskanzler oder dessen Vertreter,[35] und in deren

[34] § 17 lautete bisher:
„Jeder Erschienene (§ 16) hat soviel Stimmen, als er Bankanteile vertritt, jedoch nicht mehr als 100 Stimmen.
Die einfache Stimmenmehrheit ist entscheidend. Bei Stimmengleichheit gibt die Stimme desjenigen den Ausschlag, welcher die größte Anzahl von Bankanteilen vertritt."
Die Änderungen der V. v. 8. Sept. 1900, wonach es nicht mehr auf die Zahl der Anteile, sondern auf den Nennbetrag ankommt, sind durch die Schaffung von Anteilen zu 1000 M. notwendig geworden. Vgl. § 16 Anm. 80 S. 229. Die Beschränkung auf 800 Stimmen höchstens entspricht der durch Art. 4 d. G. v. 7. Juni 1899 (oben 1 Anm. 76) herbeigeführten neuen Gestalt des § 40 Nr. 6. Vgl. BankG. § 40 Ziff. 6 Anm. 128 S. 188.

[35] Vgl. BankG. § 26 und Anm. 81 S. 171.

Behinderung der Präsident des Reichsbank-Direktoriums den Vorsitz. Das Reichsbank-Direktorium wohnt derselben bei; die Mitglieder können sich an der Berathung betheiligen, ohne jedoch stimmberechtigt zu sein.

§ 20. Ueber die Verhandlungen und Beschlüsse wird von einem Mitgliede des Reichsbank-Direktoriums ein Protokoll aufgenommen und von dem Vorsitzenden, einem Mitgliede des Zentralausschusses, zwei Reichsbank-Antheilseignern und dem Protokollführer unterschrieben.

§ 21. Die Generalversammlung empfängt jährlich den Verwaltungsbericht nebst der Bilanz und Gewinnberechnung (§ 32a des Bankgesetzes), wählt die Mitglieder des Zentralausschusses (§ 31 das.) und beschließt über deren Ausschließung (§ 33 das.). Sie beschließt ferner über Erhöhung des Grundkapitals (§ 2 des Statuts) und über Abänderung des Statuts, sofern diese Gegenstände in der Berufung ausdrücklich erwähnt sind.

Außerordentliche Generalversammlungen[36] können nur über Gegenstände beschließen, welche in der Berufung ausdrücklich erwähnt sind.

§ 22. Die Wahl der Mitglieder des Zentralausschusses, sowie ihrer Stellvertreter (§ 31 des Bankgesetzes) erfolgt mittelst verdeckter Stimmzettel für jede Stelle besonders.

[36] Vgl. oben § 18 S. 231.

Gewählt ist nur derjenige, welcher die absolute Stimmenmehrheit erhalten hat.

Wenn sich auch bei der zweiten Abstimmung eine absolute Stimmenmehrheit nicht herausstellt, so sind die beiden Kandidaten, welche die meisten Stimmen erhalten haben, auf eine engere Wahl zu bringen. Bei Stimmengleichheit entscheidet das Loos.

Wählbar sind nur Männer.

Von mehreren Inhabern einer Handelsfirma kann nur Einer Mitglied des Zentralausschusses oder Stellvertreter sein.

§ 23. Das Ausscheiden eines Drittheils der Mitglieder des Zentralausschusses (§ 31 Abs. 1 des Bankgesetzes) erfolgt in den beiden ersten Jahren nach dem Loose, späterhin nach dem Alter des Eintritts.

§ 24. Bei der Wahl der Deputirten des Zentralausschusses und ihrer Stellvertreter (§ 34 des Bankgesetzes) hat jedes Mitglied nur eine Stimme abzugeben; im Uebrigen finden die Bestimmungen des § 22 auch hier Anwendung.

§ 25. Die Protokolle über die Verhandlungen und Beschlüsse des Zentralausschusses werden von dem Vorsitzenden, zwei Ausschußmitgliedern und dem protokollirenden Mitgliede des Reichsbank-Direktoriums unterzeichnet.

§ 26. Die Mitglieder des Reichsbank-Direktoriums nehmen an den Berathungen des Zentral-ausschusses, nicht aber an den Abstimmungen Theil.

§ 27. Die Bezirksausschüsse (§ 36 des Bankgesetzes) bestehen aus wenigstens vier und höchstens zehn Mitgliedern, von denen jährlich die Hälfte — das erste Mal nach dem Loose, demnächst nach dem Alter des Eintritts — ausscheidet. Die Ausscheidenden sind wieder wählbar.

§ 28. Zu Mitgliedern der Bezirksausschüsse und zu Beigeordneten (§ 36 des Bankgesetzes) können Antheilseigner nicht ausgewählt werden, welche nach § 22 Absatz 4 und 5 zum Zentralausschusse nicht wählbar sind.

§ 29. Zum Zweck der Auswahl der Mitglieder der Bezirksausschüsse und der Beigeordneten, wo diese vom Zentralausschusse vorzuschlagen sind (§ 36 des Bankgesetzes), ist dem Zentralausschusse die Vorschlagsliste des Bank-Kommissars und ein Verzeichniß der auswählbaren Antheilseigner vorzulegen.

Für die Wahl der Beigeordneten, insofern dieselbe durch die Bezirksausschüsse erfolgt, sind die Bestimmungen in § 24 maßgebend.

§ 30. Die für die Antheilseigner bestimmten Bekanntmachungen werden von dem Reichskanzler erlassen und in dem Deutschen Reichs-Anzeiger, sowie am Sitze einer jeden Reichsbankhauptstelle in einem durch Bekanntmachung[37] zu bestimmenden

[37] Vgl. die Bek. des Reichskanzlers v. 8 Nov. 1875

Blatte veröffentlicht. Spezieller Benachrichtigung für die einzelnen Antheilseigner bedarf es nicht.

Die gleichen Blätter sind für die öffentlichen Bekanntmachungen des Reichsbank-Direktoriums zu benutzen, soweit der Zweck derselben nicht lokal beschränkt ist.

§ 31.[38] Im Falle der Aufhebung der Reichsbank (§ 41 des Bankgesetzes) erfolgt die Liquidation unter Leitung des Reichskanzlers durch das Reichsbank-Direktorium. Das letztere hat die laufenden Geschäfte zu beendigen, die Verpflichtungen der Reichsbank zu erfüllen, die Forderungen derselben einzuziehen und das Vermögen zu versilbern.

Zur Beendigung schwebender Geschäfte können auch neue Geschäfte eingegangen werden. Nach außen hin bleibt das Reichsbank-Direktorium zur Vertretung der Reichsbank nach Maßgabe von § 38 des Bankgesetzes bis zur Beendigung der Liquidation ermächtigt.

§ 32. Das Reichsbank-Direktorium hat die schließliche Auseinandersetzung zwischen dem Reiche und den Antheilseignern, sowie unter diesen herbeizuführen.

§ 33. Die erste ordentliche Generalversammlung

(RAnz. Nr. 261). An Stelle einzelner inzwischen eingegangenen Blätter sind andere bestimmt worden.

[38] Vgl. HGB. von 1897 §§ 297 ff.

der Reichsbank-Antheilseigner findet im März 1877 statt. Bis dahin werden die Funktionen derselben durch eine Generalversammlung wahrgenommen, welche aus nachstehenden Personen gebildet wird:

1. aus denjenigen Eignern von Antheilen der Preußischen Bank, welche innerhalb der von dem Reichskanzler bestimmten Frist den Umtausch ihrer Antheilsscheine gegen solche der Reichsbank verlangt haben, oder deren Rechtsnachfolgern;
2. aus denjenigen Personen, welchen nach erfolgter Zeichnung ein Reichsbankantheil zugetheilt worden ist, oder deren Rechtsnachfolgern.

Dieselbe wird noch vor dem 1. Januar 1876 behufs Vornahme der Wahlen zum Zentralausschusse aus den zu 1 und 2 bezeichneten Personen berufen, kann aber bis zum Zusammentritt der ersten ordentlichen Generalversammlung (Abs. 1) jederzeit berufen werden. Der Zentralausschuß tritt noch vor dem 1. Januar 1876 zusammen und wählt aus seinen Mitgliedern die Deputirten und deren Stellvertreter. Die Auswahl der Mitglieder der Bezirksausschüsse und der Beigeordneten erfolgt gleichfalls noch vor dem 1. Januar 1876 aus den zu 1 und 2 bezeichneten Personen.

§ 34. Hinsichtlich der in § 33 geordneten einstweiligen Vertretung der Reichsbank-Antheilseigner kommen die Bestimmungen des Bankgesetzes und dieses Statuts, welche von der Generalversammlung, dem Zentralausschusse, den Deputirten desselben, den Bezirksausschüssen und den Beigeordneten handeln, überall zu entsprechender Anwendung.

Urkundlich unter Unserer Höchsteigenhändigen Unterschrift und beigedrucktem Kaiserlichen Insiegel.

Gegeben Berlin, den 21. Mai 1875.

(L. S.) **Wilhelm.**

Fürst v. Bismarck.

Reichsbank.

Reichsbank-Antheils-Schein.

№

Der Reichsbankantheil *No.* über *Dreitausend Mark* ist in Gemäßheit des § 3 des Statuts der Reichsbank für ....

....

....

in die Stammbücher der Reichsbank eingetragen.

Berlin, den ten 1 . . .

Reichsbank=Direktorium.

(L. S.)

Archivar: Buchführer:

Bestimmungen
über das Verfahren bei Eigenthums=Veränderungen und Verpfändungen.

1. Die Uebertragung der Reichsbankantheile kann durch Indossament — also entweder

mittelst vollständiger Ausfüllung eines der umstehend vorgedruckten Giros oder mittelst bloßer Namensunterschrift (Wechselordnung Art. 11 bis 13) — geschehen.

2. Wenn das Eigenthum eines Bankantheils auf einen Anderen übergeht, so ist dies unter Vorlegung des Antheilsscheines und der zum Nachweise des Uebergangs etwa erforderlichen Urkunden bei der Reichsbank anzumelden. Im Verhältnisse zur Reichsbank wird nur der als Antheilseigner angesehen, welcher als solcher in den Stammbüchern eingetragen ist.

Zur Prüfung der Legitimation ist die Reichsbank berechtigt, aber nicht verpflichtet.

Die Eintragung des Uebergangs in die Stammbücher wird auf dem Antheilsscheine bemerkt und dieser demnächst zurückgegeben, während die übrigen Urkunden bei den Akten der Bank bleiben.

3. Wenn ein Bankantheil verpfändet ist, so ist dies unter Vorlegung des Antheilsscheines und der schriftlichen Erklärung des Antheilseigners bei der Reichsbank anzumelden. Im Verhältnisse zu der Reichsbank wird nur derjenige als Pfandgläubiger angesehen, welcher als solcher in den Stammbüchern eingetragen ist. Zur Prüfung der Echtheit und der Rechtsgültigkeit der Erklärung ist die Reichsbank berechtigt, aber nicht verpflichtet. Der Eigenthümer kann ohne die Zustimmung des Pfandgläubigers keine neuen Dividendenscheine und im Falle des § 41 des Bankgesetzes keine Zahlung auf den Bankantheil erhalten, wird aber im Uebrigen in seinen ihm nach dem Bankgesetze und dem Statut zustehenden Rechten nicht beschränkt. Die Löschung des Pfandrechts erfolgt auf Vorlegung des Antheilsscheines und beglaubigter Einwilligung des Pfandgläubigers.

Im Uebrigen kommen die Bestimmungen unter Ziff. 2 zur Anwendung.

Für mich an die Order ....

....

.... den ten ....

Uebertragen auf ....

....

Berlin, den ten ....

....

Reichsbank-Direktorium.

(L. S.)

Archivar: Buchführer:

Für mich an die Order ....

....

.... den ten ....

Uebertragen auf ....

....

Berlin, den ten ....

....

Reichsbank-Direktorium.

(L. S.)

Archivar: Buchführer:

Dividenden-Rückstände verjähren binnen vier Jahren, vom Tage ihrer Fälligkeit an gerechnet, zum Vortheil der Bank (§ 24 des Bankgesetzes).

19 . . **Erstes Halbjahr.**

Der Inhaber dieses Scheins empfängt gegen Rückgabe desselben

am 1. Juli 19 . .

auf die für das Jahr . . . . festzusetzende Dividende des Reichsbankantheils *No.* ▬▬ als erste halbjährige Abschlagszahlung

Zweiundfünfzig Mark fünfzig Pfennig

bei der Reichsbank-Hauptkasse und sämmtlichen Reichsbankhauptstellen und Bankstellen.

Berlin, den ten 19 . .

Reichsbank-Direktorium.

(L. S.)

Archivar: Buchführer:

Dividenden-Rückstände verjähren binnen vier Jahren, vom Tage ihrer Fälligkeit an gerechnet, zum Vortheil der Bank (§ 24 des Bankgesetzes).

19 . . **Zweites Halbjahr.**

Der Inhaber dieses Scheins empfängt gegen Rückgabe desselben

am 2. Januar 19 . .

auf die für das Jahr . . . . festzusetzende Dividende des Reichsbankantheils *No.* ▬▬ als zweite halbjährige Abschlagszahlung

Zweiundfünfzig Mark fünfzig Pfennig

bei der Reichsbank-Hauptkasse und sämmtlichen Reichsbankhauptstellen und Bankstellen.

Berlin, den ten 19 . .

Reichsbank-Direktorium.

(L. S.)

Archivar: Buchführer:

19 . . 19 . .

Der Inhaber dieses Scheins empfängt gegen Rückgabe desselben auf die für das Jahr 19 . . festgesetzte Dividende des Bankantheils

Nr. die Restzahlung

bei der Reichsbank-Hauptkasse und bei sämmtlichen Reichsbank-Hauptstellen und Bankstellen.

Der Betrag derselben, sowie die Zeit der Zahlung werden von dem Reichskanzler öffentlich bekannt gemacht (Bankgesetz §§ 24, 32a, Statut §§ 15, 21, 30).

Berlin, den ten 19 . .

Reichsbank-Direktorium.

(L. S.)

Archivar: Buchführer:

Dividenden-Rückstände verjähren binnen vier Jahren, vom Tage ihrer Fälligkeit an gerechnet, zum Vortheil der Bank (§ 24 des Bankgesetzes).

Talon zu dem Reichsbankantheile

Nr.

Der Inhaber dieses Talons empfängt gegen dessen Rückgabe die Dividendenscheine für die fünf Jahre . . . . einschließlich nebst Talon.

Wird von dem Verluste eines Talons Anzeige gemacht, so vertritt die Vorlegung des Antheilsscheins die Einlieferung des Talons (§ 9 des Statuts).

Berlin, den ten 19 . .

Reichsbank-Direktorium.

(L. S.)

Archivar: Buchführer:

Reichsbank.

Reichsbank-Antheils-Schein.

№

Der Reichsbankantheil *No.* über *Eintausend Mark* ist in Gemäßheit des § 8 des Statuts der Reichsbank für ....

....

....

in die Stammbücher der Reichsbank eingetragen.

Berlin, den ten 19 . .

Reichsbank-Direktorium.

(L. S.)

Archivar: Buchführer:

Bestimmungen

über das Verfahren bei Eigenthums-Veränderungen und Verpfändungen.

1. Die Uebertragung der Reichsbankantheile kann durch Indossament — also entweder

mittelst vollständiger Ausfüllung eines der umstehend vorgedruckten Giros oder mittelst bloßer Namensunterschrift (Wechselordnung Artikel 11 bis 13) — geschehen.

2. Wenn das Eigenthum eines Bankantheils auf einen Anderen übergeht, so ist dies unter Vorlegung des Antheilsscheins und der zum Nachweise des Ueberganges etwa erforderlichen Urkunden bei der Reichsbank anzumelden. Im Verhältnisse zur Reichsbank wird nur der als Antheilseigner angesehen, welcher als solcher in den Stammbüchern eingetragen ist.

Zur Prüfung der Legitimation ist die Reichsbank berechtigt, aber nicht verpflichtet.

Die Eintragung des Ueberganges in die Stammbücher wird auf dem Antheilsscheine bemerkt und dieser demnächst zurückgegeben, während die übrigen Urkunden bei den Akten der Bank bleiben.

3. Wenn ein Bankantheil verpfändet ist, so ist dies unter Vorlegung des Antheilsscheins und der schriftlichen Erklärung des Antheilseigners bei der Reichsbank anzumelden. Im Verhältnisse zu der Reichsbank wird nur derjenige als Pfandgläubiger angesehen, welcher als solcher in den Stammbüchern eingetragen ist. Zur Prüfung der Echtheit und der Rechtsgültigkeit der Erklärung ist die Reichsbank berechtigt, aber nicht verpflichtet. Der Eigenthümer kann ohne die Zustimmung des Pfandgläubigers keine neuen Dividendenscheine und im Falle des § 41 des Bankgesetzes keine Zahlung auf den Bankantheil erhalten, wird aber im Uebrigen in seinen ihm nach dem Bankgesetz und dem Statute zustehenden Rechten nicht beschränkt. Die Löschung des Pfandrechts erfolgt auf Vorlegung des Antheilsscheins und beglaubigter Einwilligung des Pfandgläubigers.

Im Uebrigen kommen die Bestimmungen unter Ziff. 2 zur Anwendung.

No.

Für mich an die Order ....

.... den ... ten ....

Uebertragen auf ....

Berlin, den ... ten ....

....

Reichsbank-Direktorium.

(L. S.) Archivar: Buchführer:

Für mich an die Order ....

.... den ... ten ....

Uebertragen auf ....

Berlin, den ... ten ....

....

Reichsbank-Direktorium.

(L. S.) Archivar: Buchführer:

Dividenden-Rückstände verjähren binnen vier Jahren, vom Tage ihrer Fälligkeit an gerechnet, zum Vortheil der Bank (§24 des Bankgesetzes).

19 . . **Erstes Halbjahr.**

Der Inhaber dieses Scheines empfängt gegen Rückgabe desselben

am 1. Juli 19 . .

auf die für das Jahr . . . . festzusetzende Dividende des Reichsbankantheils *No.* ▒▒▒ als erste halbjährige Abschlagszahlung

Siebzehn Mark fünfzig Pfennig

bei der Reichsbank-Hauptkasse und sämmtlichen Reichsbankhauptstellen und Bankstellen.

Berlin, den ten 19 . .

Reichsbank-Direktorium.

(L. S.)

Archivar: Buchführer:

Dividenden-Rückstände verjähren binnen vier Jahren, vom Tage ihrer Fälligkeit an gerechnet, zum Vortheil der Bank (§ 24 des Bankgesetzes).

19 . . **Zweites Halbjahr.**

Der Inhaber dieses Scheines empfängt gegen Rückgabe desselben

am 2. Januar 19 . .

auf die für das Jahr . . . . festzusetzende Dividende des Reichsbankantheils *No.* ▒▒▒ als zweite halbjährige Abschlagszahlung

Siebzehn Mark fünfzig Pfennig

bei der Reichsbank-Hauptkasse und sämmtlichen Reichsbankhauptstellen und Bankstellen.

Berlin, den ten 19 . .

Reichsbank-Direktorium.

(L. S.)

Archivar: Buchführer:

Dividenden-Rückstände verjähren binnen vier Jahren, vom Tage ihrer Fälligkeit an gerechnet, zum Vortheil der Bank (§ 24 des Bankgesetzes).

19 . . 19 . .

Der Inhaber dieses Scheines empfängt gegen Rückgabe desselben auf die für das Jahr 19 . . festgesetzte Dividende des Bankantheils

Nr. die Restzahlung

bei der Reichsbank-Hauptkasse und bei sämmtlichen Reichsbankhauptstellen und Bankstellen.

Der Betrag derselben sowie die Zeit der Zahlung werden von dem Reichskanzler öffentlich bekannt gemacht (Bankgesetz §§ 24, 32a, Statut §§ 15, 21, 30).

Berlin, den ten 19 . .

Reichsbank-Direktorium.

(L. S.)

Archivar: Buchführer:

Talon zu dem Reichsbankantheile

Nr.

Der Inhaber dieses Talons empfängt gegen dessen Rückgabe die Dividendenscheine für die fünf Jahre . . . . einschließlich nebst Talon.

Wird von dem Verlust eines Talons Anzeige gemacht, so vertritt die Vorlegung des Antheilsscheins die Einlieferung des Talons (§ 9 des Statuts).

Berlin, den ten 19 . .

Reichsbank-Direktorium.

(L. S.)

Archivar: Buchführer:

Die Formulare zu den Reichsbankantheilsscheinen über 1000 Mark, Dividendenscheinen und Talons (S. 245 ff.) sind durch die V v. 3. September 1900 hinzugefügt.

III.

Vertrag zwischen Preußen und dem Deutschen Reiche über die Abtretung der Preußischen Bank an das Deutsche Reich. Vom 17./18. Mai 1875.

(RGBl. S. 215. Ausgegeben am 24. Mai 1875.)[1]

Auf Grund der im § 61 des Bankgesetzes vom 14. März d. J. (Reichs-Gesetzbl. S. 177)[2] und im § 1 des Gesetzes vom 27. März d. J. (Preuß. Ges.-Samml. S. 166) ertheilten Ermächtigungen ist zwischen dem Reichskanzler Fürsten von Bismarck Namens des Deutschen Reichs einerseits, und dem Königlich preußischen Finanzminister, Vize-Präsidenten des Staatsministeriums Camphausen, sowie dem Königlich preußischen Minister für Handel, Gewerbe und öffentliche Arbeiten Dr. Achenbach Namens der Königlich preußischen Staatsregierung andererseits, folgender Vertrag abgeschlossen worden:

§ 1. Der preußische Staat zieht sein Einschußkapital bei der Preußischen Bank von 5,720,400 Mark

[1] Vgl. die preußische Bankordnung v. 5. Okt. 1846 (PrGBl. S. 435), Vertrag v. 28./31. Jan. 1856 (PrGBl. S. 336), G. v. 7. Mai 1856 (PrGBl. S. 342). Die in § 2 dieses Gesetzes vorgesehene Kündigung war vor dem 31. Dez. 1871 erfolgt. Der Vertrag v. 17./18. Mai 1875 ist auch abgedruckt in PrGBl. 1875 S. 224.

[2] Oben I S. 211 ff.

und seinen Antheil von deren Reservefonds mit 9,000,000 Mark mit dem 1. Januar 1876 zurück.

Mit diesem Tage geht die Preußische Bank nach Maßgabe dieses Vertrages mit allen ihren Rechten und Verpflichtungen auf das Reich über.

Das Reich wird diese Bank auf die Reichsbank (§ 12 des Reichsbankgesetzes) übertragen.[3]

Die Uebergabe der Preußischen Bank an das Reich erfolgt in der Art, daß der Chef der Preußischen Bank das Vermögen der letzteren dem Reichsbank-Direktorium von dem gedachten Tage ab schriftlich zur weiteren Verwaltung überweist.[4]

§ 2. Die Beamten der Preußischen Bank werden unter Beibehaltung ihres Ranges, ihrer Anziennetät und ihres Diensteinkommens von der Reichsbank übernommen.

Beamte, welche in den Dienst der letzteren überzutreten nicht geneigt sein sollten, werden von der Königlich preußischen Staatsregierung einstweilig in den Ruhestand versetzt. Ansprüche auf Diensteinkommen, Wartegeld oder Ruhegehalt, welche ein Beamter der Preußischen Bank für die Zeit vom 1. Januar 1876 ab zu erheben berechtigt ist, sind von der Reichsbank zu vertreten. Dasselbe gilt von den Bezügen der Hinterbliebenen von Beamten der

[3] Dies ist geschehen durch § 1 des Statuts der Reichsbank (oben II S. 217).

[4] Dies ist geschehen durch Erlaß des Chefs der Preußischen Bank v. 31. Dez. 1875.

Preußischen Bank mit Ausschluß der bei der Königlich Preußischen Allgemeinen Witwen-Verpflegungsanstalt versicherten Pensionen.

§ 3. Preußen erhält vom Reiche für Abtretung der Preußischen Bank eine Entschädigung von 15,000,000 Mark, welche aus den Mitteln der Reichsbank zu decken und Preußen vom 1. Januar 1876 ab zur Verfügung zu stellen ist.[5]

§ 4. Den bisherigen Antheilseignern der Preußischen Bank wird die Befugniß vorbehalten, innerhalb einer von dem Reichskanzler zu bestimmenden Frist gegen Verzicht auf alle ihnen durch ihre Bankantheilsscheine verbrieften Rechte zu Gunsten der Reichsbank den Umtausch dieser Urkunden gegen Antheilsscheine der Reichsbank von gleichem Nominalbetrage zu verlangen.[6]

§ 5. Die Reichsbank übernimmt die Befriedigung der Ansprüche, zu deren Erhebung die legitimirten Eigner solcher Antheilsscheine der Preußischen Bank berechtigt sind, welche nicht nach § 4 gegen Reichsbank-Antheilsscheine umgetauscht werden. Die Reichsbank hat demgemäß vom 1. Januar 1876 ab diesen Antheilseignern die Zahlung

[5] Vgl. BankG. § 61 Nr. 2. Die Entschädigung ist aus dem bei der ersten Subskription auf Reichsbankanteile gewonnenen Aufgelde bezahlt. Vgl. Anm. 76 zum BankG. § 23 (oben I S. 164 ff.).

[6] Vgl. BankG. § 61 Nr. 8. Vgl. Bek. des Reichskanzlers v. 24. Mai 1875 (RAnz. Nr. 120, erste Beilage).

ihres Einschußkapitals, sowie ihres Antheils am Reservefonds nach Maßgabe der Bestimmungen in den §§ 16 und 19 der Bankordnung vom 5. Oktober 1846 zu leisten.[7]

§ 6. Die Reichsbank zahlt zur Erfüllung der von der Preußischen Bank durch den Vertrag vom 28./31. Januar 1856 hinsichtlich der Staatsanleihe von 16,598,000 Thlr. übernommenen Verbindlichkeiten an Preußen vom 1. Januar 1876 ab jährlich 621,910 Thlr. = 1,865,730 Mark in halbjährlichen Raten.[8] Diese Verbindlichkeit erlischt mit dem 1. Juli 1925, so daß für das Jahr 1925 nur der an diesem Tage fällige Betrag von 310,955 Thlr. = 932,865 Mark zu zahlen ist.

Wird die Konzession der Reichsbank nicht verlängert,[9] so wird das Reich dafür sorgen, daß, so lange keine andere Bank in diese Verpflichtung eintritt, die Rente bis zu dem gedachten Zeitpunkte der preußischen Staatskasse unverkürzt zufließe.

Das der Preußischen Bank in dem Vertrage vom 28./31. Januar 1856 in Verbindung mit dem Uebereinkommen vom 22. April 1874 zugestandene

[7] Vgl. BankG. § 61 Nr. 4. 81 Anteilseigner haben den Umtausch nicht bewirkt und sind in der hier vorgesehenen Art befriedigt. Vgl. Anm. 185 zum BankG. § 62 (oben I S. 218).

[8] Vgl. BankG. § 61 Nr. 5 u. den in Anm. 1 zitierten Vertrag vom 28./31. Jan. 1856 § 5.

[9] Vgl. BankG. § 41.

Recht, einen dem jedesmaligen, gemäß § 6 des Vertrages vom 28./31. Januar 1856 festzustellenden Betrage des Tilgungsfonds der Staatsanleihe von 1856 gleichen Betrag in Schuldverschreibungen der 4 1/2 prozentigen konsolidirten Staatsanleihe nach dem Nennwerth an die preußische Staatskasse abzuliefern und auf die zu zahlenden Raten von 621,910 Thlr. abzurechnen, erlischt mit Ablauf des Jahres 1875.

§ 7. Die Vermögensbilanz und die Gewinnberechnung der Preußischen Bank für das Jahr 1875 werden in Gemäßheit der §§ 95 und 96 der Bankordnung vom 5. Oktober 1846 und der seither beobachteten Grundsätze durch das Reichsbank-Direktorium unter Mitwirkung des Zentralausschusses der Preußischen Bank und seiner Deputirten aufgemacht und mit den Vorschlägen über die Vertheilung des Gewinnes und die Höhe der Dividende für die bisherigen Antheilseigner der Preußischen Bank dem Königlich preußischen Minister für Handel, Gewerbe und öffentliche Arbeiten zur definitiven Festsetzung und Ertheilung der Decharge eingereicht.

§ 8. In die Bilanz (§ 7) sind die Grundstücke der Preußischen Bank zu demjenigen Betrage aufzunehmen, welcher im Einverständniß mit dem Reichskanzler als der wirkliche Werth derselben ermittelt ist.

Die nach § 61 Ziffer 6 des Bankgesetzes vorbehaltene Auseinandersetzung Preußens mit der Reichsbank wegen der gedachten Grundstücke ist damit vollzogen. Nachforderungen wegen etwaigen Mehr- oder Minderwerths sind ausgeschlossen.[10]

§ 9. Die Reichsbank übernimmt, so lange die Königlich preußische Staatsregierung es verlangt die fernere Einziehung der in Nr. II der Königlich preußischen Kabinetsordre vom 18. Juli 1846 bezeichneten Aktiva für Rechnung des preußischen Staats in derselben Weise, wie solche bisher der Preußischen Bank obgelegen hat. Die darauf erfolgenden Eingänge sind an die preußische Staatskasse abzuführen.[11]

§ 10. Der auf Grund der in den §§ 7 und 8 gedachten Verhandlungen zu entwerfende Verwaltungsbericht nebst dem Jahresabschlusse für das Jahr 1875 wird von dem Königlich preußischen Minister für Handel, Gewerbe und öffentliche Arbeiten einer spätestens auf den 31. März 1876 durch ihn zu berufenden Versammlung der Meistbetheiligten vorgelegt, welcher das Reichsbank-Direktorium beiwohnt.

Dieselbe wird aus denjenigen 200 Personen gebildet, welche nach den Stammbüchern der Preußischen Bank am 31. Dezember 1875 die größte Anzahl von Antheilen derselben besessen haben,

[10] Vgl. Reichsbankstatut § 12 (oben II S. 227).
[11] Dies ist bisher wiederholt geschehen.

gleichviel ob sie den Umtausch gegen Reichsbank-Antheilsscheine (§ 4) verlangt haben oder nicht. Im Uebrigen kommen die §§ 61 bis 65 und 97 der Bankordnung vom 5. Oktober 1846 mit den sich aus der Natur der Sache ergebenden Aenderungen auch auf diese letzte Generalversammlung zur Anwendung. Die Auszahlung der Restdividende gegen Einreichung der betreffenden Dividendenscheine an den von dem Königlich preußischen Minister für Handel, Gewerbe und öffentliche Arbeiten zu bestimmenden Orten übernimmt die Reichsbank.

§ 11. Vorbehaltlich der in dem gegenwärtigen Vertrage enthaltenen Bestimmungen hören die durch die Bankordnung vom 5. Oktober 1846, das Gesetz vom 7. Mai 1856 (Preuß. Ges.-Samml. S. 342) und den Vertrag vom 28./31. Januar 1856 begründeten Rechtsverhältnisse zwischen dem preußischen Staat und der Preußischen Bank mit dem 1. Januar 1876 auf.

§ 12. Die in den §§ 21, 22, 23 und 25 der Bankordnung vom 5. Oktober 1846 (Preuß. Ges.-Samml. S. 435) bestimmten Rechte und Verpflichtungen der Preußischen Bank, betreffend die Belegung von Geldern der gerichtlichen Depositorien, der Kirchen, Schulen, Hospitäler und anderen milden Stiftungen und öffentlichen Anstalten, sowie die auf Grund jener Bestimmungen hinterlegten Beträge werden mit der Preußischen Bank auf die Reichsbank übertragen.

Beide Theile behalten sich das Recht der Kündigung mit halbjähriger Frist unter nachstehenden Maßgaben vor:

1. Wenn und soweit die Kündigung erfolgt, hören die Eingangs erwähnten Rechte und Verpflichtungen mit dem Ablauf der Kündigungsfrist für die Zukunft auf und ist alsdann die Rückzahlung der hinterlegten Gelder zu bewirken.
2. Bezüglich der Gelder aus gerichtlichen Depositorien kann die Kündigung seitens der preußischen Staatsregierung frühestens am 1. Februar 1876, seitens des Reichs frühestens am 1. Februar 1877 erfolgen.[12] Die Rückzahlung der beim Ablauf der Kündigungsfrist hinterlegten Gelder dieser Art erfolgt, abgesehen von den im laufenden Geschäftsverkehr zu leistenden Rückzahlungen, in fünf gleichen Raten, welche in aufeinanderfolgenden Fristen von je drei Monaten fällig sind, und von denen die erste mit dem Ablauf der Kündigungsfrist zahlbar ist.

Werden die Vorschriften der preußischen Gesetzgebung über die Unterbringung und Ausleihung von Geldern aus gerichtlichen Depositorien auf=

[12] Die Kündigung ist bezüglich der Gelder aus gerichtlichen Depositorien seitens der preußischen Staatsregierung unterm 1. Febr. 1876, bezüglich der Gelder der Kirchen, Schulen usw. seitens der Reichsbank unterm 26. Nov. 1878 erfolgt. Unterm 8. Dez. 1878 hat die Reichsbank endlich auch die von Vormündern, Pflegern und Privatpersonen zinsbar belegten Gelder gekündigt und von da ab solche nicht mehr angenommen. Vgl. noch BankG § 13 Anm. 54 (oben I S. 154) und Bek. des Reichsbankdirektoriums v. 8. Febr. 1878 (RAnz. Nr. 287, Börsenbeilage).

gehoben, so hört vom Tage der Gesetzeskraft dieser Aufhebung die Verpflichtung zur Belegung solcher Gelder bei der Reichsbank für die Zukunft auf.[13]

§ 13. Die im § 12 vereinbarten Bestimmungen treten nur in dem Falle in Wirksamkeit, wenn der Königlich preußischen Staatsregierung die gesetzliche Ermächtigung zum Abschluß eines Vertrages mit dem Reiche über die Belegung von Geldern der gerichtlichen Depositorien 2c. im Laufe des Jahres 1875 ertheilt wird.[14]

Zu Urkund dessen haben die Unterzeichneten den gegenwärtigen Vertrag in doppelter Ausfertigung vollzogen.

Friedrichsruh, den 18. Mai 1875. Berlin, den 17. Mai 1875.

	(L. S.)	(L. S.)
Der Reichskanzler.	Der Königlich preußische Finanzminister, Vizepräsident des Staatsministeriums.	Der Königlich preußische Minister für Handel, Gewerbe und öffentliche Arbeiten.
v. Bismarck.	**Camphausen.**	**Achenbach.**

13 Vgl. preuß. G., betr. das Hinterlegungswesen, v. 19. Juli 1875 (PrGBl. S. 531), Hinterlegungsordnung v. 14. März 1879 (PrGBl. S. 249), Vormundschaftsordnung v. 5. Juli 1875 § 39 (PrGBl. S. 481), BGB. § 1808.

14 Die bezügliche Ermächtigung enthält das preuß. G. v. 19. Juni 1875 (PrGBl. S. 368).

IV.

Gesetz, betreffend die Abänderung des Bankgesetzes vom 14. März 1875. Vom 7. Juni 1899.

(RGBl. S. 311. Ausgegeben am 13. Juni 1899.)*

Wir Wilhelm, von Gottes Gnaden Deutscher Kaiser, König von Preußen ꝛc. verordnen im Namen des Reichs, nach erfolgter Zustimmung des Bundesraths und des Reichstags, was folgt:

Artikel 1.

Der § 23 des Bankgesetzes vom 14. März 1875 (Reichs-Gesetzbl. S. 177) wird durch folgende Bestimmung ersetzt:

Das Grundkapital der Reichsbank besteht aus einhundertundachtzig Millionen Mark, getheilt in vierzigtausend Antheile von je dreitausend und sechzigtausend Antheile von je eintausend Mark.

Von letzteren sind dreißigtausend Antheile bis zum 31. Dezember 1900 und dreißigtausend Antheile bis zum 31. Dezember 1905 zu begeben. Auf die Begebung findet der § 38 des Gesetzes vom 22. Juni 1896 (Prospektzwang) keine Anwendung.

Die Antheile lauten auf Namen.

* Das Gesetz ist hier im Zusammenhange ohne Erläuterungen nochmals wörtlich abgedruckt.

Die Antheilseigner haften persönlich für die Verbindlichkeiten der Reichsbank nicht.

Artikel 2.

Der § 24 des Bankgesetzes erhält unter Aufhebung des Artikels 1 des Gesetzes vom 18. Dezember 1889 (Reichs-Gesetzbl. S. 201) nachstehende Fassung:

Aus dem beim Jahresabschlusse sich ergebenden Reingewinne der Reichsbank wird:

1. zunächst den Antheilseignern eine ordentliche Dividende von dreiundeinhalb Prozent des Grundkapitals berechnet, sodann
2. von dem Mehrbetrag eine Quote von zwanzig Prozent dem Reservefonds zugeschrieben, so-lange derselbe nicht den Betrag von sechzig Millionen Mark erreicht hat,
3. von dem weiter verbleibenden Reste den Antheilseignern ein Viertel, der Reichskasse drei Viertel überwiesen.

Erreicht der Reingewinn nicht volle dreiundeinhalb Prozent des Grundkapitals, so ist das Fehlende aus dem Reservefonds zu ergänzen.

Das bei Begebung von Antheilsscheinen der Reichsbank etwa zu gewinnende Aufgeld fließt dem Reservefonds zu.

Dividendenrückstände verjähren binnen vier Jahren, von dem Tage ihrer Fälligkeit an gerechnet, zum Vortheile der Bank.

Artikel 3.

Im § 31 wird der dritte Satz von „Die Mitglieder“ bis „gewählt“ durch folgende Bestimmung ersetzt:

Die Mitglieder und die Stellvertreter werden von der Generalversammlung aus der Zahl derjenigen Antheilseigner gewählt, welche auf ihren Namen lautende Antheilsscheine über einen Mindestbetrag von je neuntausend Mark besitzen.

Artikel 4.

§ 40 Ziffer 6 wird durch folgende Bestimmung ersetzt:

6. über die Form, in welcher die Zusammenberufung der Generalversammlungen geschieht, sowie über die Bedingungen und die Art der Ausübung des Stimmrechts der Antheilseigner; die Ausübung des Stimmrechts darf jedoch nicht durch den Besitz von mehr als einem Antheilsscheine bedingt, noch dürfen mehr als dreihundert Stimmen in einer Hand vereinigt werden, wobei ein Antheilsschein zu dreitausend Mark dem Rechte auf drei Stimmen und ein Antheilsschein zu eintausend Mark dem Rechte auf eine Stimme entsprechen soll.

Artikel 5.

Der nach Maßgabe der Anlage zum § 9 des Bankgesetzes der Reichsbank zustehende Antheil an dem Gesammtbetrage des der Steuer nicht unterliegenden ungedeckten Notenumlaufs, einschließlich der ihr inzwischen zugewachsenen Antheile der unter Nr. 2 bis 11, 15 bis 17, 21 bis 23 und 25 bis 33 bezeichneten Banken wird auf vierhundertundfünfzig Millionen Mark festgesetzt, unter gleichzeitiger Erhöhung des Gesammtbetrags auf fünfhunderteinundvierzig Millionen sechshunderttausend Mark.

Artikel 6.

Dem § 13 des Bankgesetzes Ziffer 3 wird unter b nach den Worten „des Kurswerthes"; folgender Satz beigefügt:

diesen Pfandbriefen stehen gleich andere auf den Inhaber lautende Schuldverschreibungen der bezeichneten Institute und Banken, welche auf Grund von Darlehnen ausgestellt werden, die an inländische kommunale Korporationen oder gegen Uebernahme der Garantie durch eine solche Korporation gewährt sind.

Artikel 7.

§ 1.

Die Reichsbank darf vom 1. Januar 1901 ab nicht unter dem von ihr gemäß § 15 des Bankgesetzes jeweilig öffentlich bekannt gemachten Prozentsatze diskontiren, sobald dieser Satz vier Prozent erreicht oder überschreitet.

Wenn die Reichsbank zu einem geringeren als dem öffentlich bekannt gemachten Prozentsatze diskontirt, so hat sie diesen Satz im Reichsanzeiger bekannt zu machen.

§ 2.

Der Bundesrath wird denjenigen Privatnotenbanken gegenüber, auf welche die beschränkenden Bestimmungen des § 43 des Bankgesetzes keine Anwendung finden, von dem vorbehaltenen Kündigungsrechte behufs Aufhebung der Befugniß zur Ausgabe von Banknoten zum 1. Januar 1901 Gebrauch machen, wenn diese Banken sich nicht bis zum 1. Dezember 1899 verpflichten, vom 1. Januar 1901 ab

1. nicht unter dem gemäß § 15 des Bankgesetzes öffentlich bekannt gemachten Prozentsatze der Reichsbank zu diskontiren, sobald dieser Satz vier Prozent erreicht oder überschreitet,

   und

2. im Uebrigen nicht um mehr als ein viertel Prozent unter dem gemäß § 15 des Bankgesetzes öffentlich bekannt gemachten Prozentsatze der Reichsbank zu diskontiren, oder falls die Reichsbank selbst zu einem geringeren Satze diskontirt, nicht um mehr als ein achtel Prozent unter diesem Satze.

§ 3.

Handelt eine Privatnotenbank der nach § 2 eingegangenen Verpflichtung entgegen, so wird die Entziehung der Befugniß zur Notenausgabe gemäß

§§ 50ff. des Bankgesetzes durch gerichtliches Urtheil ausgesprochen.

Mitglieder des Vorstandes, Vorsteher einer Zweiganstalt, sonstige Angestellte oder Agenten einer solchen Bank, welche für Rechnung der Bank der von ihr eingegangenen Verpflichtung entgegen, unter dem nach § 2 zulässigen Prozentsatze diskontiren, werden mit Geldstrafe bis zu fünftausend Mark bestraft.

Artikel 8.

Der Reichskanzler wird ermächtigt, die auf Grund des Artikels 1 dieses Gesetzes auszugebenden neuen Antheilsscheine im Wege öffentlicher Zeichnung zu begeben.

Die Höhe des bei Begebung der neuen Antheilsscheine zu entrichtenden Aufgeldes und die Fristen für die Einzahlung des Gegenwerths bestimmt der Reichskanzler.

Artikel 9.

§ 1.

Die Reichsbank zahlt am 1. Januar 1901 an die Reichskasse einen Betrag, welcher dem Nennwerthe der dann noch im Umlaufe befindlichen Noten der vormaligen Preußischen Bank entspricht.

§ 2.

Das Reich erstattet der Reichsbank diejenigen Beträge, zu welchen sie vom 1. Januar 1901 ab Noten der im § 1 bezeichneten Art einlöst oder in

Zahlung nimmt oder mit welchen sie für dieselben nach § 4 des Bankgesetzes Ersatz leistet.

§ 3.

Vom 1. Januar 1901 ab werden die Noten der vormaligen Preußischen Bank bei Feststellung des Notenumlaufs der Reichsbank gemäß §§ 8, 9, 10 und 17 des Bankgesetzes außer Ansatz gelassen.

Artikel 10.

Die Artikel 1, 2, 5 und 6 dieses Gesetzes treten am 1. Januar 1901 in Kraft.

Urkundlich unter Unserer Höchsteigenhändigen Unterschrift und beigedrucktem Kaiserlichen Insiegel.

Gegeben Neues Palais, den 7. Juni 1899.

(L. S.) **Wilhelm.**

Graf von Posadowsky.

V.

Bekanntmachung, betreffend die Vorschriften über die von den Notenbanken in der Jahresbilanz gesondert nachzuweisenden Aktiva und Passiva. Vom 15. Januar 1877.

(RGBl. S. 24.)[1]

Der Bundesrath hat auf Grund des § 8 des Bankgesetzes vom 14. März 1875 (RGBl. S. 177) bestimmt,

[1] Vgl. BankG. § 8 Anm. 20 (oben I S. 141).

daß in den von den notenausgebenden Banken zu veröffentlichenden Jahresbilanzen folgende Kategorien der Aktiva und Passiva gesondert nachzuweisen sind:

I. **auf Seiten der Passiva:**

1. das Grundkapital;
2. der Reservefonds, — und zwar, sofern derselbe die vorgeschriebene Höhe noch nicht erreicht hat, unter Angabe:
   a) des Bestandes am Schlusse des Vorjahres,
   b) des für das Geschäftsjahr statutenmäßig überwiesenen Betrages und des aus a und b sich ergebenden Bestandes;
3. der etwa angelegte Reservefonds für zweifelhafte Forderungen (Delkrederekonto);
4. der Gesammtbetrag der emittirten (in den Betrieb gegebenen) Banknoten, unter Angabe der Beträge, welche hiervon auf die einzelnen Notenabschnitte entfallen;
5. das Guthaben der Giro- und Kontokurrentgläubiger;
6. der Betrag der Depositen, und zwar:
   a) der verzinslichen, unter Sonderung der Beträge nach Zinssatz und Kündigungsfrist,
   b) der unverzinslichen;
7. der Betrag der schuldigen Depositenzinsen;
8. der Betrag der nach §§ 9, 10 des Bankgesetzes an die Reichskasse etwa abzuführenden Notensteuer;

9. der Betrag des aus dem gleichzeitig zu veröffentlichenden Jahresabschlusse des Gewinn- und Verlustkontos (§ 8 Abs. 1 Ziffer 2 des Bankgesetzes) sich ergebenden Reingewinnes;

II. **auf Seiten der Aktiva:**

1. der Bestand an Gold in Barren oder ausländischen Münzen, das Pfund fein zu 1392 Mark gerechnet;
2. der Kassenbestand, und zwar an:
   a) kursfähigem deutschen geprägten Gelde,[2]
   b) Reichskassenscheinen,
   c) eigenen Banknoten unter Angabe der Beträge, welche hiervon auf die einzelnen Notenabschnitte entfallen,
   d) Reichsbanknoten,
   e) Noten anderer Banken;
3. der Bestand an Silber in Barren und Sorten;[3]
4. die Wechselbestände ausschließlich der unter Ziffer 8 bezeichneten, und zwar:
   a) Platzwechsel,
   b) Remessenwechsel[4] auf deutsche Plätze,
   (zu a und b unter gesonderter Angabe der innerhalb der nächsten fünfzehn Tage fälligen),

[2] Wegen Sonderung der deutschen Münzsorten vgl. oben I Anm. 17, S. 139.

[3] Die Reichsbank besitzt solches Silber nicht mehr.

[4] D. s. Wechsel, die zwecks Einzugs an andere Bankanstalten „remittiert" werden (jetzt „Versandwechsel" bezw. „Einzugswechsel").

c) Wechsel auf außerdeutsche Plätze nach den Valuten gesondert;

5. der Betrag der Lombardforderungen ausschließlich der unter Ziffer 8 bezeichneten, und zwar:
   a) auf Gold und Silber,
   b) auf Effekten (einschließlich Wechsel) der in § 13 Ziffer 3 Buchstaben b, c, d des Bankgesetzes bezeichneten Art,
   c) auf andere Effekten,
   d) auf Waren;
6. der Bestand an Effekten, und zwar:
   a) an diskontirten Werthpapieren,
   b) an eigenen Effekten,
   c) an Effekten des Reservefonds,

   zu b und c unter Angabe der einzelnen Sorten und des Werthes, zu welchem sie in die Bilanz aufgenommen worden sind;
7. das Guthaben der Bank im Kontokurrentverkehr unter Sonderung der Beträge nach der Art der gewährten Deckung (Bürgschaft, Faustpfand in Effekten, Waren, Hypotheken usw.);
8. der Betrag der fälligen, aber unbezahlt gebliebenen Wechsel- und Lombardforderungen;
9. der Werth der der Bank gehörigen Grundstücke.

Außerdem sind in der Jahresbilanz, gemäß der Schlußbestimmung in § 8 des Bankgesetzes, die aus weiterbegebenen, im Inlande zahlbaren Wechseln entsprungenen eventuellen Verbindlichkeiten ersichtlich zu machen.

Berlin, den 15. Januar 1877.

Der Reichskanzler.

In Vertretung: Hofmann.

VI.

Verordnung, betreffend die Anstellung der Beamten und die Zuständigkeit zur Ausführung des Gesetzes vom 31. März 1873 bei der Verwaltung der Reichsbank. Vom 19. Dezember 1875.

(RGBl. S. 378. Ausgegeben am 29. Dezember 1875.)[1]

Wir Wilhelm, von Gottes Gnaden Deutscher Kaiser, König von Preußen ꝛc.

verordnen im Namen des Deutschen Reichs in Ergänzung der Verordnung, betreffend die Zuständigkeit der Reichsbehörden zur Ausführung des Gesetzes vom 31. März 1873 und die Anstellung der Reichsbeamten, vom 23. November 1874 (Reichs-Gesetzbl. S. 135),[2] was folgt:

§ 1. Die Beamten der Reichsbank, soweit sie nicht in Gemäßheit der §§ 27 und 36 des Bank-

[1] Vgl. BankG. § 28 Anm. 84 (oben I S. 172).

[2] Diese Verordnung ist nicht wie Nr. VII bis XII zur Ergänzung des Statuts der Reichsbank ergangen.

gesetzes vom 14. März d. J. (Reichs-Gesetzbl. S. 177) vom Kaiser zu ernennen sind,[3] werden von dem Reichskanzler oder auf Grund der von dem letzteren ertheilten Ermächtigung[4] von dem Präsidenten des Reichsbank-Direktoriums angestellt.

§ 2. Zur Ausübung derjenigen Funktionen, welche in dem Gesetze, betreffend die Rechtsverhältnisse der Reichsbeamten, vom 31. März 1873 (Reichs-Gesetzbl. S. 61) der obersten Reichsbehörde, den höheren Reichsbehörden, den vorgesetzten Dienstbehörden und den unmittelbar vorgesetzten Behörden beigelegt sind, sind im Bereiche der Reichsbankverwaltung zuständig:

A. in Bezug auf den Präsidenten und die Mitglieder des Reichsbank-Direktoriums:
der Reichskanzler;

B. in Bezug auf die übrigen Reichsbankbeamten:
I. als oberste Reichsbehörde:
das Reichsbank-Direktorium;
II. als höhere, der obersten Reichsbehörde unmittelbar untergeordnete Reichsbehörden:
die Reichsbankhauptstellen;

[3] Nämlich Präsident, Vizepräsident und Mitglieder des Reichsbank-Direktoriums (vgl. BankG. § 27), sowie die Bankkommissarien bei den Reichsbankhauptstellen (vgl. BankG. § 36). Vgl. V. v. 23. Nov. 1874 § 4 (RGBl. S. 185).

[4] Die erteilte Ermächtigung erstreckt sich auf alle nicht vom Kaiser zu ernennenden Beamten mit Ausnahme der ersten Vorstandsbeamten der Reichsbankhauptstellen.

III. als vorgesetzte Dienstbehörde:
der Präsident des Reichsbank-Direktoriums;

IV. als unmittelbar vorgesetzte Behörden bezw. Beamte:
1. der Vorsteher jeder Bankanstalt hinsichtlich der bei ihr angestellten Beamten;[5]
2. jede Bankanstalt, welcher eine andere unmittelbar untergeben ist, hinsichtlich des Vorstehers oder, wo ein solcher fehlt,[6] hinsichtlich der Beamten der untergebenen Behörde.[7]

Urkundlich unter Unserer Höchsteigenhändigen Unterschrift und beigedrucktem Kaiserlichen Insiegel.

Gegeben Berlin, den 19. Dezember 1875.

(L. S.) **Wilhelm.**

Fürst v. Bismarck.

[5] Der Vorstand der Reichsbankhauptstellen und der Reichsbankstellen besteht aus („wenigstens") zwei Mitgliedern (BankG. § 36 Abs. 1, Bek. d. RK. v. 17. Dez. 1875 — oben S. 181 und unten XV, S. 287); „Vorsteher" im Sinne der obigen V. IV, 1 ist aber wohl nur der erste Vorstandsbeamte, welchem instruktionsmäßig die Leitung der Anstalt obliegt, bei den Nebenstellen der „Bankvorstand".

[6] Diese Voraussetzung trifft auch bei den Nebenstellen und Warendepots niemals zu.

[7] Also die Reichsbankhauptstellen bzw. Reichsbankstellen hinsichtlich des Vorstandes der Nebenstellen &c.

VII.

Verordnung, betreffend die Pensionen und Kautionen der Reichsbankbeamten. Vom 23. Dezember 1875.

(RGBl. S. 380. Ausgegeben am 29. Dezember 1875.)[1]

Wir Wilhelm, von Gottes Gnaden Deutscher Kaiser, König von Preußen rc.

verordnen auf Grund des § 40 des Bankgesetzes vom 14. März 1875 (Reichs-Gesetzbl. S. 177)[2] zur Ergänzung des Statuts der Reichsbank vom 21. Mai 1875 (Reichs-Gesetzbl. S. 203),[3] nach Einvernehmen mit dem Bundesrath, im Namen des Deutschen Reichs, was folgt:

§ 1. Die zur Regelung der Pensions- und Kautionsverhältnisse der Reichsbeamten ergangenen gesetzlichen Bestimmungen, insbesondere die §§ 34 bis 71 des Reichsbeamten-Gesetzes vom 31. März 1873 (Reichs-Gesetzbl. S. 61), der § 8 des Gesetzes über die Bewilligung von Wohnungsgeldzuschüssen vom 30. Juni 1873 (Reichs-Gesetzbl.

[1] Vgl. BankG. § 28 Anm. 85 (oben I S. 173); § 40 Anm. 122 (das. S. 187).

Die über die Kautionspflicht der Reichsbankbeamten bestehenden Bestimmungen werden durch das Gesetz wegen Aufhebung der Kautionspflicht der Reichsbeamten vom 20. Februar 1898 (RGBl. S. 29) nicht berührt.

[2] Vgl. Anm. 1.

[3] Oben II Anm. 1, S. 216, I Anm. 122 S. 187.

S. 166) und das Gesetz, betreffend die Kautionen der Bundesbeamten, vom 2. Juni 1869 (Bundes-Gesetzbl. S. 161) finden auf die Reichsbankbeamten entsprechende Anwendung,[4] und zwar, was die Kautionsverhältnisse anlangt, mit den nachfolgenden Maßgaben.

§§ 2, 3. Dieselben sind ersetzt durch die V. v. 31. März 1880 (unten VIII).

§ 4. Den Bankagenten (Vorstehern der Reichsbanknebenstellen)[5] kann von dem Präsidenten des Reichsbank-Direktoriums die Kautionsbestellung in anderen als den im § 5 des Gesetzes vom 2. Juni 1869 bezeichneten Papieren nach dem Kurswerthe mit angemessenem Abschlag oder in Hypotheken gestattet werden.

§ 5. Unterbeamten und kontraktlichen Dienern, welche die Kaution auf einmal zu beschaffen außer Stande sind, kann von dem Präsidenten des Reichsbank-Direktoriums ausnahmsweise gestattet werden, die Beschaffung der Kaution nachträglich durch Ansammlung von Gehaltsabzügen im Betrage von fünf bis zehn Mark monatlich zu bewirken.

§ 6. Die Aufbewahrung der Kautionen, sowie

[4] Die hier angeführten Bestimmungen beziehen sich an sich nur auf diejenigen Reichsbeamten, welche ihr Gehalt aus der Reichskasse empfangen, während die Reichsbankbeamten zwar die Rechte und Pflichten der Reichsbeamten haben, aber ihre Besoldungen usw. aus der Kasse der Reichsbank erhalten (BankG. § 28).

[5] Die jetzige Bezeichnung ist „Bankvorstand".

die Ansammlung der Gehaltsabzüge (§ 5) erfolgt bei dem Reichsbank-Komtor für Werthpapiere zu Berlin.[6]

Urkundlich unter Unserer Höchsteigenhändigen Unterschrift und beigedrucktem Kaiserlichen Insiegel.

Gegeben Berlin, den 23. Dezember 1875.

(L. S.) **Wilhelm.**

Fürst v. Bismarck.

VIII.

Verordnung wegen Ergänzung und Abänderung der Verordnung vom 23. Dezember 1875, betreffend die Pensionen und Kautionen der Reichsbankbeamten. Vom 31. März 1880.[1]

(RGBl. S. 97. Ausgegeben am 2. April 1880.)

Wir Wilhelm, von Gottes Gnaden Deutscher Kaiser, König von Preußen rc.

verordnen auf Grund des § 40 des Bankgesetzes vom 14. März 1875 (Reichs-Gesetzbl. S. 177) zur Ergänzung des Statuts der Reichsbank vom 21. Mai 1875 (Reichs-Gesetzbl. S. 203) nach Einvernehmen mit dem Bundesrath, im Namen des Reichs, was folgt:

[6] Vgl. unten Anh. A. IX S. 319. Die Aufbewahrung geschieht unentgeltlich. Eine Verwaltung ist damit gesetzlich nicht verbunden.

[1] Vgl. oben VII Anm. 1, S. 274.

An die Stelle der §§ 2, 3 der Verordnung vom 23. Dezember 1875 (Reichs-Gesetzbl. S. 380)[2] treten folgende Bestimmungen:

§ 2. Zur Kautionsleistung sind mit den daneben angegebenen Beträgen verpflichtet:

1.	der Rendant der Reichsbank-Hauptkasse mit	18000 Mk.,
2.	der Vorsteher des Lombard-Komtors bei der Reichshauptbank mit	9000 Mk.,
3.	die Vorstandsbeamten der Reichsbank-Hauptstellen, Reichsbankstellen u. Reichsbank-Kommanditen[3] mit 6000 Mk. bis	18000 Mk.,
4.	die Kassirer und die mit der Aufbewahrung oder Verwaltung von Werthschaften außerdem beauftragten Beamten bei der Hauptbank und den Zweiganstalten mit 3000 Mk. bis	9000 Mk.,
5.	der Kontrolör der Diskontokasse[4] mit	2400 Mk.,
6.	die Geldzähler mit	750 Mk.,
7.	die Kassendiener, Hausdiener und Hülfskassendiener mit	600 Mk.,

[2] Vgl. oben VII, S. 274.

[3] Reichsbankkommanditen sind nicht mehr vorhanden. Die letzte, zu Insterburg, ist zur Reichsbankstelle erhoben (s. BankG. § 37 Anm. 114, S. 183).

[4] Die Stelle ist später aufgehoben.

8. die Bankagenten (Vorsteher von Reichsbank-Nebenstellen)[5] mit 1000 Mk. bis 150000 Mk.

§ 3. Die Höhe der Kautionen bei den in § 2 unter Ziffer 3, 4 und 8 bezeichneten Beamten wird in jedem Falle von dem Präsidenten des Reichsbank-Direktoriums innerhalb der daselbst angegebenen Grenzen bei der Berufung des Beamten nach dem voraussichtlichen Geschäftsumfange festgesetzt.

Urkundlich unter Unserer Höchsteigenhändigen Unterschrift und beigedrucktem Kaiserlichen Insiegel.

Gegeben Berlin, den 31. März 1880.

(L. S.) Wilhelm.
Fürst v. Bismarck.

IX.

Verordnung, betreffend die Fürsorge für die Wittwen und Waisen der Reichsbankbeamten. Vom 8. Juni 1881. (RGBl. S. 117. Ausgegeben am 21. Juni 1881.)

Wir Wilhelm, von Gottes Gnaden Deutscher Kaiser, König von Preußen ꝛc.
verordnen auf Grund der §§ 28 und 40 des Bankgesetzes vom 14. März 1875 (Reichs-Gesetzbl.

[5] Vgl. oben VII Anm. 5, S. 275.

S. 177)[1] zur Ergänzung des Statuts der Reichsbank vom 21. Mai 1875 (Reichs=Gesetzbl. S. 203)[2] nach Einvernehmen mit dem Bundesrath, im Namen des Reichs, was folgt:

Die Bestimmungen des Gesetzes, betreffend die Fürsorge für die Wittwen und Waisen der Reichsbeamten der Civilverwaltung vom 20. April d. J. (Reichs = Gesetzbl. S. 85), finden auf die Reichsbankbeamten mit folgenden Maßgaben entsprechende Anwendung:

I. An Stelle der Reichskasse tritt überall die Kasse der Reichsbank.

II. Die Wittwen= und Waisengeldbeiträge werden bei der Reichsbank zu einem besonderen Fonds angesammelt und verwaltet.[3] Insofern derselbe nicht zu den laufenden Zahlungen an Wittwen= und Waisengeld zu verwenden ist, erfolgt die zinsbare Anlegung in Schuldverschreibungen des Reichs oder deutscher Bundesstaaten nach Bestimmung des Reichsbank=Direktoriums.

III. Diese Verordnung tritt mit dem 1. Juli 1881 in Kraft.

[1] Vgl. oben VII Anm. 4, S. 275.

[2] Oben II, S. 216.

[3] Zu diesem inzwischen ausgeschütteten Fonds sind auch die zufolge Art. II § 2 des G. v. 5. März 1888 (RGBl. S. 80) nachentrichteten Beiträge (s. V. v. 18. März 1888 II — unten XI S. 282) geflossen.

Urkundlich unter Unserer Höchsteigenhändigen Unterschrift und beigedrucktem Kaiserlichen Insiegel.

Gegeben Berlin, den 8. Juni 1881.

(L. S.) **Wilhelm.**
Fürst v. Bismarck.

X.

Verordnung wegen Ergänzung der Verordnung vom 23. Dezember 1875, betreffend die Pensionen und Kautionen der Reichsbankbeamten,[1] und der Verordnung, betreffend die Fürsorge für die Wittwen und Waisen der Reichsbankbeamten, vom 8. Juni 1881.[2] Vom 20. Juni 1886.

(RGBl. S. 203. Ausgegeben den 25. Juni 1886.)

Wir Wilhelm, von Gottes Gnaden Deutscher Kaiser, König von Preußen ꝛc.

verordnen auf Grund der §§ 28 und 40 des Bankgesetzes vom 14. März 1875 (Reichs-Gesetzbl. S. 177) zur Ergänzung des Statuts der Reichsbank vom 21. Mai 1875 (Reichs-Gesetzbl. S. 203) nach Einvernehmen mit dem Bundesrath, im Namen des Reichs, was folgt:

Die Bestimmungen des Gesetzes vom 21. April

[1] Oben VII S. 274.
[2] Oben IX S. 278.

1886 (Reichs-Gesetzbl. S. 80)[3] finden auf die Reichsbankbeamten entsprechende Anwendung.[4]

Urkundlich unter Unserer Höchsteigenhändigen Unterschrift und beigedrucktem Kaiserlichen Insiegel.

Gegeben Bad Ems, den 20. Juni 1886.

(L. S.) **Wilhelm.**

von Bötticher.

XI.

Verordnung, betreffend den Erlaß der Wittwen- und Waisengeldbeiträge der Reichsbankbeamten. Vom 18. März 1888. (RGBl. S. 80.

Ausgegeben den 23. März 1888.)[1]

Wir Friedrich, von Gottes Gnaden Deutscher Kaiser, König von Preußen 2c.

verordnen auf Grund der §§ 28 und 40 des Bankgesetzes vom 14. März 1875 (Reichs-Gesetzbl. S. 177) zur Ergänzung des Statuts der Reichsbank vom 21. Mai 1875 (Reichs-Gesetzbl. S. 203) nach Einvernehmen

[3] Dasselbe enthält Ergänzungen und Abänderungen der §§ 34, 41, 48, 60 des ReichsbeamtenG. v. 31. März 1873 (RGBl. S. 61), insonderheit eine (auch auf die Höhe des Witwen- und Waisengeldes gesetzlich ihren Einfluß äußernde) Erhöhung der Pensionen.

[4] Vgl. oben VII Anm. 4, S. 275.

[1] Vgl. oben IX X, S. 278 ff.

mit dem Bundesrath, im Namen des Reichs, was folgt:

Die Bestimmungen des Gesetzes, betreffend den Erlaß der Wittwen- und Waisengeldbeiträge von Angehörigen der Reichs-Civilverwaltung, des Reichsheeres und der Kaiserlichen Marine, vom 5. März d. J. (Reichs-Gesetzbl. S. 65)[2] finden auf die Reichsbankbeamten mit folgenden Maßgaben entsprechende Anwendung:

I. An Stelle der Reichskasse tritt die Kasse der Reichsbank.

II. Die zufolge Artikel II § 2 des Gesetzes nachentrichteten Beträge treten dem nach der Verordnung vom 8. Juni 1881 (Reichs-Gesetzbl. S. 117) unter II gebildeten Fonds hinzu, welcher weiter zu den laufenden Zahlungen an Wittwen- und Waisengeld zu verwenden ist.[3]

Urkundlich unter Unserer Höchsteigenhändigen Unterschrift und beigedrucktem Kaiserlichen Insiegel.

Gegeben Charlottenburg, den 18. März 1888.

(L. S.) **Friedrich.**

von Bötticher.

[2] Das Gesetz hebt die Witwen- und Waisengeldbeiträge v. 1. April 1888 ab auf und läßt den Widerruf früherer Verzichte auf Witwen- und Waisengeld gegen Nachentrichtung der Beiträge mit gewissen Erleichterungen zu.

[3] Vgl. oben IX Anm. 3, S. 279.

XII.

Verordnung, betreffend die anderweite Bemessung der Wittwen- und Waisengelder für die Hinterbliebenen der Reichsbankbeamten. Vom 26. Juli 1897.

(RGBl. S. 613. Ausgegeben den 2. August 1897.)[1]

Wir Wilhelm, von Gottes Gnaden Deutscher Kaiser, König von Preußen 2c.

verordnen auf Grund der §§ 28 und 40 des Bankgesetzes vom 14. März 1875 (Reichs-Gesetzbl. S. 177) zur Ergänzung des Statuts der Reichsbank vom 21. Mai 1875 (Reichs-Gesetzbl. S. 203) nach Einvernehmen mit dem Bundesrath, im Namen des Reichs, was folgt:

Die Bestimmungen in Artikel I, IV und VI des Gesetzes wegen anderweiter Bemessung der Wittwen- und Waisengelder vom 17. Mai 1897 (Reichs-Gesetzbl. S. 455)[2] finden auf die Reichsbankbeamten entsprechende Anwendung.

[1] Vgl. oben IX—XI, S. 278 ff.

[2] Das Gesetz erhöht das Witwengeld und folgeweise das Waisengeld, indem Art. I an Stelle von § 8 des G. v. 20. April 1881 (RGBl. S. 85) tritt und Art. IV dem § 12 dieses G., dem § 18 d. G. v. 17. Juni 1887 (RGBl. S. 287) und dem § 4 des G. v. 13. Juni 1895 (RGBl. S. 261) hinzutritt. Art. VI bestimmt: „Dieses Gesetz tritt mit dem 1. April 1897 in Kraft."

Urkundlich unter Unserer Höchsteigenhändigen Unterschrift und beigedrucktem Kaiserlichen Insiegel.

Gegeben Molde an Bord M. Y. „Hohenzollern", den 26. Juli 1897.

(L. S.) **Wilhelm.**

Graf von Posadowsky.

XIII.

Verordnung, betreffend die anderweite Anrechnung des Wohnungsgeldzuschusses bei Bemessung der Pension für die Reichsbankbeamten. Vom 24. November 1902. (RGBl. S. 281. Ausgegeben den 27. November 1902.)[1]

Wir Wilhelm, von Gottes Gnaden Deutscher Kaiser, König von Preußen ꝛc.

verordnen auf Grund der §§ 28 und 40 des Bankgesetzes vom 14. März 1875 (Reichs-Gesetzbl. S. 177) zur Ergänzung des Statuts der Reichsbank vom 21. Mai 1875 (Reichs-Gesetzbl. S. 203), nach Einvernehmen mit dem Bundesrath, im Namen des Reichs, was folgt:

Die Bestimmung im § 2 Abs. 1 des Gesetzes, betreffend den Servistarif und die Klasseneintheilung der Orte sowie Abänderung des Gesetzes über die

[1] Vgl. oben VII, VIII S. 274 ff., X S. 280 ff.

Bewilligung von Wohnungsgeldzuschüssen, vom 7. Juli 1902 (Reichs-Gesetzbl. S. 239)[2] findet auf die Reichsbankbeamten entsprechende Anwendung.

Urkundlich unter Unserer Höchsteigenhändigen Unterschrift und beigedrucktem Kaiserlichen Insiegel.

Gegeben Neues Palais, den 24. November 1902.

(L. S.) **Wilhelm.**

Graf von Posadowsky.

XIV.

Bekanntmachung, betreffend die Reichshauptkasse. Vom 29. Dezember 1875.

(RGBl. S. 821.)

In Gemäßheit der Bestimmungen im § 22 des Bankgesetzes vom 14. März 1875 (Reichs-Gesetzblatt Seite 177)[1] und des § 11 des Statuts der Reichsbank vom 21. Mai 1875 (Reichs-Gesetzblatt Seite 203)[2] ist die Wahrnehmung der Zentralkassengeschäfte des Deutschen Reichs vom 1. Januar 1876 ab auf die Reichsbankhauptkasse hierselbst übertragen, welche dieselben unter der Benennung „Reichs-Hauptkasse" führen wird.

[2] § 2 Abs. 1 bestimmt, daß vom 1. April 1902 ab bei Bemessung der Pension der Durchschnittssatz des Wohnungsgeldzuschusses für die Servisklassen I—IV in Anrechnung gebracht wird.

[1] Vgl. oben I Anm. 74, S. 163.

[2] Oben II S. 216.

Für die Buchführungsgeschäfte der Reichs-Hauptkasse ist bei der Reichsbank-Hauptkasse eine besondere Geschäftsabtheilung eingerichtet. Alle amtlichen Ausfertigungen der Reichs-Hauptkasse müssen die Unterschrift des Vorstehers dieser Geschäftsabtheilung oder seines geordneten Vertreters, und die Unterschrift eines derselben angehörigen Buchhalters tragen.

Hier am Orte sind Zahlungen an die Reichs-Hauptkasse für deren Rechnung an die Reichsbank-Hauptkasse zu leisten. Quittungen der Reichs-Hauptkasse über solche Zahlungen bedürfen, neben den Unterschriften der vorgedachten beiden Beamten der Reichs-Hauptkasse, noch der Unterschrift des betreffenden Kassirers der Reichsbank-Hauptkasse.[3]

Berlin, den 29. Dezember 1875.

Der Reichskanzler.
v. Bismarck.

[3] Die Bestimmung in § 2 der V. v. 22. Jan. 1874 (RGBl. S. 9), wonach die Beamten der Rendantur des Reichskriegsschatzes aus dem Personal der Reichshauptkasse zu entnehmen sind, ist aufgehoben durch V. v. 31. März 1897 (RGBl. S. 169).

Nach Uebernahme der Kassengeschäfte des Reichsmarineamts sind mehrere Marinebeamte dem Personal der Reichshauptkasse hinzugetreten.

XV.

Reichsbankhauptstellen und Reichsbankstellen.

1. Bekanntmachung vom 17. Dezember 1875.
(RGBl. S. 802.)[1]

Auf Grund des § 36 des Bankgesetzes vom 14. März d. J. (Reichs-Gesetzblatt Seite 177) hat der Bundesrath beschlossen, daß die Zweiganstalten der Preußischen Bank in Königsberg, Stettin, Posen, Breslau, Magdeurg, Hannover, Dortmund, Cöln, Frankfurt a. M., Bremen, Leipzig, Mannheim und Straßburg im Elsaß vom 1. Januar 1876 ab in Reichsbankhauptstellen umzuwandeln, und daß außerdem in München, Stuttgart und Hamburg Reichsbankhauptstellen zu errichten sind. Ferner habe ich auf Grund des § 37 a. a. O. die Umwandlung der preußischen Bank-Komtoire in Münster und Danzig und der preußischen Bank-Kommanditen in Aachen, Bielefeld, Braunschweig. Bromberg, Carlsruhe, Cassel, Chemnitz, Coblenz, Crefeld, Dresden, Düsseldorf, Elberfeld, Elbing, Emden, Erfurt, Essen, Flensburg, Frankfurt a. O., Gleiwitz, Glogau, Görlitz, Graudenz, Halle, Kiel, Landsberg a. W., Liegnitz, Mainz, Memel, Metz, Minden, Mülhausen i. E., Nordhausen, Osnabrück, Siegen, Stralsund, Thorn und Tilsit in Reichsbankstellen, sowie die Errichtung neuer Reichsbankstellen in Augsburg, Nürnberg, Gera und Lübeck beschlossen.

[1] Vgl. oben I Anm. 108, S. 181, Anm. 114, S. 183 u. d. Verzeichnis im Anhange B, S. 340 ff.

Ueber die Einrichtung, den Geschäftsbezirk und die Eröffnung der neu zu errichtenden Reichsbankhauptstellen und Reichsbankstellen wird das Reichsbank-Directorium das Nähere bekannt machen.[2]

Berlin, den 17. Dezember 1875.

Der Reichskanzler.
v. Bismarck.

XVI.

Privatnotenbanken.

1. Bekanntmachung, betreffend die Anwendung der §§ 42 und 43 des Bankgesetzes vom 14. März 1875. Vom 29. Dezember 1875.

(RGBl. S. 390. Ausgegeben am 31. Dezember 1875.)[1]

Nachdem die unten benannten Privatnoten-Banken die in § 45 des Bankgesetzes vom 14. März 1875 (Reichs-

[2] Vgl. die an den in Anm. 1 angeführten Stellen zitierten Bekanntmachungen des Reichskanzlers (betreffend die Errichtung von Reichsbankhauptstellen in Danzig, Kiel und Dresden) und des Reichsbankdirektoriums, betreffend die Errichtung von Reichsbankstellen in Stolp 2c.

[1] Vgl. oben I Anm. 137—140, 147, 161, S. 191 ff., 194, 198.

Die mit der Bek. v. 29. Dezember 1875 in der Hauptsache gleichlautende Zweite Bekanntmachung, betreffend die Anwendung der §§ 42 und 43 des

Gesetzbl. S. 177) vorgesehenen Nachweise erbracht haben,[2] werden hierdurch die beschränkenden Bestimmungen der §§ 42 und 43 des Bankgesetzes zu Gunsten folgender Banken:

(1—5 sämtlich erloschen)

und die beschränkenden Bestimmungen des § 43 des Bankgesetzes zu Gunsten folgender Banken:

6. der Frankfurter Bank,[3]
7. der Bayerischen Notenbank,
8. der Sächsischen Bank zu Dresden,
9. der Württembergischen Notenbank,
10. der Badischen Bank,
11. der Bank für Süddeutschland zu Darmstadt[4]

als nicht anwendbar erklärt.

Die Noten der vorbezeichneten Banken werden an den aus der Anlage ersichtlichen Stellen eingelöst werden.

Die Prüfung der von einigen anderen Privatnotenbanken zufolge des § 45 a. a. O. vorgelegten Nachweise ist noch nicht abgeschlossen.

Berlin, den 29. Dezember 1875.

Der Reichskanzler.
v. Bismarck.

BankG. v. 14. März 1875, vom 7. Januar 1876 (RGBl. S. 2) ist, nachdem sämtliche von ihr betroffenen Banken erloschen sind, gegenstandslos geworden.

[2] Oben I S. 198.

[3] Hat auf ihr Notenrecht verzichtet.

[4] Hat auf ihr Notenrecht verzichtet und ist erloschen.

Anlage.

Es werden eingelöst

Die Noten	in Berlin:
(1, 2, 4, 5 sind erloschen)	
3. der Sächsischen Bank zu Dresden	bei dem Bankhause F. Mart. Magnus.[5]

Die Noten	in Frankfurt a. M.:
(6, 7, 11 sind erloschen)	
8. der Bayerischen Notenbank	bei der „Frankfurter Bank".
9. der Württembergischen Notenbank	bei der „Frankfurter Bank".
10. der Badischen Bank .	bei der „Frankfurter Bank".

2. Bekanntmachung, betreffend die Einlösung der Banknoten der Sächsischen Bank. Vom 3. September 1879.

(RGBl. S. 286. Ausgegeben am 4. September 1879.)

Die Banknoten der Sächsischen Bank zu Dresden werden in Berlin vom 1. September d. J. ab bei dem Bankhause S. Bleichröder eingelöst.

Dies wird unter Bezugnahme auf die Bek. vom 29. De-

[5] Jetzt bei S. Bleichröder — vgl. die nachfolgende Bek. unter 2.

zember 1875 (Reichs-Gesetzbl. S. 390)[6] hiermit zur öffentlichen Kenntniß gebracht.

Berlin, den 8. September 1879.

Der Stellvertreter des Reichskanzlers.
Otto Graf zu Stolberg.

Anhang.

A. Auszug aus den „Allgemeinen Bestimmungen über den Geschäftsverkehr mit der Reichsbank".[1]

I. Allgemeine Grundsätze.

1. Jeder ordentliche Geschäftsmann kann nach Maßgabe der nachfolgenden Bestimmungen mit der Reichsbank in Geschäftsverkehr treten. Er hat zuvor der Bankanstalt, in deren Bezirk er seinen Wohnsitz hat, die erforderlichen Mitteilungen über seine Verhältnisse zu machen, und wenn seine Firma in das Handelsregister eingetragen ist, einen beglaubigten Auszug aus demselben zu überreichen.
2. Soll der Geschäftsverkehr durch Prokuristen oder Bevollmächtigte vermittelt werden, so ist eine nur für den Verkehr mit der Reichsbank gültige Vollmacht

---

[6] Oben unter 1, S. 288.

[1] Diese „Allgemeinen Bestimmungen usw.", sowie das Verzeichnis der Bankplätze, das zugleich die nähere Anweisung über das Indossament, die Anfertigung der Verzeichnisse und Rechnungen über die zum Diskont eingereichten Wechsel enthält, werden bei jeder Reichsbankanstalt an die Interessenten unentgeltlich abgegeben.

nach dem von ihr bestimmten Muster auszustellen und bei ihr niederzulegen. Sollen an solche Personen Zahlungen geleistet werden, so muß noch eine persönliche Vorstellung der letzteren durch den Auftraggeber hinzutreten.

II. Diskontierungsgeschäft.[2]

A. Wechsel auf das Inland.

1. (Erfordernisse der Wechsel.) Die Wechsel müssen der Wechselordnung beziehungsweise den an dem ausländischen Ausstellungsorte geltenden wechselrechtlichen Bestimmungen entsprechen, eine Laufzeit von höchstens drei Monaten haben und die Unterschriften von in der Regel drei, mindestens aber zwei als zahlungsfähig bekannten Personen oder Firmen tragen; sie sind an die Bankanstalt des Zahlungsorts zu girieren.

Wechsel, welche am Sitz der ankaufenden Bankanstalt zahlbar sind, und alle domizilierten Wechsel müssen vor dem Ankaufe mit Annahmevermerk versehen sein.

Wechsel, welche die Einschränkung „oder Wert" enthalten, oder auf einen andern Tag als den im Wechsel angegebenen Verfalltag akzeptiert sind, oder Rasuren oder Korrekturen enthalten, werden von der Reichsbank nicht angekauft.

Bei Wechseln mit offenem (Blanko-) Giro muß jedenfalls das Indossament an den Verkäufer und dasjenige des letzteren an die Bank ausgefüllt sein. Allongen müssen stets eine vollständige Bezeichnung des betreffenden Wechsels enthalten.

Die Wechsel sind mit den Fälligkeitstagen zu überschreiben, mit einer Rechnung (2) einzureichen und übereinstimmend mit derselben zu ordnen.

---

[2] Vgl. BankG. § 13 Nr. 2, oben I S. 149.

2. (Erfordernisse der Rechnung.) Besondere Rechnungen müssen ausgestellt werden:

a) für Platzwechsel (zahlbar am Sitze der ankaufenden oder einer ihr untergeordneten Bankanstalt);

b) für Versandwechsel (zahlbar an andern deutschen Bankplätzen[3]).

Außerdem sind bei Diskontierungen in der Zeit vom 1. Oktober bis 31. Dezember jeden Jahres die Wechsel, welche noch im alten Jahre verfallen, und diejenigen, welche im neuen Jahre fällig werden, voneinander zu trennen und auf besonderen Noten einzureichen.

Auf der Rechnung sind die Wechsel nach den Bankanstalten geordnet, nach Betrag, Verfalltag, Bezogenen und Zahlungsort einzeln zu verzeichnen und die in Abzug kommenden Zinsen auszurechnen; bei Domizilwechseln ist der Name und Wohnort des Akzeptanten und des Domiziliaten anzuführen.

Bei der Zinsberechnung wird jeder Monat zu 30 Tagen angenommen; indessen wird der Monat Februar bei solchen Wechseln, welche am letzten Februar fällig sind, nur zu 28 bezw. 29 Tagen gerechnet. Der Tag des Ankaufs wird nicht mitgezählt.

Mithin sind zu berechnen bei Wechseln

am	15. Februar	angekauft	per	5. März	20	Tage
„	15.	„	„	28. Februar	13	„
„	15.	„	„	29. „	14	„
„	28.	„	„	5. März	7	„

An Zinsen sind **mindestens** zu berechnen:

a) 4 Tage auf Wechsel, welche am Ankaufsorte zahlbar sind;

---

[3] Das sind neben Berlin diejenigen Sitze von Zweiganstalten der Reichsbank, auf welche sie Wechsel ankauft (siehe das Verzeichnis unter B, S. 340ff.).

b) 5 Tage auf solche nicht am Ankaufsorte zahlbaren Wechsel, welche in Stücken von 10000 Mark und mehr, oder bei Posten von mindestens 20000 Mark in Stücken von nicht unter 5000 Mark eingereicht werden;

c) 10 Tage für alle übrigen Wechsel.

Für jeden einzelnen Wechsel im Betrage von 100 Mark und weniger werden jedoch mindestens 80 Pfennig, für jeden Wechsel über mehr als 100 Mark mindestens 50 Pfennig erhoben.

Die Wechselrechnungen sind vom Verkäufer bezw. dessen Prokuristen oder Bevollmächtigten eigenhändig zu quittieren.

B. Wechsel auf das Ausland.[4]

Die Reichsbank kauft Wechsel auf bestimmte Plätze des Auslandes — auf die englischen Plätze auch Schecks — nach der jedesmaligen letzten amtlichen Notiz der Berliner Börse,[5] Wechsel auf die Schweiz an den süddeutschen Anstalten jedoch nach der der Frankfurter Börse — abzüglich einer Gebühr, welche für langsichtige Wechsel $^1/_2$ ‰, für kurze Wechsel 1 ‰, in beiden Fällen mindestens 50 Pfennig für jeden Wechsel beträgt. Bei einer Laufzeit bis zu 14 Tagen wird der kurze Kurs, bei längerer Laufzeit der lange Kurs in Ansatz gebracht. Hat die Reichsbank Zinsen zu empfangen, so erfolgt die Berechnung zum Zinsfuße des ausländischen Platzes. Hat sie dagegen Zinsen zu vergüten, so geschieht dies bei einem Diskontsatz des betreffenden Landes

---

[4] Hinsichtlich der Ankaufsbedingungen im einzelnen, sowie der ausländischen Plätze, auf welche Wechsel angekauft werden, siehe oben Anm. 1.

[5] Bei Wechseln auf die „Nebenplätze", sowie bei Wechseln, welche eine gewisse Größe über- oder unterschreiten, findet in der Regel ein Kursabzug statt.

bis 4 % mit 1/2 % weniger,
über 4—7 % mit 1 % weniger und
über 7 % mit 1 1/2 % weniger.

Wechsel, welche länger als 14 und bei zweimonatlicher Notiz kürzer als 45, bei dreimonatlicher kürzer als 75 Tage sind — Mittelsichten —, werden ebenfalls zum langen Kurs, die Zinsen darauf aber mit 1/2 % weniger als bei langen Wechseln berechnet.

Um an der Berliner Börse als kurzes Papier lieferbar zu sein, müssen noch zu laufen haben

1. Wechsel auf Hauptplätze[6]
   a) in Belgien, Dänemark, England, Frankreich und Holland wenigstens 5 Tage (bei Wechseln auf England sind hier die Respekttage nicht mitgerechnet),
   b) in Italien und Skandinavien wenigstens 7 Tage,
2. Wechsel auf Nebenplätze
   a) in England und Frankreich wenigstens 8 Tage,
   b) in Belgien und Holland wenigstens 10 Tage,
   c) in Italien auf dem Festlande wenigstens 10 Tage, auf den Inseln wenigstens 14 Tage.

Da Auslandswechsel, wenn nicht Festtage eine Aenderung verursachen, an der Berliner Börse nur Dienstags, Donnerstags und Sonnabends gehandelt werden, so werden *kurze Wechsel* nur dann angekauft, wenn sie nach dem Postenlauf *einen Tag früher in Berlin* eintreffen, bevor sie die äußerste *Grenze der Lieferbarkeit* erreicht haben. *Zu kurze Papiere*, welche dieser Bedingung nicht entsprechen, werden daher nur zum *auftragsweisen Verkauf* an der Börse (vgl. unten IV a. E. S. 301) übernommen.

Die Wechsel müssen in der Geldsorte des Landes, in dem sie zahlbar sind, ausgestellt sein,[7] den gesetzmäßigen

---

[6] London, Paris, Antwerpen, Brüssel, Amsterdam, Rotterdam ꝛc.

[7] Wechsel auf Belgien dürfen jedoch in holländischen Gulden lauten (189 Gulden = 400 Franks).

Anforderungen bezüglich der Stempelung und der Form vollkommen entsprechen und die Unterschriften von drei, mindestens aber zwei als zahlungsfähig bekannten Personen oder Firmen tragen. Sie sind von den Verkäufern unmittelbar an die Order des Reichsbank-Direktoriums in Berlin zu girieren, mit Ausnahme der Wechsel auf die Schweiz, welche mit Giro an die Reichsbankhauptstelle in Frankfurt a. M. zu versehen sind. Werden die Wechsel oder Schecks in mehreren Exemplaren (Original und Kopie bezw. Prima und Sekunda oder Kopie) eingereicht, so ist stets nur eins derselben vom Verkäufer an die Reichsbank zu girieren. Bei Wechseln auf gewisse bedeutendere Plätze, welche eine mehr als 20tägige Laufzeit haben und über größere Beträge lauten, pflegt die Reichsbank die Annahme einzuholen, ohne daß eine Verpflichtung dieserhalb übernommen wird.

C. Wertpapiere.

Schuldverschreibungen des Reichs, eines deutschen Staats oder inländischer kommunaler Korporationen, welche nach spätestens drei Monaten mit ihrem Nennwerte fällig sind, werden diskontiert. Die Diskontierung derartiger Wertpapiere unterliegt der Stempelabgabe nach Tarif Pos. 4 zum Reichsstempelgesetz vom 14. Juni 1900.

Die Stempelabgabe sowie das Porto, welches durch die unter voller Wertangabe erfolgende Einsendung diskontierter Wertpapiere an eine andere Bankanstalt entsteht, sind von dem Verkäufer zu tragen. Nur bei Steuervergütungs-Anerkenntnissen und Ausfuhrzuschußscheinen trägt die Reichsbank die Kosten der Versendung.

Für Steuervergütungs-Anerkenntnisse sind an Zinsen mindestens 5 Tage zu berechnen, jedoch nur dann, wenn die Frist, welche für die Anmeldung der Präsentation zur Zahlung bezw. Gutschrift festgesetzt ist, nicht mehr als 3 Tage beträgt. Anderenfalls sind die Zinsen mindestens für einen jene Anmeldefrist um 2 Tage übersteigenden Zeitraum zu berechnen.

Der Minimaldiskontosatz beträgt wie bei Wechselankäufen 30 bezw. 50 Pfennig für das Stück.

III. Verkauf von Wechseln auf das Ausland.

Wechsel auf das Ausland werden aus dem Portefeuille der Reichsbank in kurzer, längstens 14tägiger Sicht abgegeben und, soweit solche in demselben nicht vorhanden oder verfügbar sind, auftragsweise an der Börse beschafft.

Anträge sind an diejenige Bankanstalt zu richten, zu deren Bezirk der Antragsteller seinem Wohnsitz nach gehört.

Der Auftrag kann durch die beteiligte Bankanstalt auch auf telegraphischem Wege nach Berlin bezw. Frankfurt a. Main übermittelt werden, wenn der Auftraggeber die Kosten des Telegramms trägt.

Bei Schecks oder Sichtpapieren auf London von 100 £ und darüber, die aus dem Portefeuille abgegeben werden, sind dem Käufer 9 Tage Zinsen zum Londoner Diskontsatz zu berechnen.

Anträge auf Ueberlassung oder Beschaffung von Wechseln auf L o n d o n, P a r i s, A m s t e r d a m, A n t w e r p e n und Z ü r i c h werden in geeigneten Fällen, ganz oder teilweise, durch von der Reichsbank ausgestellte Schecks auf deren Korrespondenten ausgeführt. Ohne Rücksicht auf die Höhe des Betrages sind dafür zu Lasten des Käufers, außer der Gebühr von 1 ‰, Zinsen zum Bankdiskont des betreffenden Platzes, und zwar bei Schecks auf Paris, Amsterdam, Antwerpen und Zürich für 6 Tage, auf London für 9 Tage zu berechnen.

Werden Schecks an der Börse angekauft, so ist die Zinsberechnung dieselbe wie bei Schecks, die von der Reichsbank ausgestellt sind.

Es ist daher in den Anträgen besonders hervorzuheben, wenn Schecks etwa **nicht** gewünscht werden.

Auf Auslandswechsel, welche vom Tage der Abnahme an noch eine längere als die usancemäßige Laufzeit haben, werden dem Käufer für die überschießenden Tage Zinsen zu dem betreffenden Banksatz vergütigt.

Für den auftragsweisen Ankauf von kurzsichtigen Wechseln auf ausländische Hauptplätze an der Börse, sowie für Wechsel aus dem Portefeuille wird 1 vom Tausend Gebühr einschließlich Maklergebühr, mindestens aber 50 Pfennig für jeden Posten von Wechseln auf dasselbe Land berechnet. Werden für den Geldbetrag vom Käufer Wechseldiskont- oder Lombardgeschäfte mit mindestens 10 tägigem Zinsgewinn gemacht, so werden weder beim auftragsweisen Ankauf, noch bei Abgaben aus dem Portefeuille, oder für von der Reichsbank ausgestellte Schecks irgendwelche Gebühren in Rechnung gestellt. Die Gebührenberechnung kann auch dann unterbleiben, wenn und soweit der 10 tägige Zins des Auslandswechselbetrages durch Diskontierung eines größeren Betrages von Wechseln mit kürzerer oder eines kleineren mit längerer als 10 tägiger Laufzeit erzielt wird.

IV. Einziehungsgeschäft.[8]

Wechsel, Anweisungen, Schecks auf inländische Bankhäuser, welche einer Abrechnungsstelle[9] nicht angehören,

---

[8] Vgl. BankG. § 13 Nr. 5, oben I S. 154. Die Reichsbank ist hier Einzugskommissionär.

[9] Vgl. BankG. § 12 Anm. 85, S. 148. S. auch unten Anhang VI, S. 311, 312. Für Schecks auf auswärtige Abrechnungshäuser wird eine geringere Gebühr erhoben (Abs. 2).

S. die Zusammenstellung der Mitglieder sämtlicher Abrechnungsstellen im Verzeichnis der Inhaber von Girokonten (Verlag A. Bath, Berlin).

und Papiere aller Art, welche in Mark und an einem Bankplatze zahlbar sind, nimmt jede Reichsbankanstalt von Personen, welche zu ihrem Geschäftsbezirk gehören, zur Einziehung an und berechnet für die ersten 1000 Mark eine Gebühr von 1 vom Tausend, für den übersteigenden Betrag eine solche von $1/_5$ vom Tausend, mindestens 50 Pfennig für das Stück, sodann bei Wertpapieren noch das Porto. (Vgl. jedoch Abs. 5.) Derartige Aufträge, welche einer Bankanstalt von Personen oder Häusern außerhalb ihres Geschäftsbezirks unmittelbar zugehen, werden nur ausnahmsweise unter besonderen Umständen ausgeführt. In diesem Falle beträgt die Gebühr 2 vom Tausend, mindestens aber 50 Pfennig für jedes Stück, und zwar auch dann, wenn die Auftragspapiere nicht bezahlt werden. Für die Einziehung sämtlicher bei der Reichsbank domizilierten Auftragswechsel, ohne Unterschied, von wo und wie dieselben an die einziehende Reichsbankanstalt gelangen, wird eine Gebühr von $1/_5$ ‰ des Nennbetrages, mindestens aber 50 Pfennig für jedes Stück, erhoben.

Weiße Schecks auf die Reichsbank werden bei allen Reichsbankanstalten nach Prüfung der Richtigkeit eingelöst. Für die Einlösung solcher weißen Schecks, die einer Bankanstalt von außerhalb zugehen, oder die bei einer anderen Bankanstalt, als derjenigen, welche das betreffende Konto führt, zur Zahlung vorgelegt werden,[10] sowie für die Einziehung von Schecks auf Mitglieder auswärtiger Abrechnungsstellen wird eine Gebühr von $1/_5$ vom Tausend, mindestens 30 Pfennig für das Stück, erhoben. Für weiße Schecks und Schecks auf Mitglieder der Abrechnungsstellen, welche vom **Auslande** zur Einlösung eingesandt werden, wird eine Gebühr von $1/_2$ vom Tausend, mindestens 50 Pfennig für jedes Stück, berechnet.

Für die Einziehung von Zinsscheinen ist eine Gebühr von $1/_4$ vom Hundert, mindestens aber 50 Pfennig für jede Gattung, zu entrichten.

---

[10] S. unten Anhang VI Satz 4, Anm. 16, S. 309.

Die Einlösung der Zinsscheine, für welche die Reichsbankanstalten Zahlstellen sind, erfolgt nur in deren Geschäftslokalen kostenfrei. Gehen derartige Zinsscheine durch die Post ein und wird eine Versendung des entsprechenden Geldbetrages erforderlich, so wird eine Gebühr von $^1/_5$ vom Tausend, mindestens aber 50 Pfennig für jede Sendung, erhoben.

Auf die bei der Bankanstalt, zu deren Geschäftsbezirk der Auftraggeber gehört, zur Einziehung eingelieferten, mangels Zahlung zurückkommenden Papiere wird außer den verauslagten Protest- und Portokosten eine Gebühr von 1 Mark für das Stück berechnet, ohne Rücksicht auf die Höhe des Wechselbetrages. Hat eine Protesterhebung nicht stattgefunden, so beträgt die Gebühr nur 50 Pfennig für jedes Stück. Ebenso wird auf Papiere, welche vor der Präsentation zurückgerufen werden, eine Gebühr von 50 Pfennig für das Stück berechnet und es gelangen außerdem die infolge etwa bereits stattgefundener Versendung entstandenen Portokosten zur Einziehung.

Die zur Einziehung übergebenen Wechsel ꝛc. dürfen keine längere als eine 14 tägige Laufzeit haben. Sie sind mit Giro an die Bankanstalt des Zahlungsortes und dem Zusatz „zum Inkasso", und wenn sie weniger als 5 Tage zu laufen haben, mit der Erklärung „ohne Verbindlichkeit zur rechtzeitigen Präsentation bezw. Protesterhebung" zu versehen, da die Reichsbank nicht jeden Wechsel besonders versenden, also auch für die rechtzeitige Präsentation bezw. Protesterhebung verspätet eingereichter Wechsel nicht aufkommen kann.

An einem Bankplatz zahlbare Schecks auf Frankreich, Belgien, Holland und England, sowie auch Wechsel auf diese Länder (nicht aber auch Banknoten) werden zum Einzug übernommen, und betragen die Gebühren und Kosten bei Papieren auf Hauptplätze 2‰, auf Nebenplätze $3^1/_2$‰, mindestens aber 1 Mark für jedes Stück.

Zu kurze Papiere auf das Ausland, die sonst den Anforderungen genügen, werden — nötigenfalls unter Befreiung von der Pflicht zur rechtzeitigen Präsentation — zum auftragsweisen Verkauf an der Börse gegen eine Gebühr von 1 ‰ des Rechnungsbetrages, mindestens aber 50 Pfennig für jeden Wechsel, übernommen, wenn der Eigentümer mit der Berechnung des zu erzielenden Kurses einverstanden ist. Diese Beschränkung gilt indessen nicht für die Post Bills der Bank von England, da deren Einlösung auch nach Verfall — fehlerlose Form vorausgesetzt — außer Zweifel steht.

V. Lombardverkehr.[11]

Die Reichsbank erteilt in Berlin und bei den Zweiganstalten Lombarddarlehne zu einem öffentlich bekannt gemachten Zinssatze gegen Verpfändung von edlen Metallen, im Inlande lagernden Kaufmannswaren, Wechseln und solchen Wertpapieren, deren Beleihungsfähigkeit das Reichsbank-Direktorium ausgesprochen hat. Sind die letzteren bei dem Kontor der Reichshauptbank für Wertpapiere niedergelegt, so genügt die Uebergabe des Depotscheins.[12]

Bedingungen
des
Lombardgeschäfts der Reichsbank.

A. Allgemeine.

§ 1. Darlehne in Beträgen von weniger als 500 Mark

---

[11] Vgl. BankG. § 13 Nr. 3, oben I S. 150. Hinsichtlich der Gruppen von beleihbaren Wertpapieren und der Beleihungsgrenzen siehe ebenda. Das spezielle Verzeichnis der beleihbaren Papiere ist abgedruckt in den „Allgemeinen Bestimmungen usw." S. oben Anhang A Anm. 1 S. 291.

[12] S. unten Anhang IX S. 319 ff., 330.

werden in der Regel nicht erteilt. Nach § 18 Nr. 3 des Bankgesetzes vom 14. März 1875 darf das Darlehn nicht auf länger als 3 Monate erteilt werden.

§ 2. Das Darlehen kann täglich zurückgezahlt und täglich ohne Kündigungsfrist zurückgefordert werden. Zum Nachweise der Rückforderung genügt die Absendung eines eingeschriebenen Briefes an die Adresse des Darlehnsnehmers.

§ 3. Gerät der Schuldner mit der Rückzahlung in Verzug (§ 2) oder bleiben die Zinsen rückständig (§ 5), so ist die Reichsbank berechtigt, das Pfand unter Beobachtung des § 20 des Bankgesetzes vom 14. März 1875 und unter Ausschluß der Vorschriften in §§ 1234 und 1238 des BGB. bezw. § 368 des HGB. verkaufen zu lassen und sich aus dem Erlöse wegen Kapitals, Zinsen und Kosten bezahlt zu machen.

§ 4. Die Reichsbank ist berechtigt, wenn sie es zu ihrer Sicherheit, zum Zwecke des Verkaufs oder aus sonstigen Gründen für angemessen erachtet, das Unterpfand auf Gefahr und Kosten des Verpfänders nach anderen Lagerstellen, sei es am Orte selbst oder außerhalb, bringen und dort aufbewahren oder verkaufen zu lassen.

§ 5. Die Zinsen sind alle drei Monate und möglichst vor dem Schlusse der Kalender-Quartale zu entrichten. Wird das Kapital jedoch schon früher vollständig zurückgezahlt, so sind die Zinsen gleichzeitig zu entrichten.

Die Zinsen werden bei Darlehnen gegen Verpfändung von Wertpapieren, einschließlich der Wechsel, wenn das Darlehn vor dem Vierteljahrsschluß über den letzten Werktag des Vierteljahrs hinaus oder am ersten Werktage des neuen Vierteljahrs entnommen wird, mindestens für zehn Tage berechnet. Erfolgt die Rückzahlung des Darlehns aber erst nach dem siebenten Tage des ersten Monats im neuen Vierteljahr, so sind die Zinsen mindestens für vierzehn Tage zu entrichten. Bei allen übrigen Darlehnen werden die Zinsen nur bis zum Tage der Rückzahlung berechnet.

Auf jeden Pfandschein ist mindestens 1 Mark Zinsen zu zahlen. Wird der Zinsfuß der Reichsbank allgemein erhöht oder ermäßigt, so tritt bei allen Darlehnen der neue Zinssatz sofort vom Tage der Einführung in Kraft.

§ 6. Teilzahlungen sind nur in Beträgen von mindestens 10 vom Hundert der schuldigen Summe, jedoch nicht unter fünfhundert Mark, gestattet.

§ 7. Die Reichsbank behält sich zwar das Recht vor, übernimmt aber keine Verpflichtung, die Legitimation des Inhabers des Pfandscheins oder dessen, der über den Rückempfang des Pfandes quittiert, sowie die Echtheit der Quittung zu prüfen, sondern darf jeden, welcher den Pfandschein vorlegt, für den rechtmäßigen Eigentümer halten. Der Verpfänder hat daher den Pfandschein gehörig aufzubewahren, damit das Unterpfand nicht an einen unrechtmäßigen Inhaber ausgeantwortet werde oder ein solcher neue Darlehne darauf aufnehme.

Nach vollständiger Rückzahlung des Darlehns nebst Zinsen wird das Unterpfand, oder im Falle des Verkaufs der dem Verpfänder etwa verbliebene, bei der Reichsbank zinslos aufzubewahrende Ueberschuß nur gegen Rückgabe des quittierten Pfandscheins oder nach gerichtlicher Kraftloserklärung desselben herausgegeben. Die Quittung muß (ohne weiteren Zusatz) lauten:

„Das Unterpfand habe ...... ich/wir zurückerhalten."

(Ort, Datum, Unterschrift.)

§ 8. Alle Zahlungen des Schuldners an Kapital, Zinsen und Kosten werden von der Reichsbank vorschriftsmäßig gebucht, außerdem aber ohne weitere Quittungserteilung auf dem Pfandschein sowie auf dessen Abschrift (§ 12) eingetragen. Rückzahlungen, welche an einer

Reichsbanknebenstelle[13] geleistet werden, haben der Reichsbank gegenüber nur dann Gültigkeit, wenn der Zahlende gleichzeitig derjenigen Reichsbankhauptstelle oder Reichsbankstelle, welche den Pfandschein ausgestellt hat, unmittelbar davon Anzeige macht.

§ 9. Reicht das Unterpfand zur vollständigen Befriedigung der Reichsbank nicht aus, so bleibt der persönliche Anspruch wegen des Fehlenden an den Verpfänder vorbehalten, selbst wenn er seine Rechte und Verbindlichkeiten aus dem Pfandschein einem anderen übertragen sollte.

§ 10. Die auf dem Pfandscheine von der Reichsbank nachgetragenen Veränderungen mit dem Kapital oder dem Unterpfande haben für beide Teile volle Beweiskraft und Verbindlichkeit.

§ 11. Alle Bestimmungen des Pfandscheins gelten für die etwa zugeschriebenen neuen Unterpfänder und Darlehne ebenfalls. Die sämtlichen Unterpfänder haften für die ganze Forderung der Reichsbank, gleichviel zu welcher Zeit die Zuschreibung neuer Unterpfänder oder Darlehne erfolgt ist, und können nach der Wahl der Reichsbank zusammen oder einzeln zur Berichtigung der Forderung an Kapital, Zinsen und Kosten noch § 3 veräußert werden.

§ 12. Der Verpfänder hat über den Empfang des Pfandscheins auf einer Abschrift davon, welche bei der Reichsbank bleibt, quittiert. Wenn dieser Pfandschein abhanden kommt, so soll gedachte Abschrift mit den darauf von der Reichsbank nachgetragenen Veränderungen für beide Teile volle Beweiskraft und Verbindlichkeit haben.

§ 13. In bezug auf die Verwahrung der Unterpfänder hat die Reichsbank — vorbehaltlich der besonderen Vorschriften in § 20 — nur für diejenige Sorgfalt einzustehen, welche sie in eigenen Angelegenheiten anzuwenden pflegt (§ 277 BGB.). Zu einer Fortschaffung

---

[13] Vgl. BankG. § 36, Anm. 115, 117, oben I S. 184, 185.

der Unterpfänder an einen anderen Ort ist die Reichsbank auf keinen Fall, insbesondere nicht im Kriegsfall, verpflichtet.

Die Portokosten für Hin- und Rücksendung von Effekten-Unterpfändern zwischen den Reichsbanknebenstellen und deren vorgesetzten Bankanstalten trägt der Verpfänder, wenn das Darlehn vor Ablauf von 14 Tagen zurückgezahlt wird.

B. Besondere.

1. Bei Verpfändung von Staats-, Kommunal-Papieren, Pfandbriefen, Aktien und anderen dergleichen Wertpapieren, sowie auch von Wechseln.

§ 14. Die Reichsbank überwacht nicht, ob die ihr verpfändeten Wertpapiere zur Auszahlung aufgerufen, ausgelost oder gekündigt werden, oder ob sonst eine Veränderung betreffs derselben eintritt oder vorzunehmen ist. Hierauf zu achten und das Geeignete zu veranlassen ist lediglich Sache des Verpfänders, den auch allein die nachteiligen Folgen treffen, wenn die nötigen Maßregeln unterbleiben. — Dies gilt auch hinsichtlich der Folgen einer nicht rechtzeitigen oder nicht richtigen Abtrennung, Verwertung, Aushändigung und Neubeschaffung der Zinsscheine, mag die Abtrennung usw. vom Verpfänder selbst oder von Beamten der Reichsbank auf oder ohne Antrag des Verpfänders bewirkt werden.

§ 15. Sinkt während der Dauer des Darlehns der Kurs des Unterpfandes um 5 vom Hundert, so ist der Verpfänder verpflichtet, binnen drei Tagen die ursprüngliche Sicherheit dadurch wieder herzustellen, daß er nach Wahl der Reichsbank entweder eine verhältnismäßige Abschlagszahlung macht, oder das Unterpfand auf das ursprüngliche Verhältnis erhöht, widrigenfalls die Reichsbank, wenn sie nicht die Wiederherstellung der Sicherheit im Rechtswege verfolgen will, jederzeit berechtigt, aber nicht verpflichtet ist, sich aus dem Unterpfande nach § 8 bezahlt zu machen und den etwaigen Ausfall nach § 9 von dem Verpfänder einzuziehen.

§ 16. Wechsel und andere nicht auf jeden Inhaber lautende Papiere müssen mit dem Blankogiro des Verpfänders versehen sein, und ist die Reichsbank behufs ihrer Befriedigung berechtigt, solche entweder nach § 8 verkaufen zu lassen, oder auf Gefahr des Verpfänders von den Schuldnern einzuziehen und in jedem Falle das Blankogiro auf sich selbst oder einen Dritten auszufüllen.

II. Bei Waren-Verpfändungen.

§ 17. Der Lagerort der Waren, deren Besitz an die Reichsbank übertragen ist,[14] und das Datum der Abschätzung sind im Pfandschein zu bemerken. Der Lagerort darf ohne Genehmigung der Reichsbank nicht geändert werden. Eine Umlagerung des Pfandes berührt den Pfandbesitz der Reichsbank nicht, welcher auch an dem neuen Lagerorte unverändert und ohne eine neue Uebergabe fortgesetzt wird.

§ 18. Lagern die Waren auf Packhöfen, in Magazinen oder Niederlagen unter der Aufsicht öffentlicher Beamten, oder in einem mehreren Privatpersonen gemeinschaftlich gehörigen Speicher oder Lagerhause, oder sonst außerhalb der Reichsbank, so ist die Uebergabe des Pfandes an die Reichsbank in der nach Verschiedenheit jedes dieser Fälle gesetzlich erforderlichen Form zu bewirken.

§ 19. Die Waren müssen, so lange sie der Reichsbank als Pfand dienen, gegen Feuersgefahr zur voll-

[14] Vgl. BGB. § 1205. Wegen des (indossablen) die Ware vertretenden Lagerscheins (Warrants) s. HGB. v. 1897 § 363 Abs. 2, § 424. Die fragliche Ermächtigung zur Ausstellung indossabler Lagerscheine ist z. B. in Lübeck der dortigen Kaufmannschaft erteilt (Ausf.G. v. 30. Okt. 1899 § 165).

ständigen Deckung der Reichsbank versichert werden. Der Versicherungsschein wird der Reichsbank ausgehändigt und dadurch mit der Befugnis verpfändet, sich daraus bei entstehendem Feuerschaden bezahlt zu machen. Die Reichsbank ist berechtigt, aber nicht verpflichtet, die Versicherung auf Gefahr und Kosten des Verpfänders zu bewirken und zu erneuern, und sind ihr alsdann die darüber erhaltenen Versicherungs- und Erneuerungsscheine, es mögen diese auf ihren oder des Verpfänders Namen lauten, mit derselben Befugnis verpfändet. Bei entstehendem Feuerschaden liegt dem Verpfänder allein ob, die Verpflichtungen des Versicherten aus dem Versicherungsschein zu erfüllen, die Reichsbank übernimmt deshalb keine Verantwortlichkeit, es möge die Versicherung von ihr selbst oder von dem Verpfänder bewirkt sein. Verpfänder ist aber verpflichtet, bei den Verhandlungen, welche über Feststellung eines Brandschadens an den verpfändeten Gegenständen (Waren) mit den Versicherungsgesellschaften gepflogen werden, die Reichsbank zuzuziehen und darf ohne ihre Zustimmung keinen Vergleich schließen, bei dem die Lombardschuld nebst Zinsen und Kosten nicht gedeckt ist.

§ 20. Die Reichsbank haftet für keinerlei Schaden, welcher ohne ihr grobes Versehen während des Lagerns an den Waren entsteht, sei es durch Verderben, Lecke an den Gebinden, Eintrocknen, Wurmfraß, oder sonst, es mögen die Waren in den Gebäuden der Reichsbank oder anderswo lagern. Es ist Sache des Verpfänders, öfters nach den Waren zu sehen und zur Erhaltung derselben selbst das Erforderliche vorzukehren, woran er von der Reichsbank nicht verhindert werden wird.

§ 21. Entstehen der Reichsbank durch die Versendung, die Abschätzung, Lagerung, Beaufsichtigung, Umpackung oder Sonderung der Waren, oder durch sonstige von der Reichsbank für nötig erachtete Maßregeln, Kosten, so trägt diese der Verpfänder. Für die Lagerung der Waren in den Gebäuden der Reichsbank sind die von dieser bestimmten Kosten zu entrichten. Für alle Kosten einschließlich der etwaigen Auslagen für die Versicherung gegen Feuersgefahr (§ 19) dienen der Reichsbank die Waren und der Versicherungsschein nebst den etwaigen Erneuerungsscheinen gleichfalls zum Unterpfande.

§ 22. Wenn die verpfändeten Waren um den sechsten Teil ihres Schätzungs- oder marktgängigen Wertes im Preise sinken oder ebensoviel während des Lagerns durch Veränderung der Beschaffenheit oder Menge nach einer von der Reichsbank allein durch einen ihrer Beamten, ihren Schätzer oder einen anderen Sachverständigen zu veranlassenden Abschätzung am Werte verlieren, so ist der Schuldner verbunden, das Unterpfand sogleich verhältnismäßig zu verstärken oder einen entsprechenden Teil des Darlehns zurückzuzahlen. Geschieht binnen drei Tagen keines von beiden, so ist die Reichsbank, wenn sie nicht die Wiederherstellung der Sicherheit im Rechtswege verfolgen will, jederzeit berechtigt, aber nicht verpflichtet, sich aus dem Unterpfande nach § 8 bezahlt zu machen und den etwaigen Ausfall nach § 9 von dem Verpfänder einzuziehen.

VI. Giroverkehr.

Bestimmungen für den Giroverkehr der Reichsbank.[15]

1. Die Anträge auf Eröffnung eines Kontos sind an diejenige Reichsbankanstalt zu richten, zu deren Bezirk der Antragsteller seinem Wohnsitze nach gehört.

---

[15] Vgl. BankG. § 12 Anm. 35, § 13 Nr. 7, oben I S. 148, 154.

Die kostenfreie Einziehung der den selbständigen Bankanstalten seitens ihrer Girointeressenten zu diesem Zwecke übergebenen Wechsel, Anweisungen ꝛc., findet seit 1. April 1905 nicht mehr statt.

2. Wird der Antrag genehmigt, so erhält der Antragsteller außer den nötigen Formularen ein Kontogegenbuch, in welches seitens der Reichsbank alle von ihm oder für ihn bar oder durch Verrechnung eingehenden Gelder eingetragen werden. Andere Bescheinigungen werden nicht erteilt.

3. Bare Einzahlungen, angekaufte Wechsel und erteilte Lombarddarlehne, ferner Wechsel und Schecks, welche bei der das Konto führenden Reichsbankanstalt zahlbar und gehörig gedeckt sind, werden dem Girokonto sofort gutgeschrieben.

4. Ueber sein Guthaben kann der Kontoinhaber in beliebigen Teilbeträgen jederzeit verfügen, aber, abgesehen von den Bestimmungen unter Nr. 8, nur durch Schecks auf Formularen, welche ihm die Bank geliefert hat. Verfügungen anderer Art werden nicht beachtet.

5. Bare Abhebungen erfolgen durch weiße Schecks, welche auf eine bestimmte Person oder Firma mit dem Zusatze „oder Ueberbringer" lauten. Die Bank zahlt den Betrag an den Ueberbringer ohne Legitimationsprüfung, auch wenn der Scheck an eine bestimmte Person giriert ist.[16]

Soll der Scheck nur zur Verrechnung mit der Reichsbank oder einem Kontoinhaber benutzt werden, so muß er gekreuzt, d. h. auf der Vorderseite mit dem quer über den Text geschriebenen oder gedruckten Vermerke versehen werden: „Nur zur Verrechnung". In diesem Falle darf die Bank den Betrag nicht bar auszahlen.

Zu Uebertragungen auf Konten an demselben oder an einem anderen Bankplatze sind die roten Scheckformulare bestimmt. Sie müssen auf den Namen ausgestellt werden und sind nicht übertragbar.[17]

---

16 Wegen der Einlösung weißer Schecks bei einer anderen Stelle als derjenigen, welche das betreffende Konto führt, vgl. Abschnitt IV Abs. 2, S. 299.

17 Da die Bank sich auf eine Prüfung, ob die be-

Das Guthaben haftet der Reichsbank für ihre Forderungen aus allen Geschäftszweigen. Sie darf dagegen auch solche Forderungen aufrechnen, welche noch nicht fällig sind.

6. Alle die Ausführung eines Giroauftrages betreffenden Ansprüche der Konteninhaber verjähren in zwei Jahren. Die Verjährung beginnt mit dem Schlusse des Jahres, in welchem der Auftrag der Reichsbank zugegangen ist.

7. Die Scheckformulare werden jedem Kontoinhaber nach Bedarf in Heften von mindestens 50 Stück gegen Quittung von der Bank geliefert.[18] Er ist verpflichtet,

---

zeichneten Empfänger ein Girokonto bei der Reichsbank besitzen, nicht einläßt, so dient zur genauen Angabe der Namen 2c. das „Verzeichnis der Inhaber von Girokonten bei der Reichsbank" (Berlin, A. Bath). In derselben Richtung wirkt es, daß viele Girokunden ihre Briefbogen und Formulare mit dem Aufdruck: „Reichsbank-Girokonto" versehen lassen.

Werden die für Uebertragungen auf einen anderen Bankplatz bestimmten roten Schecks in der Zeit von 4 bis 4½ Uhr nachmittags eingeliefert, so ist für jede Ueberweisung eine Gebühr von 50 Pfennig, bei Einlieferung in der Zeit von 4½ bis 5 Uhr eine solche von 1 Mark zu entrichten.

Für jede zurückgezogene Ueberweisung wird eine Gebühr von 1 Mark erhoben.

Auf jede Ueberweisung nach außerhalb, welche auf den Wunsch des Einlieferers des roten Schecks behufs Beschleunigung sofort mittelst besonderer schriftlicher Anmeldung erfolgen soll, ist außer der Portovergütung eine Gebühr von 1 Mark zu zahlen, wenn nicht in Höhe der zu übertragenden Summe gleichzeitig langsichtige Wechsel diskontiert werden.

[18] Zum Zwecke der Erhebung eines neuen Scheckbuches befindet sich eine sorgfältig aufzubewahrende Empfangs-

die Formulare sorgfältig aufzubewahren, und trägt alle Folgen und Nachteile, welche aus dem Verluste oder sonstigem Abhandenkommen dieser Formulare entstehen, wenn er nicht die sein Konto führende Bankanstalt rechtzeitig von dem Abhandenkommen schriftlich benachrichtigt hat, um die Zahlung an einen Unberechtigten zu verhindern.

Ebenso ist der Kontoinhaber der Bank dafür verantwortlich, wenn er die in den Scheckformularen offen gelassenen Stellen nicht so ausfüllt, daß eine Fälschung unmöglich ist, oder wenn er von der auf der rechten Seite der weißen Schecks befindlichen Zahlenreihe nicht diejenigen Zahlen vor der Ausgabe abtrennt, welche den Betrag des Schecks übersteigen. Schecks, welche geschriebene Zusätze zwischen den vorgedruckten Zeilen enthalten, werden zurückgewiesen.

Verdorbene Scheckformulare sind mit dem Firmenstempel oder dem Namen des Kontoinhabers versehen an die Reichsbank zurückzuliefern.

8. Wechsel, aus welchen ein Kontoinhaber zu einer Zahlung verpflichtet ist,[19] sind bei der Reichsbank oder einem anderen Bankhause, welches mit der Reichsbank ausweislich des bei ihr aufgelegten Verzeichnisses[20] in

---

bescheinigung vor dem letzten Scheckformular. Die Aushändigung des neuen Scheckbuches findet nur gegen diese von dem Kontoinhaber oder dessen Vertreter vollzogene Empfangsbescheinigung statt. Zur Prüfung der Echtheit und Gültigkeit der Unterschriften ist die Reichsbank zwar berechtigt, aber nicht verpflichtet.

[19] Auch die bei einem Kontoinhaber domizilierten Wechsel können zur Zahlung bei der Bankanstalt, welche sein Girokonto führt, angewiesen werden. Zu diesem Behufe ist der Domizilvermerk wie folgt zu fassen: „Zahlbar bei der Reichsbank .... in .... zu Lasten des Girokontos von ....“

[20] Die betreffenden Firmen sind in dem Verzeichnis

täglicher Abrechnung steht,[21] zahlbar zu machen und rechtzeitig zu avisieren. Im Besitze der Reichsbank befindliche Wechsel, welche weder bei ihr noch einem der in diesem Verzeichnisse genannten Bankhäuser zahlbar gemacht oder nicht rechtzeitig avisiert sind, müssen bar bezahlt werden.

Eingelöste Papiere werden dem Kontoinhaber gegen Empfangsbescheinigung ausgeliefert.

9. Verfügt der Kontoinhaber über mehr, als sein Guthaben beträgt, so lehnt die Bank nicht bloß die Zahlung ab, sondern behält sich auch vor, den Verkehr mit ihm sofort gänzlich abzubrechen. Verfügt er über sein ganzes Guthaben, so drückt er damit die Absicht aus, sein Konto zu schließen. Bei Schließung des Kontos sind sämtliche unbenutzt gebliebenen Scheckformulare an die Reichsbank zurückzuliefern.

10. Die Girogelder werden nicht verzinst.

11. Die Kontogegenbücher sind möglichst oft,[22] aber jedenfalls am 4. jedes Monats (mit Ausnahme des 4. Januar) und am 28. Dezember[23] abgeschlossen einzureichen.

---

der Inhaber von Girokonten (s. Anm. 17) mit einem Stern bezeichnet und außerdem besonders zusammengestellt.

[21] Diese Vorschrift steht mit der Einrichtung von Abrechnungsstellen (und Scheckvereinen) an den bedeutendsten Bankplätzen in Verbindung (s. oben BankG. § 12 Anm. 85, S. 148 und Anh. IV Anm. 9, S. 298).

[22] Die Kontogegenbücher sind bei baren Einzahlungen möglichst jedesmal vorzulegen. Die Eintragungen der Kreditposten erfolgen durch die Beamten der Reichsbank. Die Führung der Debetseite kann dem Kontoinhaber selbst übertragen werden; derselbe hat alsdann die Aufrechnung zu bewirken.

[23] Für Berlin am 7. Juli und 31. Dezember. Behufs beschleunigter Aufklärung von Differenzen ist es erwünscht,

12. Die Reichsbank erwartet, daß die Kontoinhaber von den ihnen vorstehend unter Nr. 8 eingeräumten Befugnissen regelmäßig Gebrauch machen, die Giroeinrichtung aber nur für sich selbst oder für andere Kontoinhaber, nicht für dritte Personen benutzen und ein der Mühewaltung entsprechendes bares Guthaben halten werden. Sie behält sich das Recht vor, den Vertrag ohne weiteres durch schriftliche Benachrichtigung aufzuheben, wenn dieser Erwartung nicht entsprochen wird, oder wenn sie aus anderen Gründen die Aufhebung für angemessen erachtet.

Außerdem können die vorstehenden Bestimmungen nach 14 Tage vorhergegangener öffentlicher Ankündigung in den nach § 30 des Reichsbankstatuts bestimmten Blättern jederzeit abgeändert werden.

13. Vor Eröffnung des Kontos hat sich der Kontoinhaber mit diesen Bestimmungen durch Vollziehung des unter denselben vorgedruckten Vermerks einverstanden zu erklären. Die Unterschriften der übrigen Personen, welche als Geschäftsteilhaber oder sonst zur Zeichnung des Namens oder der Firma des Kontoinhabers berechtigt sind, müssen bei der Reichsbank niedergelegt werden. Für Prokuristen oder Bevollmächtigte sind außerdem besondere Vollmachten nach den bei der Reichsbank eingeführten Formularen niederzulegen. Alle der Reichsbank mitgeteilten Unterschriften und Vollmachten bleiben so lange gültig, bis der das Konto führenden Bankanstalt schriftlich von dem Erlöschen Anzeige gemacht worden ist.

Die vorstehenden Bestimmungen für den Giroverkehr der Reichsbank sind zunächst für das Giro-Kontor der Reichs-

---

wenn der Kontoinhaber beim Abschlusse jeder Seite oder, soweit dies wegen der großen Zahl der eingetragenen Posten untunlich erscheint, wöchentlich einmal den Saldo im Gegenbuche zieht und denselben auf neue Rechnung vorträgt.

hauptbank und die Reichsbankhauptstellen und Reichsbankstellen erlassen,[24] demnächst auf die mit zwei Beamten besetzten, in dem Verzeichnis der Reichsbankanstalten (S. 340 ff.) mit einem Stern (*) bezeichneten Reichsbanknebenstellen (mit erweiterten Befugnissen) ausgedehnt und finden auch auf die nur von einem Beamten verwalteten Reichsbanknebenstellen an Bankplätzen[25] mit folgenden Beschränkungen Anwendung:

1. Anträge auf Eröffnung eines Kontos sind an die Reichsbanknebenstelle zu richten, welche dasselbe führen soll.
2. Uebersteigt eine bei der Reichsbanknebenstelle zum Zwecke der Gutschrift geleistete Einzahlung den Betrag von 5000 Mark, so ist sie der Reichsbank gegenüber nur dann gültig, wenn der Kontoinhaber am Tage der Einzahlung der der Nebenstelle vorgesetzten Bankanstalt davon schriftliche Mitteilung macht. In Fällen, in welchen an einem Tage mehrere Einzahlungen geleistet werden, von denen jede für sich weniger als 5000 Mark beträgt, deren Gesamtsumme aber 5000 Mark überschreitet, hat die schriftliche Mitteilung wegen sämtlicher Einzahlungen zu erfolgen.
3. Bare Abhebungen erfolgen durch weiße Schecks, welche auf eine bestimmte Person oder Firma mit dem Zusatze „oder Ueberbringer" lauten und zwar sowohl bei der Nebenstelle, soweit deren Bestände dies gestatten, als auch bei der derselben vorgesetzten Bankanstalt. Die Bank zahlt den Betrag an den Ueberbringer ohne Legitimationsprüfung, auch wenn der Scheck an eine bestimmte Person giriert ist.
4. Wünscht der Kontoinhaber die Einlösung eines weißen Schecks bei der vorgesetzten Bankanstalt, so hat er

---

[24] Vgl. BankG. §§ 36, 37 Anm. 114, oben I S. 183.
[25] Vgl. BankG. § 37 Anm. 115, S. 184; Anh. II Anm. 3, S. 293.

denselben der Nebenstelle zuvor behufs der nötigen Buchung zum Abstempeln und Beglaubigung durch die Unterschrift des Bankvorstandes vorzulegen.

Giroübertragungen auf Grund roter Schecks in Beträgen von 8000 bis 150000 Mark werden der Bestimmungsanstalt unmittelbar — ohne Vermittelung der vorgesetzten Bankanstalt — von der Nebenstelle überwiesen, Summen von mehr als 50000 Mark jedoch nur, wenn gegen die Ueberweisung Wechsel- oder Lombardgeschäfte gemacht werden, aus welchen der Reichsbank ein mindestens zehntägiger Zinsgewinn erwächst.[26] Giroübertragungen auf Grund roter Schecks in Beträgen unter 8000 Mark werden der Bestimmungsanstalt direkt nur dann überwiesen, wenn vom Einlieferer eine Gebühr von 80 Pfennig für jede Ueberweisung gezahlt wird.

6. Wechsel, aus welchen ein Kontoinhaber zu einer Zahlung verpflichtet ist, sind bei der Reichsbanknebenstelle, oder der derselben vorgesetzten Bankanstalt, oder bei einem mit dieser letzteren ausweislich des bei ihr aufgelegten Verzeichnisses in täglicher Abrechnung stehenden Bankhause[27] zahlbar zu machen und rechtzeitig zu avisieren. Im Besitze der Reichsbanknebenstelle befindliche Wechsel, welche nicht bei

---

[26] Diese Bestimmung ist dahin auszulegen, daß, unter Festhaltung der Mindestgrenze von 8000 Mark, die ersten 50000 Mark einer Übertragung stets, die darüber hinausgehenden Teilbeträge aber nur insoweit der Bestimmungsanstalt unmittelbar zu überweisen sind, als dagegen Geschäfte mit mindestens zehntägigem Zinsgewinne gemacht werden. Unter derselben Bedingung werden auch Giroübertragungen auf Grund von Einzahlungen eines Nicht-Girokontoinhabers in Beträgen von 8000 bis 150000 Mark der Bestimmungsanstalt unmittelbar überwiesen.

[27] Vgl. Anm. 20, oben S. 311.

ihr zahlbar gemacht oder nicht rechtzeitig avisiert sind, müssen bar bezahlt werden.

6. Halbjährlich einmal sind die Kontogegenbücher der Nebenstelle zur Uebersendung an die derselben vorgesetzte Bankanstalt behufs Prüfung der Eintragungen einzureichen.

7. Vor Eröffnung des Kontos hat sich der Kontoinhaber mit den Bestimmungen durch Vollziehung des unter denselben vorgedruckten Vermerks einverstanden zu erklären. Die Unterschriften der übrigen Personen, welche als Geschäftsteilhaber oder sonst zur Zeichnung des Namens oder der Firma des Kontoinhabers berechtigt sind, müssen bei der Reichsbanknebenstelle und bei der derselben vorgesetzten Bankanstalt niedergelegt werden. Für Prokuristen oder Bevollmächtigte sind außerdem besondere Vollmachten nach den bei der Reichsbank eingeführten Formularen bei der Reichsbanknebenstelle niederzulegen. Alle der Reichsbank mitgeteilten Unterschriften und Vollmachten bleiben so lange gültig, bis der Reichsbanknebenstelle, sowie der derselben vorgesetzten Bankanstalt schriftlich von dem Erlöschen Anzeige gemacht worden ist.

VII. Ein- und Auszahlungsverkehr.[28]

1. Gelder, welche zum Ankauf von Wertpapieren durch das Kontor der Reichshauptbank für Wertpapiere bestimmt sind, sowie die Beträge von Wechsel- und Lombardgeschäften, aus welchen der Reichsbank ein mindestens dreißigtägiger Zinsgewinn erwächst, werden zur Übertragung auf Girokonto oder zur Auszahlung bei einer der unter Nr. 3 genannten Bankanstalten gebührenfrei überwiesen. Gebührenfreie Giro-

---

[28] Vgl. BankG. § 13 Nr. 5, oben I S. 154.

überweisungen können auch dann erfolgen, wenn der Reichsbank infolge Diskontierung eines größeren Betrages von Wechseln mit kürzerer als 30tägiger Laufzeit bezw. eines geringeren Betrages mit längerer Laufzeit ein Gewinn zugeführt wird, welcher mindestens einem 30tägigen Gewinn der zu überweisenden Summe entspricht.

2. An allen Bankplätzen können bare Einzahlungen jeden Betrages von Personen, welche kein Girokonto besitzen, zur Gutschrift auf das Konto eines auswärtigen Girokunden geleistet werden. Die Gebühr beträgt 10 Pfennig für jede 1000 Mark oder einen überschießenden Teil derselben, mindestens aber 30 Pfennig für jede Einzahlung. Erfolgt eine derartige Einzahlung während der Geschäftszeit von $12^1/_2$ bis 1 Uhr vormittags bezw. in den Nachmittagsdienststunden bis 4 Uhr, so ist für jede einzelne Einzahlung noch eine besondere Gebühr von 50 Pfennig, in der Zeit von 4 bis 5 Uhr von 1 Mark zu entrichten.

Ansprüche wegen unrichtiger Gutschrift verjähren in sechs Monaten.

Eingehende Postanweisungsbeträge für Nichtkonteninhaber können dem Girokonto eines anderen überwiesen werden. Wird eine Einzahlung von Nichtkonteninhabern mit der Post eingesandt, so wird dafür, gleichviel ob dieselbe für ein Konto am Empfangsorte oder für ein auswärtiges Konto bestimmt ist, eine Gebühr von 20 Pfennig für jede 1000 Mark, mindestens aber 50 Pfennig für jeden gutzuschreibenden oder zu überweisenden Einzelbetrag erhoben.

Übersteigt eine bei einer Reichsbanknebenstelle zum Zwecke der Gutschrift oder Wiederauszahlung geleistete Einzahlung den Betrag von 5000 Mark, so ist die über die Einzahlung ausgestellte Quittung für die Reichsbank nur dann verpflichtend, wenn der

Einzahler von der erfolgten Einzahlung noch an demselben Tage der der Nebenstelle vorgesetzten Bankanstalt schriftliche Mitteilung macht.

8. Bei allen Reichsbankhauptstellen und Reichsbankstellen, sowie bei solchen Nebenstellen, deren Vorstand mindestens ein Hilfsbeamter beigegeben ist, werden Summen jeden Betrages zur Auszahlung an Dritte bei einer Reichsbankhauptstelle oder Reichsbankstelle gegen Empfangsbescheinigung angenommen. Auch die übrigen Nebenstellen mit Kasseneinrichtung dürfen derartige Einzahlungen zur Wiederauszahlung bei Reichsbankhauptstellen oder Reichsbankstellen (nicht bei anderen Nebenstellen) gegen vorläufige Quittung annehmen.

Auf besonderen Antrag erteilen die Reichsbankhauptstellen und die Reichsbankstellen Geldanweisungen aufeinander, deren Stempel jedoch der Antragsteller zu tragen hat.

Geschäfte der vorstehenden Art werden auch von den zum Ankauf von Wechseln berechtigten Reichsbanknebenstellen[29] vermittelt.

An Gebühren wird berechnet: für jede Einzahlung oder Anweisung von Summen bis zu 2500 Mark 50 Pfennig, bei höheren Beträgen 1 Pfennig mehr für jede angefangenen oder vollen 50 Mark; das ist $^1/_5$ pro Mille, mindestens 50 Pfennig.

Für solche Einzahlungen, welche von $12^1/_2$ bis 1 Uhr vormittags, oder bis 4 Uhr bezw. 4 bis 5 Uhr nachmittags erfolgen, wird außerdem noch die unter Ziffer 2 angegebene besondere Gebühr erhoben.

---

[29] Vgl. unten Anh. B Abs. 1, S. 340.

VIII. An- und Verkauf von Wertpapieren.[30]

Anträge zum An- und Verkauf von Wertpapieren werden von der Börsenabteilung des Kontors der Reichshauptbank für Wertpapiere in Berlin, sowie von allen auswärtigen Bankanstalten entgegengenommen. Ankaufsaufträge werden erst dann ausgeführt, wenn der dazu erforderliche Geldbetrag bei dem Kontor der Reichshauptbank für Wertpapiere oder der betreffenden Bankanstalt bar eingezahlt oder bankmäßig sicher gestellt ist; Verkaufsaufträge erst dann, wenn die zu verkaufenden Papiere eingeliefert und in Ordnung befunden sind.[31] Die Versendung der angekauften bezw. der zu verkaufenden Papiere erfolgt unter voller Wertangabe, wenn der Auftraggeber nicht eine andere Wertangabe ausdrücklich vorgeschrieben hat. Das entstehende Porto fällt dem Auftraggeber zur Last. An Gebühren berechnet die Reichsbank für den Ankauf und Verkauf von Wertpapieren vom Nennwerte derselben $1^1/_2$ vom Tausend (jedoch wenigstens 50 Pfennig) und die gesetzmäßig verauslagten Stempelgebühren. Maklergebühr bleibt außer Ansatz.

Wollen Personen, welche ihre Papiere dem Kontor der Reichshauptbank für Wertpapiere in Verwahrung und Verwaltung gegeben haben, dieselben verkaufen, so haben sie dem betreffenden schriftlichen Auftrage den Depotschein beizufügen.

IX. Offene Depots von Wertpapieren.[32]

Das Kontor der Reichshauptbank für Wertpapiere in Berlin, SW. 19, nimmt Wertpapiere und Dokumente

---

[30] Vgl. BankG. § 13 Nr. 6 (oben I S. 154).

[31] Vgl. ebenda und Reichsbankstatut § 10 (oben II S. 226).

[32] Vgl. BankG. § 13 Nr. 8 (oben I S. 155).

jeder Art in Verwahrung. Die Übergabe kann auch durch einen Beauftragten oder durch die Post erfolgen. Das Kontor selbst ist werktäglich von 9 bis $12^1/_2$ Uhr geöffnet. — Die Beamten des Kontors sind verpflichtet, über alle zu ihrer Kenntnis gelangenden Vermögensangelegenheiten der Niederleger gegen jedermann das unverbrüchlichste Stillschweigen zu beobachten. — Wollen Behörden, Körperschaften, Stiftungen, Anstalten, Gesellschaften oder Handelsfirmen von der Einrichtung Gebrauch machen, so bedarf es dieserhalb erst einer besonderen Verständigung. — Mehrere einzelne Personen, höchstens aber drei, können gemeinschaftlich Papiere niederlegen, wenn sie den Niederlegungsantrag (Deklaration) mit folgendem Zusatz einreichen: „Über die hinterlegten Wertpapiere, sowie die eingehenden Gelder kann durch jeden einzelnen von uns oder durch die Rechtsnachfolger eines jeden verfügt und quittiert werden." Über jede Gattung von Papieren wird ein besonderer Depotschein erteilt; für eine jede ist daher ein besonderer Niederlegungsantrag einzureichen. Die Depotscheine werden namens des Kontors ausgestellt und von drei Vorstandsbeamten unterschrieben. Die Nummern der Papiere werden auf den Depotscheinen nicht verzeichnet. — Nur bei verlosbaren Papieren kann der Niederleger eine Abschrift des Nummernverzeichnisses dem Niederlegungsantrage beifügen, welche er im Falle der Annahme des Depots mit dem Depotschein abgestempelt zurückerhält. — Den Niederlegern ist gestattet, ein beliebig zu wählendes Paßwort verschlossen einzureichen, ohne dessen Angabe die Auslieferung des Depots versagt werden kann (vgl. Bed. Nr. 10). Da das Paßwort nur beachtet werden kann, sofern der Depotschein mit einem darauf bezüglichen Vermerke seitens des Kontors versehen ist, so empfiehlt sich, dasselbe sogleich bei der Niederlegung der Papiere einzureichen. Depotzinsen sind nur von 9 bis $12^1/_2$ Uhr vormittags zu erheben. — Die Aufbewahrung der Papiere erfolgt unter nachstehenden

A. Bedingungen

für die Aufbewahrung von offenen Depots bei der Reichsbank (ausschließlich der Mündeldepots).

1. Die Reichsbank übernimmt für die sichere und getreue Aufbewahrung der ihr übergebenen Papiere die gesetzliche Gewähr und außerdem die Verpflichtung:

   a) die zu den Papieren gehörigen Zins- und Gewinnanteilscheine, wenn sie in Berlin oder am Sitze einer Zweiganstalt der Reichsbank zu einem festen Kurse in Reichswährung eingelöst werden, an den Fälligkeitstagen einzuziehen, andernfalls dieselben an der Berliner Börse verkaufen zu lassen;

   b) die in der Allgemeinen Verlosungstabelle des Deutschen Reichs- und Königlich Preußischen Staatsanzeigers während der Dauer der Aufbewahrung erscheinenden Ziehungs- bezw. Verlosungslisten und Bekanntmachungen über Kündigung oder Konvertierung von Papieren nachsehen zu lassen und die danach zur Rückzahlung gelangenden Stücke an den festgesetzten Zeitpunkten zur Einlösung vorzulegen bezw. die beantragte Konvertierung zu besorgen, auch die Stücke, wenn sie in Berlin oder am Sitze einer Zweiganstalt der Reichsbank zu einem festen Kurse in Reichswährung nicht eingelöst werden, an der Börse verkaufen zu lassen.

   Die Benachrichtigung der Niederleger über Kündigungen und Konvertierungen erfolgt durch gewöhnliche Briefe oder, wenn es sich um ganze Gattungen oder Serien von Wertpapieren handelt, durch den Deutschen Reichs- und Königlich Preußischen Staatsanzeiger, sowie andere geeignete öffentliche Blätter nach Wahl der Reichsbank. In jedem Falle ist die Reichsbank ermächtigt, in Ermangelung besonderer Anträge oder Erklärungen der Niederleger, das Interesse der letzteren nach bestem Ermessen wahrzunehmen, insbesondere angebotene Konvertierungen für deren Rechnung zu besorgen;

c) die nach a und b eingehenden Beträge in Berlin bei dem Kontor für Wertpapiere spätestens am dritten Werktage, bei den Reichsbankanstalten spätestens am achten Werktage nach Fälligkeit zur Verfügung des Niederlegers zu stellen;

d) die neuen Zins- und Gewinnanteilscheine rechtzeitig abheben zu lassen, wenn der betreffende Erneuerungsschein mit den Papieren niedergelegt ist oder die Abhebung gegen Vorzeigung der Papiere selbst erfolgen kann;

e) vollgezahlte Interimsscheine in endgültige Stücke umzutauschen;

f) das mit den niedergelegten Papieren jetzt oder später etwa verbundene Bezugsrecht auf neue Papiere geltend zu machen, und die weiteren Einzahlungen auf nicht vollgezahlte Papiere für den Niederleger zu leisten, wenn derselbe solches spätestens 8 Tage vor Ablauf der dazu festgesetzten Zeitpunkte schriftlich beantragt und den erforderlichen Geldbetrag mit den Gebühren (vgl. Nr. 2) gleichzeitig einzahlt.

Der Verkauf an der Börse (a und b) erfolgt 8 Tage vor Fälligkeit der in Europa zahlbaren und 14 Tage vor Fälligkeit der an außereuropäischen Plätzen zahlbaren Zinsscheine bezw. Papiere.

2. Für die mit diesen Leistungen verbundene Mühewaltung und Gefahr ist für das Jahr eine Gebühr von $1/2$ vom Tausend, bei im Auslande ausgestellten Papieren von $3/4$ vom Tausend — also 50 beziehungsweise 75 Pfennig für je angefangene 1000 Mark des Nennwertes der Papiere — mindestens aber 2 Mark bei Lospapieren und Inhaberpapieren mit Prämien, sowie bei im Auslande ausgestellten Papieren mindestens 3 Mark für jeden Depotschein zu entrichten. Läßt sich der Wert eines Dokuments in einer bestimmten Geldsumme nicht abschätzen, so beträgt die Gebühr 15 Mark für das Jahr. Das Jahr wird von dem **Ersten des Monats, in welchem die Niederlegung stattfindet, bis zum Ersten des entsprechenden Monats im nächsten Jahr** gerechnet. — Papiere in ausländischer Währung werden behufs Ermittelung der Gebühren nach untenstehenden festen Sätzen, im übrigen nach dem Berliner Börsenbrauch in Reichswährung umgerechnet.[33] — Für die Erhebung und Auszahlung von baren Geldern bei verlosten, gekündigten oder konvertierten Papieren (1 b), ferner

[33] Umrechnung nach Nr. 2 der Bed.: 1 Pfund Sterling = 20,40 Mk. 1 Frank, Lira, Peseta, Leu = 0,80 Mk. 1 österr. Gulden (Gold) = 2,00 Mk. 1 österr. Gulden (Währung) = 1,70 Mk. 1 österr.-ungarische Krone = 0,85 Mk. 1 Gulden holl. Währung = 1,70 Mk. 1 skandinav. Krone = 1,125 Mk. 1 alter Goldrubel = 3,20 Mk. 1 Rubel, Kreditrubel = 2,16 Mk. 1 Peso = 4,00 Mk. 1 Dollar = 4,20 Mk. 7 Gulden süddeutscher Währung = 12,00 Mk. 1 Mark Banko = 1,50 Mk.

für die Geltendmachung des Bezugsrechts und für Einzahlungen (1 f) berechnet die Reichsbank außer den Auslagen an Porto, Maklergebühr xc. $^1/_8$ vom Hundert (mindestens aber 50 Pfennig) der zu leistenden bezw. zu erhebenden Zahlungen. Für die Abhebung neuer Zins- und Gewinnanteilscheine, sowie für den Umtausch der Interimsscheine (1 d, e) werden nur die baren Auslagen berechnet.

3. Die Gebühren sind ohne Rücksicht auf die Dauer der Aufbewahrung für je ein volles Jahr im voraus zu entrichten. Sie werden aus dem Guthaben entnommen und in dessen Ermangelung durch Postvorschuß eingezogen. Ist auch hierdurch die Zahlung nicht zu erreichen, so wird die Rücknahme des Depots verlangt (vgl. Nr. 15). Wegen der rückständigen Gebühren darf sich die Reichsbank aus dem Depot ohne gerichtliches Verfahren, nötigenfalls mittelst Verkaufs nach § 20 des Bankgesetzes bezahlt machen.
4. Die gezahlten Gebühren werden in keinem Falle zurückerstattet.
5. Nachteile, welche durch unrichtige Bezeichnung der Papiere oder unrichtige Eintragung der Nummern in die Niederlegungsanträge entstehen, sind von der Reichsbank nicht zu vertreten. Insbesondere erfolgt das Nachsehen der Verlosungen xc. (1 b) lediglich nach Maßgabe der Eintragungen in den Anträgen.
6. Irrtümer, welche bei der Ausstellung der Depotscheine vorgekommen sind, müssen sofort bei Empfang derselben gerügt werden.
7. Die Depotscheine lauten auf den Namen und sind nicht übertragbar. Werden sie trotzdem übertragen oder verpfändet, oder werden die Depots gerichtlich gepfändet, so ist die Bank berechtigt, die Papiere auf Gefahr und Kosten des Niederlegers bei der öffentlichen Hinterlegungsstelle zu hinterlegen oder die ihr

nach diesen Bedingungen obliegende Verwaltung des Depots, insbesondere die Erhebung und Auszahlung der Zinsen usw. ohne Hinterlegung der Papiere einzustellen.

8. Die Zinsen von Hypothekenbriefen können bei der Kasse des Kontors für Wertpapiere oder bei einer Reichsbankanstalt auf Girokonto des Kontors für Wertpapiere für Rechnung des Niederlegers unter Angabe der Nummer des Depotscheins eingezahlt werden. Die Einzahlung und Überweisung erfolgt gebührenfrei. Es ist Sache des Niederlegers, die Schuldner zur Zahlung an die Reichsbank anzuweisen.

9. Die Niederleger müssen in dem Niederlegungsantrage angeben, ob die eingehenden Zinsen bei einer Zweiganstalt der Reichsbank, durch Übertragung auf ein Girokonto oder durch Barzahlung[34] an der Kasse des Kontors erhoben werden sollen. — Abänderungen in dieser Beziehung, sowie ein Wechsel hinsichtlich der ursprünglich gewählten Bankanstalt oder des bezeichneten Girokontos sind spätestens 4 Wochen vor Fälligkeit derjenigen Zinsscheine, bei welchen die neue Art der Abhebung in Kraft treten soll, mittelst besonderen Schreibens anzuzeigen, widrigenfalls die Auszahlung in der früher beantragten Weise erfolgt. Die Erhebung an mehreren Orten ist nicht zulässig. Die Erhebung kann auch durch einen Bevollmächtigten oder durch die Post erfolgen. Im letzteren Falle hat der Niederleger seinem Antrage die Quittung über den Betrag, den

[34] Barzahlungen finden statt:
bei den Zweiganstalten werktäglich von 9 bis 12 Uhr vormittags;
an der Kasse des Kontors werktäglich zwischen 9 und $12^1/_2$ Uhr.

er abheben will, beizufügen. Die Absendung des Geldes geschieht an die von dem Niederleger angegebene Adresse. Beträgt das Guthaben mehr als 300 Mark, so kann dasselbe in Teilen abgehoben werden, aber nicht unter 150 Mark. Die Abhebung der Zinsscheine in natura ist nur bei im Auslande ausgestellten Papieren zulässig, wenn dies bei der Niederlegung derselben ausdrücklich gewünscht wird.

10. Jedes einzelne Depot kann nur im ganzen zurückgenommen werden. Die Herausgabe erfolgt nur gegen Rückgabe des auf der Vorderseite mit Quittung: „Das vorstehende Depot habe ich zurückerhalten. Ort, Datum, Unterschrift," versehenen Depotscheins oder, wenn er verloren ist, nach gerichtlicher Kraftloserklärung desselben. Soll die Auslieferung nicht an den Niederleger, sondern an eine bestimmte andere Person oder Firma erfolgen, so ist dem Kontor vorher schriftlich Nachricht zu geben. Die Legitimation des Inhabers des Depotscheins, sowie die Gültigkeit und Echtheit der Quittung zu prüfen, ist die Bank zwar berechtigt und wird von dieser Befugnis jedenfalls dann Gebrauch machen, wenn der Überbringer des Depotscheines das etwa eingereichte Paßwort nicht anzugeben vermag; eine Verpflichtung zu einer solchen Prüfung übernimmt sie aber nicht, sie behält sich vielmehr das Recht vor, das Depot an jeden herauszugeben, der ihr den Depotschein überbringt. — Bei Auslosungen wird über den Überrest nach Rückempfang des quittierten Depotscheins ein neuer Schein, und zwar für den bereits bezahlten Zeitraum kostenfrei, erteilt.

11. Die Versendung der hinterlegten Papiere, sowie der Erneuerungs-, Zins- und Gewinnanteilscheine (1 d und e), ebenso die Versendung von Depotscheinen, Dokumenten, Wechseln, Schecks und Anweisungen

durch die Post geschieht auf Gefahr und Kosten des Niederlegers, bei Depotscheinen, Erneuerungsscheinen, Wechseln, Schecks, Anweisungen und Hypothekendokumenten 2c. mittelst „eingeschriebenen“ Briefes, bei den übrigen Wertschaften unter voller Wertangabe, wenn der Niederleger nicht etwas anderes ausdrücklich beantragt hat. Bare Geldsendungen werden stets voll deklariert.

12a. Es ist gestattet, in dem Niederlegungsantrage zu erklären, daß der Niederleger als Inhaber der elterlichen Gewalt (Vater oder Mutter), als Vormund oder als Pfleger von nach Namen, sowie nach Alter oder sonstigen Gründen der Geschäftsunfähigkeit genau zu bezeichnenden Personen handle.

Eltern haben dabei die Geburtsscheine der Kinder einzureichen. Vormünder und Pfleger haben die erteilte Bestallung vorzulegen und, wenn die Niederlegung nicht mit der unter b angegebenen Bestimmung erfolgen soll, den Nachweis zu erbringen, daß sie von der Vorschrift des § 1814 BGB. befreit sind. Die Bank zahlt alsdann dem Niederleger zwar die eingehenden Zinsen und Gewinnanteile ohne Berechtigungsprüfung; will er aber die Wertpapiere selbst oder die dafür nach 1 b eingehenden Beträge erheben, so muß er sich als Inhaber der elterlichen Gewalt erneut ausweisen bezw. seine Bestallung als Vormund oder Pfleger abermals vorlegen und sich, falls er dem Kontor nicht bekannt ist, durch eine demselben bekannte zuverlässige Person vorstellen lassen. Ist dies nicht möglich und besteht er dennoch auf der Ausantwortung, so wird diese durch Versendung an ihn mit der Post bewirkt. (Nr. 11.)

b. Die Niederlegung kann mit der in den Depotschein aufzunehmenden Bestimmung erfolgen, daß über die Wertpapiere (einschließlich der Erneuerungsscheine) nur mit Genehmigung des Vormundschaftsgerichts verfügt werden kann. (§ 1814 BGB.)

In diesem Fall ist, so lange die Beendigung der elterlichen Gewalt bezw. Vormundschaft oder Pflegschaft nicht nachgewiesen wird, zur Ausantwortung auch noch die seitens des Gerichts auf dem Depotscheine erklärte Genehmigung der Aushändigung an den namentlich zu bezeichnenden Empfänger erforderlich.

c. Zur Prüfung der Echtheit und Gültigkeit der Quittung, der Bestallung oder der Genehmigung des Vormundschaftsgerichts ist die Reichsbank nicht verpflichtet. Die Aufhebung der Vormundschaft, Pflegschaft oder väterlichen Gewalt bezüglich einzelner von mehreren Miteigentümern eines Depots hat auf das vorliegende Verhältnis keinen Einfluß.

13. Soll zur Erhebung der Zinsen und Gewinnanteile eine dritte Person berechtigt sein, so ist dies in einer von jener Person mitvollzogenen, bei dem Kontor niederzulegenden Erklärung auszusprechen. — Desgleichen bedarf es der Niederlegung einer besonderen Vollmacht nach bestimmtem Muster, sofern eine dritte Person (sei es auch ein Prokurist oder Generalbevollmächtigter) befugt sein soll, für den Niederleger Erklärungen rechtsgültig abzugeben und über die Depots und Zinsen &c. verfügen und quittieren zu können.

14. A. Soll eine dritte Person vertragsmäßig oder auf Grund einer letztwilligen Verfügung lebenslänglich die Zinsen oder Gewinnanteile der hinterlegten Papiere beziehen, — oder

B. sind die Wertpapiere zur Sicherung des einem Offizier bei seiner Verheiratung zugesicherten Zuschusses niedergelegt, — oder

C. ist die Niederlegung mit der Bestimmung erfolgt, daß die Herausgabe der Wertpapiere einschließlich der Erneuerungsscheine **nur mit Zustimmung einer dritten Person verlangt werden kann,**

so ist eine entsprechende Erklärung nach bestimmtem Muster dem Kontor bei der Niederlegung zu behändigen und der Niederlegungsantrag mit dem Zusatze (am Schlusse über der Unterschrift) zu versehen: „Gesperrt nach Nr. 14 A — bezw. B oder C — der Bedingungen." Der Depotschein wird alsdann mit dem gleichen Vermerke bedruckt. In den Fällen A und B erfolgt die Zahlung der Zinsen und Gewinnanteile, sowie die Rückgabe des Depots **an den Niederleger oder dessen Rechtsnachfolger:** zu A, ohne Zustimmung jener dritten Person **nur bei Vorlegung einer standesamtlichen Bescheinigung über deren Tod;** zu B, nur **unter schriftlicher Zustimmung der zuständigen Militärbehörde.** In dem Fall zu C werden die Wertpapiere einschließlich der Erneuerungsscheine dem Niederleger oder dessen Rechtsnachfolgern nur **mit Zustimmung jener dritten Person** oder ihrer Rechtsnachfolger herausgegeben. — Auf die Prüfung der Echtheit und Gültigkeit der Zustimmungserklärungen finden in den Fällen A und C die Bestimmungen unter Nr. 10, betreffend die Prüfung der Echtheit und Gültigkeit der Quittungen, entsprechende Anwendung.

15. Der Reichsbank steht jederzeit frei, die Rücknahme des Depots zu verlangen, ohne Gründe dafür anzugeben, und wenn die Rücknahme binnen 14 Tagen nach Absendung schriftlicher Aufforderung nicht erfolgt, die Papiere auf Gefahr und Kosten des Niederlegers bei der öffentlichen Hinterlegungsstelle zu hinterlegen, oder die ihr nach diesen Bedingungen

obliegende Verwaltung des Depots, insbesondere die Erhebung und Auszahlung der Zinsen usw. ohne Hinterlegung der Papiere einzustellen.

16. Die Reichsbank behält sich vor, die Niederlegungsbedingungen zu verändern. Die Veränderung ist in den zu öffentlichen Bekanntmachungen des Reichsbankdirektoriums bestimmten Blättern und durch Aushang im Kontor für Wertpapiere vor dem 15. November bekannt zu machen, wenn die neuen Bestimmungen schon für das nächste Kalenderjahr hinsichtlich der vorhandenen Depots Geltung haben sollen.

Zur Beachtung. Sofern die in Verwahrung gegebenen Papiere nach den Bestimmungen über den Lombardverkehr dazu geeignet und nicht nach Nr. 14 der Bedingungen gesperrt sind, kann der Niederleger bei der Reichshauptbank, sowie bei den Zweiganstalten der Reichsbank gegen Verpfändung der Papiere unter gleichzeitiger Niederlegung des Depotscheins Lombarddarlehne erhalten. Er muß jedoch die Umlaufsfähigkeit der Papiere durch eine Bescheinigung des Kontors für Wertpapiere nachweisen, welche auf Verlangen jederzeit erteilt wird.[35]

B. Bedingungen

für die Verwahrung von „Mündelbepots" bei der Reichsbank.

1. Wertpapiere, welche zum Bestandteile eines Mündelvermögens gehören und der Aufsicht des Vormundschaftsgerichts unterliegen (§ 1814 des BGB.), werden bei sämtlichen Reichsbankhauptstellen und Reichsbankstellen[36] zur Verwahrung angenommen,

[35] Vgl. oben Anhang V, S. 301 ff.

[36] Die Reichsbanknebenstellen erteilen Auskünfte über

sofern deren Einlieferung **ohne** Zins- bezw. Gewinnanteilscheine, aber **mit** den Erneuerungsscheinen (Anweisungen, Talons) erfolgt.

2. Die Übergabe kann durch den Vormund oder Pfleger selbst oder durch einen Beauftragten mit eigenhändig vollzogenem Niederlegungsantrage direkt oder mit der Post geschehen; in jedem Falle ist die gerichtliche Bestallung, bei gesetzlicher Vertretung die die Hinterlegung anordnende gerichtliche Verfügung zur Einsicht vorzulegen. — Formulare zu den Niederlegungsanträgen sind bei den Reichsbankanstalten zu haben.

3. Für die sichere und getreue **Verwahrung** der Papiere übernimmt die Reichsbank die gesetzliche Gewähr; irgend welche **Verwaltungshandlungen** übt sie **nicht aus**; es ist lediglich Sache des Vormundes, Pflegers oder gesetzlichen Vertreters, die Zinsscheinbogen rechtzeitig zu erneuern, die Ziehungs- bezw. Verlosungslisten und Bekanntmachungen über Kündigung oder Konvertierung der Papiere nachzusehen und die zur Rückzahlung gelangenden Stücke an den festgesetzten Zeitpunkten zur Einlösung zu bringen bezw. die Konvertierung zu besorgen, Interimsscheine in endgültige Stücke umzutauschen, das mit den niedergelegten Papieren etwa verbundene Bezugsrecht auf neue Papiere geltend zu machen und die weiteren Einzahlungen auf nicht vollbezahlte Papiere zu leisten usw.[37]

---

die Verwahrung von Mündeldepots, verabfolgen auch die erforderlichen Formulare zu Niederlegungsanträgen, nehmen solche Depots jedoch nicht entgegen.

[37] Will der Vormund, daß die Ausübung dieser Verwaltungshandlungen seitens der Reichsbank geschieht, so hat er die Hinterlegung der Papiere bei dem Kontor der Reichshauptbank für Wertpapiere in Berlin nach

4. Über sämtliche gleichzeitig eingelieferte Papiere wird ein Mündeldepotbuch ausgestellt, in welches die Papiere nach Gattungen und Beträgen, nicht aber die Nummern derselben eingetragen werden. Nur bei verlosbaren Papieren kann der Niederleger eine Abschrift des Nummernverzeichnisses dem Niederlegungsantrage beifügen, die er im Falle der Annahme des Depots mit dem Depotbuch abgestempelt zurückerhält.
5. Die Mündeldepotbücher werden namens der betreffenden Reichsbankhauptstellen bezw. Reichsbankstellen ausgefertigt und nach Beidrückung des Amtssiegels von zwei Vorstandsbeamten unterschrieben. Bei jeder Einlieferung sowohl wie bei jeder Herausnahme von Papieren ist das Mündeldepotbuch der betreffenden Bankanstalt zur Eintragung der stattgehabten Veränderungen zu übergeben. — Irrtümer, welche bei Ausstellung oder Veränderung der Bücher vorgekommen sind, müssen sofort bei Empfangnahme derselben gemeldet werden.
6. Solange die Aufhebung der Vormundschaft, Pflegschaft oder Vertretung nicht nachgewiesen wird, ist zur Ausantwortung der Papiere oder eines Teiles derselben sowie der Erneuerungsscheine (Anweisungen, Talons) die seitens des Gerichts erklärte Genehmigung der Aushändigung an den namentlich zu bezeichnenden Empfänger erforderlich. Letzterer hat auf der gerichtlichen Verfügung über den Empfang der darin bezeichneten Papiere bezw. der Erneuerungsscheine zu quittieren und falls er den Beamten der Bank nicht persönlich bekannt ist, seine Identität durch Vorlegung geeigneter Dokumente

---

Maßgabe der dort bestehenden Bedingungen und unter Bezugnahme auf § 1814 des BGB. zu bewirken.

(Bestallung ꝛc.) nachzuweisen. Ist ihm dies nicht möglich oder hegt die Bank Zweifel an der Echtheit der Unterschrift, so ist sie berechtigt, eine Beglaubigung zu verlangen bezw. die Versendung der Papiere an den bezeichneten Empfänger mit der Post zu bewirken. Eine Verpflichtung hierzu sowie zur Prüfung der Gültigkeit und Echtheit der Quittung oder der gerichtlichen Herausgabegenehmigung übernimmt die Bank indessen nicht, behält sich vielmehr das Recht vor, nach Vorlage der gerichtlichen Genehmigung die Papiere an jeden herauszugeben, der ihr das Mündeldepotbuch oder, falls dieses verloren, das gerichtliche Amortisationserkenntnis überbringt. Das Buch ist daher aufs sorgfältigste zu verwahren.

7. Die dem Vormund oder Pfleger zum Zwecke der Erhebung neuer Zinsscheinbogen erteilte gerichtliche Genehmigung zur Herausnahme der Erneuerungsscheine wird diesem bei Rückgabe derselben mit einer die Wiedereinlieferung betreffenden Bescheinigung der Verwahrungsstelle zum Ausweise für das Vormundschaftsgericht zurückgegeben. Eine Kontrolle über die Rücklieferung dieser Erneuerungsscheine übt die Reichsbank nicht aus.

8. Die Versendung der hinterlegten Papiere sowie der Mündeldepotbücher geschieht auf Gefahr und Kosten des Niederlegers und zwar, solange dieser nichts anderes bestimmt hat, bei ersteren unter voller Wertangabe, bei letzteren mittelst eingeschriebenen Briefes.

9. An Gebühren ist zu entrichten:
   1. eine einmalige Gebühr von 1 Mark, bei Ausfertigung jedes Mündeldepotbuches,
   2. eine fortlaufende jährliche Verwahrungsgebühr von $^1/_5$ vom Tausend für je angefangene **1000** Mark des Gesamtnennwertes der jedesmal gleichzeitig eingelieferten bezw. der

zu Anfang jedes neuen Depositionsjahres vorhandenen Papiere.

Papiere in ausländischer Währung werden behufs Ermittelung der Gebühren nach den auf S. 823 angegebenen festen Sätzen in Reichswährung umgerechnet.

10. Das Depositionsjahr läuft vom Ersten des Monats, in welchem die erste, in dem Depotbuche verzeichnete Niederlegung stattgefunden hat, bis zum Ersten des entsprechenden Monats im nächsten Jahre und gilt gleichmäßig für alle in dasselbe Buch später eingetragenen Papiere. Der Vormund kann für später niedergelegte Wertpapiere die Ausstellung eines besonderen Depotbuchs mit eigenem Depositionsjahr verlangen.

11. Die Gebühren sind ohne Rücksicht auf die Dauer der Verwahrung für je ein volles Jahr im voraus zu zahlen; der Empfang derselben wird in dem Mündeldepotbuch bescheinigt; letzteres ist deshalb bei jeder Gebührenzahlung der Bankanstalt vorzulegen. Gezahlte oder bereits belastete Gebühren werden in keinem Falle zurückgerechnet.

12. Die Mündeldepotbücher sind nicht übertragbar: werden sie trotzdem übertragen oder verpfändet, oder werden die Papiere gerichtlich gepfändet, so ist die Bank berechtigt, letztere auf Gefahr und Kosten der Mündel bei der öffentlichen Hinterlegungsstelle zu hinterlegen. Das gleiche gilt, wenn die Bank — ohne Angabe von Gründen — die Rücknahme des Depots verlangt und die Rücknahme innerhalb 4 Wochen nach Absendung der schriftlichen Aufforderung nicht erfolgt.

18. Die Reichsbank behält sich vor, diese Bedingungen zu verändern. Die Veränderung ist in den zu öffentlichen Bekanntmachungen des Reichsbankdirektoriums bestehenden Blättern und durch Aus-

hang in den Geschäftsräumen der einzelnen Bankanstalten vor dem 15. November bekannt zu machen, wenn die neuen Bestimmungen schon für das nächste Kalenderjahr hinsichtlich der vorhandenen Depots Geltung haben sollen.

X. Bardepositen.[38]

Die Reichsbank nimmt bares Geld an, ohne es zu verzinsen. Das darüber erteilte Quittungsbuch ist nicht übertragbar. Die erste Einlage muß mindestens 150 Mark betragen. Alle, auch die späteren Einlagen müssen durch 10 teilbar sein. Ein- und Auszahlungen werden ausschließlich von der Bank eingetragen. Diese Vermerke haben volle Beweiskraft, sowohl dem Einleger als der Bank gegenüber. Kann das Quittungsbuch nicht vorgelegt werden, so beweisen an dessen Stelle die Bücher der Bank.

Die Rückzahlung der Einlagen erfolgt auf Wunsch jederzeit. Sie kann sich auf einen Teil des Guthabens beschränken; derselbe darf aber nicht unter 50 Mark betragen und muß durch 10 teilbar sein.

Die Reichsbank ist berechtigt, den deponierten Betrag durch eingeschriebenen Brief zu kündigen. Bei Rückzahlung des Kapitals oder eines Teils desselben ist die Reichsbank zur Legitimationsprüfung berechtigt, aber nicht verpflichtet.

Der Verlust oder das Abhandenkommen des Quittungsbuches ist der Reichsbank sogleich schriftlich anzuzeigen. Weitere Zahlungen erfolgen alsdann nur gegen den Nachweis rechtskräftiger Kraftloserklärung.

---

[38] Vgl. BankG. § 13 Nr. 7 — oben I S. 154.

XI. Verschlossene Depositen.[39]

Bedingungen,

unter welchen die Reichsbank verschlossene Depositen in Verwahrung nimmt, soweit der vorhandene Raum es gestattet.

1. Die Annahme und Ausgabe verschlossener Depositen findet nur während der Vormittagsdienststunden statt.[40]

2. Die Depositen müssen mit dem Vor- und Zunamen beziehungsweise der Firma des Niederlegers deutlich bezeichnet und dergestalt verschlossen und versiegelt sein, daß sie ohne Verletzung der Siegel nicht geöffnet werden können.

   Mit jedem Depositum ist ein vom Niederleger ausgefüllter und unterzeichneter Einlieferungsschein einzureichen.

---

[39] Vgl. BankG. § 13 Nr. 8 — oben I S. 155.

[40] Die zur Verwendung gelangenden Formulare werden unentgeltlich verabfolgt.

Bei der Reichshauptbank in Berlin S.W. 19, Jägerstraße 34/36, ist das Kontor für verschlossene Depositen werktäglich von 9—12 1/2 Uhr geöffnet.

Daselbst stehen während dieser Zeit dem Publikum verschließbare Räume zwecks ungestörter Öffnung der Depositen zur Verfügung, für deren Benutzung jedesmal 50 Pfg. zu entrichten sind.

Von der beabsichtigten Abhebung eines Depositums ist dem Kontor für verschlossene Depositen in der Regel tags zuvor mündlich oder schriftlich Mitteilung zu machen, auch wenn das Depositum nur vorübergehend herausgenommen werden soll. Zu dem schriftlichen Antrag können Postkarten verwendet werden, welche das Kontor unentgeltlich austeilt.

3. Die Reichsbank nimmt von dem Inhalt der Depositen keine Kenntnis und haftet für jedes Depositum höchstens bis zum Wertbetrage von fünftausend Mark, außer wenn dasselbe zu einem höheren Werte angegeben und die hierfür bestimmte Versicherungsgebühr neben dem Lagergelde entrichtet worden ist. Für höhere Gewalt oder inneren Verderb ist die Reichsbank nicht verantwortlich. Sie hat nur für diejenige Sorgfalt einzustehen, welche sie in eigenen Angelegenheiten anzuwenden pflegt. Zu einer Fortschaffung des Depositums an einen anderen Ort ist sie in keinem Fall, insbesondere auch nicht im Kriegsfall, verpflichtet.
4. Über jedes Depositum erhält der Niederleger einen mit laufender Nummer versehenen Depositalschein.
5. Das Lagergeld beträgt bei Depositen:
   bis zu 30 cm Breite und Höhe, 40 cm Länge und 10 kg Gewicht . . . . . 10 Mk.,
   darüber hinaus:
   bis zu 60 cm Breite und Höhe, 70 cm Länge und 25 kg Gewicht . . . . . 20 Mk.,
   bei noch größeren:
   bis zu 100 cm Länge, Breite und Höhe, oder einem Gewicht von mehr als 25 kg 30 Mk.
   für das Jahr.

   Depositen von mehr als 100 cm Länge, Breite und Höhe werden nicht angenommen.

   Die Versicherungsgebühr beträgt für jedes angefangene Tausend des über fünftausend Mark hinaus angegebenen Mehrwerts 25 Pfg. für das Jahr.

   In beiden Fällen läuft das Jahr* vom Tage der Niederlegung ab, diesen eingerechnet.
6. Lagergeld und Versicherungsgebühr sind bei der Niederlegung und sodann alljährlich* im voraus zu

* Wegen der Niederlegung von Depositen auf ein Vierteljahr s. Nr. 12 S. 339.

entrichten. Bei nachträglicher Versicherung im Laufe des Niederlegungsjahres ist für das letztere die volle Versicherungsgebühr zu zahlen. Geht das Lagergeld nicht pünktlich ein, so darf die Reichsbank ohne gerichtliches Verfahren das Depositum auf Gefahr und Kosten des Niederlegers bei der öffentlichen Hinterlegungsstelle hinterlegen. So lange die Versicherungsgebühr rückständig ist, haftet die Reichsbank nicht für den angegebenen Mehrwert. Die Verpflichtung des Niederlegers zur Zahlung der Versicherungsgebühr wird dadurch nicht aufgehoben.

Die verhältnismäßige Erstattung des Lagergeldes oder der Versicherungsgebühr findet nicht statt.

7. Die Herausgabe eines Depositums kann nur gegen Rückgabe des quittierten Depositalscheins oder gegen den Nachweis der gerichtlichen Kraftloserklärung desselben beansprucht werden, gleichviel ob das Depositum dauernd oder nur vorübergehend herausgenommen wird.

Liefert der Niederleger das Depositum binnen acht Werktagen wieder ein, so ist nur eine Zuschlagsgebühr von einer Mark zu entrichten.[41]

Diese Gebühr wird nicht erhoben, wenn das Depositum innerhalb der letzten acht Werktage vor Ablauf des Niederlegungsjahres wieder eingeliefert und gleichzeitig die Lagergebühr für ein weiteres Jahr entrichtet wird.

8. Soll eine andere Person statt des Niederlegers oder neben demselben, oder soll bei mehreren Niederlegern einer oder jeder oder ein Teil derselben zur Abhebung des Depositums befugt sein, oder will der Niederleger sein Depositum gegen Rückgabe des von ihm selbst quittierten Depositalscheins durch einen Beauftragten abholen lassen, so muß der Niederlegungsstelle eine entsprechende schriftliche Erklärung

---

[41] Vgl. Anm. 40 Abs. 3 u. 4.

oder Mitteilung tunlichst bei der Niederlegung übergeben werden.

Unterliegen solche Schriftstücke der Stempelpflicht, so ist die rechtzeitige und ausreichende Versteuerung Sache der Niederleger.

Übrigens ist die Reichsbank berechtigt aber nicht verpflichtet, das Depositum an jeden Vorzeiger des Depositalscheins ohne weitere Prüfung seiner Legitimation oder der Echtheit und Gültigkeit der Quittung auszuliefern.

9. Eine direkte Übersendung der Depositen an die Niederleger oder an andere Personen ist ausgeschlossen.

Die Reichsbank übernimmt jedoch auf schriftlichen Antrag des Niederlegers oder dessen Bevollmächtigten und gegen Erstattung der Kosten die Versendung an jede Zweiganstalt der Reichsbank, welche zur Aufbewahrung verschlossener Depositen ermächtigt ist.

Die Anträge dazu sind doppelt gleichlautend auszufertigen, zu unterzeichnen und mit den quittierten Depositalscheinen der Niederlegungsstelle zu übergeben.

10. Bereits entrichtete Lager- und Versicherungsgebühren für das laufende Niederlegungsjahr haben auch für den neuen Aufbewahrungsort Gültigkeit.

11. Den vorstehenden Bedingungen widersprechende Erklärungen oder Anordnungen der Niederleger hinsichtlich der Behandlung von Depositen, auch wenn sie auf den Depositalscheinen oder den Depositen selbst schriftlich vermerkt werden, begründen keine Verpflichtung der Reichsbank.

12. Seit Anfang Mai 1905 werden auch solche Depositen zugelassen, welche zunächst nur für ein Vierteljahr hinterlegt werden sollen. Das Lagergeld beträgt unter Zugrundelegung der Abmessungen und des Gewichts, welche eine Jahresgebühr von M. 10, 20 oder 30 bedingen (Nr. 5), M. 3 bezw. M. 6 u. M. 9.

Die Versicherungsgebühr wird stets für ein Jahr berechnet.

B. Verzeichnis
sämtlicher vom
Reichsbank-Direktorium zu Berlin
unmittelbar oder mittelbar abhängigen
Zweiganstalten.[42]

1. Die in dem nachstehenden Verzeichnis in gewöhnlicher Schrift aufgeführten Orte, mit Ausnahme der durch ein Kreuz (†) bezeichneten, sind Bankplätze. An Bankplätzen und auf solche werden Wechsel angekauft. Die Bankplätze sind in den Giroverkehr der Reichsbank einbezogen. Die durch einen Stern (*) bezeichneten Nebenstellen haben erweiterte Befugnisse[43] im Giroverkehr.

Hinsichtlich des Charakters der Zweiganstalten, ob Reichsbankhauptstelle, Reichsbankstelle, Reichsbanknebenstelle oder Warendepot, und der selbständigen Bankanstalten, welchen die Nebenstellen und Warendepots untergeordnet sind, siehe die „Allgemeinen Bestimmungen über den Geschäftsverkehr mit der Reichsbank“[44] und die Verwaltungsberichte der Reichsbank.

Auch auf die in dem Verzeichnis eingeklammerten Orte und Vororte werden Wechsel angekauft. Diese sind an die unmittelbar vorhergenannte Bankanstalt zu girieren.

2. Wechsel, welche an den mit einem Kreuz (†) bezeichneten Orten zahlbar sind, werden von der Reichsbank nicht angekauft. Die an diesen Orten

---

[42] Vgl. BankG. §§ 36, 37 Anm. 108, 114, 115 oben I S. 181, 183, 184.

[43] Vgl. oben S. 313, 314.

[44] Vgl. oben Anm. 1 S. 291. Hinsichtlich der Plätze mit Reichsbankhauptstellen und Reichsbankstellen s. auch oben C I, S. 181—184 und C XV, S. 287.

befindlichen Bankanstalten (Nebenstellen und Warendepots) sind nicht mit Kasseneinrichtung versehen. Ihre Tätigkeit beschränkt sich vielmehr auf die Vermittelung von Wechselankäufen und Lombardgeschäften.

3. An den durch **fette** Schrift hervorgehobenen Orten werden die Noten der nach der Bestimmung im § 45 des BankG. bekannt gemachten Banken[45] in Zahlung genommen.

[45] Jetzt noch die Noten der
Bayerischen Notenbank,
Sächsischen Bank,
Württembergischen Notenbank,
Badischen Bank,
nicht der Braunschweigischen Bank (s. Anm. 161, 162 S. 198 ff.). Vgl. BankG. § 19 S. 161.

Berlin (Schöneberg)
Aachen (Burtscheid)
Alfeld (Leine)
Allenburg †
Allenstein
Alsfeld (Oberhessen)
Altena (Westf.)
Altenburg * (S.-A.)
Altona (Elbe) (Ottensen)
Andernach
Angerburg (Ostpr.)
Anklam
Apenrade
Apolda
Arnsberg (Westf.)
Arnstadt (Thür.)
Arnswalde
Aschaffenburg *
Aschersleben
Aue (Sachsen) (Auerhammer, Lößnitz, Neustädtel bei Schneeberg i. S., Schneeberg)
Auerbach * (Vgtl.) (Lengenfeld, Rodewisch, Treuen i. Vogtl.)
Augsburg
Backnang
Bamberg (Bayern)
Barmen (Wupper)
Bartenstein (Ostpr.)
Barth
Bautzen *
Bayreuth
Beckum (Westf.)
Belgard (Persante)
Bernburg (Anhalt)
Beuthen * (Obschl.)
Biberach (Riß)
Biebrich
Bielefeld
Bingen (Bingerbrück)
Bischofsburg †
Bocholt *
Bochum
Bonn *
Brandenburg (Hvl.)
Braunsberg (Ostpr.)

Braunschweig
(Wolfenbüttel)
Bremen
Breslau
Brieg*
Briesen
Bromberg
Bruchsal
Buchholz (Sachsen)
(Annaberg u. Klein-Rückerswalde i. S.)
Bünde (Westf.)
Bunzlau
Bütow† i. Pomm.
Cassel
(Wehlheiden)
Celle
Charlottenburg*
Chemnitz (Sachs.)
(Chemnitz—Altendorf,
„ —Alt-Chemnitz,
„ —Gablenz (Neu-Gablenz),
„ —Kappel,
Neustadt b. Chemn.,
Reichenbrand i. S.,
Schönau b. Chemn.,
Siegmar i. S.)
Cleve
Coblenz (Rhein)
(Lützel—Coblenz,
Coblenz vor der Moselbrücke)
Coburg
Colmar* (Elsaß)
Cöln (Rhein)
(Cöln—Deutz—Festung)
Cörlin† (Persante)
Cöslin
Cöthen (Anhalt)
Cottbus
Crefeld
Crimmitschau
(Leitelshain u. Neukirchen [Pleiße])
Culm
Culmsee
Cüstrin
Danzig
Darmstadt
Demmin
Dessau*
Detmold
Deutsch-Eylau
Deutsch-Krone
Dillenburg
Dirschau
Döbeln (Sachsen)
(Großbauchlitz,
Kleinbauchlitz und
Roßwein i. Sachsen)
Dortmund
Dresden
(Dresden—Cotta,
„ —Gruna,
„ —Kaditz,
„ —Löbtau,
„ —Mickten,
„ —Naußlitz,
Dresden—Pieschen
„ —Plauen i. S.
„ —Räcknitz,
„ —Seidnitz,
„ —Strehlen i. Sachsen,
„ —Striesen,
„ —Trachau,
„ —Trachenberge,
„ —Übigau,
„ —Wölfnitz,
„ —Zschertnitz)
Duisburg
Düren*
Düsseldorf
Eberswalde
Eckernförde
(Borby)
Eickel
Einbeck
Eisenach*
Elberfeld
(Ronsdorf und Vohwinkel)
Elbing
Elmshorn
Emden
Emmerich (Rhein)
Erfurt
Eschwege
Eschweiler
Essen (Ruhr)
(Essen—Altendorf,
„ —Frohnhausen,

Essen—Holster-
hausen)
Eßlingen
Eupen
Euskirchen
Falkenstein (Vogtl.)
(Ellefeld)
Finsterwalde N.-L.
Fischhausen †
Flatow † (Westpr.)
Flensburg
Forst* (Lausitz)
Frankenberg i. S.
(Hainichen)
Frankenthal
Frankfurt a. M.
(Frankfurt
—Bockenheim
„ —Bornheim,
„ —Sachsen-
hausen)
Frankfurt (Oder)
Freiberg (Sachsen)
Freiburg (Breisg.)
Freiburg i. Schl.
Friedberg (Hessen)
(Bad Nauheim)
Fulda
Fürstenwalde
Fürth (Bayern)
Gebweiler
Geestemünde
(Bremerhav. u. Lehe)
Geislingen
Gelnhausen
Gelsenkirchen*
(Schalke)
Gera (Reuß j. L.)
Gerdauen †
Gevelsberg
(Vogelsang)
Gießen*
M.-Gladbach*
Glatz*
Glauchau
Gleiwitz
Glogau
Schwäb. Gmünd
Gnesen
Goch
Goldap
Göppingen*
Görlitz
Gotha*
Göttingen*
Graetz (Bez. Posen)
Graudenz
Greifswald
Greiz*
Großenhain
Grünberg* i. Schl.
Guben*
Gumbinnen
Gummersbach
Gütersloh*
Guttstadt
Hadersleben*
Hagen* (Westfalen)
(Altenhagen, Eilpe
u. Wehringhausen)
Hagenau i. Els.
Halberstadt
Halle (Saale)
(Halle—Cröllwitz,
„ —Giebichen-
stein,
„ —Trotha)
Hamborn
(Bruckhausen und
Marxloh)
Hamburg
Hameln*
Hamm (Westfalen)
Hanau*
Hannover
Harburg* (Elbe)
Hattingen (Ruhr)
Haynau i. Schl.
Heide
Heidelberg*
Heidenheim (Brenz)
Heilbronn*
Helmstedt
Herford*
Herne
Hersfeld (Hess.-Cass.)
Heydekrug †
Hilden
Hildesheim (Hann.)
Hirschberg i. Schl.
Hof* (Bayern)
Hohenlimburg
Hohensalza
Höhr
(Grenzhausen)
Holzminden
(Höxter)
Homberg (Rhein)

Hörde (Westfalen
(Schwerte a. d. Rh.)
Husum
Jarmen †
Jauer
Jena
Insterburg
Iserlohn *
Itzehoe
Kaiserslautern
Kamen
Karlsruhe
(Karlsruhe-Mühlburg)
Kattowitz* i. O. Schl.
Kaufbeuren
Kempten *
Kiel
Kirchberg (Sachsen
Kirchen (Sieg)
(Betzdorf)
Kirn (Kr. Kreuznach
Kitzingen (Main)
Kolberg (Pommern
Königsberg (O. P.
Königshütte (O. S.
Konitz (Westpr.)
Konstanz *
Kosten (Bez. Posen
Kreuzburg (O.-S.
Kreuznach
Krotoschin
Kulmbach
Labiau †
Lahr * (Baden)
Landau (Pfalz)
Landeshut * (Schl.)
Landsberg (Warthe)
Landshut (Bayern)
Langenberg (Rh.-L.)
(Neviges)
Langenbielau
Langendreer
(Werne)
Lauban
Lauenburg (Pomm.)
Lautenburg
Lauterbach (O. Hess.)
Leer (Ostfriesland)
Leipzig
(Leipzig—Altschleußig,
„ —Anger-Crottendorf,
„ —Connewitz,
„ —Eutritzsch,
„ —Gohlis,
„ —Kleinzschocher,
„ —Lindenau,
„ —Lößnig,
„ —Neureudnitz,
„ —Neuschönefeld,
„ —Neusellerhausen,
„ —Neuschleußig,
„ —Neustadt
„ —Plagwitz,
„ —Reudnitz,
Leipzig—Schleußig,
„ —Sellerhausen,
„ —Thonberg,
„ —Volkmarsdorf)
Leisnig
(Fischendorf und Tragnitz)
Lennep
Liegnitz
Limbach (Sachsen)
(Oberfrohna)
Limburg (Lahn)
Lindau (Bayern)
Linden * (b. Hannov.)
Lingen
Lippstadt *
Lissa (Bez. Posen)
Lohr (Main)
Lörrach
Lötzen
Lübeck
Luckenwalde
Lüdenscheid
Ludwigshafen * (Rh.)
Lüneburg
Lyck
Magdeburg
(Magdeburg—Buckau,
„ —Neustadt,
„ —Sudenburg,
„ —Wilhelmstadt)

Mainz
Mannheim
Marburg (Lahn)
Marienburg (W.-Pr.)
Marienwerder (W.-Pr.)
Markneukirchen (Adorf i. V.)
Markt-Redwitz (Dörflas, Oberredwitz u. Wunsiedel)
Meerane* (Sachs.)
Meiderich (Neumühl)
Meiningen* (S.-M.)
Meißen (Cölln [Elbe])
Memel
Memmingen
Meseritz
Metz
Minden (Westfalen)
Mittweida
Mühlhausen* i. Th.
Mülhausen (Els.) (Dornach)
Mülheim* (Rhein)
Mülheim (Ruhr) (Mülheim-Broich, „ (Ruhr)—Broich, „ —Holthausen, „ (Ruhr)—Holthausen Mülheim—Saarn, „ (Ruhr)—Saarn, „ —Speldorf, „ (Ruhr)—Speldorf, „ —Styrum, „ (Ruhr)—Styrum)
München
Münster (Westfalen)
Muskau (O.-L.)
Naumburg (Saale)
Neisse*
Neubrandenburg
Neumünster* (Holst.)
Neunkirchen (Bez. Trier)
Neurode
Neu-Ruppin
Neuß* (Bz. Düssld.)
Neustadt* (Haardt)
Neustettin
Neuwied* [Neuwied—Heddesdorf, Neuwied (Heddesdorf)]
Nienburg (Weser)
Norden
Nordhausen
Nördlingen
Nürnberg (Nürnberg—St. Leonhardt, „ —Seeleinsbühl, Nürnberg „ —Sündersbühl)
Oberhausen* (Rhl.)
Oberlahnstein (Niederlahnstein)
Oberstein (Nahe) (Idar)
Ochsenfurt (M.)
Oelsnitz (Vogtl.) [Voigtsberg (Vogtsberg)]
Offenbach* (Main)
Offenburg (Baden)
Ohligs
Oldenburg* (Grßh.)
Olpe
Oppeln
Oschatz
Osnabrück
Osterode (Harz)
Osterode (Ostpr.)
Ostrowo (Bez. Pos.)
Paderborn*
Pasewalk†
Passau
Pegau (Sachsen) (Carsdorf, Neucarsdorf, Groitzsch)
Peine
Pforzheim*
Pillkallen
Pirmasens
Pirna (Copitz [Elbe])
Plauen (Vogtl.)

(Plauen i. V.—Chrieschwitz,
„ —Haselbrunn)
Pleschen
Posen
(Posen—Jersitz,
„ —Lazarus,
„ —Wilda)
Pößneck
(Jüdewein)
Potsdam*
Prenzlau
Pyritz†
Quedlinburg
Rastenburg (Ostpr.)
Ratibor
Ratingen
Ravensburg*
(Ravensburg—Schornreute und Weingarten)
Rawitsch
Recklinghausen*
Regensburg*
(Regensburg—Reinhausen,
„ —Stadtamhof,
„ —Steinweg)
Reichenbach* (Schl.)
Reichenbach* (Vgtl.)
(Mylau u. Netzschkau)
Remscheid
Rendsburg
Reutlingen*
Rheine
Rheydt*
(Rheydt—Bonnenbroich,
„ —Schloß Rheydt,
„ Dohr,
„ Geistenbeck,
„ Mülfort,
„ Odenkirchen,
„ Reststrauch,
„ Zoppenbroich)
Riesa (Elbe)
Rosenheim
Rostock (Mecklenb.)
Rottweil
Rüdesheim (Rhein)
Rügenwalde†
Ruhrort*
(Ruhrort—Beeck,
„ —Beeckerwerth,
„ —Laar,
„ —Stockum)
Ruß† (Ostpr.)
Saarbrücken*
(St. Johann a. Saar)
Saarburg
Säckingen
Sagan
Sangerhausen
Schirwindt†
Schlawe† (Pomm.)
Schleswig
Schneidemühl
Schöningen
Schwarzenberg i. S.
(Beierfeld u. Obersachsenfeld)
Schwedt (Oder)
Schweidnitz
Schweinfurt a. M.
Schwelm
Schwiebus
Senftenberg i. L.
Siegen
Soest
Solingen*
Sommerfeld (Bez. Frankfurt [Oder])
Sonderburg
Sonneberg (S.-M.)
Sorau* (N.-L.)
Speyer
Spremberg i. L.
Stallupönen
Stargard (Pomm.)
Pr.-Stargard
Steele
(Königssteele)
Stettin
Stolberg (Rheinl.)
Stolp (Pommern)
Stralsund
Strasburg (U.-M.)†
Straßburg i. E.
(Straßburg i. E.—Kronenburg
„ —Neudorf,
sowie Bischheim,

Straßburg i. E. — (Schiltigheim u. Stadt Kehl)
Striegau
Stuttgart (Cannstatt, Feuerbach u. Untertürkheim)
Suhl
Tapiau †
Thorn
Tilsit
Tondern
Traben-Trarbach
Triberg
Trier*
Tuttlingen
Uerdingen
Ulm (Württemberg) (Neu-Ulm)
Unna (Westfalen) (Unna—Königsborn)
Velbert (Rheinl.)
Viersen*
Villingen (Baden)
Waldenburg* i. Schl.
Waldheim
Waldkirch
Warburg (Westfal.)
Wehlau †
Weimar (Thür.)
Weinheim
Weißenfels* a. S.
Weißwasser (O.-L.)
Werdau* (Sachsen) (Werdau-Leubnitz)
Werden (Ruhr)
Wermelskirchen
Wertheim a. M.
Wesel*
Wetzlar
Wiesbaden
Wilhelmshaven* (Bant, Heppens und Neuende)
Wismar (Mecklenb.)
Witten* (Ruhr)
Wittenberge a. E.
Wolgast †
Wongrowitz
Wormditt †
Worms*
Würzburg
Wurzen
Zabern (Unterelsaß)
Zeitz*
Zittau*
Zweibrücken
Zwickau (Sachsen) (Zwickau—Poelbitz)

Ende April 1905 waren an Zweiganstalten vorhanden:

19	Reichsbankhauptstellen,
66	Reichsbankstellen,
320	Reichsbanknebenstellen mit Kasseneinrichtung,
10	Reichsbanknebenstellen ohne Kasseneinrichtung,
13	Reichsbankwarendepots
Insgesamt 428	

XVII. Die Ausgabe von Banknoten in den deutschen Schutzgebieten.[1]

Die rechtliche Grundlage der Notenausgabe in den Schutzgebieten[2] bildet neben BGB. § 795[3] in Verbindung mit § 34 des G. über die Konsulargerichtsbarkeit vom 7. April 1900[4] und § 3 Satz 2 des Schutzgebietsgesetzes,[5,6] die Kaiserliche Verordnung, betreffend die Ausgabe von Banknoten in den Schutzgebieten, vom 30. Oktober 1904:

Wir Wilhelm, von Gottes Gnaden Deutscher Kaiser, König von Preußen ꝛc.

verordnen auf Grund des § 1 des Schutzgebietsgesetzes (RGBl. 1900 S. 813) für die deutschen Schutzgebiete im Namen des Reichs, was folgt:

Die Befugnis zur Ausgabe von Banknoten in den Schutzgebieten kann nur durch eine vom

---

[1] S. die Denkschrift über die Errichtung der Deutsch-Ostafrik. Bank. Nr. 682 d. Drucks. d. Reichstags, 11. Leg.Per. I. Sess. 1903/1905.

[2] Die Bestimmungen des BankG. v. 14. März 1875 finden auf die Schutzgebiete keine Anwendung (s. oben C I, S. 129 ff., Anm. 1, S. 130).

[3] § 795 betrifft die Ausgabe von Inhaberschuldverschreibungen.

[4] RGBl. S. 213.

[5] RGBl. 1888 S. 75, RGBl. 1899 S. 365, RGBl. 1900 S. 813.

[6] Nach § 34 d. G. über die Konsulargerichtsbarkeit in Verbindung mit § 3 Satz 2 des Schutzgebietsgesetzes dürfen in den Schutzgebieten ausgestellte Inhaberschuldverschreibungen nur mit Genehmigung des Reichskanzlers in Verkehr gebracht werden.

Reichskanzler zu erteilende Konzession erworben werden; in der Konzession sind Bestimmungen zu treffen über die Stückelung, die Einlösung und Einziehung der Banknoten, über die Deckung des Notenumlaufs, über den Geschäftskreis und die Publikationsverpflichtung der mit der Befugnis der Notenausgabe auszustattenden Bank, über die Beteiligung des Schutzgebietsfiskus am Reingewinne der Bank, über die Rechte der Aufsichtsbehörde sowie über alle anderen Punkte, deren Regelung im Interesse der Sicherung des Notenumlaufs und des Geldverkehrs erforderlich erscheint.

Urkundlich unter Unserer Höchsteigenhändigen Unterschrift und beigedrucktem Kaiserlichen Insiegel.

Gegeben Neues Palais, den 30. Oktober 1904.

(L. S.) gez. Wilhelm I. R.
gez. Graf von Bülow.

Diese Verordnung ist zum erstenmal praktisch geworden durch die Verleihung des Notenrechts an die am 6. Januar 1905 gegründete „Deutsch-Ostafrikanische Bank", deren Verfassung, Rechte und Pflichten durch die ihr vom Reichskanzler am 15. Jan. 1905 erteilte Konzession und die gleichzeitig erfolgte Genehmigung der der Konzession beigefügten Satzungen geregelt sind.

Der Zweck der Deutsch-Ostafrikanischen Bank, einer Kolonialgesellschaft,[7] ist die Errichtung und der Betrieb einer Bank im Deutsch-Ostafrikanischen Schutzgebiet, wo ein Emissionsinstitut im Interesse der Ergänzung des metallischen Geldumlaufs durch eine elastische Notenzirkulation und der Regulierung des Rupienkurses dringend notwendig ist. Die diesem Institut durch Konzession und Satzungen übertragene Aufgabe ist, den Geldumlauf und die Zahlungsausgleichungen sowie den Geldverkehr des Schutzgebiets mit Deutschland und dem Ausland zu regeln und zu erleichtern und Bankgeschäfte nach Maßgabe der in der Konzession enthaltenen Bestimmungen zu betreiben.

Die in Berlin domizilierende Gesellschaft ist berechtigt, in Deutsch-Ostafrika überall, in anderen Territorien mit Zustimmung des Reichskanzlers Zweigniederlassungen und Agenturen zu begründen. Das Grundkapital ist zunächst auf 2 Millionen Mark, eingeteilt in 4000 Anteile zu je 500 Mk., festgesetzt. Es kann nach Vollzahlung der Anteile ohne weitere Zustimmung des Reichskanzlers auf 10 Millionen Mark erhöht werden. Die Organe der Gesellschaft sind der Vorstand, der Verwaltungsrat und die Hauptversammlung. Der Geschäftskreis ist nach denselben Grundsätzen normiert, die auch für die Beschränkung des Geschäftskreises der Reichsbank[8] und der übrigen deutschen Notenbanken[9] wie der mit einem Notenrecht ausgestatteten englischen und französischen Kolonialbanken maßgebend waren. Doch ist der Bank, um ihr eine Anpassung an die anders gearteten Verhältnisse der Kolonie und an die Formen des überseeischen Geldverkehrs zu ermöglichen, in einzelnen Punkten ein freierer Spielraum gelassen, als ihn die §§ 13 und 44 Ziffer 1 des Bankgesetzes gewähren.[10]

---

[7] Nach § 11 des Schutzgebietsgesetzes (s. Anm. 5).

[8] § 13 des BankG. v. 1875 (s. oben C I, S. 149ff.).

[9] § 44 Ziffer 1 des BankG. v. 1875 (s. oben C I, S. 193).

[10] Die Konzession gestattet der Deutsch-Ostafrikanischen Bank u. a. den Ankauf von Wechseln und wechselähnlichen

Die Einlösung der auf Rupien lautenden Noten ist gesichert durch die Beschränkung ihres Gesamtumlaufs auf den dreifachen Betrag des eingezahlten Grundkapitals und die Annahme des Prinzips der Drittelbeckung sowie eines an § 9 des Bankgesetzes angelehnten Systems der indirekten Kontingentierung. Und zwar tritt die an den Fiskus des Schutzgebiets zu entrichtende 5 prozentige Notensteuer ein, wenn der Notenumlauf den doppelten Betrag des Barvorrats überschreitet. Sie wird nur von dem Notenumlauf erhoben, der den Betrag von 500000 Rupien überschreitet. Auch die Bestimmungen über die Aufhebung oder den Erwerb der Bank seitens des Landesfiskus, über die Beteiligung des letzteren am Reingewinn, über die Publikationspflicht, über die Einlösung der Noten, die Ersatzleistung für beschädigte Noten und die Außerkurssetzung der Noten sind den entsprechenden Bestimmungen des Bankgesetzes entweder nachgebildet oder doch an sie angelehnt.

Die Deutsch-Ostafrikanische Bank leistet laut Vertrag mit dem Kaiserlichen Gouvernement von Deutsch-Ostafrika vom 25. Februar 1905 im Interesse der kolonialen

---

Papieren (Schecks und sogen. Promessen usw.) mit einer Verfallzeit bis zu 6 Monaten und die Beleihung solcher Papiere im Lombardverkehr auf 6 Monate, die Beleihung anderer Papiere auf 4 Monate. Die anzukaufenden Wechsel, Promessen pp. brauchen nur zwei sichere Unterschriften, von denen die eine durch bestimmte Garantien (z. B. die Beigabe der Seeverschiffungspapiere derjenigen Waren, auf deren Valuta der Wechsel gezogen ist) ersetzt sein kann. Auch ist in der Konzession vorgesehen, daß sich die Bank mit Genehmigung des Reichskanzlers bis zu $^1/_3$ ihres Grundkapitals an Unternehmungen mit gleichartigen Betriebsvorschriften beteiligen darf.

Finanzverwaltung ähnliche Dienste wie die Reichsbank dem Reich gegenüber gemäß § 22 des Bankgesetzes und § 11 des Statuts.

Durch Vertrag mit der Kolonialabteilung des Auswärtigen Amts vom 4. März 1905 sind die bisher der Legationskasse in Berlin und der Gouvernementshauptkasse in Dares-Salam hauptsächlich zum Zwecke der Aufrechterhaltung des Rupienkurses übertragenen Funktionen der Abgabe von Tratten und Zahlungsanweisungen auf Daressalam bezw. auf Berlin der Bank ebenfalls auferlegt worden.[11]

Der Bedarf der anderen Schutzgebiete (Kiautschou ausgenommen) an papiernen Umlaufsmitteln ist bisher durch Sendungen von Banknoten der Reichsbank und von Reichskassenscheinen befriedigt worden.

---

[11] S. oben A VII. S. 114.

D. Prämien-Papiere.

Gesetz, betreffend die Inhaberpapiere mit Prämien. Vom 8. Juni 1871. (RGBl. S. 210. Ausgegeben am 14. Juni 1871.)[1]

Wir Wilhelm, von Gottes Gnaden Deutscher Kaiser, König von Preußen rc. verordnen im Namen des Deutschen Reichs, nach erfolgter Zustimmung des Bundesrathes und des Reichstages, was folgt:

§ 1. Auf den Inhaber lautende Schuldverschreibungen, in welchen allen Gläubigern oder einem Theile derselben außer der Zahlung der verschriebenen Geldsumme eine Prämie dergestalt zugesichert wird, daß durch Ausloosung oder durch eine andere auf den Zufall gestellte Art der Er-

[1] Die Zuständigkeit der Reichsgesetzgebung für dieses Gesetz beruht auf Art. 4 Nr. 13 der Reichsverfassung in der Fassung des G. v. 20. Dezember 1873 (RGBl. S. 379). Die Wirksamkeit desselben ist durch das G. v. 27. Januar 1872 auf Elsaß-Lothringen (Gesetzbl. für Elsaß-Lothringen S. 111) ausgedehnt. — Das Gesetz enthält Emissions- (§ 1) und Verkehrsbeschränkungen (§§ 2—5) hinsichtlich der im § 1 bezeichneten Papiere. Zuwiderhandlungen sind nach § 6 strafbar.

mittelung die zu prämiirenden Schuldverschreibungen und die Höhe der ihnen zufallenden Prämie bestimmt werden sollen (Inhaberpapiere mit Prämien), dürfen innerhalb des Deutschen Reichs nur auf Grund eines Reichsgesetzes[2] und nur zum Zwecke der Anleihe eines Bundesstaats oder des Reichs ausgegeben werden.

§ 2. Inhaberpapiere mit Prämien, welche nach Verkündigung des gegenwärtigen Gesetzes,[3] der Bestimmung im § 1 zuwider, im Inlande ausgegeben sein möchten, imgleichen Inhaberpapiere mit Prämien, welche nach dem 30. April 1871 im Auslande ausgegeben sind, dürfen weder weiter begeben, noch an den Börsen, noch an anderen zum Verkehr mit Werthpapieren bestimmten Versammlungsorten zum Gegenstande eines Geschäfts oder einer Geschäftsvermittelung gemacht werden.

§ 3. Dasselbe gilt vom 15. Juli 1871[4] ab von ausländischen Inhaberpapieren mit Prämien, deren Ausgabe vor dem 1. Mai 1871[5] erfolgt ist, sofern dieselben nicht abgestempelt sind (§§ 4, 5).

[2] Ein solches Gesetz ist bisher nicht erlassen.

[3] D. i. nach dem 14. Juni 1871 (vgl. Überschrift).

[4] Für Elsaß-Lothringen ist dieser Termin erst mit dem 15. März 1872 eingetreten (G. v. 27. Jan. 1872 — Gesetzbl. für Elsaß-Lothringen S. 111).

[5] Ein Verzeichnis der hierher gehörigen Papiere enthält die (nicht wieder aufgenommene) Anlage B der Bek. v. 19. Juni 1871 (s. Anm. 7).

§ 4. Die Schuldverschreibungen, deren Abstempelung erfolgen soll, müssen spätestens am 15. Juli 1871[4] zu diesem Zwecke eingereicht werden.

Für die Abstempelung ist eine Gebühr zu entrichten, welche für eine Schuldverschreibung, deren Nominalbetrag den Werth von Einhundert Thalern nicht übersteigt, 5 Sgr. oder 17$^1/_2$ Kr. S. W., für eine Schuldverschreibung, deren Nominalbetrag den Werth von Einhundert Thalern übersteigt . . . . 10 Sgr. oder 35 Kr. S. W. beträgt.[6]

Der Ertrag dieser Abstempelungsgebühr fließt zur Reichskasse.

§ 5. Der Bundesrath wird die zur Ausführung dieses Gesetzes erforderliche Instruktion[7]

[6] Die auf Grund dieser Bestimmung abgestempelten ausländischen Inhaberpapiere mit Prämien waren von der Verpflichtung zur Errichtung der unter Tarifnummer 2 b des G., betreffend die Erhebung von Reichsstempelabgaben (RGBl. 1885 S. 179) bezeichneten Stempelabgabe befreit (vgl. Tarif Nr. I 2b, dd, RGBl. S. 192).

[7] Dieselbe ist enthalten in der Bekanntmachung des Reichskanzlers, betreffend die Vorschriften zur Ausführung des Reichsgesetzes v. 8. Juni 1871 über die Inhaberpapiere mit Prämien, v. 19. Juni 1871 (RGBl. S. 255). Mit der gleichen Überschrift ist für Elsaß-Lothringen eine denselben

erlassen und in derselben festsetzen, unter welchen Umständen ein gutgläubiger Inhaber, der aus entschuldbaren Gründen die Einreichungsfrist versäumt hat, noch nachträglich Abstempelung seiner Schuldverschreibungen erlangen kann.[8] Der Bundesrath wird ferner zur Berechnung der Stempel-Abgabe den Thalerwerth der fremden Valuten feststellen,[9] auch die Behörden bestimmen, bei welchen die Einreichung zur Abstempelung (§ 4) zu erfolgen hat.[10]

Gegenstand betreffende Bek. vom Reichskanzler unter dem 20. Januar 1872 (GBl. für Elsaß-Lothringen S. 113) erlassen, welche nur in wenigen Bestimmungen von der erstgenannten Bek. abweicht. Die Vorschriften der Bek. v. 19. Juni 1871 sind ergänzt durch die Bek. v. 1. Juli 1871 (RGBl. S. 304) und v. 10. Juli 1871 (RGBl. S. 314); die Bek. v. 1. Juli 1871 ist abgeändert durch die Bek. v. 4. Dezember 1871 (RGBl. S. 408).

Bezüglich der ausländischen Inhaberpapiere mit Prämien, deren Abstempelung den darüber erlassenen Vorschriften nicht entspricht, vgl. das Zirkular des Preuß. Ministers für Handel und Gewerbe v. 18. November 1879 (PrMBl. für die ges. innere Verw. 1880 S. 21).

8 Vgl. § 9 der Bek. v. 19. Juni 1871 (s. Anm. 7). Dieselbe bestimmte als letzte Frist den 31. Dezember 1871, binnen deren der betreffende Antrag bei der Landesfinanzverwaltung eingereicht werden mußte.

9 Ist in § 5 der Bek. v. 19. Juni 1871 für fünf fremde Währungen geschehen.

10 Diese Bestimmung enthält die (wegen mangelnden Interesses hier nicht mehr aufgenommene) Anlage A zu

§ 6.[11] Wer den Bestimmungen der §§ 1, 2 oder 3 zuwiderhandelt, verfällt in eine Geldstrafe, welche dem fünften Theile des Nennwerthes der den Gegenstand der Zuwiderhandlung bildenden Papiere gleichkommt, mindestens aber Einhundert Thaler betragen soll.

Mit Geldstrafe bis zu Einhundert Thalern oder Gefängniß bis zu drei Monaten wird bestraft,[12] wer ein im § 2 oder § 3 bezeichnetes Inhaberpapier mit Prämie öffentlich ankündigt, ausbietet oder empfiehlt, oder zur Feststellung eines Kurswerthes notirt.[13]

§ 1 der Bek. v. 19. Juni 1871. Die nachträgliche Abstempelung definitiver Stücke nach vorausgegangener Abstempelung der Interimsscheine war bis 31. Dezember 1871 bezw. 31. März 1872 bei der Hauptkasse der Seehandlung, später dem Hauptsteueramt für inländische Gegenstände in Berlin gestattet [vgl. Nr. 4, 5 der Bek. v. 1. Juli 1871 und Nr. 1 der Bek. v. 4. Dezember 1871 (s. Anm. 7)].

[11] Für die Zuwiderhandlungen gegen die Bestimmungen der §§ 1, 2, 3 sind die Strafkammern der Landgerichte als erkennende Gerichte ausschließlich zuständig (GerichtsverfassungsG. § 74 Nr. 3).

[12] Hier tritt die Regel des § 27 des StrGB. ein, wonach der Mindestbetrag der Geldstrafe bei Vergehen drei Mark ist.

[13] Über die zivilrechtlichen Folgen der Zuwiderhandlungen vgl. Entsch. des Reichsoberhandelsgerichts Bd. 20 S. 418; Mandry Geib, der zivilrechtliche Inhalt der Reichsgesetze, 4. Aufl. S. 208; Brunner, in Ende-

Urkundlich unter Unserer Höchsteigenhändigen Unterschrift uud beigedrucktem Kaiserlichen Insiegel.

Gegeben Berlin, den 8. Juni 1871.

(L. S.) **Wilhelm.**

Fürst v. Bismarck.

mann's Handbuch des D. Handels-, See- und Wechselrechts, Bd. 2 S. 199, 210.

E. Bundes- bezw. Reichsanleihe-Gesetze.

I.

Gesetz, betreffend den außerordentlichen Geldbedarf des Norddeutschen Bundes zum Zwecke der Erweiterung der Bundes-Kriegsmarine und der Herstellung der Küstenvertheidigung. Vom 9. November 1867. (BGBl. S. 157. Ausgegeben am 19. November 1867.)[1]

Wir Wilhelm, von Gottes Gnaden König von Preußen rc. verordnen im Namen des Norddeutschen

[1] Die Aufnahme von Reichsanleihen beruht auf Art. 73 der RVerf.; sie kann, ebenso wie die Übernahme einer Garantie zu Lasten des Reiches (vgl. z. B. G. v. 14. November 1886, betr. die Bürgschaft des Reiches für die Zinsen rc. einer ägyptischen Staatsanleihe — RGBl. S. 301) nur im Wege der Reichsgesetzgebung in Fällen eines außerordentlichen Bedürfnisses erfolgen. Das erste G. dieser Art ist das vorliegende v. 9. Nov. 1867, welches durch die G. v. 20. Mai 1869 (BGBl. S. 137) und 6. April 1870 (unten II, S. 864 ff.) ergänzt und abgeändert ist. Die folgenden G. nehmen alsdann stets auf die G. v. 9. November 1867 und 6. April 1870, später auf das G. v. 27. Januar 1875 (unten III, S. 866 ff.), welches jene ebenfalls anführt, Bezug. Neuerdings sind aus Anlaß der Ein-

Bundes, nach erfolgter Zustimmung des Bundesrathes und des Reichstages, was folgt:

§ 1. Zur Bestreitung der außerordentlichen Aus-

führung des BGB. und zahlreicher Abänderungen der ZPO. die geltenden Bestimmungen kodifiziert in der Reichsschuldenordnung v. 19. März 1900 (unten XIII, S. 422 ff.).

Der Norddeutsche Bund hat fernerhin Anleihen aufgenommen auf Grund der G. v. 21. Juli 1870 (BGBl. S. 491), v. 29. November 1870 (BGBl. S. 619), v. 26. April 1871 (BGBl. S. 91). Wegen der Tilgung s. G. v. 28. Oktober 1871, betr. die Zurückzahlung der auf Grund des G. v. 21. Juli 1870 aufgenommenen fünfprozentigen Anleihe (RGBl. S. 348). Auf Grund der beiden anderen KriegsanleiheG. sind nur Schatzanweisungen ausgegeben, welche sämtlich eingelöst sind.

Reichsanleihen sind in den Jahren 1875—1905 zahlreich aufgenommen.

Das G. v. 30. März 1900 (RGBl. S. 139) enthält in § 6, der den Reichskanzler zur Einführung des Postscheckverkehrs ermächtigt, die Grundzüge der Organisation dieses Geschäftszweiges, bei dem der Reichsbank eine bedeutsame Rolle zugedacht war. § 6 ist freilich ein toter Buchstabe geblieben.

Das G. v. 25. Februar 1901 (RGBl. S. 7) enthält in § 3 eine für die Schuldentilgung bedeutsame Bstimmung.

Die Verwaltung der nach Maßgabe des G. v. 9. November 1867 aufzunehmenden Bundesanleihe ist durch G. v. 19. Juni 1868 (BGBl. S. 339) bis zum Erlaß eines definitiven Gesetzes für die Bundesschuldenverwaltung der preußischen Hauptverwaltung der Staatsschulden übertragen. Auf dieses G. nehmen die späteren AnleiheG. Bezug. Vgl. jetzt Reichsschuldenordn. §§ 9 ff. (unten XIII, S. 429).

gaben für die Bundesmarine, soweit dieselben während der nächsten Jahre nach Maßgabe der Bestimmungen des Artikels 70 der Verfassung des Norddeutschen Bundes ihre Deckung nicht finden, sowie zu den Kosten der Küstenvertheidigung sind die erforderlichen Geldmittel bis auf Höhe von zehn Millionen Thaler durch eine verzinsliche Anleihe zu beschaffen,[2] welche nach Maßgabe des Bedarfs allmälig zu realisiren und der Marine-, resp. Militärverwaltung zu überweisen ist.

§ 2. Die Zinsen dieser Anleihe und die Termine, in welchen dieselben zu zahlen sind, werden von dem Bundespräsidium festgesetzt. Nach dessen besonderer Anordnung werden über die Anleihe Schuldverschreibungen, versehen mit Coupons über die Zinsen für vier Jahre und Talons zur Erhebung neuer Zinscoupons, von der Bundes-Schuldenverwaltung ausgefertigt. Die folgenden Serien der Zinscoupons werden den Inhabern der mit der vorhergehenden Serie ausgegebenen Talons gegen deren Rückgabe verabfolgt; wird hiergegen vor der Ausreichung der neuen Coupons Widerspruch er-

[2] In den späteren G. (s. schon G. v. 21. Juli 1870 § 1 — BGBl. S. 491) ist die Form einer Ermächtigung für den Bundes- bezw. Reichskanzler gewählt, welcher indessen stets eine weitere Ermächtigung des Bundespräsidiums bezw. des Kaisers folgt. Vgl. Reichsschuldenordn. §§ 1 ff. (unten XIII, S. 422 ff.).

hoben, so erfolgt dieselbe an die Besitzer der Schuldverschreibungen gegen besondere Quittung.[3]

§§ 3—5: Dieselben sind ersetzt durch G. v. 6. April 1870 (unten II).

§ 6. (Bestimmungen bezüglich verlorener oder vernichteter Schuldverschreibungen oder Zinscoupons.)

Aufgehoben durch § 20 der Reichsschuldenordnung (unten XIII).[4]

§ 7. An Stelle der Anleihe von zehn Millionen Thaler (§ 1) können vorübergehend verzinsliche Schatzanweisungen, längstens auf Ein Jahr lautend, ausgegeben werden.[5] **Dieselben sind aus dem Ertrage der Anleihe, je nachdem dieselbe realisirt wird, wieder einzulösen, inzwischen aber aus den bereitesten Einkünften des Norddeutschen Bundes zu verzinsen, beziehungsweise einzulösen.**

§ 8. Die Ausgabe der Schatzanweisungen ist durch die Bundeskasse zu bewirken.

[3] Die Geldmittel sind indessen lediglich durch Ausgabe von Schatzanweisungen beschafft worden (s. Anm. 5).

[4] Auch das G., betr. das Aufgebot und die Amortisation verlorener oder vernichteter Schuldurkunden des Norddeutschen Bundes und des Deutschen Reichs v. 12. Mai 1873 (RGBl. S. 91) ist durch die Reichsschuldenordn. § 20 Abs. 1 aufgehoben (unten XIII, S. 436).

[5] Die Ausgabe verzinslicher Schatzanweisungen gemäß des G. v. 9. November 1867 und des G. v. 20. Mai 1869 ist genehmigt durch die Erl. v. 4. Juli 1868 (BGBl. S. 485), 15. März 1869 (BGBl. S. 71), 4. Dezember 1869 (BGBl. S. 697) und 6. Februar 1870 (BGBl. S. 35).

Die Zinsen auf Schatzanweisungen verjähren binnen vier Jahren, die verschriebenen Kapitalbeträge binnen dreißig Jahren nach Eintritt des in jeder Schatzanweisung auszudrückenden Fälligkeitstermins.

§ 9. Die auf Grund dieses Gesetzes jährlich zu verwendenden Beträge sind in den Bundeshaushalts-Etat des betreffenden Jahres aufzunehmen. Für das Jahr 1868 werden der Marineverwaltung 3,100,000 Thaler und der Militärverwaltung zur Küstenbefestigung 500,000 Thaler zur Verfügung gestellt.

§ 10. Die Ausführung dieses Gesetzes wird dem Bundeskanzler übertragen.

Urkundlich unter Unserer Höchsteigenhändigen Unterschrift und beigedrucktem Bundes-Insiegel.

Gegeben Berlin, den 9. November 1867.

(L. S.) **Wilhelm.**

Gr. v. Bismarck-Schönhausen.

II.

Gesetz wegen Abänderung des Gesetzes vom 9. November 1867, betreffend den außerordentlichen Geldbedarf des Norddeutschen Bundes zum Zwecke der Erweiterung der Bundeskriegsmarine und der Herstellung der Küstenvertheidigung. Vom 6. April 1870. (BGBl. S. 65. Ausgegeben am 9. April 1870.)[1]

Wir Wilhelm, von Gottes Gnaden König von Preußen ꝛc. verordnen im Namen des Norddeutschen Bundes, nach erfolgter Zustimmung des Bundesrathes und des Reichstages, was folgt:

In dem Gesetze vom 9. November 1867, betreffend den außerordentlichen Geldbedarf des Norddeutschen Bundes zum Zwecke der Erweiterung der Bundeskriegsmarine und der Herstellung der Küstenvertheidigung (Bundes-Gesetzbl. S. 157), werden die

[1] Durch dieses in dem G. v. 27. Januar 1875 § 2 (unten III, S. 366), worauf bis zum Erlaß der Reichsschuldenordnung v. 19. März 1900 (unten XIII, S. 422 ff.) alle folgenden Anleihegesetze verweisen, in Bezug genommene G. ist das Tilgungssystem dahin verändert, daß fortan nur wiederverkäufliche Rentenschulden emittiert werden. (Vgl. jedoch § 8 d. G. v. 25. Februar 1901, RGBl. S. 7.) Übrigens sind die auf Grund der G. v. 9. November 1867 (oben I) und 20. Mai 1869 (BGBl. S. 137) aufgenommenen Anleihen aus der französischen Kriegskostenentschädigung vollständig getilgt (s. G. v. 8. Juli 1872 Art. VI, Abs. 4 — RGBl. S. 289, G. v. 8. Juli 1887 § 1 Nr. 2 — RGBl. S. 217).

§§ 3, 4 und 5 in der Weise geändert, daß an ihre Stelle die nachstehenden, mit denselben Nummern bezeichneten Paragraphen treten.

§ 3. Die Tilgung des Schuldkapitals erfolgt in der Art, daß die durch den Bundeshaushalts-Etat dazu bestimmten Mittel zum Ankauf einer entsprechenden Anzahl von Schuldverschreibungen verwendet werden.

§ 4. Dem Norddeutschen Bunde bleibt das Recht vorbehalten, die im Umlauf befindlichen Schuldverschreibungen zur Einlösung gegen Baarzahlung des Kapitalbetrages binnen einer gesetzlich festzusetzenden Frist zu kündigen.

Den Inhabern der Schuldverschreibungen steht ein Kündigungsrecht gegen den Norddeutschen Bund nicht zu.

§ 5. Die zur Verzinsung des Schuldkapitals erforderlichen Mittel müssen der Bundesschuldenverwaltung aus den bereitesten Einkünften des Norddeutschen Bundes zur Verfallzeit zur Verfügung gestellt werden.

Nicht erhobene Zinsen verjähren in vier Jahren, von der Verfallzeit an gerechnet, zum Vortheil der Bundeskasse.

Urkundlich unter Unserer Höchsteigenhändigen Unterschrift und beigedrucktem Bundes-Insiegel.

Gegeben Berlin, den 6. April 1870.

(L. S.) **Wilhelm.**

Gr. v. Bismarck-Schönhausen.

III.

Gesetz, betreffend die Aufnahme einer Anleihe für Zwecke der Marine- und der Telegraphenverwaltung. Vom 27. Januar 1875. (RGBl. S. 18. Ausgegeben am 1. Februar 1875.)

Wir Wilhelm, von Gottes Gnaden Deutscher Kaiser, König von Preußen 2c. verordnen im Namen des Deutschen Reichs, nach erfolgter Zustimmung des Bundesraths und des Reichstags, was folgt:

§ 1. Der Reichskanzler wird ermächtigt, die zur Bestreitung der in der Anlage A[1] aufgeführten einmaligen Ausgaben der Marine- und der Telegraphenverwaltung für 1875 erforderlichen Geldmittel bis zur Höhe von 16.187,553 Mark im Wege des Kredits flüssig zu machen und zu diesem Zwecke in dem Nominalbetrage, wie er zur Beschaffung jener Summe erforderlich sein wird, eine verzinsliche, nach den Bestimmungen des Gesetzes vom 19. Juni 1868 (Bundes-Gesetzbl. S. 339) zu verwaltende Anleihe aufzunehmen und Schatzanweisungen auszugeben.

§ 2. In Bezug auf die Verzinsung und Tilgung der zu begebenden Anleihe finden die Bestimmungen im § 2 des Gesetzes vom 9. November

[1] Die Anlage ist, weil ohne dauerndes Interesse, nicht mit abgedruckt.

1867 (Bundes-Gesetzbl. S. 157)[2] und der §§ 3—5 des Gesetzes vom 6. April 1870 (Bundes-Gesetzbl. S. 65),[3] in Ansehung der verlorenen oder vernichteten Schuldverschreibungen und Zinscoupons die Bestimmungen im § 6 des Gesetzes vom 9. November 1867 (Bundes-Gesetzbl. S. 157) und des Gesetzes vom 12. Mai 1873 (Reichs-Gesetzbl. S. 91)[4] Anwendung.

§ 3. Die Bestimmung des Zinssatzes der auszugebenden Schatzanweisungen, deren Ausfertigung der preußischen Hauptverwaltung der Staatsschulden unter der Benennung „Reichsschulden-Verwaltung" übertragen wird, und der Dauer ihrer Umlaufszeit, welche den Zeitraum eines Jahres nicht überschreiten darf, wird dem Reichskanzler überlassen. Nach Anordnung des Reichskanzlers kann der Betrag der Schatzanweisungen wiederholt, jedoch nur zur Deckung in Verkehr gesetzter Schatzanweisungen, ausgegeben werden.

Im Uebrigen finden auf die auszugebenden Schatzanweisungen die Bestimmungen im § 8 des Gesetzes vom 9. November 1867[5] Anwendung.

[2] Oben I, S. 359.

[3] Oben II, S. 364.

[4] Diese Bestimmungen sind aufgehoben. Vgl. Reichsschuldenordnung §§ 16ff., 20 Abs. 1 (unten XIII, S. 422ff.).

[5] Oben I, S 362.

§ 4. Die zur Verzinsung und Tilgung der Anleihe, sowie zur Einlösung der Schatzanweisungen erforderlichen Beträge müssen der Reichsschulden-Verwaltung aus den bereitesten Einkünften des Reichs zur Verfallzeit zur Verfügung gestellt werden.

§ 5. Dem Reichstage ist bei dessen nächster Zusammenkunft über die Ausführung dieses Gesetzes Rechenschaft zu geben.

Urkundlich unter Unserer Höchsteigenhändigen Unterschrift und beigedrucktem Kaiserlichen Insiegel.

Gegeben Berlin, den 27. Januar 1875.

(L. S.) **Wilhelm.**

Fürst v. Bismarck.

IV.

Gesetz, betreffend das Reichsschuldbuch. Vom 31. Mai 1891. (RGBl. S. 321. Ausgegeben am 11. Juni 1891.)[1]

Wir Wilhelm, von Gottes Gnaden Deutscher Kaiser, König von Preußen ꝛc. verordnen im

[1] Das Gesetz enthält eine Nachbildung des preuß. G. v. 20. Juli 1883 (PrGBl. S. 120). Den Entw. nebst Begründung s. StenB. d. Reichstags, 8. LegPer. I. Sess. (1890/92), Anlage Bd. IV, Aktenstück Nr. 421, S. 2481 ff. Die Annahme erfolgte ohne Diskussion in den Sitzungen

Namen des Reichs, nach erfolgter Zustimmung des Bundesraths und des Reichstags, was folgt:

des Reichstags v. 2. u. 6. Mai 1891 — StenB. S. 2708ff., 2781ff. Das G. ist mit dem 1. April 1892 in Kraft getreten (s. § 24 u. unten V, S. 396). Vgl. auch d. preuß. G. betr. d. Erweiterung des Staatsschuldbuchs v. 8. Juni 1891 (PrGBl. S. 105).

Eine Änderung ist herbeigeführt (u. in d. obigen Text aufgenommen) durch das G. zur Änderung des Gesetzes, betreffend das Reichsschuldbuch. Vom 28. Juni 1904 (RGBl. S. 251, ausgegeben am 6. Juli 1904). Dasselbe ist dem preuß. G. v. 24. Juli 1904 (PrGBl. S. 167) nachgebildet und wie dieses im wesentlichen hervorgegangen aus den Bestrebungen nach Maßnahmen zur Hebung und Befestigung des Kurses der Anleihen des Reichs und Preußens. Es bezweckt den Vorteilen des Reichsschuldbuchs eine größere Ausdehnung und Wirksamkeit zu verleihen und durch die vermehrte Umwandlung von Reichsschuldverschreibungen in Buchschulden die Nachfrage nach Reichsanleihen zu beleben und das Angebot einzuengen. Dies soll erreicht werden mittels Erleichterung der Eintragungen dadurch, daß die auf der Umwandlung von Reichsschuldverschreibungen in Buchschulden ruhende Gebühr beseitigt und die Gebührenfreiheit auch auf dem Gebiete der vormundschaftlichen Vermögensverwaltung für die Eintragung und Löschung gewisser Vermerke gewährt wird, und daß ferner juristische Personen, die ihren Sitz im Ausland haben, als Gläubiger eingetragen werden können, was bisher nicht statthaft war. Demgemäß sind umgestaltet § 4 Nr. 3 und § 20, während § 7 Abs. 1 durch die Einschaltung eines die gesetzliche Vertretung solcher juristischer Personen betreffenden Zusatzes erweitert wird. Den Entw. nebst Begründung s. Nr. 482 d. Drucks. d. Reichstags 11. LegPer. I. Sess.

§ 1. Schuldverschreibungen der Reichsanleihen[2] können in Buchschulden des Reichs auf den Namen eines bestimmten Gläubigers umgewandelt werden.

§ 2.[3] Die Umwandlung erfolgt gegen Einlieferung zum Umlauf brauchbarer Reichsschuld-

1903/04. Die 3 Lesungen erfolgten (ohne Debatte) den 16. Juni 1904 — s. StenB. S. 3286, 3287. Unter dem Titel „Amtliche Nachrichten über das Deutsche Reichsschuldbuch", 2. Auflage, 1903, wird von der Reichsschuldenverwaltung eine Zusammenstellung der für die Beteiligten wissenswerten Bestimmungen herausgegeben und an die Interessenten unentgeltlich abgelassen. (Auch zu beziehen durch J. Guttentag, Berlin, s. RZBl. v. 25. März 1892 S. 157.)

[2] Ohne Unterschied des Zinssatzes. Vgl. auch § 2 Abs. 2 sowie d. preuß. G. v. 8. Juni 1891 (PrGBl. S. 105) Art. I, wonach für die zu verschiedenen Zinssätzen erfolgenden Eintragungen getrennte Bücher angelegt werden können.

Zu den Reichsanleihen im Sinne dieses Gesetzes gehören nicht die Schatzanweisungen des Reichs (s. Reichsschuldenordnung § 1 ff. — unten XIII S. 422).

[3] Die von dem Bundesrat am 21. Jan. 1892 genehmigten, vom Reichskanzler unterm 27. desf. Mts. erlassenen und durch Erlaß des Reichskanzlers vom 15. Oktober 1904 abgeänderten Ausführungsbestimmungen (RZBl. 1892 S. 25 ff. u. 1904 S. 379) bestimmen zu den §§ 2 u. 4 d. G.:

Artikel 1 (§§ 2 u. 4 d. G. v. 31. Mai 1891).

1. Über die zu verschiedenen Zinssätzen erfolgenden Eintragungen in das Reichsschuldbuch werden getrennte Bücher geführt.

verschreibungen durch Eintragung in das bei der Reichsschuldenverwaltung zu führende Reichsschuldbuch.

Jedes dieser Bücher zerfällt in sieben Abteilungen:

Abteilung I für physische Personen (§ 4 Nr. 1 des Gesetzes),

Abteilung II für Handelsfirmen (§ 4 Nr. 2 daselbst),

Abteilung III für eingetragene Genossenschaften,

Abteilung IV für eingeschriebene Hilfskassen, zu III und IV, sofern sie im Inland ihren Sitz haben (§ 4 Nr. 3 daselbst),

Abteilung V für juristische Personen (ebendaselbst),

Abteilung VI für Vermögensmassen ohne juristische Persönlichkeit, wie Stiftungen, Anstalten, Familienfideikommisse, deren Verwaltung von einer öffentlichen Behörde oder unter deren Aufsicht geführt wird (§ 4 Nr. 4 daselbst),

Abteilung VII für Vermögensmassen, deren Verwalter ihre Verfügungsbefugnis über die Masse durch eine gerichtliche oder notarielle Urkunde nachweisen (ebendaselbst).

Für jede Abteilung werden so viel einzelne Konten angelegt, als Gläubiger einzutragen sind. Jedes Konto wird nach dem beifolgenden Muster I eingerichtet.*

Zu jeder Abteilung ist ein alphabetisches Namenregister zu führen.

---

* Das Muster (RGBl. 1892 S. 29ff.) ist nicht mit aufgenommen.

Für die zu verschiedenen Zinssätzen erfolgenden Eintragungen können getrennte Bücher angelegt werden.

Die Abschrift des Reichsschuldbuchs wird in einem besonderen Gebäude aufbewahrt. Die Abschrift der einzelnen Eintragungen wird spätestens eine Woche nach den Eintragungen selbst bewirkt.

2. Bei Prüfung der Frage, ob die zur Umwandlung in eine Buchschuld eingereichten Reichsschuldverschreibungen zum Umlauf brauchbar sind (§ 2 d. G.), ist folgendes zu beachten:

Die Schuldverschreibungen dürfen nicht gerichtlich für kraftlos erklärt oder von einem Gericht oder einer mit Vollstreckungsbefugnis ausgestatteten Behörde mit Beschlag belegt sein. Befindet sich eine Außerkurssetzung darauf vermerkt, so muß auch der Vermerk ordnungsmäßiger Wiederinkurssetzung sich vorfinden. Die Umwandlung befleckter oder beschädigter Stücke ist nur zulässig, wenn nach dem Ermessen der Reichsschuldenverwaltung der Antragsteller sich als der rechtmäßige Besitzer der umzuwandelnden Schuldverschreibungen ausgewiesen hat. Jeder eingereichten Schuldverschreibung müssen die noch nicht fälligen Zinsscheine (Coupons) und der dazu gehörige Erneuerungsschein (Talon, Anweisung) beigefügt sein. Nur den Schuldverschreibungen, welche in einem dem Fälligkeitstermin der Zinsen vorangehenden Monat eingereicht werden, sind die nächstfälligen Zinsscheine nicht beizufügen.

Die Anordnung betreffend die Wiederinkurssetzung wird vom Reichsschuldbuchbureau mit Rücksicht auf Art. 176 d. EG. z. BGB., wonach Außerkurssetzungsvermerke seit dem 1. Januar 1900 wirkungslos sind, nicht mehr beachtet.

In dem Reichsschuldbuche sind auch die in dem Schuldverhältnisse eintretenden Veränderungen zu vermerken.[4]

Von dem Reichsschuldbuche ist eine Abschrift zu bilden und getrennt aufzubewahren.

Ueber den Inhalt des Reichsschuldbuches darf nur dem eingetragenen Gläubiger, seinen gesetzlichen Vertretern, Bevollmächtigten und Rechtsnachfolgern von Todeswegen, sowie bezüglich der im § 4 unter Nr. 3 und 4 bezeichneten Gläubiger den zur Revision der Kassen derselben berechtigten öffentlichen Behörden oder sonstigen Personen, letzteren aber nur, falls ihre Berechtigung zur Kassenrevision durch eine inländische öffentliche Behörde bescheinigt ist, Auskunft ertheilt werden.

§ 3. Die Eintragung einer Buchschuld geschieht auf Antrag des Inhabers und auf den Namen der in dem Antrage als Gläubiger bezeichneten Person.[5]

[4] Sei es auf Antrag oder von Amts wegen. Vgl. § 7, ferner G. v. 8. März 1897 (RGBl. S. 21) §§ 5 und 7.

[5] Art 2 der „Ausführungsbestimmungen" verordnet:

1. Zu dem Antrage auf Eintragung einer Buchschuld ist das beiliegende Muster II* zu benutzen.

---

* Vgl. RZBl. 1892 S. 32. Das Muster ist nicht mit aufgenommen.

§ 4. Als Gläubiger können nur eingetragen werden:

2. Die Bezeichnung des Gläubigers muß so genau erfolgen, daß die Unterscheidung von einem anderen mit Sicherheit geschehen kann.

Bei physischen Personen sind anzugeben:

a) der Familienname,
b) die Vornamen,
c) bei Frauen auch der Geburtsname,
d) der Beruf oder Stand,
e) der Wohnort und soweit erforderlich die Wohnung.

Bei großjährigen unter Vormundschaft stehenden Personen ist der Grund der Entmündigung (z. B. entmündigt wegen Geisteskrankheit), bei minderjährigen Personen ihr Geburtstag und Geburtsort oder Name, Stand und letzter Wohnort des Vaters anzugeben.

3. Die gleichen genauen Angaben (siehe 2a bis e) sind erforderlich für die als zum Zinsempfang berechtigt bestellten physischen Personen, seien dies nun Bevollmächtigte oder Vormünder oder andere gesetzliche Vertreter.

4. Etwaige Beschränkungen der Gläubiger in bezug auf Kapital oder Zinsen sind am Schlusse zu beantragen.

5. Soll die Eintragung auf den Namen einer juristischen Person, Handelsfirma, eingetragenen Genossenschaft oder eingeschriebenen Hilfskasse geschehen, so ist, soweit es nicht notorisch, dem Antrage das Zeugnis der zuständigen öffentlichen Behörde beizufügen, durch welches dargetan wird, bei juristischen Personen, daß sie Rechtsfähigkeit haben, bei den Firmen, daß sie mit der ange-

1. einzelne physische Personen,
2. einzelne Handelsfirmen,
3. einzelne eingetragene Genossenschaften und einzelne eingeschriebene Hilfskassen, welche im Ge-

gebenen Bezeichnung und Wohnung im Handelsregister, bei eingetragenen Genossenschaften, daß sie in einem Genossenschaftsregister im Inland eingetragen, und bei eingeschriebenen Hilfskassen, daß sie als Kassen innerhalb dieses Gebiets zugelassen sind. Haben juristische Personen ihren Sitz im Auslande, so ist ferner dem Antrag ein Zeugnis des zuständigen deutschen Konsuls beizufügen, durch welches die Zuständigkeit der öffentlichen Behörde, welche die Rechtsfähigkeit bezeugt, dargetan wird.

Soll die Eintragung auf den Namen einer Vermögensmasse erfolgen, deren Verwaltung von einer öffentlichen Behörde geführt oder beaufsichtigt wird, so ist die Reichsschuldenverwaltung befugt, zu verlangen, daß durch geeignete Urkunden die Eigenschaft der Behörde als einer öffentlichen und ihre Zuständigkeit nachgewiesen werde.

6. Werden Schuldverschreibungen mit verschiedenen Zinssätzen gleichzeitig zur Umwandlung eingereicht, so sind für dieselben getrennte Anträge zu stellen.

7. Jedem Antrage ist ein besonderes Verzeichnis nach dem beiliegenden Muster III* beizufügen, in welchem die mit dem Antrage überreichten Schuldverschreibungen nach Jahrgang, Littera, Nummer und Nennbetrag aufgeführt sind.

---

* Vgl. RGBl. 1892 S. 83. Das Muster ist nicht mit aufgenommen.

biete des Deutschen Reichs ihren Sitz haben, sowie einzelne juristische Personen,[6]

4. einzelne Vermögensmassen, wie Stiftungen, Anstalten, Familienfideikommisse, deren Verwaltung von einer öffentlichen Behörde oder unter deren Aufsicht geführt wird, oder deren

Die Schuldverschreibungen sind nach den Jahrgängen und innerhalb dieser nach den Littern und der Nummernfolge zu ordnen. Liegen einem Antrage zu verschiedenen Terminen verzinsliche Schuldverschreibungen bei (z. B. $3^1/_2$ oder 3 prozentige Schuldverschreibungen, teils mit Januar—Juli-, teils mit April—Oktober-Zinsen), so sind die betreffenden Schuldgattungen in dem Verzeichnisse gesondert, unter sich ebenfalls nach den Jahrgängen, Littern und der Nummernfolge geordnet, aufzuführen.

8. Der Einlieferer erhält sofort nach dem Eingange einen Empfangsschein über Zahl und Nennbetrag der eingelieferten Wertpapiere. Der Schein muß von dem Rendanten und dem Oberbuchhalter des Schuldbuchbureaus oder von deren Stellvertretern unterschrieben sein.

9. Jede Eintragung in das Reichsschuldbuch wird von einem Mitgliede der Reichsschuldenverwaltung und dem Buchführer unterschrieben.

10. Die Reichsschuldenverwaltung ist befugt, Ergänzungen der in den Gesuchen gemachten Angaben zu erfordern, sofern dies zur Klarstellung der in dem Reichsschuldbuch zu bewirkenden Eintragungen angezeigt erscheint.

Ablehnende Bescheide sind mit Gründen zu versehen.

Verwalter ihre Verfügungsbefugniß über die Masse durch eine gerichtliche oder notarielle Urkunde nachweisen.[7] [8]

Einem Gläubiger wird nicht mehr als ein Konto im Reichsschuldbuche eröffnet.[9]

§ 5. Mit der Eintragung erlöschen die Rechte des Inhabers an den eingelieferten Schuldverschreibungen.

Im Uebrigen finden die für die Tilgung und Verzinsung der Reichsanleihen geltenden Vor-

[6] Der Abs. ist geändert durch G. v. 28. Juni 1904 (s. Anm. 1). Nach der ursprünglichen Fassung mußten auch die juristischen Personen ihren Sitz im Inlande haben.

[7] Das preuß. G. v. 20. Juli 1883, betreffend das Staatsschuldbuch, schloß die ausländischen und die nicht unter behördlicher Aufsicht stehenden inländischen Vermögensmassen aus. Dies ist geändert durch das preuß. G. v. 8. Juni 1891 (PrGBl. S. 105) Art. II, dessen Fassung die des § 4 in obigem RG. entspricht.

[8] Dadurch, daß die Verfügungsbefugnis der Verwalter durch eine gerichtliche oder notarielle Urkunde nachgewiesen werden muß, soll die Reichsschuldenverwaltung von der eigenen verantwortlichen Prüfung befreit werden. Vgl. auch § 2 Abs. 5, § 7 Abs. 1, § 18 Anm. 19 und Ausf.-Best. Art. 1 (oben, Anm. 3), Art. 4 (unten, Anm. 12).

[9] Die Vorschrift dient zur Geschäftsvereinfachung. Bei Einrichtung getrennter Bücher (§ 2 Abs. 2) kann selbstverständlich in jedem der Bücher ein Konto für die einzelnen Gläubiger angelegt werden (s. Begründung). Bei der durch d. G. v. 8. März 1897 (unten XII, S. 418) verordneten Konvertierung kommt nach § 9 dess. die Beschränkung nicht zur Anwendung.

schriften auf die eingetragenen Forderungen entsprechende Anwendung.[10]

§ 6.[11] Eingetragene Forderungen können durch Zuschreibung erhöht, ganz oder theilweise auf andere Konten übertragen und ganz oder theilweise gelöscht werden.

Theilübertragungen und Theillöschungen sind jedoch nur zulässig, sofern die Theilbeträge in Stücken von Schuldverschreibungen darstellbar sind.

Im Falle gänzlicher oder theilweiser Löschung der eingetragenen Forderung erfolgt die Ausreichung von Schuldverschreibungen zu gleichem Zinssatze und gleichem Nennwerthe, zu deren Anfertigung die Reichsschuldenverwaltung hierdurch ermächtigt wird.

§ 7. Zur Stellung von Anträgen auf Uebertragung eingetragener Forderungen auf ein anderes

[10] Dazu gehören, wie die Begr. bemerkt, auch die Vorschriften über die vierjährige Verjährungsfrist nicht erhobener Zinsen.

[11] Ausf.Best. Art. 8:

Bei Teilübertragungen und Teillöschungen müssen sowohl die Beträge, deren Übertragung oder Löschung beantragt wird, als auch die Restbeträge, über welche eine Verfügung nicht stattfinden soll, in Schuldverschreibungen der betreffenden Reichsanleihe darstellbar sein.

Dies gilt für jeden Posten besonders, falls es sich um Eintragungen handelt, welche aus mehreren zu verschiedenen Terminen verzinslichen Posten zusammengesetzt sind.

Konto, auf Eintragung und auf Löschung von Vermerken über Veränderungen im Schuldverhältnisse (§ 2 Absatz 3), sowie auf Ausreichung von Reichsschuldverschreibungen gegen Löschung der eingetragenen Forderung sind nur der eingetragene Gläubiger, seine gesetzlichen Vertreter und Bevollmächtigten, sowie diejenigen Personen berechtigt, auf welche die eingetragene Forderung von Todeswegen übergegangen ist. Zur Stellung von Anträgen für eine Firma gilt für berechtigt, wer zur Zeichnung der Firma berechtigt ist; zur Stellung von Anträgen für die im § 4 Nr. 4 gedachten Vermögensmassen die daselbst genannte Behörde oder die von derselben bezeichnete Person, beziehungsweise die gemäß § 4 Nr. 4 zur Verfügung über die Masse befugten Verwalter.[12] Als gesetzlicher Vertreter

[12] Ausf.Best. Art. 4:

Von den Vertretern der Handelsfirmen, der eingetragenen Genossenschaften und der eingeschriebenen Hilfskassen ist bei Stellung der im § 7 des Gesetzes bezeichneten Anträge durch eine öffentliche Urkunde der Nachweis zu erbringen, daß die Antragsteller zur Zeichnung für die Firma beziehungsweise zur Vertretung der Genossenschaft oder Kasse befugt sind. Vertreter juristischer Personen, welche ihren Sitz im Auslande haben, haben ihre Vertretungsbefugnis durch ein Zeugnis der zuständigen öffentlichen Behörde darzutun. Von diesem Zeugnisse gilt das im Artikel 2 Nr. 5 Abs. 1 Gesagte.

einer juristischen Person, die nicht im Gebiete des deutschen Reiches ihren Sitz hat, gilt, wer seine Vertretungsbefugniß nach den vom Bundesrathe beschlossenen Ausführungsbestimmungen nachgewiesen hat.[13]

Zur Löschung von Vermerken zu Gunsten Dritter bedarf es der Zustimmung derselben mit Ausnahme des im § 13 gedachten Falles.

Verfügungen über eingetragene Forderungen, wie Abtretungen, Verpfändungen, erlangen dem Reich gegenüber nur durch die Eintragung Wirksamkeit.

Eine Pfändung oder vorläufige Beschlagnahme der eingetragenen Forderung im Wege der Zwangsvollstreckung oder des Arrestes, sowie eine durch eine einstweilige gerichtliche Verfügnng angeordnete

Ob die Verwalter der im § 4 Nr. 4 a. a. O. erwähnten Vermögensmassen bei Stellung eines Antrags nach § 7 a. a. O. von neuem eine gerichtliche oder notarielle Urkunde, welche sie zur Verfügung über die Masse legitimiert, beizubringen haben, darüber hat in jedem einzelnen Falle die Reichsschuldenverwaltung zu entscheiden.

Vgl. auch preuß. G. v. 8. Juni 1891 (PrGBl. S. 105) Art. II.

[13] Der Zusatz „Als gesetzlicher Vertreter" bis „hat" ist eingefügt durch das G. v. 28. Juni 1904 (s. Anm. 1). Er war durch die Änderung des § 4 Nr. 3 notwendig geworden. Die zu diesem G. vom Bundesrat am 18. Oktober 1904 beschlossenen Ausführungsbestimmungen sind vom Reichskanzler unterm 15. Oktober veröffentlicht (RZBl. S. 379).

Beschränkung des eingetragenen Gläubigers ist von Amtswegen auf dem Konto zu vermerken, beziehentlich nach erfolgter Beseitigung dieser Anordnungen zu löschen. Wird eine gepfändete Forderung an Zahlungsstatt überwiesen, so ist dieselbe vorbehaltlich der Bestimmung im § 15 Nr. 2 im Reichsschuldbuche zu übertragen.[14]

Eine Prüfung der Gültigkeit der den Anträgen zu Grunde liegenden Rechtsgeschäfte findet nicht statt.

§ 8. Die Eintragungen erfolgen in derselben Reihenfolge, in welcher die auf dasselbe Konto bezüglichen Anträge bei der Reichsschuldenverwaltung eingegangen sind.

§ 9. Eine Ehefrau wird zu Anträgen ohne Zustimmung des Ehemannes zugelassen.

Die Ehefrau bedarf der Zustimmung des Ehemannes, wenn ein Vermerk zu dessen Gunsten eingetragen ist. Ein solcher Vermerk ist einzutragen, wenn die Ehefrau oder mit ihrer Zustimmung der Ehemann die Eintragung beantragt. Die Ehefrau ist dem Ehemanne gegenüber zur Ertheilung der Zustimmung verpflichtet, wenn sie nach dem unter

[14] Die hier aufgeführten Fälle sind Beispiele einer Veränderung in dem Forderungsverhältnis ohne Antrag des Forderungsberechtigten. Vgl. auch ZPO. § 693 (neue Fassung) u. oben § 2 Abs. 3.

ihnen bestehenden Güterstande über die Buchforderung nur mit Zustimmung des Ehemannes verfügen kann.[15]

§ 10. Zum Antrage auf Eintragung einer Forderung sowie auf gleichzeitigen Vermerk einer

[15] Die Vorschrift lautete ursprünglich: „Ehefrauen und großjährige Personen unter väterlicher Gewalt werden zu Anträgen ohne Zustimmung des Ehemanns beziehungsweise Vaters zugelassen." § 9 ist wie oben geändert durch Art. 50 des EG. z. BGB. dahin lautend:

„Der § 9 des Gesetzes, betreffend das Reichsschuldbuch, vom 31. Mai 1891 (RGBl. S. 321) wird dahin geändert": (Hier folgt obiger Text.)

Die Vorschrift beruhte nach der Begr. auf dem Bedürfnis, die Reichsschuldenverwaltung von der mit großen Schwierigkeiten und Weitläufigkeiten verknüpften Verpflichtung zu befreien, in jedem einzelnen Falle zu prüfen, ob eine derartige Zustimmung nach Lage der in Frage kommenden gesetzlichen Vorschriften erforderlich ist oder nicht. Ihr entspricht Abs. 1 der neuen Fassung mit der Abweichung, daß der nach d. ZPO. nicht mehr mögliche Fall weggelassen ist, daß ein Volljähriger unter väterlicher Gewalt steht. Abs. 2 trifft die gleiche Bestimmung, wie sie nach Art. 97 d. EG. z. BGB. für das Reichsschuldbuch der Bundesstaaten durch die Landesgesetzgebung getroffen werden kann. Die Verpflichtung der Buchbehörde, welche dadurch eingeführt ist, erstreckt sich also darauf, ob die Antragstellerin Ehefrau ist, in welchem Güterrecht sie lebt und ob an ihrem Vermögen dem Manne Rechte zustehen. Indessen kommt es darauf an, ob ein Antrag auf Eintragung eines Vermerks zugunsten des Ehemanns gestellt ist. Vgl. Planck, Bürgerl. Gesetzbuch nebst EG. Band VI, Anm. zu Art. 50 des EG. Nr. 2.

Beschränkung des Gläubigers in Bezug auf Kapital oder Zinsen derselben und zur gleichzeitigen Ertheilung einer Vollmacht genügt schriftliche Form.

In allen anderen Fällen muß der Antrag gerichtlich oder notariell, oder von einem Konsul des Reichs aufgenommen oder beglaubigt sein. Bei der Beglaubigung bedarf es weder der Zuziehung von Zeugen noch der Aufnahme eines Protokolls.[16]

Sind seit der Eintragung Aenderungen in der Person des Gläubigers (Verheirathung einer Frau, Aenderung des Gewerbes, Standes, Namens, Wohnortes) eingetreten, so kann verlangt werden, daß die Identität durch eine öffentliche Urkunde dargethan werde.

§ 11.[17] Rechtsnachfolger von Todeswegen haben sich, sofern ihre Berechtigung auf der gesetzlichen

[16] Wegen der Gebühren s. § 20. Die Vereinfachung schließt sich an ZPO. § 80 Abs. 2 an.

Eine Ausnahme gilt für Anträge öffentlicher Behörden (§ 13 Abs. 3).

Für die Anträge der Blinden, Taubstummen und Analphabeten sind besondere Formen nicht vorgeschrieben (anders preuß. G. v. 20. Juli 1883 § 11), schon weil die Reichsschuldenverwaltung der Regel nach nicht beurteilen kann, ob ein solcher Fall vorliegt.

[17] Die Legitimationsprüfung und -bescheinigung bei der Rechtsnachfolge von Todes wegen ist hier den Gerichten (unbeschadet der landesgesetzlichen Zuständigkeit anderer Behörden oder der Notare — Abs. 3) übertragen; die Reichsschuldenverwaltung ist davon befreit.

Eine Erleichterung für die Rechtsnachfolger ausländischer Gläubiger enthält Abs. 2 (Ermächtigung des Konsuls).

Erbfolge beruht, durch eine Bescheinigung als Erben, sofern dieselbe auf letztwilliger Verfügung beruht, durch eine Bescheinigung darüber auszuweisen, daß sie über die eingetragene Forderung zu verfügen befugt sind.

Zur Ausstellung dieser Bescheinigungen ist das Nachlaßgericht und, falls der Erblasser zur Zeit des Erbfalls im Inlande weder Wohnsitz noch Aufenthalt hatte, auch derjenige Konsul des Reichs zuständig, in dessen Amtsbezirke der Erblasser zur Zeit des Erbfalls seinen Wohnsitz oder seinen gewöhnlichen Aufenthalt hatte, sofern dem Konsul von dem Reichskanzler die Ermächtigung zur Ausstellung solcher Bescheinigungen ertheilt ist.[18]

[18] Der Abs. 2 lautete ursprünglich: „Zur Ausstellung der vorgedachten Bescheinigungen ist dasjenige Gericht, bei welchem der Erblasser zur Zeit seines Todes seinen allgemeinen Gerichtsstand hatte, und, sofern derselbe im Inlande einen solchen nicht hatte, derjenige Konsul des Reichs, in dessen Amtsbezirk der Erblasser zur Zeit seines Todes seinen Wohnsitz oder gewöhnlichen Aufenthalt gehabt hat, falls dem Konsul von dem Reichskanzler die Ermächtigung zur Ausstellung solcher Bescheinigungen erteilt ist, und in Ermangelung eines hiernach zuständigen Konsuls das Amtsgericht I in Berlin zuständig." Die Abänderung ist herbeigeführt durch § 188 der Grundbuchordnung (RGBl. v. 1898 S. 807) lautend:

„Der § 11 Abs. 2 des Gesetzes, betreffend das Reichsschuldbuch, vom 31. Mai 1891 (RGBl. S. 321) wird dahin geändert."

(Folgt obiger Text.)

Unberührt bleiben die landesgesetzlichen Vorschriften, nach welchen zur Ausstellung der Bescheinigung statt der Gerichte andere Behörden oder Notare zuständig sind. Die Zuständigkeit derselben ist von dem im Absatz 2 bezeichneten Gericht auf der Bescheinigung zu bestätigen.

§ 12. Mehrere Erben haben zur Stellung von Anträgen und zur Empfangnahme von Schuldverschreibungen eine einzelne Person zum Bevollmächtigten zu bestellen.

§ 13. Vollmachten, sowie die Genehmigungserklärungen dritter Personen, zu deren Gunsten der eingetragene Gläubiger in Bezug auf die Forderung oder deren Zinserträgnisse durch einen Vermerk im Reichsschuldbuche beschränkt ist, bedürfen zu ihrer Gültigkeit derselben Form, welche für die Anträge vorgeschrieben ist. Zum Widerruf einer Vollmacht genügt schriftliche Form.

Zur Löschung von persönlichen unvererblichen Einschränkungen des Gläubigerrechts oder des Verfügungsrechts, welche durch den Tod des Berechtigten erloschen sind, ist nur die Beibringung der Sterbeurkunde erforderlich; das Recht auf den Bezug rückständiger Leistungen wird hierdurch nicht berührt.

Anträge öffentlicher Behörden bedürfen, wenn sie ordnungsmäßig unterschrieben und untersiegelt sind, keiner Beglaubigung.[19]

[19] Abgesehen von Abs. 3 unterliegen die von öffentlichen Behörden ausgestellten oder aufgenommenen Ur-

§ 14. Ueber die Eintragung von Forderungen und Vermerken, sowie über die verfügte Auslieferung von Schuldverschreibungen an Stelle zur Löschung gelangter Forderungen wird dem Antragsteller und, falls der Berechtigte ein Anderer ist, auch diesem eine Benachrichtigung ertheilt.

Die Benachrichtigung gilt nicht als eine über die Forderung ausgestellte Verschreibung.[20]

kunden, z. B. die nach § 4 Abs. 1 Nr. 4 ausgestellten Bescheinigungen, den Vorschriften des G. v. 1. Mai 1878 (RGBl. S. 89).

[20] Die Behändigung der Benachrichtigung kann daher auch nicht als Verpfändung gelten.

Ausf.Best. Art. 5:

1. Auf jedes Benachrichtigungsschreiben über Eintragung einer Buchforderung ist in einer besonders in die Augen fallenden Form der Vermerk zu setzen:

   Dies Schriftstück gilt nicht als eine über die Forderung ausgestellte Verschreibung.

2. Die Auslieferung von Schuldverschreibungen usw. an Stelle zur Löschung gelangter Forderungen geschieht an den dazu von der Reichsschuldenverwaltung legitimiert befundenen Berechtigten

   durch die preußische Kontrolle der Staatspapiere in Berlin,

   oder durch eine mit Kasseneinrichtung versehene Zweiganstalt der Reichsbank,

   oder durch eine von der betreffenden Landesregierung für diesen Zweck zur Verfügung gestellte Landeskasse,

§ 15. Von Amtswegen kann die Löschung eingetragener Forderungen und die Hinterlegung der dagegen auszuliefernden Schuldverschreibungen bei der Hinterlegungsstelle in Berlin auf Kosten des Gläubigers erfolgen:[21]

nach Prüfung der Identität des Berechtigten gegen Quittung.

Hat der Berechtigte die Zusendung durch die Post innerhalb des Deutschen Reichs in der Form des § 10 Absatz 2 des Gesetzes beantragt, so ist die Reichsschuldenverwaltung ermächtigt, diesem Antrage zu entsprechen. Die Sendung geschieht alsdann auf Gefahr und Kosten des Berechtigten. Der Posteinlieferungsschein dient bis zum Eingang der Quittung als Rechnungsbelag.

3. Die Mitteilung der in Gemäßheit des § 14 daselbst zu erlassenden Benachrichtigungsschreiben geschieht mittelst verschlossener Briefe durch die Post und sofern es besonders beantragt wird, mit der Bezeichnung „Einschreiben".

4. Postsendungen, welchen Inhaberpapiere beiliegen, sind nach ihrem vollen Nennwert zu deklarieren, außer wenn ein anderes in der Form des § 10 Absatz 2 des Gesetzes beantragt wird.

5. Wegen der Zinssendungen kommen § 18 des Gesetzes und der nachstehende Artikel 7 zur Anwendung.

[21] Durch § 15 soll die Verwaltung in den Stand gesetzt werden, eine die Geschäftsführung erschwerende Belastung des Schuldbuchs mit verwickelten und illiquiden Schuldverhältnissen zu verhindern. Als unzweifelhaft gilt es nach der Begr., daß unter Umständen auch nur

1. wenn die Eintragung von Verpfändungen oder sonstigen Verfügungsbeschränkungen beantragt wird;
2. wenn die Forderung ganz oder theilweise im Wege der Zwangsvollstreckung oder des Arrestes gepfändet oder wenn eine einstweilige gerichtliche Verfügung über dieselbe getroffen ist;
3. wenn über das Vermögen des eingetragenen Gläubigers der Konkurs eröffnet worden ist;
4. wenn die Zinsen des eingetragenen Kapitals zehn Jahre hinter einander nicht abgehoben worden sind;
5. wenn glaubhaft bekannt geworden ist, daß der Gläubiger vor länger als zehn Jahren verstorben ist und ein Rechtsnachfolger sich nicht legitimirt hat;
6. wenn sonst ein gesetzlicher Grund zur Hinterlegung gegeben ist.[22]

Die hinterlegten Schuldverschreibungen treten in allen rechtlichen Beziehungen an die Stelle der gelöschten Forderung.[23]

ein Teil der Forderung gelöscht werden darf, z. B. wenn sie im Wege der Zwangsvollstreckung nur teilweise gepfändet ist.

[22] Nr. 6 fehlt in dem preuß. G. v. 20. Juli 1883; die Vorschrift hat nach der Begr. diejenigen Fälle im Auge, in denen gemäß §§ 214 ff. T. I Tit. 16 ALR. die Legitimation zu Zweifeln Anlaß gibt. Vgl. BGB. § 372.

[23] Ausf.Best. Art. 6.:

Bei der Hinterlegung von Schuldverschreibungen sind der Hinterlegungsstelle Abschrift des

§ 16. Im Falle der Kündigung einer der Reichsanleihen sind die mit ihrer Forderung zu dem Zinssatze der gekündigten Anleihe eingetragenen Gläubiger schriftlich zu benachrichtigen. Die Wirksamkeit der Kündigung ist jedoch von dieser Benachrichtigung nicht abhängig.[24]

§ 17. Die Zahlung der Zinsen einer eingetragenen Forderung erfolgt, sofern nicht die Voraussetzungen des § 7 Absatz 4 vorliegen, mit rechtlicher Wirkung an denjenigen, welcher am zehnten Tage des dem Fälligkeitstermine der Zinsen vorangehenden Monats eingetragener Berechtigter war.[25]

Kontos und, falls die ganze Forderung hinterlegt wird, die auf das gelöschte Konto bezüglichen Akten mitzuteilen.

Die Beteiligten sind von dem Verfügten gleichzeitig zu benachrichtigen.

24 Das KonvertierungsG. v. 8 März 1897 § 1 (unten XII, S. 413) läßt ausdrücklich den § 16 unberührt. Vgl. auch § 2 Abs. 2 das.

25 Die Vorschrift nimmt Rücksicht auf den Geschäftsgang. 10 Tage reichen erfahrungsmäßig hin, die bis zum Schlusse der Monate Februar, Mai, August und November einlaufenden Anträge auf Eintragungen und Löschungen zu erledigen. Der Zeitraum von diesem Tage bis zur Fälligkeit der Zinsen genügt, die Zahlung der letzteren vorzubereiten. Vgl. § 21. Gegenüber einer inzwischen zur Kenntnis der Reichsschuldenverwaltung gelangten Pfändung 2c. (§ 7 Abs. 4) fällt die Erleichterung fort. Vgl. Bek. v. 4. März 1896 (RGBl. S. 75), wonach die Zahlung am 26. des der Fälligkeit vorangehenden Monats beginnt.

§ 18.[26] Die Zinsen werden nur im Inlande gezahlt, und zwar in der Zeit vom vierzehnten

[26] Ausf.Best. Art. 7:

1. Die Berichtigung der Zinsen kann erfolgen:

a) durch die preußische Staatsschulden-Tilgungskasse in Berlin mittelst Barzahlung oder, wenn dem Empfangsberechtigten ein Girokonto bei der Reichsbank eröffnet ist, durch Gutschrift auf dessen Konto;

b) durch die Reichshauptkasse, sämtliche Reichsbankhauptstellen, die Reichsbankstellen, die mit Kasseneinrichtung versehenen Nebenstellen* und die Reichsbankkommandite** in Insterburg;

c) an Orten, an welchen sich keine der unter b bezeichneten Reichsbankanstalten befindet, durch die in der Anlage IV*** bezeichneten Landeskassen,

zu b und c mittelst Barzahlung;

d) mittelst Übersendung durch die Post im Inlande.

2. Die Reichsschuldenverwaltung bestimmt, auf welchem Wege die Zahlung erfolgen soll, und berücksichtigt dabei tunlichst die Wünsche der Gläubiger. Anträge auf eine Änderung des bisherigen Zahlungsweges können für den nächsten Fälligkeitstermin nur Berücksichtigung finden,

---

* Jetzt 321. Wegen dieser s. oben C, Anhang B, S. 340 ff.

** Jetzt Reichsbankstelle. Vgl. oben C I, Anm. 114, S. 188.

*** S. diese im RGBl. 1892 S. 34.

Tage vor bis zum achten Tage nach dem Fälligkeitstermine durch eine Reichs- oder Landeskasse, oder durch die Reichsbank,[27] oder auf Gefahr und Kosten des Berechtigten mittelst Uebersendung durch die Post. Die Bestimmung der Landeskassen erfolgt durch den Reichskanzler im Einvernehmen mit der Landesregierung oder durch den Bundesrath.

Kommt die Sendung als unbestellbar zurück, so unterbleiben weitere Sendungen, bis der Gläubiger die richtige Adresse angezeigt hat.

wenn sie bis zum ersten Tage des Monats vor diesem Termin bei der Reichsschuldenverwaltung eingehen.

3. Die Barzahlung durch eine öffentliche Kasse, Reichsbankhauptstelle oder Reichsbankstelle (zu 1 a bis c) erfolgt gegen Quittung. Bei Prüfung der Legitimation und Identität des Empfängers sind die Zahlstellen verpflichtet, nach Maßgabe der allgemeinen Vorschriften gewissenhaft zu verfahren.

4. Wird die Barzahlung bei der bestimmten Zahlstelle bis zum Ablauf des mit dem Fälligkeitstermin beginnenden Kalenderquartals nicht erhoben, so wird der Empfangsberechtigte mit dem Betrage bei der preußischen Staatsschulden-Tilgungskasse auf eine Restliste gesetzt, und die Zahlung kann alsdann erst erfolgen, sobald ein Antrag von dem Berechtigten an die preußische Staatsschulden-Tilgungskasse direkt gerichtet wird.

[27] Vgl. BankG. § 22, Statut der Reichsbank § 11 — oben C I, S. 163 u. C II, S. 226. Die Zahlung erfolgt je nach Wunsch entweder bar oder durch Gutschrift auf Girokonto.

§ 19. Aenderungen in der Person oder der Wohnung des Zinsenempfängers (§ 10 Absatz 3) werden nur berücksichtigt, wenn sie von demselben schriftlich gemeldet werden.[28]

§ 20.[29] An Gebühren werden erhoben:

1. für Eintragungen und Löschungen, jede Einschrift in das Reichsschuldbuch besonders gerechnet, 25 Pfennig von je angefangenen 1000 Mark des Betrags, über den verfügt wird, zusammen mindestens 1 Mark;
2. für die Ausreichung von Reichsschuldverschreibungen für je angefangene 1000 Mark Kapitalbetrag 50 Pfennig, zusammen mindestens 1 Mark.

Gebühren werden nicht erhoben:

1. für die Eintragungen bei der Umwandlung von Reichsschuldverschreibungen in Buchschulden des Reichs;
2. für Eintragung und Löschung von Vermerken über Bevollmächtigungen, sowie über Aende-

[28] AusfBest. Art. 8:

Änderungen in der Person oder Wohnung des Zinsenempfängers können für den nächsten Fälligkeitstermin nur berücksichtigt werden, wenn die schriftliche Meldung darüber bis zum ersten Tage des diesem Termin voraufgehenden Monats bei der Reichsschuldenverwaltung eingeht.

[29] § 20 ist umgestaltet durch das G. v. 28. Juni 1904 (s. Anm. 1). Soweit noch Gebühren erhoben werden, sind die Sätze unverändert geblieben.

rungen in der Person oder der Wohnung des eingetragenen Berechtigten (§ 10 Abs. 3);

3. für Eintragung und Löschung von Vermerken, nach welchen ein Vormund, Pfleger oder Beistand über eine Forderung die zu dem seiner Verwaltung unterstellten Vermögen gehört, nur mit Genehmigung des Vormundschaftsgerichts verfügen kann (§§ 1815, 1816, 1915 und 1693 des BGB.).

Die Gebühren werden von dem Antragsteller, soweit nötig, im Verwaltungszwangsverfahren eingezogen. Auch kann die Vorausbezahlung der Gebühren gefordert werden.

An Gebühren für die gerichtliche oder notarielle Beglaubigung der Anträge (§ 10 Abs. 2) sind zu erheben:

bei Beträgen bis 2000 Mark 1 Mark 50 Pfennig,

bei Beträgen über 2000 Mark 3 Mark,

soweit nicht nach landesrechtlichen Vorschriften eine geringere Gebühr zur Hebung kommt.[30]

§ 21. Anträge auf Eintragung oder Löschung von Forderungen und Vermerken, welche in dem dem Fälligkeitstermine der Zinsen voraufgehenden

[30] Die Höhe entspricht den Pauschalsätzen des preuß. G. v. 20. Juli 1883.

Monate eingereicht werden, sind erst nach Ablauf desselben zu erledigen.[31]

§ 22. Die Reichsschuldenverwaltung ist unbedingt verantwortlich:

1. dafür, daß die im Reichsschuldbuche eingetragenen Forderungen und die noch umlaufenden, mit ihnen zu gleichem Satze verzinslichen Schuldverschreibungen zusammen den gesetzlich festgestellten Betrag der betreffenden Anleihe nicht überschreiten;
2. für die Löschung, Kassation und Aufbewahrung der behufs Eintragung der Forderung eingelieferten Reichsschuldverschreibungen bis zur gänzlichen Vernichtung derselben.[32]

Die Reichsschuldenkommission übt die fortlaufende Kontrole über diese Geschäfte.[33]

§ 23. Soweit nach gesetzlicher Bestimmung[34] zur zinsbaren Anlage von Mündelgeldern Schuldverschreibungen der Reichsanleihen geeignet sind, gilt dasselbe von den im Reichsschuldbuche eingetragenen Forderungen.

[31] S. § 17 u. Anm. dazu.

[32] Eine sinngemäße Ergänzung des G. v. 19. Juni 1868 § 1 (BGBl. S. 339).

[33] Die Stellung des Reichskanzlers zur Reichsschuldenverwaltung (Reichsschuldenordn. § 10 unten XIII S. 422) erleidet hierdurch keine Änderung.

[34] Ausdrücklich läßt die Anlegung in dgl. Buchforderungen zu BGB. § 1807 Nr. 2.

Soweit Reichsschuldverschreibungen eines Mündels zu hinterlegen oder außer Kurs zu setzen sind, kann das Vormundschaftsgericht anordnen, daß an Stelle der Hinterlegung oder Außerkurssetzung[35] die Umwandlung in Buchschulden des Reichs mit einem die Verfügung über die einzutragende Forderung an die Genehmigung des Vormundschaftsgerichts knüpfenden Vermerke im Reichsschuldbuche beantragt werde.[36]

§ 24. Der Zeitpunkt, mit welchem das gegenwärtige Gesetz in Kraft tritt, wird durch Kaiserliche Verordnung mit Zustimmung des Bundesraths bestimmt.[37]

Urkundlich unter Unserer Höchsteigenhändigen Unterschrift und beigedrucktem Kaiserlichen Insiegel.

Gegeben Kiel Schloß, den 31. Mai 1891.

(L. S.) **Wilhelm.**

von Caprivi.

[35] Seit dem 1. Jan. 1900 findet die Außerkurssetzung von Schuldverschreibungen auf den Inhaber nicht mehr statt; vorher erfolgte Außerkurssetzungen haben ihre Wirkung verloren (EG. z. BGB. Art. 176 — s. oben Anm. 3 a. E., S. 372).

[36] Von der Verwendung des Reichsschuldbuchs zur Bestellung von Amtskautionen ist abgesehen worden.

[37] 1. April 1892 — s. unten V S. 396.

V.

Verordnung über die Inkraftsetzung des Gesetzes, betreffend das Reichsschuldbuch. Vom 24. Januar 1892. (RGBl. S. 303. Ausgegeben am 1. Februar 1892.)

Wir Wilhelm, von Gottes Gnaden Deutscher Kaiser, König von Preußen ꝛc. verordnen auf Grund des § 24 des Gesetzes, betreffend das Reichsschuldbuch, vom 31. Mai 1891 (Reichs-Gesetzbl. S. 321) im Namen des Reichs, mit Zustimmung des Bundesraths, was folgt:

Das Gesetz, betreffend das Reichsschuldbuch, vom 31. Mai 1891 (Reichs-Gesetzbl. S. 321) tritt mit dem 1. April 1892 in Kraft.

Urkundlich unter Unserer Höchsteigenhändigen Unterschrift und beigedrucktem Kaiserlichen Insiegel.

Gegeben im Schloß zu Berlin, den 24. Januar 1892.

(L. S.) **Wilhelm.**

Graf von Caprivi.

VI.

Gesetz wegen Verwendung überschüssiger Reichseinnahmen zur Schuldentilgung. Vom 16. April 1896. (RGBl. S. 103. Ausgegeben am 22. April 1896.)[1]

Wir Wilhelm, von Gottes Gnaden Deutscher Kaiser, König von Preußen rc. verordnen im Namen des Reichs, nach erfolgter Zustimmung des Bundesraths und des Reichstags, was folgt:

Uebersteigen im Etatsjahre 1896/97 die den Bundesstaaten zustehenden Ueberweisungen aus den Erträgen an Zöllen, Tabacksteuer, Branntweinverbrauchsabgabe und Zuschlag zu derselben, sowie an Reichsstempelabgaben für Werthpapiere rc. die aufzubringenden Matrikularbeiträge, so ist die Hälfte des Ueberschusses zur Verminderung der Reichsschuld zurückzuhalten[2]. Bei Ermittelung des Unterschiedes zwischen dem zu Ueberweisungen verfüg-

[1] Der Entwurf (Drucksachen des Reichstags, 9. LegPer. IV. Sess. 1895/97 Nr. 241) ist ohne Begr. vorgelegt. Die Generaldiskussion fand am 23. März 1896, die 2. u. 3. Beratung am 24. dess. Mts. statt. Die Annahme erfolgte mit großer Mehrheit. Bemängelt war nur die in Abs. 3 enthaltene Erweiterung der sog. Franckensteinschen Klausel. (S. StenB., 9. LegPer. IV. Sess. 1895/97, Bd. 3 S. 1629ff., 1669ff., 1699.)

[2] Dieser für die Tilgung von Reichsschulden zu verwendende Überschuß ist durch G. vom 24. März 1897 unter Aufhebung obiger Anordnung auf 50 Millionen Mark festgestellt worden (unten VII S. 399).

baren Betrage und den Matrikularumlagen werden von den letzteren die von einzelnen Bundesstaaten zur Reichskasse zu zahlenden Ausgleichungsbeträge abgesetzt.

Die Verminderung der Reichsanleihe erfolgt durch entsprechende Absetzung vom Anleihesoll. Soweit geeignete Anleihekredite nicht mehr offen stehen, wird über die Art der Schuldentilgung durch den Reichshaushalts-Etat Bestimmung getroffen.

Außerdem wird die Summe, welche gemäß § 8 des Zolltarifgesetzes vom 15. Juli 1879 (Reichs-Gesetzbl. S. 207) der Reichskasse von dem Ertrage der Zölle und der Tabacksteuer verbleibt, für das Etatsjahr 1895/96 behufs Verminderung der Reichsschuld von 130000000 Mark auf 143000000 Mark erhöht.[3]

Urkundlich unter Unserer Höchsteigenhändigen Unterschrift und beigedrucktem Kaiserlichen Insiegel.

Gegeben Karlsruhe, den 16. April 1896.

(L. S.) **Wilhelm.**

von Boetticher.

[3] Die Summe für das Etatsjahr 1896/97 ist unter Aufhebung der Vorschrift in Abs. 1 auf 180000000 Mark erhöht durch G. v. 24. März 1897 § 1 (unten VII).

VII.

Gesetz wegen Verwendung überschüssiger Reichseinnahmen zur Schuldentilgung. Vom 24. März 1897. (RGBl. S. 95. Ausgegeben am 30. März 1897.)[1]

Wir Wilhelm, von Gottes Gnaden zc.

§ 1. Unter Aufhebung der Vorschrift im Absatz 1 des Gesetzes vom 16. April 1896 (Reichs-

[1] Den G.Entw. nebst Begründung s. in Nr. 662 der Drucks. d. Reichstags, 9. LegPer. IV. Sess. 1895/97. Nach der am 23. Febr. 1897 erfolgten 1. Beratung wurde die Vorlage an die Budgetkommission verwiesen (StenB. S. 4877 ff.) und von dieser amendiert (Mündl. Ber. — Nr. 701 der Drucks.). In der 2. u. 3. Beratung am 12. u. 15. März 1897 wurde die Vorlage nach den Kommissionsvorschlägen angenommen (StenB. S. 5062 ff., 5085). Das G. setzt das in dem G. v. 16. April 1896 (oben VI) eröffnete System der Schuldentilgung in verstärktem Maße fort. Das Gesetz erstreckt sich in seiner Wirksamkeit, wie in der Regel auch die folgenden Schuldentilgungsgesetze, auf drei Etatsjahre. Es legt die bereits im Vorjahre zur Schuldentilgung bestimmten Überweisungsüberschüsse des ablaufenden Etatsjahres 1896/97 zahlenmäßig in einer runden Summe fest (§ 1), trifft dann über die Verwendung der Überweisungsüberschüsse des beginnenden Etatsjahrs 1897/98 grundsätzliche Anordnungen (§ 2) und bestimmt, daß, falls im übernächsten Etatsjahr 1899/1900 zur Herstellung des budgetären Gleichgewichts eine Erhöhung der Matrikularbeiträge stattfinden müßte, auf die den Bundesstaaten zwar zustehenden, zum Zwecke der Schuldentilgung ihnen aber vorenthaltenen Überweisungsüberschüsse des Jahres 1897/98 zurückzugreifen ist (§ 3

Gesetzbl. S. 103) wird die Summe, welche gemäß § 8 des Zolltarifgesetzes vom 15. Juli 1879 (Reichs-Gesetzbl. S. 207) der Reichskasse von dem Ertrage der Zölle und der Tabacksteuer verbleibt, für das Etatsjahr 1896/97 behufs Verminderung der Reichsschuld von 130000000 Mark auf 180000000 Mark erhöht.[2]

§ 2. Uebersteigen im Etatsjahr 1897/98 die den Bundesstaaten zustehenden Ueberweisungen aus den Erträgen an Zöllen, Tabacksteuer, Branntweinverbrauchsabgabe und Zuschlag zu derselben, sowie an Reichsstempelabgaben die aufzubringenden Matrikularbeiträge, so sind drei Viertheile des Ueberschusses[3] an den den Bundesstaaten aus dem Ertrage der Zölle und der Tabacksteuer zu überweisenden Beträgen zu kürzen und zur Verminderung der Reichsschuld zurückzuhalten.[4]

Abs. 1). Die 1897/98 einmal vollzogene Tilgung bezw. Abschreibung von den offenstehenden Krediten bleibt allerdings bestehen. Zur Deckung des Bedarfsbetrags sind eventuelle Überweisungsüberschüsse des Jahres 1899/1900 in Höhe der getilgten Schuld heranzuziehen; reichen die Überschüsse nicht aus, so wird der Rest des Bedarfsbetrags auf eine Anleihe verwiesen (Abs. 2). Dieser Fall ist durch die Heeresvermehrung im Jahre 1899 herbeigeführt worden.

[2] § 1 ist vom Reichstage mit Rücksicht auf § 2 hinzugefügt.

[3] Der Entwurf wollte nur die Hälfte verwenden, wie das G. v. 16. April 1896 (oben VI).

[4] Dieser für die Schuldentilgung zu verwendende Überschuß ist unter Aufhebung obiger Vorschrift durch G. v. 31. März 1898 auf 87500000 Mark festgestellt worden (unten VIII S. 402).

Die Verminderung der Reichsschuld erfolgt durch entsprechende Absetzung vom Anleihesoll. Soweit geeignete Anleihekredite nicht mehr offen stehen, wird über die Art der Schuldentilgung durch den Reichshaushalts-Etat Bestimmung getroffen.

§ 3. Uebersteigen im Etatsjahr 1899/1900 die Matrikularbeiträge das Etatssoll der Ueberweisungen für die gleiche Periode um mehr als den Betrag der für das Rechnungsjahr 1897/98 über die Matrikularbeiträge hinaus erfolgenden Ueberweisungen,[5] so bleibt der Mehrbetrag insoweit unerhoben, als auf Grund des § 2 Mittel zur Schuldentilgung verfügbar geworden sind.

Die in Folge dessen zur Herstellung des Gleichgewichts im ordentlichen Etat erforderliche Deckung erfolgt zu Lasten des außerordentlichen Etats. Jedoch ist von dieser Bestimmung nur in dem Maße Gebrauch zu machen, als der Bedarfsbetrag nicht durch Mehrerträge bei den Ueberweisungssteuern Deckung findet.[6]

§ 4. Bei Ermittelung des Unterschiedes zwischen den Ueberweisungen und den Matrikularbeiträgen werden von den letzteren die von einzelnen Bundesstaaten zur Reichskasse zu zahlenden Ausgleichungsbeträge abgesetzt.

Urkundlich unter Unserer Höchsteigenhändigen

[5] Die Worte „um mehr — Überweisungen“ sind vom Reichstage gesetzt statt „zuzüglich des Überschusses der rechnungsmäßigen Überweisungen über die Matrikularbeiträge im Rechnungsjahre 1897/98“.

[6] Der Schlußsatz ist vom Reichstage hinzugefügt — eine „Rückversicherung“ (s. d. Bericht des Abg. Dr. Lieber, StenB. S. 5068).

Unterschrift und beigedrucktem Kaiserlichen Insiegel.

Gegeben Berlin im Schloß, den 24. März 1897.

(L. S.) **Wilhelm.**

Fürst zu Hohenlohe.

VIII.

Gesetz wegen Verwendung überschüssiger Reichseinnahmen zur Schuldentilgung. Vom 31. März 1898.[1] (RGBl. S. 138. Ausgegeben am 1. April 1898.)

Wir Wilhelm, von Gottes Gnaden Deutscher Kaiser, König von Preußen &c. verordnen im Namen des Reichs, nach erfolgter Zustimmung des Bundesraths und des Reichstags, was folgt:

[1] Den GEntw. s. in Nr. 19 der Drucksachen des Reichstags 9. LegPer. V. Sess. 1897/98. Eine Begründung ist dem Entw., der sich nach Form und Inhalt dem G. v. 24. März 1897 (VII) anschließt, nicht beigegeben. Am 10., 11., 13., 14., 15 Dezember 1897 zusammen mit dem Reichshaushaltsetat in 1. Lesung beraten und am 16. Dezember der Budgetkommission überwiesen (StenB. S. 133 ff., 141 ff., 171 ff., 202 ff., 228 ff., 280 ff.), wurde er von dieser dahin amendiert, daß sie dem Entwurfe den § 1 hinzufügte, gemäß welchem die Summe der für das Rechnungsjahr 1897 zu tilgenden Reichsschuld auf 37½ Mill. Mark festgesetzt wurde (Mündl. B. d. Kommiss. — Drucksachen Nr. 214). Der Reichstag stimmte diesem Beschlusse am 26. und 31. März 1898 in 2. u. 3. Beratung zu (StenB. S. 1807, 1959).

§ 1. Unter Aufhebung der Vorschrift im § 2 Absatz 1 des Gesetzes vom 24. März 1897 (Reichs-Gesetzbl. S. 95) wird die Summe, welche gemäß § 8 des Zolltarifgesetzes vom 15. Juli 1879 (Reichs-Gesetzbl. S. 207) der Reichskasse von dem Ertrage der Zölle und Tabacksteuer verbleibt, für das Etatsjahr 1897/98 behufs Verminderung der Reichsschuld von 130000000 Mark auf 167500000 Mark erhöht.[2]

§ 2. Uebersteigen im Rechnungsjahr 1898 die den Bundesstaaten zustehenden Ueberweisungen aus den Erträgen an Zöllen, Tabacksteuer, Branntweinverbrauchsabgabe und Zuschlag zu derselben, sowie an Reichsstempelabgaben die aufzubringenden Matrikularbeiträge, so sind drei Viertheile des Ueberschusses[3] an den den Bundesstaaten aus dem Ertrage der Zölle und der Tabacksteuer zu überweisenden Beträgen zu kürzen und zur Verminderung der Reichsschuld zurückzuhalten.

Die Verminderung der Reichsschuld erfolgt durch entsprechende Absetzung vom Anleihesoll. Soweit geeignete Anleihekredite nicht mehr offen stehen, wird über die Art der Schuldentilgung durch den Reichshaushalts-Etat Bestimmung getroffen.

[2] § 1 ist vom Reichstage hinzugefügt; s. Anm. 1.

[3] Dieser für die Schuldentilgung zu verwendende Überschuß ist unter Aufhebung obiger Vorschrift durch G. v. 25. März 1899 auf 42400000 Mark festgestellt worden (unten IX S. 405).

§ 3. Uebersteigen im Rechnungsjahr 1900 die Matrikularbeiträge das Etatssoll der Ueberweisungen für die gleiche Periode um mehr als den Betrag der für das Rechnungsjahr 1898 über die Matrikularbeiträge hinaus erfolgenden Ueberweisungen, so bleibt der Mehrbetrag insoweit unerhoben, als auf Grund des § 2 Mittel zur Schuldentilgung verfügbar geworden sind.

Die in Folge dessen zur Herstellung des Gleichgewichts im ordentlichen Etat erforderliche Deckung erfolgt zu Lasten des außerordentlichen Etats. Jedoch ist von dieser Bestimmung nur in dem Maße Gebrauch zu machen, als der Bedarfsbetrag nicht durch Mehrerträge bei den Ueberweisungssteuern Deckung findet.

§ 4. Bei Ermittelung des Unterschieds zwischen den Ueberweisungen und den Matrikularbeiträgen werden von den letzteren die von einzelnen Bundesstaaten zur Reichskasse zu zahlenden Ausgleichungsbeträge abgesetzt.

Urkundlich unter Unserer Höchsteigenhändigen Unterschrift und beigedrucktem Kaiserlichen Insiegel.

Gegeben Homburg v. d. H., den 31. März 1898.

(L. S.) **Wilhelm.**

Fürst zu Hohenlohe.

IX.

Gesetz wegen Verwendung überschüssiger Reichseinnahmen zur Schuldentilgung. Vom 25. März 1899. (RGBl. S. 189. Ausgegeben am 28. März 1899.)[1]

Wir Wilhelm, von Gottes Gnaden Deutscher Kaiser, König von Preußen rc. verordnen im Namen des Reichs, nach erfolgter Zustimmung des Bundesraths und des Reichstags, was folgt:

§ 1. Unter Aufhebung der Vorschrift im § 2 Abs. 1 des Gesetzes vom 31. März 1898 (Reichs-Gesetzbl. S. 138) wird die Summe, welche gemäß § 8 des Zolltarifgesetzes vom 15. Juli 1879 (Reichs-Gesetzbl. S. 207) der Reichskasse von dem Ertrage der Zölle und Tabacksteuer verbleibt, für das Rech-

[1] Den GEntw. nebst Begründung s. in Nr. 45 der Drucksachen d. Reichstags 10. LegPer. I. Sess. 1898/1900. Nach der ersten Beratung am 12., 13. und 15. Dezember 1898 wurde die Vorlage an die Budgetkommission verwiesen (StenB. S. 15 ff., 42 ff., 89 ff.) und dort amendiert (Mündl. Ber. Nr. 186 der Drucksachen). In 2. u. 3. Lesung am 18. u. 21. März 1899 (StenB. S. 1608, 1684) wurde die Vorlage unverändert nach den Beschlüssen der Kommission angenommen. Das Gesetz entspricht im wesentlichen der Fassung der Schuldentilgungsgesetze für die Rechnungsjahre 1897 und 1898. Wie damals ist die Höhe der Tilgung für das abgelaufene Rechnungsjahr durch einen besonderen, von der Kommission beschlossenen und vom Reichstage angenommenen Zusatz im Gesetz als § 1 zahlenmäßig festgestellt worden (oben VII u. VIII).

nungsjahr 1898 behufs Verminderung der Reichsschuld von 130000000 Mark auf 172400000 Mark erhöht.[2]

§ 2. Uebersteigen im Rechnungsjahr 1899 die den Bundesstaaten zustehenden Ueberweisungen aus den Erträgen an Zöllen, Tabacksteuer, Branntweinverbrauchsabgabe und Zuschlag zu derselben sowie an Reichsstempelabgaben die aufzubringenden Matrikularbeiträge und den gemäß § 3 des Gesetzes vom 24. März 1897 (Reichs-Gesetzbl. S. 95) im Reichshaushaltsetat für 1899 eingestellten Zuschuß zu den einmaligen Ausgaben des ordentlichen Etats, so sind drei Viertheile des Ueberschusses an den den Bundesstaaten aus dem Ertrage der Zölle und der Tabacksteuer zu überweisenden Beträgen zu kürzen und zur Verminderung der Reichsschuld zurückzuhalten.

Die Verminderung der Reichsschuld erfolgt durch entsprechende Absetzung vom Anleihesoll. Soweit geeignete Anleihekredite nicht mehr offen stehen, wird über die Art der Schuldentilgung durch den Reichshaushaltsetat Bestimmung getroffen.

§ 3. Uebersteigen im Rechnungsjahr 1901 die Matrikularbeiträge das Etatssoll der Ueberweisungen für die gleiche Periode um mehr als den Betrag

[2] § 1 ist vom Reichstag hinzugefügt, s. Anm. 1. Die Erhöhung der Tilgungsquote von 87500000 im Vorjahre auf 42400000 Mark ist durch die Steigerung der verwendbaren Überschüsse herbeigeführt worden.

der für das Rechnungsjahr 1899 über die Matrikularbeiträge hinaus erfolgenden Ueberweisungen, so bleibt der Mehrbetrag insoweit unerhoben, als auf Grund des § 2 Mittel zur Schuldentilgung verfügbar geworden sind.

Die in Folge dessen zur Herstellung des Gleichgewichts im ordentlichen Etat erforderliche Deckung erfolgt zu Lasten des außerordentlichen Etats. Jedoch ist von dieser Bestimmung nur in dem Maße Gebrauch zu machen, als der Bedarfsbetrag nicht durch Mehrerträge bei den Ueberweisungssteuern Deckung findet.

§ 4. Bei Ermittelung des Unterschieds zwischen den Ueberweisungen und den Matrikularbeiträgen bleiben bei den letzteren die von einzelnen Bundesstaaten zur Reichskasse zu zahlenden Ausgleichungsbeträge außer Ansatz.

Urkundlich unter Unserer Höchsteigenhändigen Unterschrift und beigedrucktem Kaiserlichen Insiegel.

Gegeben Berlin im Schloß, den 25. März 1899.

(L. S.) **Wilhelm.**

Fürst zu Hohenlohe.

X.

Gesetz wegen Verwendung überschüssiger Reichseinnahmen aus dem Rechnungsjahr 1900 zur Schuldentilgung. Vom 30. März 1900. (RGBl. S. 173. Ausgegeben am 31. März 1900.)[1]

Wir Wilhelm, von Gottes Gnaden 2c.

[1] Den GEntw. nebst Begründung s. in Nr. 479 d. Drucksachen d. Reichstags 10. LegPer. I. Sess. 1898/1900. Mit dem Reichshaushaltsetat wurde er am 11., 12., 13. u. 14. Dezember in erster Lesung beraten und der Budgetkommission überwiesen (StenB. S. 3289 ff., 3300 ff., 3330 ff., 3355 ff.), welche an die Stelle des Entwurfs einen inhaltlich ganz neuen setzte (Mündl. B — Nr. 674 d. Drucks.). Die verbündeten Regierungen wollten nach dem Entw. diejenigen Überschüsse der Reichseinnahmen, welche den einzelnen Bundesstaaten auf Grund der Franckensteinschen Klausel aus den Erträgen der Zölle, Tabaksteuer, Branntweinverbrauchsabgabe usw. zustehen, weder an die Bundesstaaten abführen, noch zur Schuldentilgung verwenden, sondern ganz zur Verstärkung der gegenwärtig bei den steigenden Ansprüchen der sozialpolitischen Gesetzgebung allerdings durchaus unzulänglichen Betriebsmittel der Reichskasse zurückhalten. Die Komm. stellte das alte, seit 1897 alljährlich beschlossene Gesetz wieder her, nach welchem diese Überschüsse zu drei Vierteln dem Reiche zur Schuldentilgung verbleiben, und zu einem Viertel den Bundesstaaten zu überweisen sind (VII, VIII, XI). (S. auch G. v. 16. April 1896 — VI, das die Schuldentilgung aus diesen Überschüssen einleitete.)

Der in der Kommission gemachte Vorschlag, die gesamten Überschüsse, da die Einzelstaaten nach der Vorlage auf dieselben verzichtet hätten, zur Schuldentilgung

§ 1. Uebersteigen im Rechnungsjahr 1900 die den Bundesstaaten zustehenden Ueberweisungen aus den Erträgen an Zöllen, Tabacksteuer, Branntweinverbrauchsabgabe und Zuschlag zu derselben sowie an Reichsstempelabgaben die aufzubringenden Matrikularbeiträge, so sind drei Viertheile des Ueberschusses an den den Bundesstaaten aus dem Ertrage der Zölle und der Tabacksteuer zu überweisenden Beträgen zu kürzen und zur Verminderung der Reichsschuld zurückzuhalten.[2]

Die Verminderung der Reichsschuld erfolgt durch entsprechende Absetzung vom Anleihesoll. Soweit

zu verwenden, wurde auf den Widerspruch der Regierung fallen gelassen. Der Gesetzentwurf ist am 22. und 28. März in 2. u. 3. Beratung im Wortlaut der Komm. angenommen worden (StenB. S. 4892ff., 5054).

Infolge des im Jahre 1899 aktuell gewordenen § 3 Abs. 2 Satz 2 d. G. v. 24. März 1897 (VII) waren Überweisungsüberschüsse aus dem Rechnungsjahre 1899, welche nach § 2 d. G. v. 25. März 1899 zur Schuldentilgung zu verwenden gewesen wären, in jenem Jahre nicht vorhanden. Der § 1 der Schuldentilgungsgesetze der Jahre 1897 bis 1899, welcher die auf die Schuldentilgung zu verwendenden Überschüsse des ablaufenden Etatsjahres ziffermäßig festlegt, fehlt daher in obigem Gesetze.

[2] Die Worte „sind drei Vierteile des Überschusses" hinter „so" sind vom Reichstag an die Stelle des Passus „ist der Überschuß" in der Regierungsvorlage, und die Worte „Verminderung der Reichsschuld" hinter „zur" für den Passus „Verstärkung der Betriebsmittel der Reichskasse" gesetzt worden (s. Anm. 1).

geeignete Anleihekredite nicht mehr offen stehen, wird über die Art der Schuldentilgung durch den Reichshaushalts-Etat Bestimmung getroffen.[3]

§ 2. Uebersteigen im Rechnungsjahr 1902 die Matrikularbeiträge das Etatssoll der Ueberweisungen für die gleiche Periode um mehr als den Betrag der für das Rechnungsjahr 1900 über die Matrikularbeiträge hinaus erfolgenden Ueberweisungen, so bleibt der Mehrbetrag insoweit unerhoben, als auf Grund des § 1 Mittel zur Schuldentilgung verfügbar geworden sind.[4]

Die in Folge dessen zur Herstellung des Gleichgewichts im ordentlichen Etat erforderliche Deckung erfolgt zu Lasten des außerordentlichen Etats. Jedoch ist von dieser Bestimmung nur in dem Maße Gebrauch zu machen, als der Bedarfsbetrag nicht durch Mehrerträge bei den Ueberweisungssteuern Deckung findet.

Urkundlich unter Unserer Höchsteigenhändigen Unterschrift und beigedrucktem Kaiserlichen Insiegel.

Gegeben Berlin im Schloß, den 30. März 1900.

(L. S.) **Wilhelm.**

Fürst zu Hohenlohe.

[3] Der Absatz ist neu. Er ist aus den früheren Reichsschuldentilgungsgesetzen (VI–IX) übernommen, bedingt durch den veränderten Inhalt, den § 1 der Vorlage durch den Reichstag erhielt.

[4] Aus gleichem Grunde (Anm. 3) sind die Worte „um mehr als — Überweisungen" hinter „Periode" vom Reichstage eingeschaltet (vgl. VII—IX) und „Schuldentilgung" für „Verstärkung des Betriebsfonds der Reichskasse" gesetzt worden.

XI.

Gesetz, betreffend Verwendung von Mehrerträgen der Reichseinnahmen und Ueberweisungssteuern zur Schuldentilgung. Vom 28. März 1903.

(RGBl. S. 109. Ausgegeben am 30. März 1903.)[1]

Wir Wilhelm, von Gottes Gnaden rc.

[1] Das Gesetz ist die Folge der in den Reichshaushaltsetat für das Rechnungsjahr 1903 eingesetzten Zuschußanleihe im Betrage von 72102415 Mk., die eine aus den Überschüssen künftiger Jahre bald zu tilgende schwebende Schuld darstellen sollte. Es lehnt sich in der Form an die früheren Gesetze gleicher Art an. Den Entwurf nebst Begründung s. Nr. 808 d. Drucksachen d. Reichstags 10. LegPer. II. Sess. 1900/03. Er stand mit dem Reichshaushaltsetat vom 19.—23. Januar 1903 in erster Lesung zur Beratung und wurde mit diesem der Budgetkommission überwiesen. (StenB. S. 7395ff., 7413ff., 7437ff., 7467ff., 7500ff.) Der Entw. wurde hier erheblich abgeändert, indem die Kommission nicht nur die sich im Rechnungsjahr 1903 ergebenden Mehrerträge an Überweisungssteuern — wie der Entw. es wollte —, sondern auch diejenigen der späteren Jahre und des Rechnungsjahrs 1902 sowie die aus dem eigenen Reichshaushalt hervorgehenden Überschüsse vom Jahre 1903 ab auf die Tilgung jener schwebenden Schuld verwendet wissen wollte. Der Entw. wurde in der Fassung der Kommission in 2. und 3. Lesung am 21. und 24. März angenommen (Drucks. Nr. 816 und StenB. S. 8829, 8830, 8905). Der Abänderung entsprechend haben die Bundesstaaten nicht nur im Jahre 1902 und 1903, sondern auch in den späteren Jahren bis zur Tilgung dieser Schuld auf die ihnen gesetzlich zustehenden Mehrerträge der Überweisungssteuern in einem weiteren Um-

§ 1. Uebersteigen in den Rechnungsjahren 1902 und[2] 1903 die den Bundesstaaten zustehenden Ueberweisungen aus den Erträgen an Zöllen, Tabacksteuer, Branntweinverbrauchsabgabe und Zuschlag, sowie an Reichsstempelabgaben das Etatssoll, so ist der Mehrbetrag an den den Bundesstaaten aus dem Ertrage der Zölle und Tabacksteuer zu überweisenden Beträgen zu kürzen und zur Tilgung der durch den Reichshaushalts-Etat für 1903 bewilligten Zuschußanleihe von 72102415 Mark zurückzubehalten. Die Tilgung erfolgt durch entsprechende Absetzung vom Anleihesoll. Soweit geeignete Anleihekredite nicht mehr offen stehen, wird über die Art der Tilgung durch den Reichshaushalts-Etat für die Rechnungsjahre 1904 und 1905[3] Bestimmung getroffen.

In gleicher Weise sind erforderlichen Falles die Ueberschüsse zu verwenden, welche sich etwa im Rechnungsjahr 1903 im eigenen Reichshaushalt ergeben.[4]

§ 2. Insoweit die im § 1 bezeichneten Ueberschüsse und Mehrbeträge zur Tilgung der Zuschuß-

fange, als dies nach den bisherigen Schuldentilgungsgesetzen der Fall war, zu verzichten.

[2] Die Worte „1902 und“ sind eine Einschaltung der Kommission.

[3] Die Änderung der Worte das „Rechnungsjahr 1905“ in die Worte „die Rechnungsjahre 1904 und 1905“ war bedingt durch die Änderung in Anm. 2.

[4] Dieser Absatz ist wie der ganze § 2 eine Einschaltung der Kommission.

anleihe von 72102415 Mark nicht ausreichen sollten, sind auch die Mehrbeträge zu dieser Tilgung zu verwenden, um welche in dem Rechnungsjahr 1904 und den folgenden die Ueberweisungen an die Bundesstaaten die Matrikularbeiträge übersteigen.[5]

Die Bestimmungen im § 1 finden im Uebrigen entsprechende Anwendung.

Urkundlich unter Unserer Höchsteigenhändigen Unterschrift und beigedrucktem Kaiserlichen Insiegel.

Gegeben Berlin im Schloß, den 28. März 1903.

(L. S.) **Wilhelm.**

Graf von Bülow.

XII.

Gesetz, betreffend die Kündigung und Umwandlung der vierprozentigen Reichsanleihe. Vom 8. März 1897. (RGBl. S. 21. Ausgegeben am 11. März 1897.)[1]

Wir Wilhelm, von Gottes Gnaden Deutscher Kaiser, König von Preußen ꝛc. verordnen im

[5] Vgl. Anm. 1 und 4.

[1] Den Entwurf nebst Begründung s. in Nr. 680 d. Drucksachen d. Reichstags, 9. LegPer. IV. Sess. 1895/97, die drei Beratungen in den StenB. S. 4428ff., 4769ff., 4989 (Sitzungen v. 8., 18. u. 26. Febr. 1897). Die Annahme erfolgte ohne Verweisung an eine Kommission

Namen des Reichs, nach erfolgter Zustimmung des Bundesraths und des Reichstags, was folgt:

§ 1. Die Schuldverschreibungen der vierprozentigen Reichsanleihe können zur Einlösung gegen Baarzahlung des Kapitalbetrags binnen einer dreimonatlichen Frist und die im Reichsschuldbuch eingetragenen vierprozentigen Buchschulden zur baaren Rückzahlung binnen einer gleichen Frist gekündigt werden.

Die Kündigung geschieht unbeschadet der Bestimmung im § 16 des Gesetzes vom 31. Mai 1891, betreffend das Reichsschuldbuch (Reichs-Gesetzbl. S. 321), durch öffentliche Bekanntmachung des Reichskanzlers.[2]

§ 2. Bevor die Kündigung (§ 1) erfolgt, ist den Inhabern der Schuldverschreibungen der vierprozentigen Reichsanleihe die Umwandlung dieser Schuldverschreibungen in solche der dreieinhalbprozentigen Reichsanleihe und den im Reichsschuldbuch eingetragenen Gläubigern der vierprozentigen Reichsanleihe die Umschreibung in dreieinhalbpro-

unter Verwerfung des (einzigen) Abänderungsantrags (s. § 10).

[2] S. d. Bek. v. 12. März 1897 (Reichsanzeiger Nr. 68 v. 15. März 1897). Die Zulässigkeit der Kündigung beruht auf § 4 G. v. 6. April 1870 (oben II) bezw. § 2 d. G. v. 27. Jan. 1875 (oben III), auf welchen die späteren Reichsanleihegesetze verweisen. Vgl. auch oben IV Anm. 24, S. 389.

zentige Buchschulden durch öffentliche Bekanntmachung des Reichskanzlers anzubieten. Das Angebot gilt für angenommen, wenn nicht binnen einer auf mindestens drei Wochen vom Tage jener Bekanntmachung ab zu bemessenden Frist von den Inhabern der Reichsschuldverschreibungen der vierprozentigen Reichsanleihe unter Einreichung der Schuldverschreibungen und von den im Reichsschuldbuch eingetragenen Gläubigern von vierprozentigen Buchschulden die Baarzahlung des Kapitalbetrags beantragt wird.[3]

Von dem Inhalte der öffentlichen Bekanntmachung des Reichskanzlers (Absatz 1) sind die im Reichsschuldbuch eingetragenen Gläubiger von vierprozentigen Buchschulden außerdem schriftlich zu benachrichtigen. Die Wirkung des Angebots zur Umschreibung in dreieinhalbprozentige Buchschulden ist jedoch von dieser Benachrichtigung nicht abhängig.[4]

§ 3. Die umzuwandelnden Schuldverschreibungen und die umzuschreibenden Buchschulden (§ 2)

[3] Die gesetzliche Vermutung entspricht der Erfahrung wie dem Interesse der Gläubiger. Vgl. auch preuß. G. v. 28. Dezember 1896 § 2 (PrGBl. S. 269).

Die Bek. des Reichskanzlers v. 12. März 1897 (s. oben Anm. 2) enthält das Angebot.

[4] Abs. 2 ist eine Folge des § 16 d. G. v. 31. Mai 1891 (oben IV S. 339). Vgl. § 7.

werden bis zum 30. September 1897 mit vier Prozent verzinst.[5]

§ 4. Die umzuwandelnden Schuldverschreibungen nebst Zinsscheinanweisungen (Talons) und die dazu gehörigen, nach dem 1. Oktober 1897 fälligen Zinsscheine werden nach erfolgter Einlieferung mit einem die Zinsherabsetzung ausdrückenden Vermerk abgestempelt.

Die Abstempelung erfolgt durch die der Reichsschuldenverwaltung unterstellte Kontrole der Staatspapiere, durch die vom Reichskanzler zu bestimmenden Reichskassen und zu bezeichnenden Reichsbankanstalten,[6] sowie durch die vom Reichskanzler im Einvernehmen mit der Landesregierung zu benennenden Landeskassen.

Auf Antrag der Inhaber von Schuldverschreibungen der vierprozentigen Reichsanleihe soll statt der Abstempelung die kostenfreie Eintragung eines dem Nennwerthe der eingereichten Schuldverschreibungen gleichen, vom 1. Oktober 1897 ab zu dreieinhalb Prozent verzinslichen Betrags in das Reichsschuldbuch bewirkt werden.[7]

[5] Ein weiteres Entgegenkommen gegen die Gläubiger s. in § 10.

[6] Die Vorschrift dient zur Entlastung der sonst allein zuständigen Reichsschuldenverwaltung. Vgl. die Bek. der Reichsschuldenverwaltung v. 8. April 1897 unter 1.

[7] Zur Förderung der Konvertierung kostenfrei.

Der Antrag muß binnen einer vom Reichskanzler zu bestimmenden Frist eingereicht werden.[8]

§ 5. Auf die gemäß § 4 Absatz 3 erfolgenden Eintragungen in das Reichsschuldbuch und auf die eingereichten Schuldverschreibungen finden die Bestimmungen des Gesetzes vom 31. Mai 1891, betreffend das Reichsschuldbuch (Reichs-Gesetzbl. S. 321), mit der Maßgabe Anwendung, daß auf den Schuldverschreibungen befindliche Privataußerkurssetzungsvermerke für die Reichsschuldenverwaltung keine bindende Kraft haben.[9]

§ 6. Eine Prüfung, ob der Verlust der Schuldverschreibungen der Reichsschuldenverwaltung angezeigt ist (§ 6 des Gesetzes vom 9. November 1867 — Bundes-Gesetzbl. S. 157 —) oder ob die Schuldverschreibungen mit Beschlag belegt sind, findet bei der Abstempelung nicht statt.[10]

§ 7. Die nach § 2 zu bewirkende Umschreibung der vierprozentigen Buchschulden im Reichsschuld-

[8] Vgl. die Bek. v. 12. März 1897 (oben Anm. 2). Die Frist ist am 30. Juni 1897 abgelaufen.

[9] Eine Erleichterung gegenüber partikularrechtlichen Bestimmungen (vgl. preuß. G. v. 23. Dezbr. 1896 § 5 — PrGBl. S. 269). S. auch oben IV Anm. 35, S. 395.

[10] Zur Herbeiführung eines ungestörten Fortgangs der Abstempelung. Bei den Neueintragungen in das Reichsschuldbuch statt der Abstempelung (§ 4 Abs. 3) gilt keine solche Erleichterung. Insbesondere bleibt § 2 d. G. v. 31. Mai 1891 (vgl. oben IV) — „zum Umlauf brauchbarer“ — unberührt.

buch erfolgt von Amtswegen. Den eingetragenen Gläubigern steht jedoch das Recht zu, statt der Umschreibung binnen einer vom Reichskanzler zu bestimmenden Frist[11] die Ausreichung von dreieinhalbprozentigen Schuldverschreibungen zum Nennwerthe der vierprozentigen Buchschuld gegen Löschung der letzteren zu verlangen.

Einer Genehmigung der Umschreibung seitens dritter Personen, zu deren Gunsten der eingetragene Gläubiger in Bezug auf die Forderung oder deren Zinsen durch einen Vermerk im Reichsschuldbuche beschränkt ist, bedarf es nicht.[12]

Die Umschreibung in dreieinhalbprozentige Buchschulden und die Ausreichung von dreieinhalbprozentigen Schuldverschreibungen erfolgen kostenfrei.

§ 8. Neue Eintragungen von vierprozentigen Buchschulden und Zuschreibungen auf den angelegten Konten solcher Buchschulden finden fortan nicht mehr statt.

§ 9. Die Bestimmung des § 4 Absatz 2 des Gesetzes vom 31. Mai 1891, betreffend das Reichsschuldbuch (Reichs-Gesetzbl. S. 321), findet insoweit keine Anwendung, als durch die Umschreibung

[11] Die Frist ist am 30. Juni 1897 abgelaufen — s. Anm. 8.

[12] Eine Rechtsveränderung tritt, abgesehen von der auf Gesetz beruhenden Zinsermäßigung, nicht ein.

von vierprozentigen in dreieinhalbprozentige Buchschulden mehrere Konten für denselben Gläubiger entstehen.

Die Vereinigung dieser mehreren Konten im Reichsschuldbuche kann auf Antrag des Gläubigers und von Amtswegen erfolgen. In beiden Fällen erfolgt sie kostenfrei.[13]

§ 10. Die auf Grund dieses Gesetzes in dreieinhalbprozentige umgewandelten oder gemäß § 7 ausgereichten Reichsschuldverschreibungen und die im Reichsschuldbuch umgeschriebenen dreieinhalbprozentigen Buchschulden dürfen den Gläubigern vor dem 1. April 1905 zur baaren Rückzahlung nicht gekündigt werden.[14]

Die Kündigung darf nur auf Grund gesetzlicher Ermächtigung stattfinden.[15]

§ 11. Der im § 7 des Reichsstempelgesetzes vom 27. April 1894 (Reichs-Gesetzbl. S. 381) angeordnete Anschaffungsstempel bleibt außer Hebung.[16]

§ 12. Die mit dem Antrag auf Baarzahlung des Kapitals eingereichten (§ 2) Schuldverschreibungen werden mit einem entsprechenden Stempelvermerke versehen und ebenso wie die in das Reichs-

[13] Vgl. oben IV S. 868 ff.

[14] Die Schutzfrist wurde im Reichstage angefochten. Ein Antrag (Richter) auf Verkürzung bis zum 1. April 1908 (Druckf. Nr. 678) ist abgelehnt.

[15] Wie bei allen übrigen Reichsanleihen.

[16] Zur Erleichterung der Konvertierung.

schuldbuch eingetragenen Forderungen derjenigen Gläubiger der vierprozentigen Reichsanleihe, welche das Angebot der Umschreibung in eine dreieinhalb-prozentige Buchschuld nicht angenommen haben (§ 2), gemäß der erfolgenden Kündigung zurückgezahlt.

§ 13. Der Reichskanzler wird ermächtigt, bis zu demjenigen Betrage, welcher erforderlich sein wird, um die Mittel der Baarzahlung der gekündigten vierprozentigen Reichsschuldverschreibungen und Buchschulden (§ 12) zu beschaffen, eine nach den Bestimmungen des Gesetzes vom 19. Juni 1868 (Bundes-Gesetzbl. S. 339) zu verwaltende Anleihe aufzunehmen und Schatzanweisungen auszugeben.

Die Bestimmungen in den §§ 2 bis 5 des Gesetzes vom 27. Januar 1875, betreffend die Aufnahme einer Anleihe für Zwecke der Marine und Telegraphenverwaltung (Reichs-Gesetzbl. S. 18), finden auf die nach dem gegenwärtigen Gesetz aufzunehmende Anleihe und auszugebenden Schatzanweisungen mit der Maßgabe Anwendung, daß Zinsscheine auch für einen längeren Zeitraum als vier Jahre ausgegeben werden dürfen.

§ 14. Soweit zu der Hauptverwaltung der Staatsschulden herangezogene Hülfsarbeiter mit der Bearbeitung von Angelegenheiten der Reichsschulden-verwaltung betraut werden sollten, haben dieselben zu Protokoll zu erklären, daß sie den von ihnen nach § 9 des preußischen Gesetzes vom 24. Februar 1850

(Gesetz-Samml. S. 57) geleisteten Eid auch für die, durch das gegenwärtige Gesetz ihnen übertragenen Obliegenheiten als maßgebend anerkennen.[17]

Das Protokoll ist dem Bundesrath und dem Reichstage vorzulegen.

§ 15. Dieses Gesetz tritt mit dem Tage seiner Verkündigung in Kraft. Der Reichskanzler erläßt die zur Ausführung desselben erforderlichen Anordnungen.

Urkundlich unter Unserer Höchsteigenhändigen Unterschrift und beigedrucktem Kaiserlichen Insiegel.

Gegeben Berlin im Schloß, den 8. März 1897.

(L. S.) **Wilhelm.**

Fürst zu Hohenlohe.

17 Vgl. preuß. G. v. 28. Dez. 1896 § 13 (PrGBl. S. 269). Die Verpflichtung der Hilfsarbeiter hat den Vorschriften im § 3 d. G. v. 19. Juni 1868 (BGBl. S. 339) zu entsprechen.

XIII.

Reichsschuldenordnung. Vom 19. März 1900. (RGBl. S. 129. Ausgegeben am 22. März 1900.)[1]

Wir Wilhelm, von Gottes Gnaden Deutscher Kaiser, König von Preußen ꝛc. verordnen im Namen des Reichs, nach erfolgter Zustimmung des Bundesraths und des Reichstags, was folgt:

§ 1.[2] Die Bereitstellung der außerordentlichen,

[1] Den GEntw. nebst Begründung s. in Nr. 268 d. Drucks. d. Reichstags 10. LegPer. I. Sess. 1898/1900. Nach der am 6. Juni 1899 stattgefundenen 1. Beratung wurde die Vorlage der Budgetkommission überwiesen (StenB. S. 2351 ff.) und von dieser mit unbedeutenden Änderungen angenommen (Mündl.B. Nr. 509 d. Drucksachen). In der 2. u. 3. Beratung — am 9. Jan., 7. März u. 10. März 1900 — wurde das G. mit einigen Abänderungen vom Plenum des Reichstags angenommen (StenB. S. 3407 ff., 4482 ff., 4572).

Das G. bezweckt — schon im Interesse größerer Übersichtlichkeit — eine Zusammenstellung der über die Aufnahme und Verwaltung der Reichsschulden bestehenden, in zahlreichen Gesetzen zerstreuten Bestimmungen [Gesetze v. 9. Nov. 1867, 19. Juni 1868, 6. April 1870, 12. Mai 1873, 27. Jan. 1875 u. 30. März 1887 — s. oben —, denen noch die preuß. V. v. 16. Juni 1819 (PrGBl. S. 157) u. d. preuß. G. v. 24. Febr. 1850 (PrGBl. S. 57) hinzutreten], zugleich unter Berücksichtigung der nicht ohne weiteres auf Reichsschulden anwendbaren Vorschriften des BGB. u. der ZPO. (vgl. EG. z. BGB. v. 18. Aug. 1896 Art. 32 — RGBl. S. 604, EG. z. ZPO. v. 30. Jan. 1877 § 13 — RGBl. S. 244).

[2] § 1 regelt die Voraussetzungen der Zulässigkeit der Inanspruchnahme des öffentlichen Kredits im allgemeinen.

im Wege des Kredits zu beschaffenden Geldmittel, welche in dem Reichshaushaltsplane zur Bestreitung einmaliger Ausgaben für Zwecke der Reichsverwaltung vorgesehen sind, erfolgt auf Grund einer gesetzlichen Ermächtigung[3] des Reichskanzlers bis zur Höhe der bewilligten Summe in dem zu ihrer Beschaffung erforderlichen Nennbetrage durch Aufnahme einer verzinslichen Anleihe oder durch Ausgabe von Schatzanweisungen. Ueber die Ausführung des die Ermächtigung ertheilenden Gesetzes hat der Reichskanzler dem Reichstage bei dessen nächster Zusammenkunft Rechenschaft abzulegen.[4]

Die Ermächtigung des Reichskanzlers, zur vorübergehenden Verstärkung der ordentlichen Betriebsmittel der Reichs-Hauptkasse nach Bedarf Schatzanweisungen auszugeben, hat gleichfalls durch Gesetz zu erfolgen.[5]

§ 2. Die Bestimmung darüber, zu welcher Zeit, durch welche Stelle und in welchen Beträgen Schuld-

[3] Der Entw. enthielt vor „gesetzlichen" noch das Wort „besonderen"; da die Ermächtigung auch durch einen Paragraphen des alljährlich wiederkehrenden Etatsgesetzes erteilt werden kann und dies künftig sogar die Regel bilden wird, so ist dieses Wort bei der 2. Lesung im Reichstage gestrichen worden (StenB. S. 8407, 8408).

[4] Satz 2 entspricht dem § 5 d. G. v. 27. Jan. 1875 (vgl. oben III S. 366 ff.).

[5] Auch der Höchstbetrag wird fernerhin durch die jährlichen Etatsgesetze festgestellt. Die §§ 7 ff. beziehen sich auch auf Schatzanweisungen dieser Art.

verschreibungen der verzinslichen Anleihe ausgegeben werden sollen, steht, soweit nicht in der im § 1 Abs. 1 vorgesehenen Ermächtigung ein Anderes vorgeschrieben ist, dem Reichskanzler zu. Das Gleiche gilt von der Bestimmung des Zinssatzes, der Kündigungsbedingungen und des Kurses, zu welchem die Ausgabe erfolgen soll.[6]

§ 3. Die Schuldverschreibungen nebst den dazu gehörenden Zinsscheinen und Erneuerungsscheinen werden von der Reichsschuldenverwaltung ausgestellt.[7]

[6] Bisher war Vorschrift, daß die Zinsen der Anleihe und die Termine vom Bundespräsidium festgesetzt wurden (G. v. 9. Nov. 1867 § 2, v. 27. Jan. 1875 § 2 usw. — oben I S. 359 ff., III S. 366 ff.). Die neue Bestimmung gibt dem Reichskanzler die nötige Bewegungsfreiheit (vgl. z. B. preuß. G. v. 20. Mai 1898 § 8 — PrGBl. S. 91 usw.). Es werden jedoch nur seine wichtigsten Befugnisse hervorgehoben. Die Worte „soweit nicht — vorgeschrieben ist" sind ein Zusatz der Reichstagskommission, in welche § 2 zurückverwiesen worden war.

[7] Es fehlte bisher an einer Bestimmung, daß die „Reichsschuldenverwaltung" (s. § 9) die Reichsschuldverschreibungen auszufertigen habe.

„ausgestellt" — im Gegensatz zu der engeren Tätigkeit in § 4. Vgl. auch ZPO. §§ 416, 417, BGB. §§ 798, 794.

„Zinsscheine" — nicht gerade bloß auf 4 Jahre (G. v. 9. Nov. 1867 § 2); gegenwärtig erfolgt die Ausfertigung für 10 Jahre.

„Erneuerungsscheinen" — bei Widerspruch an den Besitzer der Schuldverschreibung gegen besondere Quittung (G. v. 9. Nov. 1867 § 2) nach BGB. §§ 805, 368.

§ 4. Die Gültigkeit der Unterzeichnung der auf den Inhaber lautenden Schuldverschreibungen, Zinsscheine und Erneuerungsscheine hängt davon ab, daß dieselben vorschriftsmäßig ausgefertigt sind. Der Aufnahme dieser Bestimmung in die Urkunde bedarf es nicht.

Die Ausfertigung erfolgt bei den Schuldverschreibungen durch eigenhändige Unterzeichnung des Vermerkes „Ausgefertigt" seitens des damit beauftragten Beamten, bei Zinsscheinen und Erneuerungsscheinen durch Aufdruck eines den Reichsadler enthaltenden Trockenstempels.[8]

§ 5. Die Tilgung der Anleihe geschieht in der Weise, daß die durch den Haushaltsplan dazu bestimmten Mittel zum Ankauf einer entsprechenden Anzahl von Schuldverschreibungen verwendet werden.[9]

[8] Die Vorschrift des § 4 ist neu und dient zur Unterscheidung bloßer Formulare von der ausgefertigten Schuldurkunde. Sie beruht auf Art. 100 Nr. 1 d. EG. z. BGB. (vgl. BGB. § 798 Abs. 2). Ebenso preuß. AG. z. BGB. Art. 17 § 1, welchem im Reichstage die Fassung des Abs. 1 angepaßt ist (StenB. S. 3410). Die Unterzeichnung der Schuldverschreibungen, Zins- und Erneuerungsscheine durch die Reichsschuldenverwaltung kann nach wie vor durch faksimilierten Druck erfolgen (vgl. BGB. § 798 Abs. 2).

Die fragliche Bestimmung hat ebenso wie § 7 Abs. 4 Satz 1 selbstverständlich keine rückwirkende Kraft auf die mit früherer Ermächtigung ausgegebenen Schuldurkunden (s. § 21 und Begründung S. 21); vgl. auch BGB. § 793 Abs. 2.

Die durch besondere Gesetze angeordnete Verminderung der Schuld durch Absetzung vom Anleihesoll ist einer Tilgung gleich zu achten.[10]

§ 6. Dem Reiche bleibt das Recht vorbehalten, die im Umlaufe befindlichen Schuldverschreibungen insgesammt oder in angemessenen Theilbeträgen zur Einlösung gegen Baarzahlung des Nennbetrags binnen einer gesetzlich festzusetzenden Frist zu kündigen.

Den Inhabern der Schuldverschreibungen steht ein Kündigungsrecht gegen das Reich nicht zu.[11]

§ 7. Die Bestimmung darüber, zu welcher Zeit und in welchen Beträgen Schatzanweisungen ausgegeben werden sollen, steht, soweit nicht in den im § 1 vorgesehenen Ermächtigungen ein Anderes vor-

[9] Abs. 1 entspricht dem § 3 d. G. v. 6. April 1870 (oben II S. 364 ff.). Er gilt selbstverständlich nur für wirklich ausgegebene Schuldverschreibungen.

[10] Vgl. z. B. § 2 Abs. 2 d. G. v. 25. März 1899 (RGBl. S. 189 — oben IX S. 405 ff.). Die Vorschrift lehnt sich an § 1 Satz 2 d. preuß. G. v. 8. März 1897 an (PrGBl. S. 43). Eine etwa erforderliche weitere Regelung ist den Einzelgesetzen überlassen.

[11] § 6 schließt sich im allgemeinen an § 4 d. G. v. 6. April 1870 an (oben II S. 364 ff.). Durch Einschaltung der Worte „insgesamt oder in angemessenen Teilbeträgen" wird außer Zweifel gestellt, daß das Reich befugt sein soll, auch einzelne Kategorien der umlaufenden Schuldverschreibungen zu kündigen, welchen übrigens die eingetragenen Buchschulden gleichstehen (G. v. 31. Mai 1891 § 16 — oben IV S. 368 ff.).

Die Sondervorschrift im § 10 d. G. v. 8. März 1897 (oben XII S. 418 ff.) ist durch § 6 nicht berührt.

geschrieben ist, dem Reichskanzler zu. Das Gleiche gilt von der Bestimmung des Zinssatzes und der Umlaufszeit; der Fälligkeitstermin ist in den Schatzanweisungen anzugeben.

Innerhalb der Umlaufszeit kann nach Anordnung des Reichskanzlers der Betrag der Schatzanweisungen wiederholt, jedoch nur zur Deckung der in den Verkehr gelangten Schatzanweisungen ausgegeben werden.

Die Umlaufszeit der zur vorübergehenden Verstärkung der ordentlichen Betriebsmittel der Reichs-Hauptkasse bestimmten Schatzanweisungen darf den Zeitraum von sechs Monaten nach dem Ablaufe des betreffenden Rechnungsjahrs nicht überschreiten.

Die Schatzanweisungen werden von der Reichsschuldenverwaltung ausgestellt; auf die Ausfertigung finden die Vorschriften des § 4 Anwendung. Die Ausgabe der Schatzanweisungen wird durch die Reichskasse bewirkt.[12]

[12] § 7 Abs. 1—3 lehnt sich im allgemeinen an § 8 d. G. v. 27. Jan. 1875 in Verbindung mit § 8 Abs. 2 d. G. v. 9. Nov. 1867 (oben S. 367, 368) und an die Bestimmungen der jährlichen Gesetze, betreffend die Feststellung des Reichshaushaltsetats (z. B. G. v. 25. März 1899 §§ 4, 6 Abs. 2) an. Jedoch ist davon abgesehen, für die an Stelle von Schuldverschreibungen etwa auszugebenden Schatzanweisungen die Dauer der Umlaufszeit wie bisher — in der Regel — auf 1 Jahr gesetzlich festzulegen, da nach § 1 Abs. 1 Satz 2 der Reichskanzler dem Reichstage bereits bei dessen nächster Zusammenkunft über die Ausführung des Anleihegesetzes Rechenschaft abzulegen hat.

§ 8. Die für die Verzinsung und Tilgung der Anleihe, sowie für die Verzinsung und Einlösung der Schatzanweisungen erforderlichen Beträge müssen

Schatzanweisungen mit längerer Laufzeit sind Ende 1870 und Anfang 1871 auf Grund des G. v. 21. November 1870 (BGBl. S. 619) im Betrage von je 51 Millionen Taler ausgegeben worden. Die zu 5 Proz. verzinslichen Schatzanweisungen hatten 5jährige Umlaufszeit, waren jedoch von der Regierung mit 6monatlicher Frist kündbar. Sie waren nebst den Zinsscheinen im Wertverhältnis von 6 T. 24 Sgr. für 1 £ Sterling gleichzeitig auf inländische Silberwährung und auf englische Goldwährung zahlbar gestellt. Die Kündigung ist bereits 1871/72 erfolgt. Von diesem Falle abgesehen, hatte die Ausgabe von Schatzanweisungen an Stelle von Schuldverschreibungen bisher keine größere Bedeutung erlangt. Mit Erlaß der Reichsschuldenordnung ist eine Änderung eingetreten. Von den Befugnissen des § 7 Abs. 1 ist im September 1900 Gebrauch gemacht worden, indem auf Grund der dem Reichskanzler durch das G. v. 30. März 1900 und die beiden G. v. 1. Juni 1900 (RGBl. S. 139, 241, 245) erteilten Ermächtigungen 80 Millionen Mark 4%ige, in den Jahren 1904 und 1905 rückzahlbare Schatzanweisungen begeben worden sind.

Die im Jahre 1904 fälligen 40 Millionen sind in $3^1/_2$%ige Schatzanweisungen konvertiert (Bek. des Reichskanzlers v. 10. März 1904 — RAnz. v. 15. März Nr. 64); die am 1. April 1905 fällig gewesenen 20 Millionen sind bar eingelöst worden. Im Herbst 1904 sind 100 Millionen Mark $3^1/_2$%ige Schatzanweisungen mit Umlaufszeit bis zum 1. Oktober 1908, kündbar seitens des Reichskanzlers mit Frist von 3 Monaten, spätestens zum 1. Oktober 1906 ausgegeben auf Grund der Gesetze v. 20. Mai u. 26. Juni 1904 (RGBl. S. 171, 355) in Verbindung mit § 7 d. Reichsschuldenordnung.

der Reichsschuldenverwaltung zur Verfallzeit aus den bereitesten Einkünften des Reichs zur Verfügung gestellt werden.[13]

Welche Theile der Anleihe getilgt werden sollen, bestimmt in Ermangelung besonderer gesetzlicher Vorschriften der Reichskanzler.[14]

§ 9. Die Verwaltung der Reichsanleihe verbleibt bis auf Weiteres der Preußischen Hauptverwaltung der Staatsschulden unter der Bezeichnung „Reichsschuldenverwaltung". Für die Verwaltung sind die Vorschriften des preußischen Gesetzes vom 24. Februar 1850 (Gesetz-Samml. S. 57) maßgebend. Die sich aus § 6 des genannten Gesetzes ergebende unbedingte Verantwortlichkeit der Reichsschuldenverwaltung erstreckt sich auch darauf, daß

Die Worte „soweit — ist" sind Zusatz der Reichstagskommission (vgl. oben Anm. 6).

Wegen Abs. 4 s. oben Anm. 7, 8. Satz 2 wiederholt § 8 Abs. 1 d. G. v. Nov. 1867 (vgl. § 3 Abs. 2 d. G. v. 27. Jan. 1875) und die Vorschriften der jährlichen G. betr. die Feststellung des Reichshaushaltsetats s. § 6 Abs. 1 d. G. v. 25. März 1899.

[13] So § 4 d. G. v. 27. Jan. 1875 und die entsprechenden Vorschriften in den jährlichen Gesetzen über den Reichshaushalt (vgl. z. B. G. v. 25. März 1899 § 5).

[14] S. oben Anm. 6. Bestimmungen über die Verjährung nicht erhobener Zinsen aus Schuldverschreibungen oder Schatzanweisungen und der in letzteren verschriebenen Kapitalbeträge erübrigen sich im Hinblick auf BGB. §§ 195, 197, 801—808. Soweit Zinsscheine nicht beigegeben sind, verjähren die Zinsen nach BGB. § 197 in 4 Jahren.

eine Umwandlung der Schuldverschreibungen nur auf Grund eines sie anordnenden oder zulassenden Gesetzes und nach Bewilligung der erforderlichen Mittel vorgenommen wird.[15]

§ 10. Die obere Leitung steht dem Reichskanzler zu, soweit dies mit der der Reichsschuldenverwaltung beigelegten Unabhängigkeit vereinbar ist.

§ 11. Der Präsident und die Mitglieder der Preußischen Hauptverwaltung der Staatsschulden haben zu Protokoll zu erklären, daß sie den von ihnen gemäß § 9 des preußischen Gesetzes vom 24. Februar 1850 und § 1 des preußischen Gesetzes vom 29. Januar 1879 (Gesetz-Samml. S. 10) geleisteten Eid auch für die durch bundes- oder reichsgesetzliche Bestimmungen ihnen übertragene Verwaltung der Reichsschulden als maßgebend anerkennen.

Das Protokoll ist dem Bundesrath und dem Reichstage vorzulegen.

§ 12. Die Geschäfte der im § 1 des preußischen Gesetzes vom 24. Februar 1850 bezeichneten Staatsschulden-Kommission werden von einer Reichsschulden-Kommission wahrgenommen.

Die Reichsschulden-Kommission besteht aus sechs Bevollmächtigten oder stellvertretenden Bevoll-

[15] Die §§ 9—15 wiederholen im allgemeinen die Bestimmungen d. G. v. 19. Juni 1868 (BGBl. S. 339). „Umwandlung“ — lediglich zum Zwecke der Zinsherabsetzung („Konvertierung“) — G. v. 19. Juni 1868 § 1.

mächtigten zum Bundesrath, und zwar aus dem jedesmaligen Vorsitzenden des Ausschusses für das Rechnungswesen oder einem Stellvertreter des Vorsitzenden und fünf Mitgliedern des Ausschusses, sowie aus sechs Mitgliedern des Reichstags und bis zur Errichtung einer eigenen Rechnungsbehörde für das Reich aus dem Chefpräsidenten der preußischen Ober-Rechnungskammer in seiner gleichzeitigen Eigenschaft als Chefpräsident des Rechnungshofs für das Deutsche Reich; der Chefpräsident ist für die durch dieses Gesetz ihm vorläufig übertragenen Verpflichtungen besonders zu beeidigen.[16]

§ 13. Der Bundesrath wählt jährlich aus den Mitgliedern des Ausschusses für das Rechnungswesen die der Reichsschulden-Kommission hinzutretenden Mitglieder. Die aus dem Reichstage zu entsendenden Mitglieder der Kommission werden von

[16] Die Zahl der zu wählenden Mitglieder der Reichsschuldenkommission betrug bisher nur die Hälfte (G. v. 19. Juni 1868 § 4), abgesehen von der Verwaltung des Invalidenfonds (G. v. 23. Febr. 1876 § 3 RGBl. S. 24). Diese geschäftliche Trennung hat sich nicht bewährt, ebensowenig wie die (in § 20 Abs. 2 aufgehobene) beschränkte Berechtigung des nach § 16 Abs. 2 des BankG. (s. C I Anm. 68 S. 159) hinzutretenden Mitgliedes. Bundesrat wie Reichstag haben fortan je 6 vollberechtigte Mitglieder zu ernennen (vgl. § 20 Abs. 3).

Eine Erleichterung bezweckt die Zulassung der Wahl von stellvertretenden Bundesratsbevollmächtigten und des Stellvertreters des Vorsitzenden des Ausschusses für das Rechnungswesen.

diesem mit Stimmenmehrheit für die Dauer der Legislaturperiode gewählt.[17]

Scheidet vor dem Ablaufe der im Abs. 1 bestimmten Fristen ein Mitglied der Kommission aus dem Bundesrath oder dem Reichstag aus, so endigt damit auch seine Mitgliedschaft in der Kommission

Die Verpflichtung der nach Abs. 1, 2 ausscheidenden Mitglieder erlischt jedoch erst mit dem Eintritt ihrer Nachfolger in die Kommission.

§ 14. Den Vorsitz in der Kommission führt der Vorsitzende des Ausschusses des Bundesraths für das Rechnungswesen oder sein Stellvertreter,[18] im Falle ihrer Verhinderung ein anderes dem Bundesrath angehörendes Mitglied der Kommission.

Die Beschlüsse der Kommission werden nach Stimmenmehrheit gefaßt. Bei Stimmengleichheit entscheidet die Stimme des Vorsitzenden.[19]

[17] „Stimmenmehrheit" — d. h. absoluter (Reichsverfassung Art. 28, BGB. §§ 32, 709, 745, HGB. § 251).

„für die Dauer der Legislaturperiode" — also 5 Jahre (G. v. 19. März 1888, RGBl. S. 110), nicht mehr 3 Jahre (G. v. 19. Juni 1868 § 5).

„entsendenden" — von der Komm. gesetzt an Stelle von „ernennenden" des Entw. Die Worte „von diesem" vor „mit" sind von derselben infolge dieser Änderung neu eingeschaltet.

[18] „oder sein Stellvertreter" — vgl. § 12.

[19] Abs. 2 Satz 2 füllt eine Lücke der bisherigen Bestimmungen aus.

Zu einem Beschluß ist die Anwesenheit von mindestens fünf Mitgliedern erforderlich.

§ 15. Die Reichsschulden-Kommission hat dem Bundesrath und dem Reichstage gegenüber dieselben Verpflichtungen, welche der preußischen Staatsschulden-Kommission den beiden Häusern des preußischen Landtags gegenüber obliegen.

§ 16. Wird der Reichsschuldenverwaltung der Verlust einer Schuldverschreibung oder Schatzanweisung von dem bisherigen Inhaber mit der Behauptung angezeigt, daß die Schuldurkunde vernichtet sei, so hat ihm auf seinen Antrag die Reichsschuldenverwaltung eine neue Schuldverschreibung oder Schatzanweisung zu ertheilen, falls sie die Vernichtung der Urkunde für nachgewiesen erachtet. Die Kosten hat der bisherige Inhaber zu tragen und vorzuschießen.[20]

[20] Auch für die Fälle nachzuweisender *Vernichtung* ist an sich das gerichtliche Aufgebotsverfahren (ZPO. §§ 1003 ff., BGB. §§ 799 ff.) zulässig. Wegen Ausstellung einer neuen Urkunde in diesem Falle oder Zahlung des Geldbetrages s. BGB. § 800, ZPO. § 1018. Zur Vereinfachung dient aber in solchen Fällen das in Abs. 1 zugelassene *verwaltungsrechtliche* Verfahren.

Letzteres gilt nach Abs. 8 auch für vernichtete *Zinsscheine*, für die ein Aufgebot nicht zulässig ist.

Für *Erneuerungsscheine*, da sie nur Berechtigungsausweise darstellen, sind Vorschriften nicht nötig.

Bestimmungen bezüglich beschädigter oder unbrauchbar gewordener Schuldverschreibungen, Schatzanweisungen oder Zinsscheine erübrigen sich durch BGB. § 798.

Ist ein Zinsschein abhanden gekommen oder vernichtet, so ist der im § 804 Abs. 1 des Bürgerlichen Gesetzbuchs bestimmte Anspruch ausgeschlossen, ohne daß es der Ausschließung in dem Scheine bedarf.[21]

Behauptet der bisherige Inhaber eines Zinsscheins, daß der Schein vernichtet sei, so finden die Vorschriften des Abs. 1 Anwendung.

§ 17. Für das Aufgebotsverfahren zum Zwecke der Kraftloserklärung einer auf den Inhaber lautenden Schuldverschreibung oder Schatzanweisung ist dasjenige Amtsgericht ausschließlich zuständig, in dessen Bezirke die Reichsschuldenverwaltung ihren Sitz hat.[22]

Durch Anordnung des Reichskanzlers kann die

Eine Vorschrift, daß bei eingetretener Fälligkeit statt der Aushändigung einer neuen Schuldurkunde der Geldbetrag zu zahlen sei, erschien entbehrlich (vgl. BGB. §§ 372, 378, 379, 800, Begründung S. 16).

[21] Die Vorschrift schließt sich an Art. 17 § 2 d. preuß. AG. z. BGB. (vgl. Art. 100 Nr. 2 d. EG. z. BGB.) an. Die enormen Schwierigkeiten und Kosten einer Kontrolle der erfolgten Einlösung verhinderten nicht die Einbringung eines Antrages auf Streichung des Abs. 2 im Reichstage. Nach Rückweisung in die Kommission wurde dort der Antrag zwar zurückgezogen, aber im Plenum von anderer Seite von neuem aufgenommen. Es erfolgte jedoch die Annahme der Vorschrift (StenB. S. 3410 ff., 4482 ff.).

[22] Es bestand schon bisher ein ausschließlicher Gerichtsstand beim Amtsgericht I Berlin (vgl. G. v. 9. Nov. 1867 § 6). Bei dem in Abs. 1 bestimmten Gerichtsstande bewendet es auch dann, wenn mehrere Erfüllungsorte zugelassen sind. Vgl. übrigens ZPO. § 1006 Abs. 3.

Anwendung der Vorschrift des Abs. 1 für einzelne Theile der Anleihe im voraus ausgeschlossen werden. Ueber die Ausführung einer solchen Anordnung hat der Reichskanzler dem Reichstage, wenn dieser versammelt ist, sofort, anderenfalls bei dessen nächster Zusammenkunft Rechenschaft abzulegen.[23]

§ 18. Soll eine Schuldverschreibung oder Schatzanweisung für kraftlos erklärt werden, so muß die öffentliche Bekanntmachung des Aufgebots und des Ausschlußurtheils, unbeschadet der Vorschriften der §§ 1009, 1017 der Civilprozeßordnung, auch durch einmalige Einrückung in eine in Hamburg, eine in Leipzig, eine in Frankfurt a. M. und eine in München erscheinende Zeitung erfolgen; die Bestimmung und die Veröffentlichung dieser Zeitungen im Deutschen Reichsanzeiger sind jährlich durch den Reichskanzler zu veranlassen.[24]

[23] Die Vorschrift hat Fälle im Auge, die eine sofortige Inanspruchnahme des Kredits bedingen und nicht gestatten, erst noch eine Beratung der gesetzgebenden Körperschaften eintreten zu lassen.

„für einzelne Teile der Anleihe im voraus" — die Abweichung von Abs. 1 soll auf das notwendige Maß beschränkt bleiben und muß vor oder spätestens bei der Realisierung des Kredits getroffen werden, also niemals mit rückwirkender Kraft.

[24] Vgl. ZPO. § 1009 Abs. 3 Satz 2. Die Vorschrift ist bestehendes Recht (G. v. 9. Nov. 1867 § 6c — BGBl. S. 157, G. v. 12. Mai 1873 § 5 — RGBl. S. 91). Nur ist „München" statt „Augsburg" gesetzt wegen der verschobenen Bedeutung der Tagesblätter dieser

§ 19. Die Reichsschuldenverwaltung hat jährlich amtliche Listen der im abgelaufenen Rechnungsjahre für kraftlos erklärten Schuldverschreibungen und Schatzanweisungen durch den Deutschen Reichsanzeiger und die im § 18 bezeichneten Blätter sowie durch Aushang auf der Börse in Berlin und den Börsen der im § 18 bezeichneten Orte zu veröffentlichen.

Die Reichsschuldenverwaltung kann noch andere Veröffentlichungen veranlassen.[25]

§ 20. Dieses Gesetz tritt mit dem Tage der Verkündigung in Kraft.[26] Der § 6 des Gesetzes vom 9. November 1867 (Bundes-Gesetzbl. S. 157) und das Gesetz vom 12. Mai 1873 (Reichs-Gesetzbl. S. 91) sowie der § 3 des Gesetzes vom 23. Februar 1876 (Reichs-Gesetzbl. S. 24) treten außer Kraft.[27]

Städte, und der RAnz. ist im Hinblick auf die im G. genannten §§ 1009, 1017 d. ZPO. nicht besonders erwähnt worden. Die jährliche Veröffentlichung der ausgewählten Blätter soll den Erfolg der Maßregel tunlichst sichern. Dabei ist, wie die Begründung S. 18 bemerkt, in Aussicht genommen, einen Wechsel in den Zeitungen tunlichst zu vermeiden.

[25] Vgl. preuß. V. v. 16. Juni 1819 § 22 (PrGSl. S. 157). Die Justizverwaltung wird (nach der Begründung S. 19) das zuständige Gericht (§ 17) anweisen, der Reichsschuldenverwaltung von sämtlichen durch § 19 betroffenen Kraftloserklärungen rechtzeitig Mitteilung zu machen.

[26] „mit dem Tage der Verkündigung" — statt des ursprünglich in Aussicht genommenen 1. Januar 1900 (s. StenB. S. 4572).

[27] Es sind dies die Bestimmungen von allgemein

Im § 16 Abs. 2 des Bankgesetzes vom 14. März 1875 (Reichs-Gesetzbl. S. 177) werden die Worte: „welcher zu diesem Zwecke ein vom Kaiser ernanntes Mitglied hinzutritt" gestrichen.

Die nach Maßgabe des § 3 des Gesetzes vom 23. Februar 1876 gewählten Mitglieder der Reichsschulden-Kommission sowie das auf Grund des § 16 des Gesetzes vom 14. März 1875 vom Kaiser ernannte Mitglied werden für die Zeit, für welche sie gewählt oder ernannt sind, vollberechtigte Mitglieder der Kommission.

§ 21. Von dem Inkrafttreten dieses Gesetzes an gelten für die vorher ausgestellten, auf den Inhaber lautenden Schuldverschreibungen, Zinsscheine und Schatzanweisungen die Vorschriften der §§ 798 bis 802, 805 und des § 806 Satz 1 des Bürgerlichen Gesetzbuchs, die Vorschriften der Civilprozeßordnung über das Aufgebotsverfahren zum Zwecke der Kraftloserklärung einer abhanden gekommenen oder vernichteten Urkunde sowie die Vorschriften der §§ 17 bis 19 dieses Gesetzes.[28]

gültiger, grundsätzlicher Bedeutung. Für andere als die in der Reichsschuldenordnung geregelten Rechtsverhältnisse bleiben sie selbstverständlich in Kraft. Vgl. jedoch V. v. 3. Sept. 1900 betr. die Abänderung des Reichsbankstatuts § 8 — oben C II S. 216 Anm. 1, S. 223 ff., ferner C I S. 159.

[28] Vgl. EG. z. BGB. Art. 174 Abs. 1. Eine Ausnahme von § 21 enthält § 22. Vgl. EG. z. BGB. Art. 178.

Den vor dem Inkrafttreten dieses Gesetzes ausgestellten Schuldverschreibungen, Zinsscheinen und Schatzanweisungen stehen diejenigen Schuldverschreibungen, Zinsscheine und Schatzanweisungen gleich, welche nach dieser Zeit auf Grund einer früheren gesetzlichen Ermächtigung ausgegeben werden.[29] [30]

§ 22. Ein vor dem Inkrafttreten dieses Gesetzes anhängiges gerichtliches Aufgebotsverfahren zum Zwecke der Kraftloserklärung einer der im § 21 Abs. 1 bezeichneten Schuldverschreibungen und Schatzanweisungen ist nach den bisherigen Gesetzen zu er-

[29] Vgl. EG. z. BGB. Art. 176.
„früheren gesetzlichen Ermächtigung" — d. h. in den Anleihe- oder Etatsgesetzen. Anders die frühere Ermächtigung zur Ausfertigung von Schuldurkunden, z. B. G. v. 31. Mai 1891 § 6 Abs. 3 — oben IV S. 368 ff. Es kommt lediglich darauf an, ob die Ausgabe zu Lasten einer vor dem Inkrafttreten der Reichsschuldenordnung ausgegebenen Anleihe erfolgt.

[30] Der Entwurf wollte die Verjährung der Ansprüche aus den vor dem Inkrafttreten der Reichsschuldenordnung ausgestellten Papieren der im Abs. 1 bezeichneten Art, unbeschadet BGB. § 802, nach den bisherigen Gesetzen beurteilt wissen. Die betreffende Bestimmung ist jedoch in dritter Lesung des Reichstags (wie in früheren ähnlichen Fällen) gestrichen (StenB. S. 4572) — trotz EG. z. BGB. Art. 174 Abs. 2 — und der 1. Abs. des § 21 des Entw. dahin abgeändert worden, daß die Zahl 800 nebst Komma gestrichen wurde. Durch die hierdurch entstandene Wortfassung „§§ 798 bis 802" ist § 801 d. BGB. gleichfalls in Geltung gesetzt worden.

ledigen. Nach diesen Gesetzen bestimmen sich auch diese Wirkungen des Verfahrens und der Entscheidung.

Urkundlich unter Unserer Höchsteigenhändigen Unterschrift und beigedrucktem Kaiserlichen Insiegel.

Gegeben Berlin im Schloß, den 19. März 1900.

(L. S.) **Wilhelm.**

Fürst zu Hohenlohe.

Sachregister.

(Die Zahlen verweisen auf die Seiten.)

A.

G.

H.

J.

L.

R.

T.

U.

Druck von A. W. Hayn's Erben, Berlin und Potsdam.

Verzeichnis

der

Guttentag'schen Sammlung Deutscher Reichs- und Preussischer Gesetze

Text-Ausgaben

mit Anmerkungen u. Sachregister

5. Allgemeine Deutsche **Wechselordnung.** Achte Auflage von Justizrath Dr. **J. Stranz** und Rechtsanwalt Dr. **M. Stranz,** und das Reichsgesetz über die **Wechselstempelsteuer.** Von Regierungsrath **P. Loeck.** Siebente Auflage. 3 M.

6. **Gewerbeordnung** für das Deutsche Reich nebst allen Ausführungsbestimmungen. Ursprünglich herausgegeben von **T. Ph. Berger** und Dr. **L. Wilhelmi.** Sechszehnte Auflage bearbeitet von Oberverwaltungsgerichtsrath **H. Spangenberg.** 3 M.

7. Die deutsche **Post- und Telegraphen-Gesetzgebung.** Nebst dem Weltpostvertrag und dem internationalen Telegraphenvertrag. Von Wirkl. Geh. Rath Dr. **Fischer.** Fünfte Auflage bearbeitet von Geh. Postrath Dr. **M. König.** 3 M.

8. Die Reichsgesetze über den **Unterstützungswohnsitz** in der Fassung der Novelle vom 12. März 1894, **die Freizügigkeit, den Erwerb und Verlust der Bundes- und Staatsangehörigkeit,** nebst allen landesgesetzlichen Bestimmungen. Von Geheimrath Dr. **J. Krech,** Mitglied des Bundesamtes für das Heimathwesen. Fünfte Auflage. 2 M. 70 Pf.

9a. Sammlung **kleinerer privatrechtlicher Reichsgesetze.** Von **F. Vierhaus.** Zweite Auflage in Vorbereitung.

9. Sammlung **kleinerer strafrechtlicher Reichsgesetze.** Mit den Entscheidungen des Reichsgerichts bearbeitet von **M. Werner,** Geh. Ober-Regierungsrath. Zweite Auflage. 3 M.

Inhalt: Inhaberpapiere — Presse — Personenstand — Urheberrechtsgesetzgebung — Rinderpest — Nahrungs- und Genußmittel — Sprengstoff — Feingehalt von Gold- und Silberwaaren — Patentgesetz — Handfeuerwaffen — Gebrauchsmusterschutz — Militärische Geheimnisse — Waarenbezeichnung — unlauterer Wettbewerb — Auswanderung — Margarine — Wein — Sklavenraub — Fleischbeschau — Reichsseuchengesetz — Süßstoff — Reichskassenscheine.

10. Das **Reichsbeamtengesetz** vom 31. März 1873 und seine Ergänzungen. Erläutert von **J. Pieper,** Geh. Ober-Regierungsrath. Zweite Auflage. 4 M. 50 Pf.

11. **Zivilprozeßordnung mit Gerichtsverfassungsgesetz** in den neuesten Fassungen. Unter besonderer Berücksichtigung der Entscheidungen des Reichsgerichts herausgegeben mit Anmerkungen zunächst von **R. Sydow,** Unterstaatssekretär, weiter bearbeitet von **L. Busch,** Kammergerichtsrath. Zehnte Auflage. 8°. 6 M.

Dieser Band ist in größerem Format erschienen!

12. **Strafprozeßordnung und Gerichtsverfassungsgesetz** nebst dem Gesetz, betreffend die Entschädigung der im Wiederaufnahmeverfahren freigesprochenen Personen. Von **A. Hellweg,** Reichsgerichtsrath. Dreizehnte Auflage. 2 M.

13. **Konkursordnung und Anfechtungsgesetz.** Unter besonderer Berücksichtigung der Entscheidungen des

Reichsgerichts herausgegeben mit Anmerkungen von **R. Sydow** u. **L. Busch.** Neunte Auflage. 2 M. 25 Pf.

14. **Gerichtsverfassungsgesetz** mit Einführungsgesetz. Herausgegeben von **R. Sydow** und **L. Busch.** Neunte Auflage. 1 M. 50 Pf.

15. Das **Deutsche Gerichtskostengesetz** nebst den Gebührenordnungen für Gerichtsvollzieher, Zeugen und Sachverständige. Herausgegeben mit Anmerkungen und Kostentabellen von **R. Sydow** u. **L. Busch.** Siebente Auflage. 1 M. 80 Pf.

16. **Rechtsanwaltsordnung.** Von **R. Sydow.** Vierte Auflage von Dr. **E. Mosler.** 1 M. 20 Pf.

17. Die **Deutsche Gebührenordnung für Rechtsanwälte und das Preußische Gebührengesetz** vom 27. September/6. Oktober 1899. Von **R. Sydow** und **L. Busch.** Siebente Auflage. 1 M. 60 Pf.

18. **Reichsstempelgesetz (Börsensteuergesetz)** v. 14. Juni 1900, mit den Ausführungsbestimmungen, einem Auszug aus den Gesetzes-Materialien und den Entscheidungen der Verwaltungsbehörden und des Reichsgerichts. Achte Auflage von **P. Loeck,** Regierungsrath. 3 M. 30 Pf.

19. Die **Seegesetzgebung.** Nebst den Entscheidungen des Reichsoberhandelsgerichts, des Reichsgerichts und der Seeämter. Von Dr. **W. E. Knitschky.** Dritte Auflage bearbeitet von Oberlandesgerichtsrath **Otto Rudorff** in Hamburg. 4 M. 50 Pf.

20. **Krankenversicherungsgesetz.** Von weil. Dr. **E. von Woedtke,** Direktor im Reichsamte des Innern. Elfte Auflage bearbeitet von Dr. **G. Eucken-Addenhausen,** Geh. Reg.-Rath und vortr. Rat im Reichsamte des Innern. 3 M.

21. Die **Konsulargesetzgebung.** Von Professor Dr. **Ph. Zorn.** Zweite Auflage. 3 M.

22a. **Patentgesetz.** Nebst Ausführungsbestimmungen, völkerrechtlichen Verträgen und der Patentanwalts-Ordnung unter eingehender Berücksichtigung der Rechtsprechung des Reichsgerichts und der Praxis des Patentamts. Erläutert von Prof. Dr. **R. Stephan,** Geh. Reg.-Rath, Mitglied des Kaiserlichen Patentamts. Sechste Auflage. 2 M.

22b. Gesetz zum **Schutz der Waarenbezeichnungen.** Nebst Ausführungsbestimmungen. Von Dr. **R. Stephan,** Geh. Reg.-Rath, Mitglied des Kaiserlichen Patentamts. Vierte Auflage. 1 M.

23. **Gewerbe-Unfallversicherungsgesetz** und Gesetz, betr. die Abänderung der Unfallversicherungsgesetze vom 30. Juni 1900 nebst Ausführungsverordnungen. Von Dr. **E. v. Woedtke,** Präsident des Kaiserl. Aufsichtsamts für Privatversicherung. Achte Auflage. 2 M. 50 Pf.

24. **Aktiengesellschaft und Kommanditgesellschaften auf Aktien.** (Handelsgesetzbuch, II. Buch, Abschnitt 3

und 4.) Mit Anmerkungen von **H. Keyssner,** Kammergerichtsrath und Dr. **H. Veit Simon,** Rechtsanwalt. Fünfte Auflage. Bearbeitet von Dr. **Hugo Keyssner** und **L. Keyssner.** 2 M. 25 Pf.

25. Reichsgesetz wegen **Erhebung der Brausteuer** vom 31. Mai 1872 mit Ausführungsvorschriften. Von **E. Bertho,** Regierungsrath. 1885. 1 M. 60 Pf.

26. Die Reichsgesetzgebung über **Münz- und Notenbankwesen,** Papiergeld, Prämienpapiere und Reichsschulden. Von Dr. jur. **R. Koch,** Präsident des Reichsbankdirektoriums. Fünfte Auflage. 3 M.

27. Die Gesetzgebung, betr. das **Gesundheitswesen** im Deutschen Reich für Behörden, Aerzte &c. Von Dr. jur. **C. Goesch** und Dr. med. **J. Karsten.** 1888. 1 M. 60 Pf.

28. **Bau-Unfallversicherungsgesetz.** Vom 30. Juni 1900. Von **R. Chrzescinski,** Kaiserl. Regierungsrath. Dritte Auflage. 2 M.

29. Reichsgesetz, betr. die **Erwerbs- und Wirthschaftsgenossenschaften.** Von **L. Parisius** und Dr. **H. Crüger.** Elfte Auflage bearbeitet von Dr. **H. Crüger.** 1 M. 50 Pf.

30. **Invalidenversicherungsgesetz** vom 13. Juli 1899. Von Dr. **E. v. Woedtke,** Präsident des Kaiserlichen Aufsichtsamts für Privatversicherung. Neunte Auflage. 2 M. 50 Pf.

31. **Gewerbegerichtsgesetz.** Von Stadtrath **L. Mugdan.** Fünfte Auflage bearbeitet von **W. Cuno,** Erstem Bürgermeister zu Hagen i. W. 2 M.

32. Reichsgesetz, betr. die **Gesellschaften mit beschränkter Haftung.** Von **L. Parisius** und Dr. **H. Crüger.** Achte Auflage. 1 M 40 Pf.

33. Das **Vereins- und Versammlungsrecht** in Deutschland. Von Dr. **E. Ball,** Rechtsanwalt. 2 M. 25 Pf.

34. Reichsgesetz, betreffend die **Abzahlungsgeschäfte.** Vom 16. Mai 1894. Von **J. Hoffmann.** Zweite vermehrte Auflage besorgt von Dr. **E. Wilke,** Landgerichtsrath. 1 M. 20 Pf.

35. Die **Reichs-Eisenbahngesetzgebung.** Von **W. Coermann,** Kaiserl. Amtsrichter. 1895. 2 M. 25 Pf.

36. Gesetze, betr. die **privatrechtlichen Verhältnisse der Binnenschifffahrt und der Flößerei.** Erläutert von **H. Makower.** Dritte Auflage bearbeitet von **E. Löwe,** Landgerichtsrath. 3 M.

37. Gesetz zur **Bekämpfung des unlauteren Wettbewerbes.** Vom 27. Mai 1896. Von Dr. **R. Stephan,** Geh. Regierungsrath. Dritte Auflage. 1 M.

38/39. **Bürgerliches Gesetzbuch nebst Einführungsgesetz.** Nach dem Tode des ursprünglichen Herausgebers Reichsgerichtsraths a. D. Dr. **A. Achilles** in Verbindung mit Professor Dr. **André,** Landrichter

Ritgen, Landrichter **Strecker,** Ober-Regierungsrath Dr. **Unzner** herausgegeben von Geh. Ober-Justizrath **Greiff.** Vierte Auflage. 8°. 6 M. 50 Pf.
Dieser Band ist in größerem Format erschienen!

40. Gesetz, betr. die **Pflichten der Kaufleute bei Aufbewahrung fremder Werthpapiere (Depotgesetz).** Mit Erläuterungen. Von **F. Lusensky,** Geh. Ober-Regierungsrath. Zweite Auflage. 1 M.

41. **Börsengesetz.** Vom 22. Juni 1896. Nebst Ausführungsbestimmungen. Unter Mitwirkung des Direktors im Reichsamt des Innern **A. Wermuth** bearbeitet von Regierungsrath **H. Brendel.** 1 M. 50 Pf.

42. **Grundbuchordnung** nebst den preußischen Ausführungsbestimmungen. Mit Einleitung. Von Professor Dr. **O. Fischer.** Dritte Auflage. 2 M. 25 Pf.

43. Die Gesetzgebung, betr. die **Zwangsvollstreckung in das unbewegliche Vermögen** im Reiche und in Preußen. Mit Einleitung, Kosten- und Gebührentabellen. Von Dr. **J. Krech,** Kaiserl. Geh. Regierungsrath und Professor Dr. **O. Fischer.** Vierte Auflage. 2 M.

44. Das Reichsgesetz über das **Auswanderungswesen** vom 9. Juni 1897 nebst Ausführungsverordnungen und Anlagen. Unter Benutzung amtlicher Quellen. Von Professor Dr. **Felix Stoerk.** 2 M. 25 Pf.

45. Das **Entmündigungsrecht** unter Berücksichtigung der für Preußen geltenden Vorschriften nebst der preußischen Justiz-Ministerial-Verfügung vom 28. November 1899. Text der civil- und prozeßrechtlichen Bestimmungen mit Erläuterungen von Landgerichtsrath Dr. **P. Koll** in Cöln. 1 M. 50 Pf.

46. Die Gesetze des Reiches und Preußens über die **freiwillige Gerichtsbarkeit.** Mit Einleitung von **Herm. Jastrow,** Amtsgerichtsrath. Dritte Auflage. 3 M.

47. Das **deutsche Vormundschaftsrecht** und das preuß. Gesetz über die Fürsorgeerziehung Minderjähriger nebst den dazu gehörigen preußischen Nebengesetzen. Mit Einleitung und Erläuterungen von **Max Schultzenstein,** Oberverwaltungsgerichtsrath und Amtsgerichtsrath Dr. **Paul Köhne.** Zweite Auflage 3 M.

48. Gesetze und Verordnungen, betr. den **Drogen-, Gift- und Farbenhandel** außerhalb der Apotheken. Von Dr. **Broh,** Rechtsanwalt. 1 M. 25 Pf.

49. Deutsche **Kolonialgesetzgebung.** Von Professor Dr. **Philipp Zorn.** 4 M. 50 Pf.

50. Der **Viehkauf** (Viehgewährschaft) nach dem Bürgerlichen Gesetzbuche. Mit Erläuterungen von Rechtsanwalt Dr. **H. Stölzle.** Nebst Verordn. betr. die Hauptmängel und Gewährsfristen beim Viehhandel. Von **H. Weiskopf,** Königl. Kreisthierarzt in Augsburg. Dritte Auflage. 3 M.

51. **Hypothekenbankgesetz** vom 13. Juli 1899. Von Dr. **H. Göppert,** Gerichts-Assessor. 1 M. 80 Pf.

52. Gesetz, betreffend die gemeinsamen **Rechte der Besitzer von Schuldverschreibungen.** Von Dr. **Heinrich Göppert,** Gerichts-Assessor. 2 M.

53. **Reichspreßgesetz** vom 7. Mai 1874 nebst den einschlägigen Bestimmungen des Strafgesetzbuchs, der Gewerbeordnung 2c. Kommentar von **A. Born,** Polizeiassessor. 1 M. 50 Pf.

54. Die Reichsgesetzgebung über den Verkehr mit **Nahrungsmitteln, Genußmitteln** und **Gebrauchsgegenständen.** Von Dr. **Georg Lebbin,** Nahrungsmittelchemiker. 2 M. 25 Pf.

55. Das Recht der **Beschlagnahme von Lohn- und Gehaltsforderungen.** Auf Grundlage der Reichsgesetze vom 21. Juni 1869 u. 29. März 1897 und der Civilprozeßordnung. Von Rechtsanwalt **Georg Meyer.** Zweite Auflage. 2 M.

56. Gesetz, betr. die **Bekämpfung gemeingefährlicher Krankheiten.** Nebst Ausführungsbestimmungen. Von Dr. **Bruno Burkhardt,** Regierungsrath, Mitglied des Kais. Gesundheitsamts. 1 M. 40 Pf.

57. **See-Unfallversicherungsgesetz.** Von **Dr. Max Mittelstein,** Oberlandesgerichtsrath in Hamburg. 2 M.

58. **Das Recht der unehelichen Kinder.** Ausgabe aller einschlägigen Bestimmungen des B.G.B. Von **Hermann Jastrow,** Amtsgerichtsrath. 1 M. 80 Pf.

59. Reichsgesetz über die **Beurkundung des Personenstandes und die Eheschließung.** Von Dr. **F. Fidler,** Amtsgerichtsrath. 1 M. 80 Pf.

60. Gesetz, betreffend das **Urheberrecht an Werken der Litteratur und der Tonkunst.** Von Gerichtsassessor **Otto Lindemann.** 1 M. 50 Pf.

61. Gesetz über das **Verlagsrecht.** Von Justizrath **Ernst Heinitz.** 1 M. 50 Pf.

62. Gesetz über die **privaten Versicherungsunternehmungen.** Von **H. Könige,** Ob.-Landsger.-Rath. 3 M.

63. **Gesetzestafel des Deutschen Reichsrechts.** Systematisch geordnete Nachweisung des z. Z. geltenden Reichsrechts. Ergänzungsband zu der Guttentag'schen Sammlung Deutscher Reichsgesetze. Von **Hugo Bruhns,** Syndikus. 2 M. 50 Pf.

64. Gesetzsammlung betr. den **Handel mit Drogen und Giften.** Reichsgesetzl. Bestimmungen und Anhang mit den landesgesetzl. Verordnungen sämmtlicher Bundesstaaten. Von Rechtsanwalt **H. Sonnenfeld,** Syndikus der Berliner Drogisten-Innung. 3 M.

65. Das **Weingesetz** vom 24. Mai 1901. Mit Ausführungsbestimmungen erläutert von Dr. **Georg Lebbin,** Handels- und Gerichtschemiker zu Berlin. 1 M. 50 Pf.

66. Die **Eisenbahn-Gesetzgebung.** Von **W. Pletsch,** Geh. exp. Sekretär im Reichs-Eisenbahn-Amt. 5 M.

67. **Militär-Strafgesetzbuch.** Mit den Entscheidungen des Reichs-Militärgerichts von Dr. **Paul Herz,** Senats-Präsident am Reichs-Militärgericht und Kriegsgerichtsrath Dr. **Georg Ernst.** 3 M.

68. Das **Fleischbeschaugesetz.** Vom 3. Juni 1900. Mit Ausführungsges. u. Verordnungen im Reiche und in Preußen. Von Dr. **Georg Lebbin,** Gerichtschemiker und Rechtsanwalt Dr. **Georg Baum.** 4 M.

69. Reichsgesetz über die **Naturalleistungen der bewaffneten Macht im Frieden** nebst den zugehörigen in Preußen geltenden Bestimmungen. Von Regierungsassessor Dr. **Walter v. Hippel.** 1 M. 25 Pf.

70. Das **Reichs-Haftpflichtgesetz,** betr. die Verbindlichkeit zum Schadensersatz für die bei dem Betriebe von Eisenbahnen, Bergwerken, Steinbrüchen, Gräbereien und Fabriken herbeigeführten Tödtungen und Körperverletzungen, vom 7. Juni 1871. Von Regierungsrath Dr. **G. Eger.** Preis 3 M.

71. **Kinderarbeit in gewerblichen Betrieben,** v. 30. März 1903. Nebst der Preuß. Ausführ.-Anw. v. 30. Nov. u. d. Bek. des Reichskanzlers v. 17. Dez. 1903. Von **H. Spangenberg,** Oberverwaltungsgerichtsrath. Zweite vermehrte Auflage. 1 M. 60 Pf.

72. **Unfallversicherungsgesetz für Land- und Forstwirtschaft** vom wirkl. Geh. Rat Dr. **E. von Woedtke**, fortgesetzt von Dr. **Alfred Radtke**, Geh. Regierungsrat und Senatspräs. im Reichsversicherungsamt. 4 M. 50 Pf.

73. **Entschädigung für unschuldig erlittene Verhaftung und Bestrafung.** Nebst Anhang, enth. die dazu gehörigen Nebengesetze über Schadensersatz. Von Dr. jur. **A. Romen**, Geh. Kriegsrat und vortr. Rat im Kriegsministerium. 2 M.

74. Die **Kaufmannsgerichte** nebst den preuß. Ausführungsbestimmungen. Von Dr. **Max Apt**, Syndikus der Korporation der Berliner Kaufmannschaft. Dritte Auflage. 2 M.

Daraus einzeln: **Preuß. Ausführungsbestimmungen.** 50 Pf.

Guttentag'sche Sammlung

Preußischer Gesetze.

Text-Ausgaben mit Anmerkungen. Taschenformat.

1. Die **Verfassungs-Urkunde** für den Preußischen Staat. Mit Einleitung, vollständigem Kommentar. Von Prof. Dr. **Adolf Arndt.** Fünfte Auflage. 3 M.

2. Preußische **Beamten-Gesetzgebung.** Enthaltend die wichtigsten Beamtengesetze in Preußen. Von **C. Pfafferoth.** Vierte, neubearbeitete Auflage. 2 M.

3. **Die Aufnahme des Nottestaments** durch die bestellten besonderen Urkundspersonen. Anweisung

vom 15. März 1904. Erläutert mit Musterbeispielen und einem Abriß des Erbrechts von Amtsgerichtsrath **C. Kurtz.** 1 M. 50 Pf.

4. **Gebührenordnung** für **Notare** vom 25. Juni 1895 nebst den einschlägigen Vorschriften des Preußischen Gerichtskostengesetzes. Von **R. Sydow.** Zweite Auflage bearbeitet von Dr. **E. Mosler,** Gerichtsassessor. 1 M. 50 Pf.

5. Gesetz vom **24. April 1854 (betr. die außereheliche Schwängerung).** Von Dr. **Schulze.** 75 Pf.
Seit dem 1. Januar 1900 gültiges Recht siehe: Reichsgesetze Nr. 58.

6. Die Preuß. **Ausführungsgesetze und Verordnungen zu den Reichs-Justizgesetzen.** Von **R. Sydow.** Dritte vermehrte Auflage. 1895. 2 M. 40 Pf.
Siehe Seite 21, Busch, Ausführungsgesetze.

7. **Allg. Gerichtsordnung** vom 6. Juli 1793 und Preuß. **Konkursordnung** vom 8. Mai 1885. Von **F. Vierhaus,** Geh. Ober-Justizrath. Vergriffen.

8. **Vormundschaftsordnung.** Von **F. Schultzenstein.** Gültiges Recht siehe: Reichsgesetze Nr. 47.

9. Die Preußische **Grundbuchgesetzgebung.** Von Prof. Dr. **Fischer.** Vergriffen. Siehe: Reichsgesetze Nr. 42.

10. **Einkommensteuergesetz.** Von **A. Fernow,** Geh. Finanzrath. Fünfte Auflage. 2 M. 50 Pf.

11. **Gewerbesteuergesetz.** Von **A. Fernow,** Geh. Finanzrath. Vierte, vermehrte u. verbesserte Auflage. 2 M.

12. **Allgemeines Berggesetz** für die preußischen Staaten und die auf dasselbe bezüglichen Gesetze und Verordnungen. Von **E. Engels.** Dritte Auflage. In Vorbereitung.

13. **Ergänzungssteuergesetz** (Vermögenssteuergesetz). Von **A. Fernow,** Geh. Finanzrath. Dritte vermehrte Auflage. 1 M. 50 Pf.

14. **Kommunalabgabengesetz.** Vom 14. Juli 1893 und Gesetz wegen Aufhebung direkter Staatssteuern. Von Dr. **F. Adickes,** Oberbürgermeister. Dritte Auflage. 1 M. 50 Pf.

15. Die **Kreisordnungen** für den Preußischen Staat. Von **O. Kolisch,** Landgerichtsrath. 1894. 4. M.

16. **Concessionirung gewerblicher Anlagen.** Preuß. Ausführungs-Anweisung zu §§. 16 u. ff. der Gewerbe-Ordnung. Von Dr. **W. v. Rüdiger,** Geh. Regierungs- u. Gewerberath. Zweite Auflage. 2 M.

17. Preußisches **Gerichtskostengesetz.** Mit Kostentabellen. Von Dr. **P. Siméon,** Landrichter. Vierte Auflage. 2 M. 25 Pf.

18. Preußisches **Stempelsteuergesetz** vom 31. Juli 1895. Mit den gesammten Ausführungsbestimmungen und vollständigen Tabellen. Von **P. Loeck,** Regierungsrath. Fünfte Auflage. 5 M.

Dieser Band ist in größerem Format erschienen.

19. Das **Jagdscheingesetz.** Mit ausführlichen Erläuterungen nebst der Ausführungsverfügung. Von **F. Kunze,** Wirklichem Geh. Ober-Regierungsrath. Zweite Auflage. 2 M.

20. Die **preußischen Erbschaftssteuergesetze.** Unter Berücksichtigung der Novelle vom 31. Juli 1895. Von **U. Hoffmann,** Geh. Registrator im Königl. preuß. Finanzministerium. 4 M.

21. Gesetz über die **Handelskammern.** Vom 19. August 1897. Mit Erläuterungen von **F. Lusensky,** Geh. Regierungsrath. 3 M.

22. Gesetz, betr. **Anstellung und Versorgung der Kommunalbeamten.** Mit Ausführungsanweisung. Von Dr. **W. Ledermann,** Magistratsassessor zu Berlin. 1 M. 25 Pf.

23. **Ausführungsgesetz zum Bürgerlichen Gesetzbuche.** Von Landrichter Dr. **P. Siméon.** 2. Aufl. 1 M. 80 Pf.

24. Die **Hinterlegungsordnung** in der Fassung des Ausführungsgesetzes z. B.G.B. v. 20. Sept. 1899 nebst Ausführungsbestimmungen. Von Regierungsassessor Dr. **Georg Bartels.** 1 M. 50 Pf.

25. **Preußische Kommunalbeamtengesetzgebung.** Von Magistratsassessor Dr. **Fr. Kremski,** Berlin. 3 M.

26. Die Preußischen Gesetze über das **Diensteinkommen der Lehrer und Lehrerinnen, ihren Ruhegehalt und die Fürsorge für ihre Hinterbliebenen,** sowie einer Tabelle zur Berechnung der Ruhegehalts-, Wittwen- und Waisenbezüge. Von Dr. **Ed. Cremer,** Beigeordneter. 2 M. 40 Pf.

27. Gesetz, betreffend die **Waarenhaussteuer.** Von Geh. Ober-Finanzrath Dr. **G. Strutz.** 1 M. 20 Pf.

28. Gesetz über die **Fürsorgeerziehung Minderjähriger.** Nebst Ausführungsanweisungen. Von Landgerichtsrath Dr. **P. F. Aschrott.** 2 M. 80 Pf.

29. Gesetz, betr. **die ärztlichen Ehrengerichte, das Umlagerecht und die Kassen der Aerztekammern.** Von Amtsgerichtsrath Dr. **Fidler.** 1 M. 50 Pf.

30. Die das **Preußische Staatsschuldbuch** und **Reichsschuldbuch** betr. Gesetze nebst Ausführungsbestimmungen. Von Wirkl. Geh. Ober-Finanzrath **J. Mücke,** Mitglied der Staatsschuldenverwaltung. 2 M.

31 a. **Die geltenden Preußischen Gesindeordnungen.** Herausgegeben in zwei Bänden von **Stephan Gerhard,** Rechtsanwalt in Berlin.

Band I: Gesindeordnung für die altpreußischen Provinzen vom 8. XI. 1810, mit Erläuterungen unter Berücksichtigung der Ergänzungsgesetze und der Rechtsverhältnisse der Gesindevermiether, sowie die Gesindeordnung für Neuvorpommern und Rügen und für die Rheinprovinz. 2 M. 50 Pf.

31b. **Band II:** Gesindeordnungen für Hannover, Schleswig-Holstein, Hessen-Nassau und den Regierungsbezirk Hohenzollern. 2 M. 50 Pf.

32. **Die Städteordnung für die sechs östlichen Provinzen Preußens vom 30. Mai 1853 nebst ihren gesetzlichen**

Ergänzungen. Von **Dr. jur. Walter Ledermann,** Magistrats-Assessor zu Berlin. 6 M.

Dieser Band ist in größerem Format erschienen!

33. **Rentenguts- und Anerbenrechts-Gesetzgebung in Preußen.** Von Landgerichtsrath **M. Peltasohn** und Rechtsanwalt **Bruno Peltasohn.** 3 M.

34. Sammlung der wichtigsten **Preußischen Strafgesetze** nebst Anhang: Gesetz betr. polizeiliche Strafverfügungen vom 23. April 1883. Von **Otto Lindemann,** Amtsrichter. 2 M. 50 Pf.

Inhalt: Mobiliar-Feuerversicherung — Chausseegeld — Jagdpolizei — Jagdschein — Wild-Schonzeit — Fischerei — Versammlungs- u. Vereinigungsrecht — Belagerungszustand — Gesindedienstpflichten — Mineraliengewinnung und -Aneignung — Schlachthäuser — Dampfkesselbetrieb — Wandergewerbebetrieb — Reblausverbreitung — Forstdiebstahl — Wald- u. Wassergenossenschaften — Feld- u. Forstpolizei — Lotteriespiel — Verkehrsabgaben — Landestrauer.

35. **Geschäftsordnung für Gerichtsvollzieher.** Gerichtsvollzieherordnung und Gebührensätze von Amtsgerichtssekretär a. D. **Emil Exner.** 3 M. 50 Pf.

36. Die Gesetzgebung über **Polizeiverordnungen in Preußen** von **Otto Lindemann,** Amtsrichter in Köslin. 1 M. 50 Pf.

37. Gesetz über die **Enteignung von Grundeigentum** vom 11. Juni 1874 von Landrichter **O. Meyer.** 2 M.

Guttentag'sche Sammlung von Text-Ausgaben mit Sachregister ohne Anmerkungen.

Taschenformat, elegant in Leinen gebunden.

Reichs-Justizgesetze:

Gerichtsverfassungsgesetz. Civilprozeßordnung. Konkursordnung. Strafprozeßordnung.

In einem Bande gebunden 3 M. 80 Pf.

Zweite Auflage.

Civilprozeßordnung mit **Gerichtsverfassungsgesetz** und **Einführungsgesetzen.** 2 M.

Konkursordnung mit **Einführungsgesetz.** 80 Pf.

Strafprozeßordnung nebst **Einführungsgesetz.** 1 M. 20 Pf.

Bürgerliches Gesetzbuch nebst **Einführungsgesetz.** Zehnter Abdruck. 2 M. 50 Pf.

Handelsgesetzbuch nebst **Einführungsgesetz** u. **Seerecht.** Siebenter Abdruck. 1 M. 80 Pf.

Gewerbeordnung für das Deutsche Reich. Zweite Auflage. 1 M. 20 Pf.

Ausführungsanweisung zur Gewerbe-Ordnung vom 1. Mai 1904 nebst der preuß. technischen Anleitung. 2 M.

Militär-Strafgesetzbuch mit Abdruck der angezogenen Bestimmungen des Reichs-Strafgesetzbuchs.' 1 M.

Guttentag'sche Sammlung von Text-Ausgaben mit Sachregister ohne Anmerkungen.

Militärstrafgerichtsordnung für das Deutsche Reich, nebst **Einführungsgesetz** und Gesetz, betr. die Dienstvergehen der richterlichen Militärjustizbeamten und die unfreiwillige Versetzung derselben in eine andere Stelle oder in den Ruhestand. **Militär-Strafgesetzbuch** mit Abdruck der entsprechenden Bestimmungen des Reichs-Strafgesetzbuchs. Zweite Auflage. 1 M. 50 Pf.

Reichsstempelgesetz (Börsensteuergesetz). Mit Tabellen zur Berechnung der Reichsstempelabgaben. 1 M. 50 Pf.

Bürgerliches Gesetzbuch nebst Einführungsgesetz unter Einfügung der preußischen Ausführungsbestimmungen bearbeitet von Dr. **Paul Winter,** Landrichter. Zweite Ausgabe. 8°. Geb. Preis 3 M.

Handbuch des Testamentsrechts

mit zahlreichen Beispielen und Formularen.

Dargestellt von **Heinrich Peiser,** Landgerichtsrat in Danzig. gr. 8°. Preis 8 M., geb. in ganz Leinen 9 M.

Das Bürgerliche Recht Deutschlands mit Einschluß des Handelsrechts historisch und dogmatisch dargestellt von **A. Engelmann,** Oberlandesgerichtsrat. Zweite durchgearbeitete Auflage. gr. 8°. Preis 14 M., geb. in Leinen 15 M.

Wie leitet man eine Versammlung? Geschäftlicher Handweiser für Vorsitzende. Von einem Mitgliede des Deutschen Reichstags und des Preußischen Abgeordnetenhauses. kl. 8⁰. Preis in elegantem Einbande 1 M.

Ein nützliches und notwendiges Büchlein.

Holtgreven, Dr. A., Präsident des Oberlandesgerichts in Hamm und Dr. **Th. Wolff,** Oberlandesgerichtsrath. Das Wildschadengesetz vom 11. Juli 1891. Kommentar. Vierte Auflage. 8⁰. Geb. 4 M. 50 Pf.

Arndt, Dr. Adolf, Professor. Verfassung des Deutschen Reichs. Mit Einleitung und Kommentar. Zweite Auflage. 8⁰. Geb. 4 M. 50 Pf.

Behrens, Paul, Handbuch für Vereine bei Aufstellung, Berathung und Aenderung der Vereins-Satzungen. 8⁰. Preis geb. 1 M.

Born, A., Polizei-Assessor in Königsberg i. Pr. Das preußische Baupolizeirecht nebst den einschlägigen Bestimmungen des Ansiedelungs-, Feld- und Forstpolizei-, Waldschutz- und Deichgesetzes, sowie dem Fluchtlinien-, Rayongesetz und dem Gesetz über die Zulässigkeit des Rechtsweges gegen polizeiliche Verfügungen. Kommentar. gr. 8⁰. Preis 10 M., geb. 11 M.

Delius, Dr. jur. H., Landgerichtsrath. Die Haftpflicht der Beamten. 8⁰. Preis geb. 2 M.

Delius, Dr. jur. H., Landgerichtsrath. Die Rechtsverhältnisse der geschlossenen Gesellschaften und Vereine nach Preußischem Recht unter besonderer Berücksichtigung der Befugnisse der Polizeibehörden. 8⁰. Preis in Leinenband 1 M. 60 Pf.

Schlagwort-Register.

R. = Nummer der Sammlung Deutscher Reichsgesetze.
P. = Nummer der Sammlung Preußischer Gesetze.
S. = Seite.